广东历代方志研究丛书

# 清代粤东地方动乱与治理

QINGDAI YUEDONG
DIFANG DONGLUAN YU ZHILI

陈海忠　温建钦　编

版权所有　翻印必究

**图书在版编目（CIP）数据**

清代粤东地方动乱与治理/陈海忠，温建钦编. —广州：中山大学出版社，2019.9

（广东历代方志研究丛书）

ISBN 978-7-306-06672-5

Ⅰ. ①清… Ⅱ. ①陈… ②温… Ⅲ. ①广东—地方史—研究—清代 Ⅳ. ①K296.5

中国版本图书馆 CIP 数据核字（2019）第 169926 号

| | |
|---|---|
| 出 版 人： | 王天琪 |
| 策划编辑： | 金继伟 |
| 责任编辑： | 麦晓慧 |
| 封面设计： | 曾　斌 |
| 责任校对： | 邱紫妍 |
| 责任技编： | 何雅涛 |
| 出版发行： | 中山大学出版社 |
| 电　　话： | 编辑部 020 - 84111996，84113349，84111997，84110779 |
| | 发行部 020 - 84111998，84111981，84111160 |
| 地　　址： | 广州市新港西路 135 号 |
| 邮　　编： | 510275　　　　　传　真：020 - 84036565 |
| 网　　址： | http://www.zsup.com.cn　E-mail:zdcbs@mail.sysu.edu.cn |
| 印 刷 者： | 广州家联印刷有限公司 |
| 规　　格： | 787mm×1092mm　1/16　16 印张　280 千字 |
| 版次印次： | 2019 年 9 月第 1 版　2019 年 9 月第 1 次印刷 |
| 定　　价： | 78.00 元 |

如发现本书因印装质量影响阅读，请与出版社发行部联系调换

# 广东历代方志研究丛书
# 编审委员会

主　任：陈华康

副主任：丘洪松　陈泽泓

委　员（按姓氏笔画排序）：

　　　　马建和　方广生　田　亮　邱　捷

　　　　张晓辉　陈长琦　林子雄　徐颂军

# 目　录

前　言 ································································· 1

**第一章　顺治、康熙初年的动乱** ·········································· 1
　一、概述 ······························································· 1
　　（一）九军之乱（顺治二年至康熙年间） ································· 1
　　（二）郑成功据潮 ····················································· 3
　　（三）刘进忠之变（康熙八年至康熙十六年） ····························· 4
　　（四）迁海复界期间的动荡（康熙元年至康熙八年） ······················· 5
　二、史料辑录 ··························································· 8
　　（一）顺治年间闽匪袭粤及本地九军之乱 ································· 8
　　（二）郑成功据潮 ···················································· 18
　　（三）刘进忠之变 ···················································· 23
　　（四）迁海复界 ······················································ 33

**第二章　雍正时期蓝鼎元对潮州的治理** ··································· 38
　一、概述 ······························································ 38
　　（一）蓝鼎元其人及著述 ·············································· 38
　　（二）雍正时期潮州的社会秩序与治理 ·································· 39
　　（三）蓝鼎元治潮的效果及分析 ········································ 43
　二、史料辑录 ·························································· 45

**第三章　道光时期地方乱象与姚莹之治揭** ································· 56
　一、概述 ······························································ 56
　　（一）姚莹之其人 ···················································· 56
　　（二）揭阳强悍民风与姚莹之的强力治理 ································ 57
　　（三）对姚莹之治理揭阳的评析 ········································ 60
　二、史料辑录 ·························································· 63

## 第四章　咸丰、同治年间的地方乱局……93
### 一、概述……93
#### （一）动乱的兴起与湮灭……93
#### （二）动乱之后的地方社会……96
### 二、史料辑录……99
#### （一）咸丰年间的动乱……99
#### （二）太平军在粤东地区的活动与影响……113

## 第五章　同光时期方耀清乡与秩序重建……127
### 一、概述……127
#### （一）方耀的生平及两次治潮……127
#### （二）方耀的基层治理策略及实践……130
#### （三）方耀清乡及其效果……134
#### （四）方耀清乡的影响……139
### 二、史料辑录……142
#### （一）同光时期的动乱……142
#### （二）地方执政者与"强绅化"的治理措施……145
#### （三）方耀清乡与军事化治理措施……177

## 第六章　光绪、宣统年间潮州社会秩序……193
### 一、概述……193
#### （一）方耀清乡后潮州社会的相对平靖……193
#### （二）教、民冲突……196
#### （三）粤东的会党与革命党活动……198
### 二、史料辑录……200
#### （一）乡村械斗、盗匪与革命党活动……200
#### （二）1907年黄冈起义至潮汕光复……224

## 后　记……243

# 前　言

清代以来，广东东部行政区域迭经多次变动，有"粤东""岭东""东江""潮梅""潮汕"等多种称呼。本书所用"粤东"，泛指称广东东部地区，范围涵盖清代乾隆、嘉庆年间潮州府（下辖海阳县、揭阳县、潮阳县、澄海县、饶平县、惠来县、普宁县、大埔县、丰顺县、南澳厅）、嘉应州（下辖程乡县、长乐县、兴宁县、平远县、镇平县）与惠州府所属之海丰县、陆丰县，共17个县（厅）。

**一、粤东地区是清代难治之区**

在清代地方政区分等划级中，潮州府、惠州府、嘉应州及各县（厅）的等级分别为：

惠州府：冲繁难。海丰县：难。陆丰县：难。

潮州府：冲繁难。海阳县：冲繁难。丰顺县：疲难。潮阳县：繁疲难。揭阳县：繁难。饶平县：难。惠来县：难。大埔县：简。澄海县：繁难。普宁县：繁疲难。南澳厅：中。

嘉应直隶州：冲繁难。程乡县：冲繁难。长乐县：冲难。兴宁县：难。平远县：简。镇平县：简。

以上虽没有"冲繁疲难"四字兼全的"最要缺"，但惠州府、潮州府、嘉应州及下辖海阳县、潮阳县、普宁县、程乡县均为三字要缺。除了南澳厅、平远县、镇平县外，其他地方均有"难"字标识。故而在清代，出仕粤东常常被官员视为畏途。

**二、当代粤东地区基层社会治理仍面临挑战**

中华人民共和国成立以来，特别是改革开放之后，粤东地区各项建设取得巨大成就。但受多种因素影响，粤东地方社会仍然存在诸多不稳定的问题，基层社会治理仍面临巨大挑战。如改革开放之前，粤东地区是偷渡香港的重灾区之一。1978年，广东省公安厅在一份报告中说："据统计，八月份全省发现偷渡外逃6709人，其中逃出1814人，与历年来较多的七月份相比，分别上升47%和□□。外逃人数之多，地区之广，是1962年大外逃以后，最多的一个月份。从地区看，惠阳地区居首位，发生4072宗，逃出1400人；广州市发生1122人，逃出149人；佛山地区发生779宗，逃出

238 人；汕头地区发生 387 人，逃□□；宝安县 1666 人，逃出 917 人；惠阳县发生 1554 宗，逃出□□。"（广东省政协文史资料研究委员会编《经济特区的由来》，见《广东文史资料》第 85 辑，广东人民出版社 2002 年版，第 505 页。）又如 20 世纪 80 年代以来，粤东地区曾出现走私、造假、骗税骗汇、制毒大案或群体性事件。

"走私潮""造假潮""制毒潮"等新型"动荡"现象往往与清代该地区社会动荡现象有诸多相似之处。这就是本书研究的现实背景。

### 三、本书的结构、内容与资料

自明代中期倭寇之乱起，闽粤沿海地区长期处于动乱状态，学界对此地域的海防体制、盐业、外贸、移民、社会权力格局等已有长期的、富有成果的研究。本书希望能衔接学界对明清闽粤沿海社会的研究，梳理与评析清代粤东地区动乱的来龙去脉以及地方官员治理的努力与效果。

在结构上，按照时间顺序，以事件或人物为主线进行编排，分为六章：

第一章　顺治、康熙初年的动乱；

第二章　雍正时期蓝鼎元对潮州的治理；

第三章　道光时期地方乱象与姚莹之治揭；

第四章　咸丰、同治年间的地方乱局；

第五章　同光时期方耀清乡与秩序重建；

第六章　光绪、宣统年间潮州社会秩序。

每一章的前半部分为"概述"，梳理某一时期的社会动荡的成因、过程或者治理经过、治理效果等，这符合"快速阅读时代"繁忙的现代人的阅读习惯。后半部分为重要史料辑录，这将为有兴趣进一步研究的朋友提供"深度阅读"的方便。当然，我们更加推荐读者去读原文。

本书的主要观点是，清代中期后，闽粤沿海再趋动荡。从国家制度层面上看，粤东基层社会中长期交织着国家（王朝）制度的"地方化"与地域文化的"国家化"两个进程，两者相互影响，既冲突又融合。从地方社会层面上看，地域文化中的本土因素与海外因素的互动制约着基层政权的政策选择及效果。从文化层面上看，地域社会的价值理念、行为规范、文化符号与基层社会治理模式的选择，两者互为因果，相互渗透，并影响着当今的粤东社会形态。简言之，国家制度、地域文化共同影响下的乡村动员机制、海外华人网络与侨乡社会的权势位移、宗族、民间宗教及其与基督教的冲突等，既是国家大历史在基层社会的体现，也是"自下而上"理解国家历史的一个窗口。

本书所使用的资料以广东旧志为主，以中国第一历史档案馆、广东省档案馆及各市档案馆的相关档案、晚清报刊（包括海外华文与外文报刊）及其他地区案牍、日记、报纸、族谱、碑刻为补充，资料比较充足。特别是2011年以来，《广东历代方志集成》等陆续影印出版，广东县级以上政区的地方志全部出版，为本书研究工作带来极大的便利。我们也相信，这些史料足以为我们的观点提供支撑。

需要说明的是，本书所引历史文献中，部分用词或与现代语法不一致，有的观点有其历史局限性，有的地方对某些地区或群体用有贬义之词，为保留历史文献原貌，本书均未予改动，读者当能监察。

# 第一章 顺治、康熙初年的动乱

## 一、概述

明、清易代之际,粤东地区长期处于"不清不明"的状态,地方社会处于全面动乱之中。粤东各地"城头变幻大王旗",兵、民、贼身份难分,且又时常互相转换,一时之间,烽烟四起,战火连天,一直持续到康熙年间,沿海复界才进入平靖时期。这一时期主要的动乱包括源自区域内部的九军之乱、刘进忠之变,以及由闽入粤袭扰粤东的姜世英之乱、阎王老之变与郑成功据潮。而康熙元年(1662)起的迁海事件,更使沿海居民流离失所,惨不忍睹。

### (一)九军之乱(顺治二年至康熙年间)

顺治元年(1644),清兵入关,来自福建的两股流寇先后流劫潮州府城与揭阳县城。光绪《海阳县志》载:

> 姜世英,闽贼也,顺治元年甲申正月由诏安寇饶平诸县。二月,郑芋鲍寇海阳,官兵皆击败之。三月,叶祝老以数千人屯郡城河东,肆行焚掠。闽参将施福统兵自苏山坝逐至茅坑,杀戮无算,横尸遍野,祝老就擒。五月,世英党胡尾老谋袭府城,自归仁都以云梯缘城,官兵发大炮击退,尾老遁回漳州。秋七月,世英乞抚,巡道叶重华许之。至期,坐演武场,剑戟森严,缚世英及其党皆斩之。冬十月,贼党林尾统众数千扎槐梓沟,都司郭跃会、龚林盛、乡总许元会击之。官军大败,元会死焉,施福追至揭阳,林尾遁。①

---

① 〔清〕卢蔚猷修,吴道镕等纂:《海阳县志》卷二十五《前事略二》,光绪二十六年刻本,见广东省地方史志办公室辑《广东历代方志集成·潮州府部(十二)》,岭南美术出版社2009年版,第245页。

在揭阳,"顺治元年甲申正月,猺贼通闽贼。阎王老等数千人突至县西关,知有备,遁去。三月,山贼邱文德等寇蓝田,官兵御退之。又蓝霖贼千余人寇打石山,官兵击之,贼佯走,弃所劫之物于路,官兵争取之,贼突出杀我兵四百余人"①。

"闽匪"入粤虽然仅数月时间,却引发了持续十余年的"九军之乱"。顺治二年(1645),揭阳县西部客家人聚居的霖田和蓝田都形成了以刘公显为首领,曾铨、马麟、马殿、马登、傅达、丘瑞、黄甲、吕忠、吕玉为分支的九支地方军事势力,俗称"九军"。九军由刘公显率领,立国号"后汉大升元年",分设十五大营、十三大府,铸印选官,肆意攻掠讲闽南语的平洋人乡寨,并于同年攻破揭阳县城,大肆杀戮乡绅士庶。城内进士许国佐、黄毅中,推官邢之桂;知县谢嘉宝,举人杨琪华、黄三槐、杨世俊,贡生林鼎辅、谢联元,武举人杨德威,都司黄梦选,监生王之達、郑之良,例贡郭之章等皆被杀。另外,通县生员七十余人被杀。九军又毁文庙,劫城隍庙,开库狱,焚黄册。顺治八年(1651)五月,清军总兵班志富杀破九军,斩杀刘公显、马麟、傅达等,九军之乱方告式微。但其剩余势力又转投郑成功,对粤东地区的影响一直持续到康熙年间。

九军之乱本来是本地山区客家族群与平洋地区福佬族群之间的冲突,在明清朝代更迭之非常时期,情况变得错综复杂。如九军围攻揭阳县之时,清兵尚未控制揭阳县,揭阳官绅士庶均为南明政权辖下,遂向郑成功求助。郑成功一开始派兵支援揭阳,援兵到揭阳之后,却与九军首领刘公显形成联盟,九军随之投靠郑成功。地方志载:

> (顺治二年)十月初一日,郑芝龙旧将陈豹领水师数千,巨舰百余援揭。既而通贼,招刘公显为义男,教贼破城,沿河劫掠。知县赵甲谟以失城下狱论死,陈豹引九军贼至福州,授以官。②

这两支打着南明政权旗号的队伍在揭阳县爆发了激烈的冲突,其残忍程度,匪夷所思。如地方志载:

---

① 〔清〕刘业勤修,凌鱼纂:《揭阳县志》卷七《风俗志·兵燹》,乾隆四十九年刻本,见广东省地方史志办公室辑《广东历代方志集成·潮州府部(十七)》,岭南美术出版社2009年版,第312页。
② 〔清〕刘业勤修,凌鱼纂:《揭阳县志》卷七《风俗志·兵燹》,乾隆四十九年刻本,见广东省地方史志办公室辑《广东历代方志集成·潮州府部(十七)》,岭南美术出版社2009年版,第312页。

>（贼对县民）钉锁于天中，以猛火燃迫，至于皮开肉绽；掘坎于地下，以滚汤灌渍，至于体无完肤；多以油浸纸，男烧其阳，女焚其阴，异刑不能阐述……抢掠妇女，尽驱入山。所至破棺碎木主，贼名之曰"劈死鬼"。①

由此可见，清初粤东地区的动乱既因改朝换代形势之所致，本地区长期存在紧张的族群冲突现象也是动乱的诱因。

## （二）郑成功据潮

清初，郑成功军事势力进入潮州，潮州地区更加动荡。

郑成功是福建南安人，其父为福建总兵郑芝龙。郑芝龙降清之后，郑成功与所属部将继续从事反清军事活动，纵横闽粤沿海。顺治六年（1649），郑成功占据南澳岛，再由南澳进击同安、厦门。顺治七年（1650），为确保粮食供应，郑成功在潮籍海寇黄海如、陈斌的导引下，军事势力进入盛产粮食的潮州府沿海各县，"侦潮州沿海各县积贮，岁驾舟索饷以为常"②。

由此，郑成功与清兵及地方豪强在潮汕沿海地区爆发激烈的冲突。如地方志载：

> 顺治六年，（郑成功）舟过饶平县，黄海如引破南洋，寻入揭阳。
>
> 七年春正月，入普宁县，寻索饷棉湖寨，入达濠埔，杀张鲤，击碣石卫苏利，为所败而去。六月，率群盗黄海如、陈斌、刘公显等犯潮州府。潮镇郝尚久御之，漳镇王邦俊以兵来援，围解。上莆、东莆、龙溪等都大被抄掠。八月入潮阳县，杀土寇黄亮采、陈拔五、李芳等，寻入惠来。
>
> 十年五月，以郝尚久乞援至，击鸥汀背，不克，大掠揭阳而去。
>
> 十一年十月，犯饶平县，攻乌石寨不下，寻引去。
>
> 十二年八月，攻揭阳县，陷之，遂入澄海、普宁二县。闽寇仰给揭阳之谷，时严接济之禁，粟米不继，乃拥众寇揭阳，官兵接战失利。九月，县官同守将夜遁，城陷，并掠澄海、普宁。

---

① 〔清〕陈树芝纂修：《揭阳县志》卷三《兵事》，雍正九年刻本，见广东省地方史志办公室辑《广东历代方志集成·潮州府部（十六）》，岭南美术出版社2009年版，第362页。

② 〔清〕刘业勤修，凌鱼纂：《揭阳县志》卷七《风俗志·兵燹》，乾隆四十九年刻本，见广东省地方史志办公室辑《广东历代方志集成·潮州府部（十七）》，岭南美术出版社2009年版，第315页。

十三年二月，击之于赵林寨，杀数千人，寻遁。

十四年夏五月，陈斌引闽寇入潮阳直浦都，因侵揭阳地美都。六月，寇饶平县黄冈、大城、柘林等处。七月退。十一月，破鸥汀背寨。

十五年夏四月，攻澄海县，陷之。知县祖之麟、守将刘进忠等降焉。

十七年三月，引舟掠濒海诸县。冬十一月，复至。总兵黄应杰、吴进功御之。至明年正月，贼退。①

十八年辛丑，进取台湾，逐红夷，踞之。②

志书所载各处，如鸥汀寨、乌石寨、棉湖寨等均系潮州府沿海、沿江人口众多、经济发达、物产丰富之地，也是地方豪强集聚之处，拥有较强的军事实力，足以抵御一般的山贼海寇。不幸的是，在此天下多事之秋，兵、民、匪身份难辨，郑氏又与本地的客家人"九军"、潮人海盗等联结一起，里应外合，对沿海沿江各大村寨形成强大的军事压力，偶有不屈者，则大行杀戮。例如顺治十四年（1657）大破鸥汀背寨后竟实行屠寨，手段之恶劣，骇人听闻。

这一时期的粤东沿海地区无时无刻不处于风雨飘摇之中。

（三）刘进忠之变（康熙八年至康熙十六年）

刘进忠是顺治和康熙时期在叛明投清和反清复明之间反复变化的一名武将。刘进忠是辽阳人，原为明总兵马得功的小校。康熙二年（1663），刘进忠降清，康熙八年（1669）任潮州镇总兵。为了节制刘进忠，清廷特派续顺公沈瑞、副都统邓光明驻潮郡。康熙十三年（1674），刘进忠随靖南王耿精忠叛清，驱逐续顺公沈瑞全旗人马，又联络台湾郑经势力，进攻惠州。后刘进忠入闽谒郑经，不受郑氏待见。康熙十六年（1677），康亲王杰书大兵压境，连克汀州、兴化、泉州，郑经弃守漳州入台，刘进忠进退失据，遂再次降清，重任潮州镇总兵随大军进剿。此后，刘进忠还继续秘密谋划反清，最终于康熙二十一年（1682）被引诱入京而凌迟处死。

刘进忠叛清之后，潮属各县分崩离析，群盗四起，肆意攻掠，地方迭遭兵祸。在长乐县，"潮贼王元伟统老贼陈元魁、洪都声援李五子、四子乘逆

---

① 〔清〕王岱修，王楚书纂：《澄海县志》卷十九《海氛》，康熙二十五年刻本，见广东省地方史志办公室辑《广东历代方志集成·潮州府部（三十）》，岭南美术出版社2009年版，第173—174页。

② 〔清〕齐翀纂修：《南澳志》卷八《盗贼》，乾隆四十八年刻本，见广东省地方史志办公室辑《广东历代方志集成·潮州府部（三十二）》，岭南美术出版社2009年版，第92—93页。

裹白头蜂聚攻劫数十乡,胁从数万,余合力环攻水寨,幸生员周宏受拒御有方,城邑无虞"①。程乡县"丙辰正月役遭刘进忠党焚掠蹂躏频仍……城厢屋宇多被焚毁"②。在海丰县,"(康熙十五年正月)十六日,潮逆刘进忠同海寇数万,由县抵郡,百姓避兵者,虽山陬海澨,咸被剽劫。而各处诸亡赖辈,竖白旗倡乱,荼毒良民,众不聊生。又设立伪知县,追比军前米、毛丁劝输等,阖邑疲敝不堪"③。前来平叛的清兵也是四处征粮,兵败则肆意劫掠,如在惠来县,"(康熙)十四年乙卯攻潮,王师络绎派供人夫,赴军前应用。八月,提督严自明取本县守城大铁炮八门,运至峡山营堡。攻潮阳县后,师溃弗及运回。十五年丙辰正月初三晚,提督严自明收溃师回省,夜宿县南郊。守备吴泰出城力禀,驻师城外,城门谨闭。时兵不属主,将城外焚掠一空"④。

(四) 迁海复界期间的动荡 (康熙元年至康熙八年)

为了改变潮州地区"不清不明"的状态,剿灭郑成功等势力,有效控制地方社会,自康熙元年(1662)到八年(1669),清廷在包括潮州府在内的沿海地区实行迁海斥地。

经康熙元年(1662)、三年(1664)的两次迁海,潮州府属"海阳迁去龙溪、上莆、东莆、南桂四都,秋溪、江东、水南三都之半;潮阳迁去直浦、竹山、招收、砂浦、隆井五都,附廓、峡山、举练三都之半;揭阳迁去地美一都,桃山半都;饶平迁去隆眼、宣化、信宁三都;惠来迁去大坭、隆井二都,惠来、酉头、龙溪三都之半;澄海迁去上外、中外、下外、蓬州、鳄浦、鮀江六都,仅存苏湾一都。至五年而(澄海)全县毕裁,设墩台,戍卒以守"⑤。

---

① 〔清〕孙蕙修,孔元祚纂:《长乐县志》卷七《盗贼》,康熙二十六年刻本,见广东省地方史志办公室辑《广东历代方志集成·嘉应州部(四十)》,岭南美术出版社2009年版,第745页;侯坤元修,温训纂:《长乐县志》卷七《前事略》,道光二十五年刻本,见广东省地方史志办公室辑《广东历代方志集成·嘉应州部(四十)》,岭南美术出版社2009年版,第470页。
② 〔清〕王之正纂修:《嘉应州志》卷八《杂记部·寇变》,乾隆十五年刻本,见广东省地方史志办公室辑《广东历代方志集成·嘉应州部(三十五)》,岭南美术出版社2009年版,第373页。
③ 〔清〕于卜熊撰:《海丰县志》卷十《邑事》,乾隆十五年刻本,见广东省地方史志办公室辑《广东历代方志集成·惠州府部(十二)》,岭南美术出版社2009年版,第325页。
④ 〔清〕张绍美纂修:《惠来县志》卷十一《兵事》,雍正九年修刻本,见广东省地方史志办公室辑《广东历代方志集成·潮州府部(十九)》,岭南美术出版社2009年版,第397-398页。
⑤ 〔清〕金一凤修,陈衍虞纂:《海阳县志》卷一《疆域·兵事》,康熙二十五年刻本,见广东省地方史志办公室辑《广东历代方志集成·潮州府部(十一)》,岭南美术出版社2009年版,第25-26页。

迁地政策给沿海地方带来极大的伤害，《（葛园）纪氏族谱》载：

>康熙元年二月初七日，本县知县谢，悬示即令搬移。彼都之人，逃走如鹜，庐舍尽烬。山画界而水插桩，樵无采而渔莫捕。谷贵如珠，升盐钱银。失业之人，营活无门，或鬻妻而留子，或鬻子而留妻，或妻子具鬻，孑身行凶。父不见子，兄难见弟。嗟哉！斯时虽血不满长城，实尸横镇于巨巷。①

一些地方豪强凭借军事势力试图抵制迁地，最著名者为碣石苏利抗迁事件。雍正《惠来县志》载：

>康熙元年迁地，二年续迁。知县李济同大人履勘绘图，立界剐沟。碣石苏利抗迁，沿海地方分哨据守。其党郑三据龙江，余煌据神泉，陈烟鸿据靖海。三年八月初七日，征南大将军王国光督师由潮达惠，至靖海大塘埔，烟鸿拒敌授首，遂长驱至邑。初十日，龙江郑三一鼓而歼，神泉余煌奔窜。师由长青与平藩合剿，利出战南塘埔，杀败身死，大师凯旋。②

部分地区则在地方豪强的庇护下，得以缓迁或少迁，例如澄海县南洋乡。《樟林乡土资料》载：

>时我潮六县俱以照钦差大人、平南王、督抚、提督踏勘地方界限，火刻搬入。我澄全县，实在其内。时幸新受总兵许龙保荫，是以缓迁。众荷其功，乡绅里老乃题捐派凑，买乡中林家祠堂边空地，盖建一祠，以奉许公生辰。不意建盖未成，复有奉旨斥地之令。随于康熙三年甲辰我澄全斥，仅留南洋、程洋冈、南沙寨等乡一圈，名曰两河中间。我乡先斥，屋宇、砖石、对象、树木悉被未迁之人搬斫已尽。后至丙午年，南洋等乡亦斥。即有奉旨着许眷属搬程乡，未几又钦差大人同提督拘许上京归旗。③

---

① 〔清〕纪吉臣：《家序》，见《（葛园）纪氏族谱》，新抄本，广东省汕头市潮阳县葛园乡纪氏后人传抄。
② 〔清〕张绍美纂修：《惠来县志》卷十一《兵事》，雍正九年修刻本，见广东省地方史志办公室辑《广东历代方志集成·潮州府部（十九）》，岭南美术出版社2009年版，第396–397页。
③ 《上林陈氏》，见《樟林乡土资料》，汕头市澄海区博物馆藏。

但从总体情况看，清廷迁地政策扼制台湾郑氏的效果极其有限。其中重要的原因之一就是，郑成功部将丘辉仍然扼守达濠城（今汕头市濠江区）十余年，隔着榕江入海口与清兵对峙。

丘辉绰号"臭红肉"，潮阳人，长期流劫粤东沿海地区，后依附郑成功。迁海期间，他通过在澄海界外设置交易市场或攻击沿海沿江村寨而获得补给。如康熙二年（1663）十二月初八日，"是夜，巨寇丘辉统贼千余破棉湖寨，掠去男妇六七百人，树营终日乃去，货物不能尽卷者，尚存过半"①。康熙九年，丘辉竟"公然开府于达濠埠，置市廛数百间，擅一府鱼盐之利。潮商买盐上广济桥贩卖，非有贼票不敢出港也"。康熙十九年（1680），清兵攻克达濠埠，丘辉扬帆掳惠来、海丰妇女千余人而去。②丘辉发动的多次大型劫掠和动乱成为清初扰乱粤东地区的重要因素之一，地方志多次称"潮州寇祸未有如辉之惨毒者"③。

康熙七年（1668），广东巡抚王来任目睹迁地之惨，遂上复地之疏，两广总督周有德得旨毅然行之，被迁的民众才得以复界，民始庆苏生。④ 迁海复界的过程涉及了各方利益，也体现了国家与地方社会互动的过程。现存正史、方志及族谱等民间文献从不同侧面揭示了这一复杂过程。

**小结**

顺治年间至康熙初年，粤东地区发生了持续的、错综复杂的社会动乱，其成因大约有三个方面：

其一，直接因素是在明清朝代更迭的大背景下，地方政权处于失序状态。清兵与南明残存政权在这一地区进行了长期的拉锯战，地方军事实力者不得不在南明和清两个政权之间斡旋，其立场随着各方利益的需求变化而经常发生反复。例如潮州总兵郝尚久、刘进忠等就经历了多次反清复明和叛明归清的过程，地方社会处于"不清不明"的状态，人心涣散，官绅士庶但求自保。

其二，明代中叶起本地区开始的地方军事化过程，使地方豪强具备了与外来势力进行抗争的实力。自16世纪中期，粤东地区逐渐进入山贼、海盗

---

① 雍正九年《揭阳县志》卷三《兵事》，见广东省地方史志办公室辑《广东历代方志集成·潮州府部（十六）》，岭南美术出版社2009年版，第374页。

② 康熙二十五年《海阳县志》卷一《疆域·兵事》，见广东省地方史志办公室辑《广东历代方志集成·潮州府部（十一）》，岭南美术出版社2009年版，第26页。

③ 乾隆三十年《澄海县志（一）》卷二十《经略海防》，见广东省地方史志办公室辑《广东历代方志集成·潮州府部（二十八）》，岭南美术出版社2009年版，第971－972页。

④ 康熙二十五年《澄海县志》卷十九《海氛》，见广东省地方史志办公室辑《广东历代方志集成·潮州府部（三十）》，岭南美术出版社2009年版，第174页。

蜂起时期，特别是嘉靖年间，内陆山区有饶平县张琏起事，波及闽粤赣三省边界；沿海地区有吴平、林道乾、曾一本、林凤等海盗集团接连劫掠。持续的动乱使官府疲于应付，为募兵措饷，无所不用其极，沿海地区民不聊生。由此产生了地方社会军事化现象，乡民富绅纷纷聚族合村，筑寨自保，潮州沿海、沿江地区出现了许多大型的军事性城寨，后来演化成"乡无不寨，高墙厚栅"。军事性城寨的形成又与明代中期之后潮州宗族社会的建构过程叠加在一起，两者之间具有千丝万缕的关系。这些因素促使沿海地区出现了一批规模庞大、人口众多的大型村寨，如和平、鸥汀、龙湖、冠陇、南阳和樟林等聚众人数均超过万人，促使地方宗族势力日益强大。

其三，操客语的山区人与操福佬语的平洋人之间的矛盾被诱发成激烈的冲突。在沿海、沿江形成大型村寨的过程中，地方豪强势力的发展对山区客家人形成了强大的压力。在没有外来因素之前，双方尚且可以保持一种紧张的平衡；但在朝代更迭之际，地方政权失序，这种平衡被打破，酿成了持续十余年的九军之乱。九军之乱中，从客家人对平洋人进行了疯狂的、几乎丧失理智的报复中，可以窥见双方积怨之深。

由上，清代初期，聚集在沿海、沿江大村寨中的豪强势力在与郑成功对抗中大多支离破碎，所存者如碣石苏利、澄海许龙也在迁地事件中被清兵消融。"一刀切"的迁海令虽然令沿海地区民不聊生，但也使该地区积蓄百余年的大宗族势力分崩离析，这为复界之后地方社会的重建以及地方政府实施有效管治创造了极为有利的条件。康熙二十三年（1684）重开海禁，粤东地区统治秩序渐告平靖，直至经过康雍乾三朝百余年的经济、文化积累之后，地方豪强势力方再抬头，阶层矛盾也相应激化。至咸丰年间，粤东地方又再次开始动荡。

## 二、史料辑录

### （一）顺治年间闽匪袭粤及本地九军之乱

#### 1. 闽匪袭粤

**乾隆四十九年《揭阳县志》卷七《风俗志·兵燹》，《广东历代方志集成·潮州府部（十七）》，岭南美术出版社 2009 年版，第 312 页**

顺治元年（1644）甲申正月，猺贼通闽贼。阎王老等数千人突至县西关，知有备，遁去。三月，山贼邱文德等寇蓝田，官兵御退之。又蓝霖贼千余人寇打石山，官兵击之，贼佯走，弃所劫之物于路，官兵争取之，贼突出杀我兵四百余人。

**光绪二十七年《海阳县志》卷二十五《前事略二》，《广东历代方志集成·潮州府部（十二）》，岭南美术出版社2009年版，第245页**

顺治元年（1644），闽贼姜世英、郑芋匏、叶祝老、林尾等犯潮州。姜世英，闽贼也，顺治元年甲申正月由诏安寇饶平诸县。二月，郑芋匏寇海阳，官兵皆击败之。三月，叶祝老以数千人屯郡城河东，肆行焚掠。闽参将施福统兵自苏山坝逐至茅坑，杀戮无算，横尸遍野，祝老就擒。五月，世英党胡尾老谋袭府城，自归仁都以云梯缘城，官兵发大炮击退，尾老遁回漳州。秋七月，世英乞抚，巡道叶重华许之。至期，坐演武场，剑戟森严，缚世英及其党皆斩之。冬十月，贼党林尾统众数千扎槐梓沟，都司郭跃会、龚林盛，乡总许元会击之。官军大败，元会死焉，施福追至揭阳，林尾遁。

## 2. 九军之变

**雍正九年《揭阳县志》卷三《兵事》，《广东历代方志集成·潮州府部（十六）》，岭南美术出版社2009年版，第361–370页**

顺治二年（1645）

顺治二年乙酉六月，地方鼎沸。因澄海寇以效尤，各乡抢掠纷纷。县内四门抢米，旋抢人家。知县令官兵民夫力御乃止，杖杀戎首数人，县中戒严。

石坑贼首刘公显统九军贼总聚蓝、霖二都以叛，扎营南塘山水陆交会之处。九军者，曾铨、马麟、马殿、马登、傅达、丘瑞、黄甲、吕忠、吕玉。又以潘俊为东军，陈云任为南军，陈汝英为北军，陈侃如为西军，凑为十三军。又以温韬鲁为都军，吴元为大将，曾懋昭为二将，具一十八将，其余贼首数百计。擅立伪号曰"后汉大升元年"，立十五大营、十三大府，铸印选官，妖贼矫诬如是。后竟破县城。又数年，陆续被诛，无谯类。按：嘉靖十三年，土贼苏继相据蓝田之黄寨，号"天一大王"，朝命讨平之。计至此甫一百年又反。

霖田都三山河婆生员刘大隆亦同时聚众而起，然不甚害人，与九军贼敌，功罪相半，后屡受札委联络地方。官溪贼蓝玉、陈表附九军贼不悛。盗日猖獗，县官、绅、衿日夜寝处城上。

南北各贼大破乡寨，肆行焚劫，自此以后□□余年间，劫掠乡寨，时时不断，百无一免者。

七月初六日，官溪诸乡杀猪贼四百余，弃之于水。

备礼往闽请兵，意在请将官洪正，既而来揭之帅乃陈豹也。后陈招纳九军为义男，揭之鼓祸始终在此一人。十五日，东南军贼潘俊犯东门，西营把总吴式亨退之。

九军贼屡逼县城，知县吴煌甲率众严守，昼夜登陴。勤劳日瘁，骤病。二日卒，年三十二，士民哀之。

### 顺治三年（1646）

六月初十日，协镇汤家币汛守揭阳，禁锢城门。家币带兵三百余，分守四门，生端抢夺，靡所□□，妇女、器用一切不准出城。又召贼首潘俊带伙入城协守，杀人无惮，俵籴于民，勒偿至十倍八倍。

是月（六月），内九军贼闻总督佟养甲、提督李成栋招抚诸贼，赦前罪，授职衔，令随征立功，欲往赴之。十二月十一日，始弃揭阳归山。二十五日，副将文贵金、汤家币往剿苦竹溪寨。贼初畏惧，既乃同恶相济，寇益横行。①

八月初九日，九军贼赴召往省，会同至县，杀掠混抢，家家闭户，不敢与角。

九月十一日，九军贼刘公显连金甲贼吴元等陷县，由新河渡北溪，五鼓入进贤门。毁文庙，拆城隍，开库狱，焚黄册，大肆杀掠。缚执仕宦、富民，酷刑拷扑，体无完肤。分踞镇营县署，杀在籍都司黄梦选，进士许国佐、黄毅中，推官邢之桂，知县谢嘉宾，举人杨琪华、黄三槐、杨世俊，岁贡林鼎辅、谢联元，武举杨德威，监生王之逵、郑之良，例贡郭之章。诸生被杀者七十余人，停枢未葬者，剖其棺，名曰"劈死鬼"。是月十五日，军门程峋遣训导汪起蛟至县招抚贼，语以今日之权由陈豹为政，拒弗从。②

十月二十日，陈豹加刘公显左军都督，铸"镇国将军"印。破城日，请陈豹至县，厚以酬之，又以万金往馈郑芝龙。改"揭阳县"三字为都督府，余贼俱署都督门牌，为东西辕门数十处。出攻西营，被把总吴式亨击杀

---

① 〔清〕刘业勤修，凌鱼纂：《揭阳县志》卷七《风俗志·兵燹》，乾隆四十九年刻本，见广东省地方史志办公室辑《广东历代方志集成·潮州府部（十七）》，岭南美术出版社2009年版，第312页。

② 〔清〕刘业勤修，凌鱼纂：《揭阳县志》卷七《风俗志·兵燹》，乾隆四十九年刻本，见广东省地方史志办公室辑《广东历代方志集成·潮州府部（十七）》，岭南美术出版社2009年版，第312—313页。

百余人，坠水死者五百余人。十一月初三日，贼拥众犯府城，城内发大炮击之，杀百余人，惊奔回县。先是闽将李旺来府援剿，扎开元寺，欲行不轨。军门程峋、参将王振远知之，诈与之谋，设席寺中，半夜起而擒之，戮贼三百余人。初八日，九军贼攻乔林寨，围几二月，寨众乘其懈，开门击杀贼千余人。是月，狢贼引众欲杀尽平洋人，平洋诸乡知其无援，远近互救，贼宵遁。是月九军贼会潮阳洸水、洋乌诸贼犯潮阳，为城内炮石所击死千余人，逃回揭。因劫人坟墓，凡称吉地者，俱遭锄挖，弃其尸，另葬贼柩于其中。九军贼总刘有据县，以进贤门骑兵可直冲，不利，闭塞之。日夜饮酒街市中，典史陈应位过而诃之，被贼群殴，署知县张增寅不敢执问。是时谷贵民饥，征比益逼，乃贱鬻子女于原掠之贼人，卖田园于原耕之贼佃，房屋又拆卖于蓝、霖之贼乡。①

**顺治四年（1647）**

顺治四年丁亥，九军贼僭号乡纠，往来县城无忌，良民逃窜，乡曲犹恐不免。

九月二十一日，海寇拥明宗室益王子朱由榛至揭，与土贼许元烈、钟振凤、刘有、潘俊、吴元、程缨、吴英、吕耀、林梦祥、林西畴、林互五等，潜谋兴复，以许丹山为军师，踞县城，称监国。诸逆在县三日，遣陈高震、黄虬入山结九军贼，欲攻府城。援揭镇道闻之，亟召乡兵，而密诱吴元归顺为内应，元允诺，遂开门放兵入。是时新亨、乔林乡兵先至，海寇惧弃由榛，扬帆而走；许元烈、钟凤振皆被杀；程缨、吴英等相帅脱逃。是夜，总兵车任重统大兵至，欲暨行剿戮，传令四门街道开刀。署县张晓恳求止，官杀贼，毋伤我百姓。任重有难色，晓请捐俸犒军事士，任重乃擒由榛杀之，余诫勿犯揭，民得全。按：任重，本归善县招抚红头贼党，自称潮州总镇，与提督李成栋俱叛归明。时永明王朱由榔僭号，改元永历，以肇庆府为行宫。伪道李光垣、知府凌犀渠、知县桂岳至自肇庆见任重骄姿，颇为裁抑，或谓府道等将不利于任重，任重惑焉。七月，伪明王朱慈眘拥兵城外，任重邀光垣等于坐间，杀之。永明遣郝尚久密图任重，十二月二十九日抵潮，寓南关外崇福庵。次年正月元旦，任重往贺，尚久喝壮士收缚斩之，一时红头

---

① 〔清〕刘业勤修，凌鱼纂：《揭阳县志》卷七《风俗志·兵燹》，乾隆四十九年刻本，见广东省地方史志办公室辑《广东历代方志集成·潮州府部（十七）》，岭南美术出版社2009年版，第313页。

党羽歼灭殆尽。①

十月初一日，贼党杀九军总曾铨于钓桥。铨与贼标温邹等仇，告至县。先一日，贼徒百伙来，树白旗于西门外，列铨罪十余事。是早，数十人擒铨出县支解之。

十月念一日，澄寇拥益王子朱由榛至揭，时贼许元烈、刘有、潘俊、吴元、程缨、吴英、吕耀、林梦祥、林西畴、林互五等，又以许丹山为国师，文者参政，武者都督。是日，假树伪明朝，年号"监国"。戴纲缚署知县张增寅、署典史陈应位，既而释之。

十月廿四日，新亨、乔林出乡兵，官令吴元为内应，擒朱由榛、许丹山。吴元，叛贼也。于此为破城内应第二次矣。诸逆在县三日，遣陈高震、黄虬入山，结九军贼，□称攻府欲举大事。先一日，镇道出城并召民兵围擒而定计，密令吴元为内应，缚由榛，放兵入城。新亨、乔林民兵先入，海寇弃由榛，扬帆走；许元烈、钟凤振皆即被杀；程缨、吴英等亦走。是夜，都督车任统大兵至，欲暨行剿戮，已令四门及街道放火开刀矣。赖署知县张晓跪求止杀安民。车有难词，张愿捐俸与车犒赏军士，至于再四，车乃允。事平如议与之。后百姓感捐资不杀之恩，投柜鸠银还张，张不受。万民将此银公买大屋二所，一祀张，一祀车。后海寇戊子年陷揭城，入见二祠，恨而毁之。然百姓家家画张小像而尸祝焉。按：车镇乃本朝总兵官，被叛提督李成栋胁降明，非其本意，后伪明之文官侮车，车忿激杀其三人，欲仍归朝，而为郝尚久所截杀。夫车虽非全人，而此项不杀揭合城之民，犹从谏之良心未可掩也。

### 顺治五年（1648）

五月，获杀破县贼林梦祥兄弟、林西畴权侄于教场，又杀林互五父子并陈高震于县前。二十六日，杀贼军师许丹山于县前。二十七日叛贼刘有走至桃山被获杀之，割鼻剜目，斩手足以快人心。

四月初四，反贼黄质白聚众潜县内，署县张晓统兵诛之，贼溃就戮。按：质白，白石寨长也。潜藏贼众四百余人于邑内空屋中，县中饥民从之者众。署县张晓暮夜知之，亲率守城兵壮，直至贼所，自执双刀与贼对阵，手杀六贼。众兵随而扑之，贼随大败而散，阵擒甚多。贼首质白逃往白石，张

---

① 〔清〕刘业勤修，凌鱼纂：《揭阳县志》卷七《风俗志·兵燹》，乾隆四十九年刻本，见广东省地方史志办公室辑《广东历代方志集成·潮州府部（十七）》，岭南美术出版社2009年版，第313—314页。

密令新亨乡兵获之，械至县与众共弃，民食其肉，惟存余骨悬示于衢。

二十日，援剿将洪正密遣林熊杀金甲贼首吕耀于按察分司。按：耀集党置巢于东门外邢家围，横行无惮，邑人震恐，署县张晓因与洪计杀之。洪唤熊入，嘱熊给耀入馆议事，洪擒耀，熊取匕首刺杀耀，阖城始安。明日杀其党绰号江西五、匏瓢三等十余人于东西两关，余贼散走。

二十七日，九军贼刘公显、刘胜、黄甲、马麟拥众犯府城，被府击败逃回，新亨人堵截之，杀贼甚多。

二十九日，九军贼迎闽伪定国公郑鸿逵至揭，驻扎割据不回，流毒百端，造虐万状。闽伪平国公郑芝龙被贝勒带赴京。弟鸿逵、芝莺，侄成功住厦门、金门、南澳等处。四月中，鸿逵率舟师三千余人、艨艟大小二百余只始至潮阳港外，九军贼引至揭邑。舟载伪明王淮王、宁靖王，伪侯陈豹，伪伯杨际时、郭子英、蔡升，伪挂印林贯，伪总理林英，伪都督四十余员同来，以揭为伪巢，蹂躏四年余乃去。时人为之语曰：哑王跛公青盲伯，鬼将贼兵瘟瘴官。谓王不语，公跛足，伯目不识丁，将用红发乌面倭鬼，伪文官尤克剥百姓也。

闽人杀庄乌六于西关，随禁民间私藏兵器。鸿逵多所疑忌，防卫周详，人不敢巷语。庄乌六等见，疑为奸细，杀之。旋禁蓄军器，收拾殆尽。又党猪贼出哨，人民为之股栗，彼自谓以兵卫民，实残民也。按：《五代史》：梁时吴王杨隆沿禁民间私蓄军器，盗贼益繁。御史台主簿卢枢言："今四方分争，宜教民战，且善人畏法，禁而奸民弄干戈，是欲偃武而反诏盗也。官团结民兵，使之习战，自卫乡里。王从之。"

七月初十日，陈豹杀金甲贼总吴英兄弟于岸。

八月，九军贼焚劫各处乡寨，倚鸿逵之威也。

**顺治六年（1649）**

顺治六年己丑七月初八日，九军贼出，扎黄岐山，攻劫乡寨。陈豹出兵助之，流毒滋甚。[①] 十六日，总镇郝尚久、知府沈时剿破梅岗贼，崎河子、鲤鱼诸寨贼党由是稍沮。

八月念六日，郑鸿逵舟师与府城总镇郝尚久陆师于铺前大战，自辰至酉大炮相击不绝，彼此死伤各千余人。贼首刘公显报鸿逵，府兵大队从岐山后来袭攻揭阳，是夜鸿逵退。

---

① 〔清〕陈树芝纂修：《揭阳县志》卷三《兵事》，雍正九年刻本，见广东省地方史志办公室辑《广东历代方志集成·潮州府部（十六）》，岭南美术出版社2009年版，第366页。

念九日，公显等拥至梅岗，府兵方战。鸿逵倈往助公显，众寡不敌，铺前因以不守，围寨铳城，木栅概被贼毁。九军贼藉鸿逵之船铳，鸿逵赖九军贼之多伙也。

　　九月初一日，总镇郝尚久大戮九军贼于梅岗。狡贼得志五年始有此败。贼屯乌岗山，百姓震怒。郝兵是日出城抵深坑，命沈时、郑廷相合兵，出大窖遇贼，廷相阵亡，沈走。贼喜纵饮，倈而郝督骑三百、步千余，贼措手不及，四散奔走。府兵乘夜杀人。大营奔追十余里，马兵射杀，步兵取功。共戮贼首级五百余；并杀贼镇巫淑英；生擒贼首黄甲，贼总黄斌、张火攻等。各寨又截杀三百余，夺贼旗号，皆定国府爵下。

　　十一月初四日，知府沈时屯兵罗山，同蔡元带乡兵千余进攻贼寨。贼首赤岸寨散走，南輋、大白寨皆卸。

　　十二月十七日，郑鸿逵迎其侄成功至县。成功为澄寇黄海如勾引入潮，逵令人迎之。成功亲随林胜、杨才（左右先锋）、黄山、施信（左右援剿）、杨勇（北镇）、洪进、阮引、康明、甘辉（神机、神器、戎旗诸营）、黄凯、史朝炯（总督漕运）、潘加钟、林期昌、林翰（参军赞书）、颜尚通、萧武、戴彰、翁文贤等至揭。共二十四镇，每镇五六百人。按：成功刚愎自用，待下严酷，出兵多匹马独往，后军随之攻战，有进无退，所以一败涂地。最多疑，每夜三易其寝，一日数更其衣。

　　十二月十九日，郑成功攻破贼寨凡数处，勒助饷。郑鸿逵杀降贼张礼于南河。

**顺治七年（1650）**

　　顺治七年庚寅正月初八日，知府沈时督兵攻破蓝田诸贼寨，贼以次逃散。二十日，郝尚久与兵道沈时督府兵出剿鸳鸯寨，不克而回。

　　郑成功勤征兵需，叔郑鸿蓬勤征抚饷。

**顺治八年（1651）**

　　顺治八年辛卯正月十七日，郑鸿逵诈回闽，空其城，诱杀乡民，四五百人溺于水。十五日，鸿逵祭江。十六日，放城，命其兵撤家上船。是夜，密折四城门并水栅，黎明发炮，扬帆诈出。新亨陈敬等拥乡众至西门，乘潮退涉浅入县，千万人不绝。将午潮涨，时天雾，对面莫辨。鸿逵令小船进截港路，县内觉，争走溺死于河。闽兵四门抢入，见剃发者皆杀，抛弃衣服、甲盔，堆积如山。被杀者悬首级于北关，计共六百余人。

　　十九日，蔡元与闽船战，败走避乔林。元见闽出欲提兵入县，以邀逐闽之功。至盘载知逵入县杀人，是夜，乃驻曾厝寨。次早，逵命小船八十余只，偃旗息鼓，直抵大沟河截之。彼此互战，自辰至申，元败，而闽兵追至乔林寨，寨放元入，发炮击退闽兵，元军始全。二十日，鸿逵大攻乔林寨，恨匿蔡元也。大兵尽泊港口，自辰至酉，连发大炮三百余，墙屋俱破，人心益坚，邻寨俱卸走。至明日，鸿逵始尽往矣。逵往二日，官民尚恐其诈。暨走，县内断烟火鸡声者五日夜。元令兵填钓鳌桥，修城门及窖栅，大禁兵民拆屋，又不许追问郑党，人咸颂之。按：揭阳至此，已四破城矣，然莫此为甚。县内断鸡犬人声者五六日，千古未有此变。蔡元始为招集而兵缚人于县上，贼截剥于路，纷纷又如叛乱。①

五月初六日，总镇班志富杀破县九军贼，刘公显、马麟、傅达传首至县，民快之。总兵郭虎入潮，凡贼魁皆受贿纳之，引以居府，且听妄报良寨而破之，贼得意倍常。及班至，郝启之同密约定，是日置郭，而班郝会同道府拿至鞫毕，发杀南门。次日，传三首级并获亲随十一名送至本县，知县李之衍未及审问，被众碎死衙前，三首级号令西门。五月，班郝二镇檄取米谷、硝磺以赴征剿，民喜应之。

五月十六日，总镇郝尚久、班志富督兵剿□□贼巢鸳鸯寨三寨，至八月乃克之，杀贼千余，贼巢毁平。按：白塔洪姓寨自乙酉被破，为贼占踞，后为贼巢。三寨相连，曰郑厝仓、洪厝寨、许厝寨。贼更名之曰"鸳鸯寨"。内之贼总系刘公显之先锋，有丁周、丁卿、丁羽、丁贯及邹定、李衍之、罗怀鼎等，知公显已死，大兵将出，数日夜收割早稻，蓄鱼盐以备固守。是日，两镇统兵六千、骑千余，并召蔡元、吴其亨抚兵，杨广、余仁、刘大隆、陈敬、许龙等兵，各带土兵，星列棋布，旋绕围之。先是大兵甫至，贼寨恃险，以周围大池、粮食、器械俱足，其余邻寨走散三十余寨。大兵数日一攻，发大炮击倒寨墙，贼即坚垒以备，日或饮戏吹弹于内。班郝怒，令兵周围开沟，阔丈余，深一丈，运拆卸寨之杉木扦栅于外，填大土墩高于寨，夜日发铳于堆上。周筑土城，高七尺，厚四尺，城垛之下着兵森守以防卸逸。大风雨益加严密，各兵营筑土围如寨。每营另搭高台一座，远瞭四方，令兵口市于营中。县官日取米饭、猪酒、食用器械诸务杂物，抽民夫水陆载运，往来如织；各将领取婢妾娼妓之类来此，以示久守之意。时贼食将尽，乃愿乞降，班、郝绐之曰：先降者赏，后出者罚，久抗必死。十二日出降，郑厝仓、许厝寨相继出降者七百伙，女千口。班、郝令俵各营，是晚密令兵

---

① 〔清〕陈树芝纂修：《揭阳县志》卷三《兵事》，雍正九年刻本，见广东省地方史志办公室辑《广东历代方志集成·潮州府部（十六）》，岭南美术出版社2009年版，第367-368页。

杀之，妇女有色者并一二幼儿，兵匪以归。十三日，丁周、邹定出降，班、郝唤白塔洪姓有仇者杀之。二贼巢一时毁平，其洪厝寨着兵就近严围，寨内之粮已尽，饥死过半，粮讫至食纸、布之类。贼料必死，自焚玉帛、珍器、衣服、什用，是早放火自焚，兵乃拥入，将内千余男妇一概杀戮。是日房屋焚，墙垣毁，明日班师。按：贼辈得志七载，罪恶贯盈，一旦显戮，未足以快人心，必饥饿之，恐惧之，百十日而始就戮，畅哉！班、郝二镇，未称全人，亦做一场美事。①

九月念六日，百姓恳留防守墨承启。承启居揭残破之际，招徕百姓，兵民相安。时有争墨位者，贿上司，取墨往，民大失惊，罢市闭门，数百人往府哭留至切，上司乃可。

十二月十三日，乡练总张凤获九军标总刘龙至县，官令万民殛杀衙前。

**顺治九年**（1652）

顺治九年壬辰九月念五日，李国用代墨承启防守揭阳。放赌攘夺，受词酷勒，人民患之。时人为之语曰：揭阳有一墨，处处都无贼；揭阳有一李，家家都叫死。

十月念八日，郝尚久率官、乡兵剿蓝霖诸山贼。

**顺治十年**（1653）

顺治十年癸巳闰八月十三日，靖南王同将军哈哈木五大人及饶镇吴六奇、潮镇刘伯禄带官、乡兵六万余，骑兵三千攻围府城叛镇郝尚久。时本邑答应艰繁，揭防守李国用，协守房才、墨承启共议归顺，裨将李文海不从，众强之，乃同投诚。

士民赴靖南王行营，保留墨承启再守揭阳，王许之。

九月十四日，郡城破，暂宽本县答务。

十年癸巳，郝尚久杀车任重投诚，权镇潮州，结寨金山顶。明年正月，张灯宴会，势甚横。三月，我总兵刘伯禄至，檄尚久为参将，尚久怏怏不赴任，署巡道沈时促之，遂叛，自称新泰伯，奉伪明永历七年僭号，执知府赵信辰，攻潮阳，掠揭邑。逆靖藩耿精忠统满汉兵十万，分驻城外声讨，犹待其降；总兵吴六奇坐观成败，不宣王命；尚久乞降无路，婴城固守。九月十三日夜，我王师以巨炮攻西北门，阴遣舟师由东角入城，遂陷。尚久奔金

---

① 〔清〕陈树芝纂修：《揭阳县志》卷三《兵事》，雍正九年刻本，见广东省地方史志办公室辑《广东历代方志集成·潮州府部（十六）》，岭南美术出版社2009年版，第368－369页。

山，与其子尧同赴井死。是夜屠城，斩杀无算。①

**顺治十一年（1654）**

顺治十一年甲午八月十二日，饶镇吴六奇大败蓝、霖二都九军贼，更请益兵万余围马头营。

十一月念八日，贼寨马头营破走。按：饶镇自五月初统兵匝围是寨二百日矣，至是贼粮尽，内开地窖达营外，乘夜窜卸，吴兵既觉堵截之。贼死战，兵莫敢近，尔后老弱及老媪幼儿一百余，兵尽戮之。

**顺治十三年（1656）**

（三月）十六日，藩镇兵剿河婆寨，土弁刘大隆死。闽寇既去，镇将许尔显、徐成功留兵千余人护守县城，余尽往河婆寨。始于尖田尾寨，杀三百余人，土弁刘大隆帅百余人，备酒肉以迎，尽杀之，并缚大隆至寨外。时大雨如注，大隆密嘱寨众走，附近五十余寨闻之皆走，大隆被杀而保全乡寨甚多。

四月初一日，杀叛贼游云伍于罗山。游云伍，九军贼党也。借闽势，吓索乡寨，人咸恶之。至是徐、许二镇令其招降，招林标、何虎等不至，乃杀之。②

**光绪《丰顺县志》卷七《兵寇》，《广东历代方志集成·潮州府部（三十）》，岭南美术出版社 2009 年版，第 623 - 624 页**

刘公显，石坑贼首。顺治二年，统九军贼总，聚蓝、霖二都以叛。九军者：曾铨、马麟、马殿、马登、傅达、邱瑞、黄甲、吕忠、吕玉。又以潘俊为东军、陈云任为南军、陈汝英为北军、陈侃如为西军、温韬鲁为督军、吴元为大将、曾懋昭为二将，其余贼以数百计。僭伪号曰"后汉大升元年"。闽伪都督陈豹至揭，名为救援，实通贼党，招九军贼为义男，授以伪都督官，据城掠乡，势益猖獗。三年，大兵至潮，贼遂众投诚，总督佟养甲、提督李成栋带各贼随征，赦前罪，授以职衔，贼始弃揭城归山，肆行不改。五

---

① 〔清〕刘业勤修，凌鱼纂：《揭阳县志》卷七《风俗志·兵燹》，乾隆四十九年刻本，见广东省地方史志办公室辑《广东历代方志集成·潮州府部（十七）》，岭南美术出版社 2009 年版，第 317 页。

② 〔清〕刘业勤修，凌鱼纂：《揭阳县志》卷七《风俗志·兵燹》，乾隆四十九年刻本，见广东省地方史志办公室辑《广东历代方志集成·潮州府部（十七）》，岭南美术出版社 2009 年版，第 319 页。

年，复拥众犯府城，败回新亨，乃迎闽伪定国公郑鸿逵至揭城，倚以为主，焚劫各处乡寨。六年，总镇郝尚久大戮之于梅冈，得志五年，始有此败。八年，总镇班志富攻杀公显及马麟、傅达传首至县，民快之。余党据郑厝仓、洪厝寨、许厝寨，更名曰"鸳鸯寨"。郝、班二镇会兵剿之，围守百余日，饿死几半，贼巢毁平。十一年，饶镇吴六奇复大败之，余孽始尽。

**李介丞撰《明季岭东山砦记》，广东省立中山图书馆藏线装本，1936 年**

（金汤寨）甲申明吏部员外郎罗万杰所筑。……时九军贼势已猖獗，化鹏筑金鼎，万杰筑金汤寨。

金瓯山寨，在丰顺县南，离治五十里，近塘坑市，山势高峻。明末国变，九军贼刘公显等盘踞蓝、霖二乡为乱，乡人谋自卫，乃沿山筑墙，平地凿池，仅南向开门。

白石寨，在揭阳县西北蓝田都，距县三十五里。明末九军贼起，地方骚动，白石乡人黄质白督率乡众结寨谋保聚，被推为寨长。

（二）郑成功据潮

**康熙二十五年《澄海县志》卷十九《海氛》，《广东历代方志集成·潮州府部（三十）》，岭南美术出版社 2009 年版，第 173-174 页**

郑成功，闽镇芝龙子。芝龙投诚入京，成功据厦门，横行海上，侦潮州濒海诸县有年，积贮稍饶，驾舟索饷，岁以为常。顺治六年，舟过饶平县，黄海如引破南洋，寻入揭阳。七年春正月，入普宁县，寻索饷棉湖寨，入达濠埔，杀张鲤，击碣石卫苏利，为所败而去。六月，率群盗黄海如、陈斌、刘公显等犯潮州府。潮镇郝尚久御之，漳镇王邦俊以兵来援，围解。上莆、东莆、龙溪等都大被抄掠。八月入潮阳县，杀土寇黄亮采、陈拔五、李芳等，寻入惠来。八年春闰二月，总兵郭虎帅兵至，群盗遁去。时巡道陆振芬、知府薛信辰以次至。夏四月，郭虎徇普宁县，杀黄鼎、李馨、丘声闻三贼首。五月，郭虎之广州，以总兵班志富代之，杀刘公显、傅达、马麟等。十年五月，以郝尚久乞援至，击鸥汀背，不克，大掠揭阳而去。十一年十月，犯饶平县，攻乌石寨不下，寻引去。十二年八月，攻揭阳县，陷之，遂入澄海、普宁二县。闽寇仰给揭阳之谷，时严接济之禁，粟米不继，乃拥众寇揭阳，官兵接战失利。九月，县官同守将夜遁，城陷，并掠澄海、普宁。时饶镇吴六奇援兵先至。十月，总兵许尔显、徐成功率兵来援。十三年二月，击之于赵林寨，杀数千人，寻遁。十四年夏五月，陈斌引闽寇入潮阳直浦都，因侵揭阳地美都。六月，寇饶平县黄冈、大城、柘林等处。七月退。

十一月，破鸥汀背寨。十二月，平南王尚帅兵至潮州府。十五年春二月，平南王之广州。夏四月，攻澄海县，陷之。知县祖之麟、守将刘进忠等降焉。十七年三月，引舟掠濒海诸县。冬十一月，复至。总兵黄应杰、吴进功御之。至明年正月，贼退。

**乾隆四十八年《南澳志》卷八《盗贼》，《广东历代方志集成·潮州府部（三十二）》，岭南美术出版社2009年版，第92－93页**

郑成功，福建南安人，郑芝龙子也。芝龙少时与弟芝虎从海寇颜振泉为盗。振泉死，群贼无所统，推芝龙为主，纵横海上，官兵莫能抗。泉州道蔡善继尝有恩于芝龙，以书招抚。（按：蔡善继初为泉州知府，芝龙父绍祖为府库吏，芝龙年十岁于库房戏，投石子误中善继额，擒之。见其貌当贵，释不治。）芝龙感恩为约降，受降日善，继令芝龙兄弟囚首自缚请命。芝龙屈意下之，而芝虎一军皆哗，竟叛去。

天启六年春，据海岛，截商粟，饥民多往投之，势浸大。芝龙遂入闽，泊于漳浦之旧镇。巡抚朱一冯遣都司洪先春率舟师击之。以把总许心素、陈文廉为策应，会海潮。夜至，心素、文廉船漂泊失盗。贼暗度上山，诈乡兵出先春后。先春腹背受敌，遂大败芝龙。故有求抚意，乃舍先春不追，获卢游击不杀。又自旧镇进至中左所，总兵俞咨皋战败，纵之走。泉州知府王猷知其诈，乃曰："芝龙之势如此，而不追不杀，似有归降之心，不若遣人往谕，退舟海外，许立功赎罪。"兴泉道，邓良知从之，遣人谕意。崇祯元年九月，芝龙降，受游击以征海寇李魁奇、刘香老、钟斌，功擢南澳副总兵，加总兵衔。芝龙虽受官，擅海利交通朝贵，纵恣无度。

明亡，从故明唐王朱聿键于福州。先是芝龙娶倭妇生子成功，初名森，唐王见而奇之，改名成功。顺治三年丙戌三月，唐王僭号福州，封忠孝伯。福州破，芝龙约降，成功不从，我师挟芝龙北去。成功遂与所善陈辉、张进乘二舰入海，收兵南澳，得数千人。四年丁亥，闻故明永明王朱由榔僭立于肇庆，文移仍用永历伪号。成功自南澳寇同安，踞厦门梧州两岛，势益强，海寇皆属焉。六年己丑七月，永明遣使封成功为广平公。七年庚寅，潮人黄海如、陈斌导成功入潮，侦潮州沿海各县积贮，岁驾舟索饷以为常。八年辛卯，寇潮州，败我提督杨名时；十二月，寇漳浦，为官兵所败，退保海澄。十年癸巳，我金固山攻海澄，成功勒兵登城，亲立雉堞，持斧以待。令曰："敌至，乃砍。"官军渡濠薄城，贼兵执巨斧随斫随落，濠为之平，我师解去。十一年甲午，议抚，成功不顺命。十五年戊戌，永明王遣使航海进成功为延平郡王。十六年己亥，成功寇金陵，伪将甘辉说成功曰："断瓜州则山东之师不下，踞北固则两浙之路不通，南都可不劳定也。"不听，率师薄金陵，大败而还。成功势日蹙，孤军厦门，图退地。十八年辛丑，进取台湾，逐红夷，踞之。是年，郑芝龙伏诛于京。康熙元年壬寅五月，成功死，子经嗣。二年癸卯，永明王讣至，经犹称永历伪号。十九年庚申，福建总督姚启圣、提督施琅复两岛，经及诸将遁入台湾。二十年辛酉正月，经死，克塽嗣。二十二年，台湾破，克塽降。

陈豹，郑芝龙旧将，短小精悍，海寇苏利、许龙等皆骁勇自负，独畏豹。芝龙从明唐王于福州，豹踞南澳，入居潮州府城，将同隙而动。顺治四年丁亥，王师徇潮，乃还南澳，久之与郑成功有隙。成功遣周全斌攻之，豹势蹙。康熙元年壬寅，赴广东省投诚，封伯爵，居二年卒。杨金木、杜辉皆郑成功党也，陈豹去后，杨金木居南澳，不数月去，杜辉继之，凶残嗜杀。康熙三年甲辰十一月，黄冈总兵吴六奇招辉降。按：明世海上之盗有二，曰内寇，曰外夷。而其所以防之者亦有二，曰剿，曰抚。夫明自中叶以来，军政废弛，内寇外夷猖獗，恣睢蹂躏无虚日。然其时如戚继光、俞大猷，皆有将帅之才，类能办贼。自赵文华倡为抚之一言，于是以爵禄啖内寇，以金帛委外夷，冀缓一日之戈矛，少遂其全躯保妻子之至计。而盗贼之受抚者，饱则扬去，饥则复来，视朝廷之爵禄、金帛如探囊之物，而以地方大吏为儿戏。甚则奸胥将领以官吏为可挟持，反居贼为奇货，贼锋压境，城守无人。如嘉靖末年倭四劫得志，一日谈笑薄福州，城下不过千人，城上股栗举无人色，而江上兵船衔尾接触不下数百艘，更无有发一矢者，但开帆远遁而已。当事者不得已，括金帛啖之，扬扬而去。盖其时奸胥与倭为乡导，将领与倭相勾连，倭之去来动静未有不先通于将者。兵乘贼至则引下风以避之。贼去则尾其后以送之。抽大扣轮以发虚声，遮袭商艇以当捕击。呜呼！防守如此，是尚可言哉！然其先将固犹有杀贼自效者，迨杀贼而得谴，而后乃委心于贼焉。至于内寇若郑芝龙辈，以抚愚官，今日抚，明日叛，机变百端，如鬼如蜮。又芝龙以起家亡命，骤膺显仕。诸贼见其一旦富贵，谓非贼无以博官。于是李芝奇、钟斌、刘香老之徒接踵而兴，如海上风涛，一波未平一波复起，此不可留抚之一字，以为海上之传灯，王给事家彦所为，发愤太息，其言之也。呜呼！宋之亡也，以和。明之亡也，以抚。覆辙相寻，千古同慨。因备志之，使留心海防者知所戒焉！

**乾隆四十九年《揭阳县志》卷七《风俗志·兵燹》，《广东历代方志集成·潮州府部（十六）》，岭南美术出版社2009年版，第317–319页**

（顺治）十二年（1655）乙未年四月二十日，潮镇标员杨伦来守揭，纵兵抢夺。先是防守墨承启与闽寇颇相安，总兵刘伯禄恶之，遣标将杨伦密至揭，承启入见即语兵执之，解赴府城。伦代守揭，纵兵混抢，禁锢人民，不使出居，民慑栗罢市二月余。十五日闽寇入揭阳，道镇闻之召高亮福、刘亮二将同来协守。

八月初五日，闽寇大至，分围揭城。闽寇陈豹同史朝炯以巨船百余艘，集南溪之旗尾，黄廷、万礼、苏茂、林胜等共统伪镇二十余员，拥贼六七万人泊洪山、沙港等处，进逼各乡寨输米，分遣贼兵围揭城，防守杨伦尽焚城外居民铺屋。贼将黄廷围东门，万礼围北门，苏茂围西门，皆树栅开堑，为久驻计。林胜扎营于人家头乡，以防御府兵。复运砖石、杂泥土作二堆，一在观音堂，一在东门北，各高二十余丈，架巨炮数十座于其上，日夜击城。城内用杉列栅，移石砌垒以抵之。街巷行人多被外炮击死。十三日，闽寇败府兵于油麻埔。先是省将郭登贤、张祥领骑步兵八百名来潮，同道镇援揭，至油麻纲脚地，遇闽贼林胜，与战。杀我兵三百余人，马十余匹，我师败退保乌冈山，张、郭二人旋回省去。二十五日，闽寇猖獗渐逼，饶镇总兵吴六奇御之于狮抛球，忽林胜、苏茂等兵水陆并至，六奇势不能敌其三营之兵，被贼杀死八百余人。自是上下汤坑及蓝霖诸寨，尽纳款于闽。

九月初七日，防守杨伦、总统陈廷玉、协守高亮福、刘亮、知县段有黻、教谕黄之芳乞贼放出，揭阳城开。县自被围，受困一月，谷石俱尽，救兵不至，伦等度不能守。令黄之芳同诸生罗奎、林植、庄殿元缒城见陈豹，许以申文通商议和。明日奎、植、殿元赍文往府求救，府不许，奎、植等不得已散去。城中文武窘甚，乃诣闽寇求释。闽寇许之撤西关之围，令贼将樊忠引文武官从西门出，水师从北窖出。闽兵入居县城，且设糜粥以济饥民，设伪知县一员及主簿、典史等官。

二十二日，省救兵大至。闽寇自九月来，七日破揭、普、澄三县，报至省，逆平藩尚可喜命左翼镇许尔显，逆靖藩耿精忠命左翼镇徐成功，及部院兵并七标哈喇翼聂应举等，共兵一万余。潮镇刘伯禄、饶镇吴六奇并蔡元等兵七千余，自十月二十二日札官径，至十二月二十四日移札琅山，筑四大营盘。知府黄廷献令乡寨供粮草，当夫役，百里内竹木祠宇俱毁伐无存。老幼被拘者索财取赎，使令稍不如意，即殴扑至死；又造事诬扳，惨毒无异闽寇。

时陈豹侄吕志（豹本姓吕）扎营芦清，招叛将徐元及九军贼林标、刘胜等数千人，沿乡劫抢，逾年乃散。按：陈豹后与郑成功有隙，成功遣兵攻之。康熙元年赴省投诚，封伯爵，居二年卒。

十二年十八日夜，贼破赤严头麦园寨，焚死老幼百有余人，贼死者亦相等。

（顺治）十三年（1656）丙申二月，省兵大败闽寇于西门。省兵自移营琅山也，闽寇苏茂、杨奇、林文灿、黄奇等拥贼万余，扎营钓鳌桥。数日前官兵以十数骑往来冲突，闽贼出御，官兵佯即奔逸，如是者数四，闽寇遂易之不设防。是日，天将晓，镇将许尔显、徐成功拥马兵二千余骑、骑兵数万分集于县南；北以饶镇吴六奇之步兵为冲锋，发巨炮击其营，苏茂等出敌，大战于西门外，贼兵败。时黄廷、万礼二兵分守东北门，陈豹急召之入，顷刻难赴，即至者亦不整列。西门既败，争路逃回，溺死钓鳌桥下及被杀者，共四千余人。苏茂伤，杨奇、林文灿并阵亡。

二十五日，闽寇复拥兵至东村渡，败回。闽寇之众尚十余万，贼将张英、巴臣亨拥战舰五百余直至锡场溪头、东村等处。琅山营官兵见之，即分兵出御，连以小炮击之，贼丧当败之余，俱不敢登岸。官兵矢炮交加，自午至酉，击死百余人，遂争奔而退。

三月十三日，闽船离县出港，焚毁而去。是月初八日，琅山兵移入西门外之盘载、营浦、乔林等处，置巨炮于钓鳌桥，日夜攻击，闽寇丧胆，遣人求和。各镇初不许，因其再恳，乃暂还琅山，听其出港。遂举火焚县衙及坊间铺屋，沿掠桃山、地美诸乡，破长埔、土尾、吕浦三寨。次日，我兵入居揭城，以随征标刘国荣为守防，肆虐，不减闽寇，县民苦之。

**民国三十四年《南澳县志》卷十四《征抚》，《广东历代方志集成·潮州府部（三十四）》，岭南美术出版社2009年版，第1624-1626页**

安宗弘光元年（清世祖顺治二年），副总兵郑芝龙从唐王于福州，部将陈豹继镇南澳。（《齐志·南明野史》）

绍宗隆武二年（顺治三年）十二月，忠孝伯行驸马都尉事郑成功率将吏莅南澳，收集士卒，得数千人，设高皇帝神位，定盟恢复，传檄勤王。（《海上见闻录·赐姓始末》）

监国九年（明永历八年，清顺治十一年）正月，鲁王自金门移跸南澳，越年复幸金门。（《小腆纪年·海东逸史》）

十二年（永历十一年，顺治十四年），王再自金门幸南澳，滇中遣使至加监国，兵部右侍郎张煌言为本部左侍郎。（《小腆纪年·海东逸史》）

十三年（永历十二年，顺治十五年），王在南澳。二月，延平王郑成功会师浙海，以兵部左侍郎张煌言为监军北伐，抵羊山，怪风猝至，义阳王溺死，乃还。（《小腆纪年·海东逸史》）

十四年（永历十三年，顺治十六年），王在南澳。五月，延平王郑成功会师北指，监军张煌言以所部为前驱，入江抵瓜州，克其城。成功南攻镇江，亦克之。大江南北皆来降附。其已下者，四府三州二十四县。会前锋败，成功仓促猝移帐，遂大溃，乘流出海。煌言亦从间道归天台。六月，光禄寺卿陈士京卒于同安鼓浪屿之鹿石山房。事闻王震悼，亲为文遣使谕祭，滇中使复至手敕复命王监国（以八年三月，王奉表自去监国号，故有是命），加张煌言本部尚书兼东阁大学士。是年，郑成功迁王于澎湖岛。（《小腆纪年·海东逸史》）

永历帝永历十六年（清圣祖康熙元年）三月，陈豹降清。杨金木起为镇将。数月去，杜辉继之。（《齐志·海上见闻录》）谨按：豹短小精悍，自唐王入闽，据南澳近二十年，清将苏利、许龙皆骁勇自负，独畏豹。至是与郑藩贰，郑藩遣周全斌攻之，乃入广东降清，降封慕化伯，旋病殁。

十七年（康熙二年）十一月，清总兵吴六奇招降杜辉。官兵运黄冈录用，官眷运揭阳安置。迁议徙民内地，俾寇无所掠，势将自困。遂悉徙粤闽浙江山东之在界外者，贼计果绌，降者接踵，澳地遂墟。（《齐志·忠孝堂集》）

## （三）刘进忠之变

**《清实录》**

**康熙十三年（1674）**

**五月**

平南王尚可喜疏报：潮州总兵官刘进忠暗通耿逆，于四月二十日拥兵叛，与续顺公沈瑞兵巷战。二十三日，遂引闽寇入城。

平南王尚可喜疏报：逆镇刘进忠，遣逆党陈奠率众分据程乡县水陆要口，抗拒我师。提督严自明等分遣官兵击之，斩获甚众。程乡县伪守备张奉寰遣人通款，缚献伪守备杨沧，开门迎降。

**七月**

平南王尚可喜疏报：官兵恢复程乡后，镇平、平远二县文武各官，俱赴军前投缴伪印伪札，恢复二县。

**八月**

平南王尚可喜疏报：潮州叛镇刘进忠之党刘斌据普宁，都统尚之孝等遣发官兵进剿。被陷知县段藻，潜遣人通款，诱贼出城迎战，因闭门拒之。我兵剿杀甚众，恢复普宁县城。

**九月**

平南王尚可喜疏报：副都统尚之节等统率官兵，自程乡县间道进闽，沿途相机剿抚，不烦兵戈，逆贼望风逃遁。伪官弁缴扎投诚，恢复大埔县，直抵三河坝。

平南王尚可喜疏报：逆贼刘进忠抗不受抚，当官兵在途则据险抗阻，迨官兵甫抵潮城则窥扎营甫定，辄鼓众出犯。幸官兵严整以待，在新亨地方剿杀伪副将陈珖等及贼兵六百六十余人，生擒二十七人。又在城外接战，斩贼二百二十五人。又于七月十五日，贼众五千乘风雨冲突，官兵奋击，斩贼八百二十二人，生擒八十六人，前后所获盔甲器械不可胜数。

平南王尚可喜疏言：续顺公沈瑞身陷贼中，不甘从逆，屡遣人通言，请兵拯救。臣因遣官兵赴闽接应，今已迎回粤东。得上旨曰：续顺公沈瑞不甘从逆，挈家回粤，情属可悯。令复还原爵，仍管伊标官兵，驻扎广东。

十月

平南王尚可喜疏报：逆贼刘进忠盘踞潮州，敢于负固者，恃海贼为应援也。今海贼直薄城东，而刘逆屡出城中贼兵，来犯我师。总兵官王国栋等统率官兵，三战三捷，斩获甚多。

十一月

平南王尚可喜疏言：续顺公沈瑞，副都统邓广明及官兵家口共二千余人，为叛镇刘进忠驱入福建，拘留漳浦，恐大兵进剿，玉石难分。得上旨曰：续顺公沈瑞家口被贼拘留，殊为可悯，此系有功之人，理应保全。令大将军王等，进剿恢复之日，留意察访，保护得所。

平南王尚可喜疏报：副都统尚之孝等进兵潮州府，攻剿逆贼刘进忠，克东津、笔架山、洗马桥等处地方。巡抚刘秉权、署总兵官王国栋等，攻破潮州城南凤凰洲木城二座，斩伪都督金汉臣等，杀贼五千余级。又副将何九衢等，率兵恢复潮州澄海县。

十二月

尚可喜又疏报：刘逆遣逆党踞守揭阳县，碣石总兵官苗之秀等率兵往剿，恢复揭阳、潮阳二县。

**康熙十四年（1675）**

十二月

平南亲王尚可喜疏言：逆贼刘进忠勾引郑锦入潮州，祖泽清勾引马雄至高州。粤东十郡，竟失其四。今将军舒恕、总督金光祖复退回肇庆，事势危急。闻和硕安亲王由袁州进攻长沙，恐时当春水汛溢，且吴逆全力集于常澧，其守御必坚。请以公倭赫之兵，仍驻袁州，令和硕安亲王赴广东扑剿贼寇。上谕：吴三桂未灭，故诸贼得以猖狂。今安亲王进取湖南，则粤东之势自缓。若由粤东进兵，则道路迂回，稽延时日。前以粤东危急，已命大将军简亲王发每佐领甲兵二名驰赴应援。此兵到日，平南亲王与将军舒恕等公同议，固守疆圉，剪除逆贼。又谕简亲王喇布曰：前以粤东告急，命尔发每佐领甲兵二名，速赴应援。至今尚未遣发，殊误事机。今再拨每佐领护军一名，并前所发兵，或副都统额赫纳，或署副都统宗室巴尔堪，令一人为将军统之，速赴广东。毋得仍前迟滞，以误军机。

**康熙十五年（1676）**
**二月**

平南王尚可喜疏言：逆贼马雄、董重民等乘高雷变叛，益肆猖獗，满汉大兵，退驻肇庆。潮逆刘进忠引海寇入犯，提督及平南大将军等皆退至惠州。请大兵兼程前赴应援，上谕兵部：顷据简亲王报，以每佐领护军一名、骁骑一名，交副都统额赫纳于正月初十日前赴广东。今粤省告急，可令额赫纳等倍道速进。

**康熙十六年（1677）**
**三月**

谕议政王大臣等：今闽地悉定，大将军安亲王围困长沙已久，将军穆占复帅师进剿，将军鄂内，统兵水陆赴岳，歼灭吴逆，荡平诸寇，在此一举。康亲王宜及兵威大振之时，分遣官兵，同耿精忠兵进取潮州。其进剿留守机宜，速议以闻。又大兵分路进击，逆贼不暇窥赣。其授署副都统莽依图为镇南将军，精简士马，夹攻广东，以副都统额赫纳、署副都统穆承格参赞军务。令侍郎舒恕量留甲兵，同巡抚佟国桢、总兵官哲尔肯镇守赣州诸处。至江西建昌诸路大兵，俱已撤赴吉安。简亲王军士卒甚众，酌拨每佐领兵三名，合在赣大兵，令莽依图共选每佐领兵六七名，俟康亲王所议俞旨到赣，即率之前进。寻尚之信、傅弘烈密疏纳款，刘进忠、苗之秀各报投诚，上以尚之信等原疏抄发康亲王杰书等，令速进广东。未几，奉命大将军和硕康亲王杰书疏言：福建既平，即欲亲统大兵入粤，但省会重地未可轻离，且自福至漳相距甚远，兵马到彼，必须休息，恐迟至炎暑，难以进师。今漳汀驻守大兵，密迩粤境，宜选将士有马者，令将军喇哈达、都统赖塔等率之，同耿精忠先赴潮州，后当遣兵接应。上报可，复谕议政王、大臣等曰：康亲王大兵平闽，人马劳顿，难以深入粤地，令酌分官兵，前赴潮州。若刘进忠等迎降，暂驻彼地。即移檄尚之信知之，仍趣莽依图兵，速进广东。

原任潮州总兵官刘进忠、碣石总兵官苗之秀遣人投诚，奉命大将军和硕康亲王杰书以闻。上命宥刘进忠、苗之秀及标下官兵罪，仍以刘进忠为潮州总兵官，苗之秀为碣石总兵官，随大兵进剿。寻授刘进忠征逆将军。

### 六月

谕兵部：据尚之信奏，刘进忠以康亲王招抚文檄潜送吴逆，召兵自救，足知刘进忠心怀诡谲，非实意归诚，可檄康亲王密为之备。

谕奉命大将军和硕康亲王杰书：据笔帖式塔穆哈图报，潮州刘进忠已于本月初六日投诚。今刘进忠复遗书吴三桂，为平南王尚之信举发，是刘进忠投诚本非真心，不过势穷就抚耳。又总兵官刘炎，所遗吴三桂书，亦皆搜获，其心迹与刘进忠略同，此等皆心怀反侧，久留潮州必致生变。若果已投诚，康亲王等即托言欲与相见，以计撤回留驻福州，设或迟疑不至，速行奏闻。刘进忠等既撤，则令将军喇哈达，以兵之半守漳、泉，都统赖塔率其半守潮州。仍令尚之信遣原任潮州总兵官王国栋，尽率其标兵诣赖塔处协守。

安南将军觉罗舒恕等疏言，将军莽依图遗臣书云：我等驻韶州，候旨调遣，因尚之信屡遣人来言，刘进忠等尚未投诚，遂留副都统穆承格驻守韶州，而身偕将军额赫纳，于本月十一日率领官兵前赴广州。得旨：前议令简亲王大兵，俟粤东既定即进取衡州；将军莽依图兵，俟马到即进取湖南；平南王尚之信等，进取广西。今刘进忠等已投诚，潮惠无虞，莽依图其速回韶州预备，同各路大兵分道进剿。

### 七月

扬威大将军和硕简亲王喇布等疏报：侦得吴三桂所属伪将军七人，率贼三万至宜章，欲犯乐昌，又欲分兵犯南安。得旨：逆贼至宜章屯驻，复欲分兵犯南安，势必窥伺南韶，简亲王宜预为守御之策，以固疆圉。又潮州刘进忠、刘炎等，俱已归诚，粤省官兵，无东顾之忧。平南王尚之信、将军莽依图，即亲统满汉官兵，速赴韶州，协剿湖南逆贼。将军舒恕、领兵守南安南雄诸处，为韶州声援。或舒恕未便身离赣州，亦当量遣官兵驰赴。寻安南将军觉罗舒恕疏言：据副都统穆承格报，逆贼于本月初五日，攻韶州甚急。臣即与巡抚佟国桢、总兵哲尔肯等会商，遣署副都统赫勒布，率满汉官兵赴援。得旨：韶州，江粤咽喉必争之地，尚之信、莽依图等以文到日即率兵赴韶州，舒恕亦相机应援，简亲王仍分兵赴赣，以资防御。

### 八月

先是镇南将军莽依图疏言：臣自省城抵韶州，见城北陆路，逆贼掘壕数重与官军对垒，请发大兵星驰赴援。至是，平南王尚之信又疏言：粤地土寇尚多，潮惠人心未定，且高州四府，屡报贼警，臣属官兵，不得不留镇省会。得旨：今将军喇哈达、赖塔等大兵至潮州，刘进忠等俱已归顺，海寇败遁，粤境悉平。而尚之信又以土寇为辞，不离省城。则逆贼各路来犯，粤东又复可虞，不但广西难复，楚贼难灭，而广东势亦难保。尚之信其以文到之日，即亲统官兵速赴韶州，与将军莽依图等并力剿贼。

### 康熙十七年（1678）
#### 二月

镇南将军莽依图疏言：臣等抵平乐围其城，贼水陆来援。将抚傅弘烈、都统王国栋率绿旗官兵与战不胜。臣等孤军，难以久留，退至中山镇，乞速罢臣将军职任以警众。傅弘烈亦疏言：损兵失垒，臣罪实无可宽。但满汉官兵各自调度，非臣所得指挥。倘益臣标兵，专臣平定广西之责，而以金光祖坚守浔、梧后路，再令满洲大兵或从韶州进湖南，或仍驻肇庆以壮声援，庶可济事。得旨：河水泛涨，大兵不能相援，贼众我寡，以致失利。莽依图、傅弘烈等皆著免罪。傅弘烈既以兵少请济师，平南王尚之信可发精锐万人，多备火药火炮，速赴广西应援。将军赖塔会同靖南王耿精忠，选藩下兵千人，并刘进忠标兵五千人，付与都统马九玉，亦令疾趋广西，从莽依图、傅弘烈等并力破贼。莽依图、傅弘烈以谋勇兼备，并见倚任，宜共相和协，同心协衷，谋济国事。满汉官兵，务令辑睦。俟尚之信、马九玉等兵及前所调将军额楚等兵至，或一路进发，或满洲绿旗，分二路进发，公同详酌，定议以闻。总督金光祖已留官兵守浔，身回梧州。或即驻梧州，接济粮饷，或莽依图等，檄赴军前，并听酌行。

议政王大臣等议覆奉命大将军和硕康亲王杰书密奏：讨逆将军刘进忠、总兵官刘炎，见在臣军，但伊等获罪殊重，深自疑惧，今值调兵前进，而山海丑类蜂起，恐伊等中怀叵测，殆不可定，请旨定夺。查将军刘进忠、总兵官刘炎，久历海疆，于逆贼情伪，地方形势，在所熟悉，应移文大将军康亲王，令彼等驰驿来京，臣等详询明白。

#### 八月

奉命大将军和硕康亲王杰书疏言：请简旗下老成历练总兵官，调补潮镇，以代马三奇。其潮州镇标见在委署各伪员，宜速改调。至将军刘进忠标员，宜分布各标，或发广西将军军前效力。

### 康熙二十一年（1682）
#### 八月

议政王大臣等会议逆贼耿精忠等分别凌迟处斩具题。得旨：耿精忠革去王爵，著即凌迟处死；其子耿显祚，革去散秩大臣，著即处斩；徐文耀、王世瑜、白显中、江元勋、曾养性、王振邦、蒋得辂、刘进忠,俱即凌迟处死;黄国瑞、林芳孙、廖廷云、李似桂、夏季旺、吕应斗、武灏、司定猷、沈伟、郭景汾、罗万里、祖弘勋、陈仪、陈斌、吕八,俱著即处斩;耿精忠、刘进忠首级著枭示;田起蛟、金镜、李学诗、陈梦雷俱从宽免死,内系旗给与伊本主为奴,系民,入官,给披甲新满洲为奴。

**康熙二十五年《海阳县志》卷一《疆域·兵事》,《广东历代方志集成·潮州府部(十一)》,岭南美术出版社 2009 年版,第 26－28 页**

康熙甲寅正月,潮镇刘进忠闻吴三桂据云贵以叛,一军出湖南,川湖总督蔡毓荣征兵檄至,人心骚动。二月,耿精忠又叛于闽,为之响应。忠遂蓄异志,用腹将杨希震谋,特遣震扬言赴省赍粮,潜踪直抵福州,纳款于精忠,献潮十一邑,假宁粤将军,改甲寅年号。

进忠遍召所辖十三营及招山寇万余人,会于韩江,简练精锐。驻潮续顺公沈瑞一军皆震,多募悍勇,密为之防。进忠以子求婚于沈,沈以无门第鄙之,衅遂结,同城对垒,相持月余,居民奔窜无地。中军李成功与公标有旧,因往来议和,进忠疑之。会城守张善继自省回潮,心附成功,皆有密约。四月念一日,沈乘进忠父寿,闻希震入闽请援兵将至,遂举兵大击进忠,巷战马难冲突,为进忠步卒所败,格杀甚多。成功、善继等谋泄被擒,然应无影响也,沈乃收兵退守。是夕,希震引漳镇刘炎兵抵韩山,夜分兵入城。黎明进忠迫沈公索,都统邓光明防御于国珸而甘心焉。沈势窘力屈,乃面缚邓、于而遗之。进忠杀国珸、释光明。成功以不屈死,囚善继于署内。未几,以都司白虎父子、千总何亮不附己,俱弃市。逐沈公全旗出城,弃辎重,渡湘子桥,子女堕桥,死者无算。进忠自杀其部卒之攘公家财者数人,人心方定。

次日,受将军印,割辫戴纲索。绅衿士民助饷,千百十有差。更置文武各官,多其私人,如以某处武弁某某等为府佐之类是也。尽卸郊外居民房屋,筑湖山围栅,置大炮于山之上下。作郡城辅车,搜各乡寨积谷以实仓,为战守之计。

秋七月,平南王调其子将军尚之孝、都统聂包、总镇王国栋将兵入潮讨贼,结营于西南山阜。会台湾郑经航海入闽,截击漳、泉二郡,拔之,始与精忠为雠。闽粤路梗,进忠援绝,再用希震策,纳款乞师于郑。郑授忠定卤伯,又改年号为永历。二十八年,遣伪将吴、陈及金统领援潮,列营于凤凰洲,水陆环守,东面一路颇通出入。九月十四日,广东巡抚刘秉权又至潮督击洲营,一鼓败之,斩金统领于乱军,遇水涨,杀溺无遗。十余日,巡抚以疾卒于军，吴、陈二伪将亦相继病死。自此吾兵沿山筑垒，缘江成逻。

七月，平南王尚可喜令其子之孝率兵讨刘进忠。时普宁为进忠党、刘斌所踞，知县段藻佯附贼，潜遣人请兵，约为内应。之孝谍斌出城，藻闭门绝贼，官兵奋击，斌窜走，之孝从普宁偕都统聂包、总兵王国栋进征潮州。①

进忠孤城四面受敌，计穷甚，意主于降光。是进忠遣腹将詹兆奇在外伺海兵至，则燃火于莲花山顶，用土兵剃头为侦探，置密报于竹筒，没水夜渡，至是望火得谋，称海兵何左虎入分水关矣，进忠遂无降志。

之孝乃发王国栋至黄冈堵御，一切大炮俱移西南城濠外，攻击三日夜，城裂五十余丈。进忠冒矢石死守，所恃湖山大炮横击。我兵驰突登城之处，积尸如山。国栋为海贼所败，从东遁回。之孝见贼势猖獗，拔营而走，焚弃辎重，直退至普宁县，始立壁垒，时腊月三日也。

续顺公沈退据饶平，进忠同何佑等环攻之，绝其粮道，城中乏食，至杀马啖木叶，乃出降。送沈公于郑经，收其散兵归潮。

（康熙）十四年五月，之孝自普宁进兵，扎营罗山，与伪统领刘国轩等相拒，连夺进忠营。进忠惧，夜退至鲎母山。闽寇营中疾疠多逃散，我兵直逼其营。黎明追攻，山路险隘，骑不得比连，藩下随征游击高亮祯领步卒发班鸠炮百余，贼将溃。之孝立马山顶，张盖督战，贼望见麾盖，分兵一枝，直捣其上。之孝策马下山走，闽寇突之，遂大败。进忠督兵追逐于深坑等处杀死万人，河水皆赤，藩兵溃不可止。安达尚之信领生兵数百骑自汤坑至，拦突断后，贼始收兵退。之信回扎普宁，月余，别遣兵入闽漳救海澄公黄芳度，迄无功，仅入永定掳掠而归。之孝营普宁久，移病入县署，修城挑濠为固围计，又设铁局，铸兵器，造龙艇，砍伐墓木殆尽，从省中搬运玩物、食器，役人夫络绎载道，民不堪命。

（康熙）十五年正月二日，之孝勒马高山望闽寇营垒，自揣不敌，是夜泼火焚县署后楼，楼下军资、饷银俱毁，拔营夜遁。初四日，进忠等兵始至，追蹑至惠州，遣兵渡河攻博罗。闽寇中火炮死者千人，精锐尽于城下，城竟拔。惠州被围，之孝惧，将献城议和，会安达尚之信降吴三桂，谕止勿攻，乃听，引残兵回粤。闽寇等别取东莞县，皆输郑经赋税，隶于惠州，留刘国轩镇守。进忠既回潮，入闽谒郑经，大失望，深自悔恨，不辞而归。经衔之，密令何佑等夺其军，进忠托病不出。八月，康亲王大师破仙霞关，复延平、建宁、福州三府；十二月复汀州。丁巳正月，破兴化府；二月初九

---

① 光绪二十六年《海阳县志》卷二十五《前事略二》，见《广东历代方志集成·潮州府部（十二）》，岭南美术出版社2009年版，第249页。

日，复泉州。郑经密召何佑等回，弃漳州出据厦门。进忠先令营将陈文癸至福省康亲王军前投诚，授征逆将军。六月六日，令士民剃头归正，时余为漳郡同知，以入觐阻留在浙，随大师恢复闽粤。以六月中督饷首，先入潮安抚百姓，嗣而新镇马三奇，又喇、赖二将军达部堂等继至安辑，民庆更生。未几，进忠入闽。久之，奉旨入京。庚申会审进忠与耿逆等，俱拟磔，壬戌正月伏法。

**康熙二十六年《长乐县志》卷七《盗贼》，《广东历代方志集成·嘉应州部（四十）》，岭南美术出版社2009年版，第745页**

（康熙）十三年刘进忠以潮州叛。提督严自明统各镇兵马扎城内，逗留一月，骚扰百姓。潮贼王元伟统老贼陈元魁、洪都声援李五子、四子乘逆裹白头蜂聚攻劫数十乡，胁从数万，余合力环攻水寨，幸生员周宏受拒御有方，城邑无虞。

（康熙）十五年正月，叛逆刘进忠邀海贼入寇。逆镇张培麟，大埔人，指画各逆，环匝四境，添刑酷，索贫富，无遗。

**康熙三十年《程乡县志》卷八《寇变》，《广东历代方志集成·嘉应州部（三十五）》，岭南美术出版社2009年版，第171页**

康熙十五年丙辰，潮镇刘进忠之变。大师云集于程，城内外居民避于山寨。后大师撤回，潮逆之党于丙辰年正月突至攻城，库吏黄梦奎乘乱放火焚库，沿及县衙大堂、川堂、内堂俱为焚尽。刘广聪曰："按程邑自宋之绍兴至明崇祯记寇变十有五矣。迨国朝丙戌陷城六日。丙辰正月复遭刘进忠叛党焚掠蹂躏频仍，闾阎得不空虚哉。噫！是可痛矣。"

**雍正九年《揭阳县志》卷三《兵事》，《广东历代方志集成·潮州府部（十六）》，岭南美术出版社2009年版，第375－376页**

（康熙十三年）七月，逆镇刘进忠据府城，遣数营将据揭。有饶镇旧中军欧亮，领我师欲恢复揭城，驻扎磐溪都，被逆党觉袭杀之。

八月末，平南王遣其男将军尚之孝，统兵驻郡之西南竹篙山攻郡。而令署潮镇王国栋统兵过陇头溪，乘晚投歇西溪南寨，欲袭攻揭邑据城之寇也。值大风雨，兵仗衣甲被湿不能前进，乃回竹篙山营。据县逆贼造船防御大兵。

十月十四日，澄海井洲潭伪明舟师数只目击四处，皆复。即转念剃辫，仍假伪明旗号，直入揭地，恢复本朝。至两炮台，守者误谓己党，不放炮，遂被闯入。邑中伪党误谓闽舟入援，迎之，即被击伤，坠河而死。在邑中者闻之，即整快船搬运器械，乘夜奔出海外；邑内男妇惶奔，有投庙、投衙、投学而避者，有越城而走者。次早，知县张方圣、典史张允纲至桃山见碣石镇苗之秀，秀引之至竹篙山见王子尚之孝，并列宪准仍视事。十五日，歧山约练总带乡兵与惠协兵至县，颇有骚乱，既而苗镇来邑，扎东关外。十六日早，苗镇出示安民，无有扰害。三日，四方民回如故。大兵驻扎竹篙山，署潮镇王国栋连日差官取讨揭邑物料，逼勒折价，民甚苦之。

十一月末，尚之孝闻闽兵来援刘进忠，乃遣署潮镇王国栋至黄冈迎敌，栋败，遂解围而回至普宁县。孝驻县内，并扦大营于马垱，揭弃不守。

康熙乙卯年春，尚之孝等据地马垱，召府属辖兵，各县乡勇以图再举。

二月十六日，刘进忠与海寇屯扎鹰爪花之地，浚深沟固守，五万余众至。五月十九日，报传我师十余万，刘等退扎于海阳之八歌树险隘处。逆兵不解其意，以为怯也，乘夜逃窜，仅存二万众。而安达公尚之信来援，与尚之孝出兵于揭之乌冈山上，相望接连。二十二早，我兵直冲压境，而海镇姓万者，接阵即缩，刘进忠、何佑等见势不敌，奋勇血战，我师失利。追杀至鲨父、鲨母山，杀伤万计，我师回驻马垱拒守。

囗八月，平南王将军尚之孝署潮镇王国栋等统师剿逆，进驻于蓝田、新亨等处。会奉俞旨团练当事，特举孝廉罗国珍应聘，率子弟五百有奇，筑垒琅山，卧戢数阅月，勷力助战。越明年春，王师回省，逆氛猖獗，珍密遁被执。勒受伪命，义不为屈，酷饷籍产，究免于难。

丙辰年正月，寇势日炽，刘进忠等统众挑战，直逼营垒。我营师老风鹤，夜遁竟抵惠州。

丁巳年六月初五日，陈文韬说刘进忠归顺本朝，郡县获安。

（康熙十六年）六月初六日，刘进忠既降，授征逆将军，令士民剃头归正，民庆更生。按：进忠本逆贼张献忠部下将，混名刘猴子。十九年檄同耿精忠入京论罪，俱磔于市。①

**雍正九年《惠来县志》卷十一《兵事》，《广东历代方志集成·潮州府部（十九）》，岭南美术出版社2009年版，第397-398页**

（康熙）十三年甲寅夏四月，潮镇刘进忠据潮倡乱。五月初十日，进忠

---

① 〔清〕刘业勤修，凌鱼纂：《揭阳县志》卷七《风俗志·兵燹》，乾隆四十九年刻本，见广东省地方史志办公室辑《广东历代方志集成·潮州府部（十七）》，岭南美术出版社2009年版，第323页。

伪檄至县。时署县段藻回普宁,绅衿恳防将卢大时固守,详请援兵以拒。十六日,碣石总镇苗之秀统兵至县,驻西郊飞鹅山以俟大师。六月,平藩下都统尚之孝统铁骑数千,驻县西双山。至阅月,王师从盐岭进兵抵潮。十四年乙卯攻潮,王师络绎派供人夫赴军前应用。八月,提督严自明取本县守城大铁炮八门,运至峡山营堡。攻潮阳县后,师溃弗及运回。十五年丙辰正月初三晚,提督严自明收溃师回省,夜宿县南郊。守备吴泰出城力禀,驻师城外,城门谨闭。时兵不属主,将城外焚掠一空。

**乾隆十五年《海丰县志》卷十《邑事》,《广东历代方志集成·惠州府部(十二)》,岭南美术出版社2009年版,第325页**

(康熙十五年)正月初五日,征潮兵溃抵县。时关厢居民各逃避村落,至十一日,兵始陆续尽。十六日,潮逆刘进忠同海寇数万,由县抵郡,百姓避兵者,虽山陬海澨,咸被剽劫。而各处诸亡赖辈,竖白旗倡乱,荼毒良民,众不聊生。又设立伪知县,追比军前米、毛丁劝输等,阖邑疲敝不堪。

**乾隆三十年《澄海县志》卷二十《经略海防》,《广东历代方志集成·潮州府部(二十八)》,岭南美术出版社2009年版,第972页**

(康熙)十三年甲寅冬十二月,盗袭澄海城,执知县翁与之。刘进忠之变,全潮骚动。李虎子、洪魁老等乘机倡乱。十二月初三夜四更,拥众入城,掳知县翁与之,既而释之。

**同治二年《石窟一征》卷一《征抚》,《广东历代方志集成·嘉应州部(四十)》,岭南美术出版社2009年版,第220-211页**

邑志康熙十三年四月,土寇攻城,知县程梦简、守备孟甫昌发兵冲击,贼众奔遁,自十四年二月海寇踞县。十六年始行恢复,皆不详其始末。通志及州志皆不载,按此盖刘进忠叛潮州时也。是时闽藩耿精忠叛,刘进忠为潮州镇总兵,遣腹并杨希震诣纳款。十三年遂据潮州府城叛。十四年将军尚之孝、总兵王国栋等统兵讨之。进忠以闽粤路梗,复纳款郑经,经遣援刘左虎来援,攻饶平所,称海寇踞城,或郑经所遣援,刘进忠之党欤然,故老相传。但云土寇攻城而未闻,海寇踞城事(按:程乡志亦有海寇踞城,毁折一空,事见王吉人宦绩录),邑志或以饶平而误入镇平欤。又不应以相隔百十年之事纪载如此缪误。而职官志。康熙八年陈俨后即应科代之。按:应科康熙二十年任,而程梦闲则十一年任,复有田生金于十三年任,张宏美于十六年任,钱应科始以二十年任。其海寇踞城或于程或于田,维时邑令作何结局，志载缺如抑又何也。邑志职官志载实授，不载署摄，虽限于体例，然亦应附见，而若程，若田，又皆实任，尚且室漏，疏略可知矣。

**光绪二十七年《嘉应州志》卷三十一《寇变》，《广东历代方志集成·嘉应州部（三十六）》，岭南美术出版社2009年版，第582—583页**

康熙十三年甲寅岁，潮镇刘进忠之变。大师集于程，城内外居民避居山寨。后大师撤回，时为十五年丙辰正月。进忠党突至，据城库。吏黄梦奎乘乱放火焚库沿烧，县衙内外堂俱为灰烬。城厢屋宇多被烧毁（王志按：谈梅据平南王尚可喜奏，刘进忠逆党陈奠分踞程乡县水陆要口抗拒。我师提督严自明遣兵击之，斩获甚众。程乡伪守备张奉寰遗人通款缚献。伪守备杨泡开迎降。又奉云副都统尚之节等统兵自程乡间道进闽云，云是尚之节尝驻程也。）王吉人续修程乡县志序云："前志之修在于康熙十一年，董其事者为前令望如王公。"越次年有潮变，大师驻程，志版多失。署令时公继而葺之，藏其版于县库之右。越一年而海逆突据，程邑逆吏黄梦奎利库藏所有放火以自焚以掩众论，遂又灾及志版。据此则程乡令王仕云之后有署令时公。刘进忠之叛以程乡令王仕云为知府，而王吉人康熙十五年随康亲王征闽广。十六年补程乡令。十七年到任则中间承乏者为署令时公。继署事者为潘继贤（见王志灾祥），此其可考者也。据王吉人传云："先是海逆踞程，城厢都堡拆毁一空，绅民避居村寨。"其时民之流亡可知矣。考《通志·仇昌祚传》：由明经任潮州府同知。康熙十二年入觐回至程乡，值刘进忠叛，其党挟之入郡，授以官，不屈，诈病卧床褥者三年。康亲王恢潮，嘉其不汙伪命，疏授惠州知府。而刘广聪旧志有昌祚铁汉楼诗自序云："至甲寅郡州异变，每以伪命相强，予以死誓得免。然濒于死者数数矣。而予卒不死人，金以铁汉目之云云。"其诗有句云："漫云直道终难矢，海甸为谁筑此台。"又句云："叹余不负元城骨，先后投荒共一州。"其游程乡县阳东岩古寺诗一首，又阳东岩程令王天与具酌招客一首（诗别见），三年中寓程踪迹尚可想见。又文志载颜崇衡，程乡五烈，咏其三人，皆死刘进忠之难者，其事迹文志已采入文物，今录其诗于左。

（四）迁海复界

**康熙二十五年《海阳县志》卷一《疆域·兵事》，《广东历代方志集成·潮州府部（十一）》，岭南美术出版社2009年版，第26页**

丘辉，绰号"臭红肉"，潮阳人。自少投台湾为贼，沿海劫掠十余年。康熙己酉，统贼艘数百围龙湖，见乡兵有备，劫退。其余流劫海阳、潮阳、揭阳、澄海、惠来、普宁数百十乡寨。掳去妇女前后不啻数万，以貌之好丑估价听赎，否则卖台湾为婢妾。男子则卖为奴，或以代牛；老者、病者立杀之，僵尸遍野。庚戌以后，授台湾伪札，公然开府于达濠埠，置市廛数百间，擅一府鱼盐之利。潮商买盐上广济桥贩卖，非有贼票不敢出港也。甲寅，潮镇刘进忠叛降海，海寇授辉为副将，镇潮阳、惠来。（康熙）十九年，海寇败遁，辉焚巢，随之厦门。二月念七日，厦门破，辉还据达濠，日事劫掠。提镇遣副将蔡茂植、周琬剿之。相持数月，辉战败，退。扬帆掳惠来、海丰妇女千余人，入广海将与周昌合伙，昌不纳，又还台湾。从来寇祸未有丘辉之惨毒者。

**康熙二十五年《澄海县志》卷十九《海氛》，《广东历代方志集成·潮州府部（三十）》，岭南美术出版社2009年版，第174页**

海、潮、揭、饶、惠、澄六县迁斥由。边海多寇患，屡躏内地。康熙元年，钦差少宰科尔坤、少司马介推同平南王尚可喜，将军王国光、沈永忠，提督杨遇明等巡勘六县海滨，筑小堤为界，令居民迁入堤内，越界者死，而海寇犹滋蔓也。三年，又差冢宰伊里布、少司马硕图偕藩院将军、提督等再巡勘。海阳迁去龙溪、上莆、东莆、南桂四都，秋溪、江东、水南三都之半；潮阳迁去直浦、竹山、招收、砂浦、隆井五都，附郭、峡山、举练三都之半；揭阳迁去地美一都、桃山半都；饶平迁去隆眼、宣化、信宁三都；惠来迁去大坭、隆井二都，惠来、酉头、龙溪三都之半；而澄海迁去上外、中外、下外、蓬州、鳄浦、鮀江六都，仅存苏湾一都。至五年而全县毕裁，设墩台，戍卒以守。七年，抚院王来任上复地之疏，督院周有德毅然行之，民始庆苏生。

**雍正九年《惠来县志》卷十一《兵事》，《广东历代方志集成·潮州府部（十九）》，岭南美术出版社2009年版，第396－398页**

康熙元年迁地，二年续迁。知县李济同大人履勘绘图，立界剖沟。碣石苏利抗迁，沿海地方分哨据守。其党郑三据龙江，余煌据神泉，陈烟鸿据靖海。三年八月初七日，征南大将军王国光督师由潮达惠，至靖海大塘埔，烟鸿拒敌授首，遂长驱至邑。初十日，龙江郑三一鼓而歼，神泉余煌奔窜。师由长青与平藩合剿，利出战南塘埔，杀败身死，大师凯旋。

海寇"臭红肉"丘辉有船百余艘，游奕海上，由甲子门沿劫览表、新寮等乡。（顺治）十七年，宪檄团练乡勇。知县张秉政选择精壮八百名，调习操演，捐资造三眼枪一百五十门，分发乡勇、棋布要冲等处，贼知有备引去。至十八年五月，贼艘复至黄岗登岸，知县张秉政督率乡勇截杀，会游击韩典督兵进击，合力拒敌。随擒杀贼魁二十余级于排兜澳。余贼败走，登舟不及，溺死者无算。

**雍正九年《揭阳县志》卷三《兵事》，《广东历代方志集成·潮州府部（十六）》，岭南美术出版社2009年版，第374、376页**

（康熙七年十二月初八日）是夜，巨寇丘辉统贼千余破棉湖寨，掠去男妇六七百人，树营终日，乃去，货物不能尽卷者，尚存过半。

土寇丘辉踞海外达濠埔，屡至揭界劫掠无数，后归台湾。及大师进剿，时辉遭大炮碎尸而亡，盖天诛也。

**乾隆四十九年《揭阳县志》卷七《风俗志·兵燹》，《广东历代方志集成·潮州府部（十七）》，岭南美术出版社2009年版，第320－321页**

（康熙七年十二月初八日）是夜，邱辉复率众千余人破棉湖寨，掠去男妇六七百人，扎营一月乃去。按：邱辉，绰号"臭红肉"，幼投台湾郑氏为盗。康熙四年杀魏五而并其众，八年与李虎子入潮阳，破八寨，潮镇刘进忠击走之。掳揭、澄、惠、普百余乡男女，以貌之媸妍估价听赎，否则载入台湾。九年受郑经伪札，开府于达濠埔，置市廛，擅鱼盐之利。

**乾隆十五年《海丰县志》卷十《邑事》，《广东历代方志集成·惠州府部（十二）》，岭南美术出版社2009年版，第323页**

（康熙三年）八月，碣石苏利抗迁，藩下将军督镇等奉旨，各统大兵征之。至十二日，斩苏利，余党悉平。时奉旨复迁边界，苏利抗迁，于康熙三年五月间毁墩、拔桩，谋为不轨。前令阮士鹏，申文院道，先请标兵协防，凡三阅月，拮据供应。嗣藩镇等亲统大兵征之巢穴，悉平。所需夫役，往还数繁，皆系本县竭力措应，兼各县协济。按卫旧志载云："卫有强龙，一百二十四步直出海口，后当有佗嚣、公孙述之流，与国运相终始。"明初，都指挥花茂建造卫城，将此龙开断，云："国未必有一强者，霸此方二十年。"自乙酉年八月二十五日苏成入踞碣石，至康熙三年甲辰八月十二日苏利授首，果应其言。

**光绪二十六年《海阳县志》卷二十五《前事略二》，《广东历代方志集成·潮州府部（十二）》，岭南美术出版社2009年版，第247－248页**

康熙元年迁沿海居民赈之。（《郝通志》）先是郑芝龙父子相继跳梁，内阁满洲大臣苏纳海、鳌拜议沿海建墩台，贼至烽火为号，以便守御；徙内地民，以杜奸宄接济之患。粤省东起饶平大城所上里尾，西迄钦州防城，至是复令吏部侍郎科尔坤、兵部侍郎介山同平南王尚可喜，将军王国光、沈永忠，提督杨遇明等巡勘潮属濒海六县，令徙内地五十里，赈贫民之不能迁者。（《南澳志》参《郝通志》）

先是总督卢崇峻疏陈粤东六大害：一夫役，二派船，三采买，四私抽，五攀害，六擅杀。下巡抚王来任覆奏，至是同请勒石禁革，粤民称便。（《郝通志》）

**民国三十四年《南澳县志》卷十四《征抚》，《广东历代方志集成·潮州府部（三十四）》，岭南美术出版社 2009 年版，第 1627 页**

圣祖康熙八年，诏展界，纵民得采捕近海，澳民复回。二十三年，命吏部杜榛、内阁学士石柱巡视广东、福建界外弃地，给民耕种，澳民尽复旧业。

**《樟林乡土资料·上林陈氏》，抄本，汕头市澄海区博物馆藏**

乙酉年我苏湾都被埭头黄海如倡起破澄之后，不惟县北埔尾陈斌继之，而山门长陇则有唐其观，南洋则有许龙，福建则有郑成功，相与残害海滨乡村郡邑。以致我皇清皇威震怒，有斥地之令，以绝寇食。即于顺治十八年即康熙元年，暨以江、浙、闽、粤沿海一带地方，离郡三十里外迁入内地。时我潮六县俱以照钦差大人、平南王、督抚、提督踏勘地方界限，火刻搬入。我澄全县，实在其内。时幸新受总兵许龙保荫，是以缓迁。众荷其功，乡绅里老乃题捐派凑，买乡中林家祠堂边空地，盖建一祠，以奉许公生辰。不意建盖未成，复有奉旨斥地之令。随于康熙三年甲辰我澄全斥，仅留南洋、程洋冈、南沙寨等乡一圈，名曰两河中间。我乡先斥，屋宇、砖石、对象、树木悉被未迁之人搬斫已尽。后至丙午年，南洋等乡亦斥。即有奉旨着许眷属搬程乡，未几又钦差大人同提督拘许上京归旗。

**《普宁房氏族谱·尚均公生平录》，旧抄本，广东省普宁市大坪镇坑尾村房三相藏**

……皇清甲辰年……至于是秋月之夜，继之苏党大逆，四省会剿，不日而竭，下石其党自冬而灭。皇上以议迁折，督抚示筑墩台，官吏催挑边界，不论官民房屋、神庙、坟墓，各逐三十里为限，过界者杀。升盐价米七倍，升米三分，近海一带，流离失所，僵死于道路者亿万；科差什派浩繁，累死于夫马者种种；鬻妻卖子，献田典屋，谁肯诺领迁移之惨，眼亲睹焉。至戊申年，幸天生一巡抚王，吞金死谏，总督周共奏，升复准批万民沾德，至今立祀不替焉。

**《龙湖黄氏族谱》，旧抄本，广东省潮州市潮安县龙湖镇黄氏后人藏**

康熙壬寅，诏迁海界，粤省东起大城所，西迄钦州防城，令民徙内地五十里，排栅严出入，以杜接济台湾郑成功之患，越界者斩。惟隆津未迁。至甲辰，海氛愈警，特遣冢宰伊里布，少司马硕图复勘，隆津乃在所迁之列。公时犹年少，请于父，挟重资以往为先容，情词恳切，陈于当事。海邑迁去龙溪、上莆、东莆、南桂四都，秋溪、江东、水南三都之半，惟隆津都以龙湖一寨得全。越戊申，尽弛海禁，民庆苏生，乃隆津一都，东西横亘数十乡，户口千万，先得保田庐免荡析，公之力也。

**《（葛园）纪氏族谱·家序》，新抄本，广东省汕头市潮阳县葛园乡纪氏后人传抄**

越清顺治十八年，因厦门郑成功之乱，朝廷特行斥地之举，将浙江、江南、闽、粤四省沿海地方，一概议斥。就康熙元年二月初七日，本县知县谢，悬示即令搬移。彼都之人，逃走如骛，庐舍尽烬。山画界而水插桩，樵无采而渔莫捕。谷贵如珠，升盐钱银。失业之人，营活无门，或鬻妻而留子，或鬻子而留妻，或妻子具鬻，孑身行凶。父不见子，兄难见弟。嗟哉！斯时虽血不满长城，实尸横镇于巨巷。至康熙八年，幸有本省巡抚王，目赌（睹）流亡之惨，血疏告复，总督周特本请命。潮之十一县被斥者有六，时陆路可通者，咸得回归故土，但死亡之中，十存有五。余乡居河东，因隔一水，马迹难到。余因乡人涕泣载道，不准偕复。

**《广东省潮州府澄海县外新溪黄氏家庙辟望世系族谱》，民国旧抄本**

迨至康熙甲辰，斥地迁民，流乱四方。及展复，有不回者，居程乡县、普宁县，后因而出祖。有因经商居琼州府琼山县；有因官任居南澳卫；或因地利，有居海阳县梅溪乡，有居外沙乡、鸥汀乡，有居下坑乡、北陇乡，有居东湖乡、外埔乡。

# 第二章 雍正时期蓝鼎元对潮州的治理

## 一、概述

自雍正到道光时期，粤东地区局势已经稳定。不论是海盗，还是山贼，基本上都得到控制。此时，粤东社会安定、人口增长、经济繁荣发展，特别是潮人的海外贸易发展迅速。这种相对稳定的局面一直延续到道光二十五年（1845）黄悟空起事。随着人口的迅速增长，资源竞争日益激烈，个体间冲突也日益频繁。雍正年间蓝鼎元和道光年间姚柬之分别在普宁、潮阳、揭阳任过知县，也分别留下了《鹿洲公案》《伯山日记》等多部珍贵的文献，从中一窥，可以研究清代中叶粤东地区的民风民情。

### （一）蓝鼎元其人及著述

蓝鼎元（1680—1733），字玉霖，号鹿洲，福建漳浦人。早年在家乡读书与教书，曾泛海闽浙各地，考察海防。康熙六十年（1721），台湾发生朱一贵起事，蓝鼎元随时任南澳总兵的族兄蓝廷珍出征台湾平乱，展现了过人的见识与处理政务、军务的能力。雍正三年（1725），蓝鼎元奉调入京，"校书内廷，分修《大清一统志》"。雍正六年（1728）冬，经大学士朱轼引荐，"条奏经理台湾、河漕兼资海运、凤阳民俗土田、黔蜀疆域六事，上皆嘉纳，授广东普宁知县"。一个月后兼署潮阳县。蓝鼎元治理普宁、潮阳一年多，颇有成效，后被诬告入狱，雍正十年（1732）诬告肃清，并出任广州知府，一年后终于任上，享年五十四岁。①

知县掌一县之政令，亲理户籍、赋役、缉捕、诉讼、文教等事，为临民之官，有父母官之称。依清代官制，普宁县是"难字简缺"，但潮阳县为

---

① 〔清〕蓝云锦：《行述》，见郑焕隆选编校注《蓝鼎元论潮文集》，海天出版社1993年版，第389—397页。

"繁、疲、难三字要缺"①,地方豪强势力强大,县官理政有诸多掣肘。蓝鼎元治理普宁、潮阳两县期间,严于治盗治狱。他以审案判案的经历写成《鹿洲公案》,因记事完整、情节曲折,富有故事性和艺术性,刊刻之后颇受各地官员欢迎,后被收入《四库全书》。可能因为顾及可读性的问题,《鹿洲公案》所载故事有些过于玄乎,并不能全信,但其史学价值仍应值得肯定,甚而被认为是史部著作。②《鹿洲公案》及蓝鼎元的其他著作后汇编成《鹿洲全集》,被很多学者用以研究清代县级衙门,同时也是研究清代粤东地方社会的重要文献之一,从中可以一窥康熙雍正年间粤东社会的风俗民情和社会情状,对全面了解雍正时期潮州地区的知县如何开展基层社会治理有非常重要的价值。③

### (二) 雍正时期潮州的社会秩序与治理

自北宋以后,潮州地区文教兴盛,科举人才济济,遂有"海滨邹鲁"之美称。蓝鼎元莅潮之后,认为"海滨邹鲁"之称已经名不副实:"潮郡依山附海,民有杂霸之风,性情劲悍,习尚纷嚣,其大较也。苏子瞻作《昌黎庙碑》,谓潮之士皆笃于文行,延及齐民,号称易治。当时朴陋初开,旋登彬雅,海滨邹鲁之称,所由来乎。历年既多,流风日下,文士渐趋浮华、习奔竞,先名后实,而邹鲁为之一变矣。"④ 他观察到潮州地区存在诸多恶俗,有的已经严重影响社会秩序,随之采取了一系列措施,儆吏胥,缉盗贼,抑豪强,追逋赋,保民食,去陋俗,举正学,使潮州民风为之一变。

#### 1. 儆吏胥,惩讼师,压豪强

在明清两代,一个地方的县官均是不熟悉当地情形的异地任职者,县官日常理政必须依靠衙役、书吏等本地人。由于从"吏"到"官"没有正常的晋升通道,缺乏社会地位上升机会的衙役、书吏转而追求经济利益最大化,他们与当地讼师、豪强很容易结合成为危害地方的一个利益团体。这种

---

① 刘子扬:《清代地方官制考》,紫禁城出版社1988年版,第506页。
② 龚敏:《试论蓝鼎元〈鹿洲公案〉之文本性质》,载《中山大学学报》2012年第6期,第43-50页。
③ 有关蓝鼎元、《鹿洲公案》的研究成果很多,可参阅王日根、王亚民:《从〈鹿洲公案〉看清初知县对乡村社会的控制》,载《华中师范大学学报》2006年4期;王强、刘正刚:《从〈鹿洲公案〉考察潮州社会犯罪现象》,载《广东史志》2002年4期;王亚民:《知县蓝鼎元与乡村社会的教化——乡村"治世"的历史追溯》,载《中国社会历史评论》2007年第8卷;冷东:《蓝鼎元视野下的清初潮汕社会》,载《中国边疆史地研究》1999年第4期;王亚民:《清初知县蓝鼎元与潮普地区海盗治理》,载《吉林师范大学学报》2014年2期,等等。
④〔清〕蓝鼎元:《鹿洲全集》(上),厦门大学出版社1995年版,第295-300页。

情况在各地均普遍存在。

关于潮州的吏风及其危害,蓝鼎元写道:"不农不秀,窜身公门,乡民狱讼,恣其鱼肉,遂至炀灶藉丛,威福横于士夫,而邹鲁为之一变矣。""胥役之余,流为衙侩,为讼师,间有衿监,靡然幕效,而刁讼之风,炽不可遏矣。鬻产告争,卖妻告夺,丐尸权为父命,踽踽举作宾贤。楼阁空中,千奇百怪。至于水落石出,鹬蚌俱伤,尚懵然不知讼师之害己,其亦可怜甚矣。"①

蓝鼎元甫一上任,即遇到"五营兵食"问题。究其原因,是潮阳县当地豪绅、劣衿、宪役、吏书勾结,长期未能完粮,拖欠兵食达半年之久。蓝鼎元遂揭榜通衢,宽减火耗,追缴欠数,使兵食以济,解决了一场可能发生的兵变。光绪十年(1884)《潮阳县志》载:

> 雍正六年任普宁知县,提篆潮阳。值水陆汛凡五营脱巾而呼,盖县不给兵粮者半截矣。邑故健讼,而胥吏图役复缘为奸利。急则空堂走东山以挟令,粮益无所得,宪缴借运镇平、程乡仓米三千石给之。鼎元曰:"非计也,天下岂有不完粮之邑哉!"揭示通衢,劝谕绅士以为民望,词意婉切中要。于是十三都争先赴纳,胥役股栗,无敢不奉法者,兵食以济。②

蓝鼎元也严治讼师,特别是严厉惩治为首的讼师,使潮州"刁讼之风"得到一定的扼制。《(蓝鼎元)行述》中记述了蓝鼎元慑服讼师林炯璧的事迹:

> 林军师、陈兴泰者,讼师之魁。有监生郑氏告吴阿万等杀伤田主、抢剥衣物。而吴告郑霸海横抽,又使人赴各宪辕首告,府君鞫之,则吴词尽属子虚。府君欵语谓吴:"若等两岁荒歉,田主不以情相恤,刻意取盈,若拒之过当,事甚小,汝乃加以霸海横抽,其罪甚大。倘直穷到底,则汝自罹反坐,罪大于抗租,此讼师误汝,将奈何!"吴叩头谢:"军师言我有奇计,置欠租勿道,以霸海横抽遍控郡省,县官自不敢拘审。准则郑之家破,即不准,迁延时日,欠租事灰矣。"问:"军师为

---

① 〔清〕蓝鼎元:《鹿洲全集》(上),厦门大学出版社1995年版,第295-300页。
② 光绪十年《潮阳县志》卷十六《宦绩》,见《广东历代方志集成·潮州府部(十五)》,岭南美术出版社2009年版,第263页。

谁?"曰:"林军师炯璧也。"府君遣役疾走其家,及其案头字迹悉取以来,则吴词在焉。军师乃慴服。①

潮州地方豪强势力强大,且多"逋租抗粮,负隅拒捕,相沿成习,恬不知非,而洋乌、渎水等都,尤其甚者"。蓝鼎元莅潮之后雷厉风行追缴粮欠,"法在必行,虽僻远顽抗,极恶难问之乡,不尽获行法不止,如贵山都之麒麟埔径子乡,渎水都之果陇交南寨,皆动大众捕禽之。元凶剧贼,累累就俘,然后奸匪廓清,令行而罔敢犯"。例如洋乌都山门城赵姓"聚族千丁,衣冠之士济济数十,左右乡村推巨擘焉。排户赵麟、赵伯、赵镐,自康熙六十一年以来至雍正六年,积欠正供粮一百六十九两,米六十八石有奇",而且多次驱逐、殴打催粮的官差,蓝鼎元一面"移檄潮阳营拨遣弃兵",一面与县尉冯灏率乡兵三百围村催欠,至明年三四月赵氏积逋始清,并褫夺监生赵佳璧功名。②

### 2. 缉盗贼

甫至潮州的蓝鼎元很快发现潮人赌博成风,赌博又与海盗山贼等严重危害社会治理的犯罪活动紧密联系在一起。他说潮人"见赌则殉千金之宅、万金之产。刻烛方寸,揭以授之他家而有所不吝……至于赤身洹寒,衣蒲向火,纸牌在手,不忍弃置。大抵士庶之家,十人九赌。兵役之家,九人十赌"。雍正年间的潮汕海面虽然远较明代中后期平靖,但"洋匪"之闻仍不绝于耳。蓝鼎元称,"赌博之余,流为盗贼,攘鸡盗牛","结队出海,攘客于重洋之外。又或入山招匪③,"洋盗故惠潮土产也,其为之若儿戏然。三五成群,片言投合,夺取小舟,驾出易大,习为固然也久矣。余以丁未秋莅普,特严弭盗,甫两月,境绝穿窬,山溪清廓。时尚未越俎代潮也"④。随后,他积极配合南澳总兵缉拿行劫樟林港的等一大帮洋盗团伙,"从兹闽粤海疆二三千里,波涛不动,商贾晏然,亦官斯土者之一快也夫"⑤。为长远治理洋盗,他还撰写《论海洋弭捕盗贼书》向上司条陈治盗之策。⑥ 陆地上的盗贼亦为数不少,且常与洋盗勾结,蓝鼎元也擒获潮阳、揭阳不少巨盗,

---

① 〔清〕蓝云锦:《行述》,见郑焕隆选编校注《蓝鼎元论潮文集》,海天出版社1993年版,第389-397页。
② 〔清〕蓝鼎元:《鹿洲全集》(上),厦门大学出版社1995年版,第432-436页。
③ 〔清〕蓝鼎元:《鹿洲全集》(上),厦门大学出版社1995年版,第295-300页。
④ 〔清〕蓝鼎元:《鹿洲全集》(上),厦门大学出版社1995年版,第393页。
⑤ 〔清〕蓝鼎元:《鹿洲全集》(上),厦门大学出版社1995年版,第398-399页。
⑥ 〔清〕蓝鼎元:《鹿洲全集》(上),厦门大学出版社1995年版,第36-38页。

使四境绥靖。

### 3. 禁恶俗，兴正学，移风易俗

清代知县最主要的职责是钱粮、治安与教化。经过顺治康熙初年的动荡之后，朝廷十分重视在全国范围内推行教化。顺治十六年，开始实施讲约制度。雍正皇帝在康熙"十六条"的基础上推出了《圣谕广训》一书，颁行全国。在蓝鼎元看来，潮州社会已经"廉耻道丧，未有甚于斯也"，并特别抨击潮人"好淫乐"与"迷信"的恶俗，强调潮州地区更加需要推行教化，破异端，立正学，正本清源。

关于潮人好淫乐，蓝鼎元称："好酣歌，新声度曲，灯宵月夜，傅粉嬉游，咿咿呜呜，杂以丝竹管弦之和，南音土风，声调迥别。千金买笑，视同泥沙。遂有游妓荡妇，驾一叶以当青楼，又或缔戏叠妇，风流自诩，廉耻道丧，未有甚于斯也。"潮人迷信之风，更是无以复加。他称，"（潮人）酷信青乌家之说，谓富贵出自坟墓，沉迷风水，争讼盈庭。椎埋盗骨，凶恶无所不至"，"信巫觋，不重医药，风寒暑湿，动云命运衰低，冲犯鬼物"，"罔极之丧，置酒召客，延僧礼忏，开冥路，打地狱，云为死者减罪资福"，"佞佛之余，流为好怪，石或能言，树或能灵，厕间古枢亦神亦仙，酒肉香纸，男妇趋若狂焉"，"鬼怪盛而淫邪兴，庙祀多，而迎神赛会一年且居其半"。①

为此，蓝鼎元除了对上文的盗贼、豪强、讼师等"明刑耻之"之外，还强力镇压邪教，兴办书院、义学，勉力使潮人风气为之一变。如《（蓝鼎元）行述》载：

> 妖女林妙贵者，自号后天教主，其奸夫胡阿秋，号仙公，建淫祠于邑之北关，书符咒水，为人治病求嗣，又能使寡妇夜见其夫。煽党凡数百人，诸邑远近踵至。遣吏卒捕之，皆言妙贵有阴兵，恐摄己为害。府君亲诣擒之，庭鞫其状，具得所为"求嗣""见夫"，闻者齿冷。府君悉焚其供状姓名，分别同恶，二妖荷校于市，众共碎其首而毙之。籍其居，改建棉阳书院，祀周、程、张、朱五先生，与都人士讲学课文其中，作《棉阳学准》，立条约，以官租二百三十石，捐为祭祀、师生膏火之费，正学兴焉。②

---

① 〔清〕蓝鼎元：《鹿洲全集》（上），厦门大学出版社1995年版，第295–300页。
② 〔清〕蓝鼎元：《鹿洲全集》（上），厦门大学出版社1995年版，第20页。

## （三）蓝鼎元治潮的效果及分析

蓝鼎元所处时代是清代前中期，属于王朝上升时期，粤东地区整体上尚处于有条不紊的状态。蓝鼎元所采取的基层社会治理措施在一定程度上反映了粤东地区当时的实际情形。姚柬之在揭阳县任上的时代，刚好是鸦片战争前，即中国步入近代的前夕。这一时期，揭阳乃至整个粤东地区刚好是由治而乱时期，社会情况相当复杂。姚柬之所采用的治理措施也在一定程度上反映了整个潮州地区的社会情形。由此，蓝鼎元与姚柬之两个个案形象生动地展示了晚清转型前，知县所开展的基层社会治理情形。

蓝鼎元治理普宁、潮阳两县仅一年多，被时人誉为"潮邑已臻大治，夜户弗扃，民有仁让之俗"。离任之际，"二邑士民，奔走唏嘘，挈榼提筐，想望于道。惠来人王希五，年八十余，携米五升，鸡子十数枚为馈，拄杖行二百里，曰天乎，公乃至此"①。他对自己治理普宁、潮阳两县颇为自得，称潮州地区自《圣谕广训》颁行之后，风气竟然为之一新，"日新月异，渐几淳美"：

> 向来恶俗，洗涤净尽者有三，曰赌博、曰私宰、曰盟歃。赌博之弊，拔根塞源，造售赌具者无有矣；私宰之辈，投刀改业，即以一金市一脔牛肉，无有矣，盟歃之俦，雪消见晛，并强宗闾侠，好勇斗狠之风，亦大为敛戢矣。②

这样的转变速度当然不足为信，只能视之为蓝鼎元向上司汇报工作所使用的"官话"。同时，蓝鼎元也客观地写道："游娼戏妇，咸逐出境；私蓄外淫，并为厉禁。荡舟沉湎，歌舞嬉游，皆自知羞愧焉。惟丧事供佛饭僧、信巫尚鬼、迁冢洗骸、赛会烧香、游灯好戏、重富轻贫、趋炎附热，此则习俗所未尽蠲者。"由此可以认为，蓝鼎元虽然有效地治理了潮州地区，但他所称的"曩时健讼成习，刁诬甲于寰区，潮阳词状，日投一千八百楮，海阳、揭阳五七百楮，其他或三四百、或一二百，多寡不同，未有在百以内者"，"曩时窃劫盗贼，从横遍野，水陆皆戒心之地"，"曩时逋赋成风，绅衿大豪，较小民为更甚"，这些情况仍然长期存在于当时的潮州社会中。③

---

① 〔清〕蓝鼎元：《鹿洲全集》（上），厦门大学出版社1995年版，第23页。
② 〔清〕蓝鼎元：《鹿洲全集》（上），厦门大学出版社1995年版，第300页。
③ 〔清〕蓝鼎元：《鹿洲全集》（上），厦门大学出版社1995年版，第295-300页。

蓝鼎元能够有效治理潮州，从他个人的角度看，一方面是由于他本人具有宏大的政治抱负及杰出的个人能力。阅读蓝鼎元的个人文集，能够充分感受到蓝鼎元身上强烈的忠君爱国的个人抱负，有一股超人的气魄以及干一番事业的大无畏精神。他称："为守令者，当知有'民之父母'四字。民既以我为父母，我可不以民为子乎？所以为父母者，非有他也，亦曰：'诚而已矣。'"①他深知为官之难，特别是县官之难为，"天下之官，最难为者莫如守令，最可为者，亦莫如守令。守令皆能其官，则唐虞三代之治，如运掌然。守令之难为，难乎其称职也。守令之可为，以其与民最亲，德易徧而才得展也。德不足，才不长，督抚司道，皆掣肘也，佐贰僚属皆旁挠也，吏胥皂隶皆为鬼为蜮，欲掩其目而穿其鼻也。势豪巨猾皆如虎如狼，欲钳其口拊其背也。民繁事多，案牍山积，刑名之出入，钱谷之征催，盗贼之攘窃，稍一毫不尽厥心，而民之受害，不可言矣"②。在治理普宁、潮阳的实践中，蓝鼎元有破有立，破立结合，充分展现了他过人的才华、学识、胆识以及高超的谋略。例如，他深谙潮人迷信鬼神，笃信"神明不可欺"，对于一些疑案，他就非常巧妙地利用城隍、三山国王、幽魂等进行断案。

　　另一方面，蓝鼎元在台湾协助筹划军机、处理政务的经历为他施政于潮州积累了宝贵的经验。蓝鼎元在台湾住了一年多，全面考察了当时台湾社会、政治、经济、军事的现状和地理、风俗、信仰、教化等方面的情况。他提出的治理台湾的十九个措施，即信赏罚、惩讼师、除草窃、治客民、禁恶俗、儆吏胥、革规例、崇节俭、正婚嫁、兴学校、修武备、严守御、教树畜、宽租赋、行垦田、复官庄、恤澎民、抚土番、招生番，大部分成为后来台湾官员的治台依据，也有一大部分被运用于治理潮州的实践之中。

　　从更大的角度看，蓝鼎元之所以能够有效治理潮州，更重要的是得益于雍正年间安定的政治社会环境、朝廷强有力的控制以及相对于同光时期较为弱小的地方势力。有清一代，康熙、雍正是最有魄力、最有智慧与最有抱负的两位皇帝，对比清代中期与晚期，康雍时期的政治相对清明，这为蓝鼎元等有能力、有抱负的地方官员施政提供了较好的政治环境，也使朝廷在地方保持了强大的控制力与威慑力。蓝鼎元曾经讲到，为了缉拿洋盗，他不惜跨越县界、省界，"设谋购缉，昼夜焦劳，差役奔趋于四境，而邻邑同寅不以为忌。羽檄纵横于远近，而文武将弁协心宣力，不以为嫌。始以旁观之热肠为邻封驱除稂莠，继以摄篆棉疆，身在当局，有承审之责任，为两省永奠安

---

① 〔清〕蓝鼎元：《鹿洲全集》（上），厦门大学出版社1995年版，第506页。
② 〔清〕蓝鼎元：《鹿洲全集》（上），厦门大学出版社1995年版，第506页。

澜。其获之也劳责审之也逸，觉向日之为人者，今皆所以为己。可见绥靖地方，不必存此疆彼界之念。文武和衷，公忠为国，天下焉有难处之事哉？"① 另外，从地方的角度看，雍正时期潮州地方豪强虽然被指称为"豪滑"，"（潮阳）阖邑乡绅举贡，文武生员，不下七八百人。捐纳贡生一千三四百人"②，但就蓝鼎元所记述的洋乌都山门城赵姓等事件中，此时潮州地方豪强无论经济实力还是军事力量，都远远不足以与官府抗衡。赵氏在康熙六十一年至雍正六年共七年间仅"积欠正供粮一百六十九两，米六十八石有奇"，而且潮阳营官兵未到，赵氏即予妥协。赵氏积欠的税赋数量远远比不上道光末年及同治年间的地方豪强，故而揭阳县姚柬之、潮州总兵方耀为了清缴积欠，已经不得不动用大量的兵力，甚至动用极端的清剿手段。

## 二、史料辑录

**蓝云锦撰《（蓝鼎元）行述》，郑焕隆选编校注《蓝鼎元论潮文集》，海天出版社1993年版，第389-397页**

先府君讳鼎元，字玉霖，别号任庵，鹿洲其号也，世居漳浦县之苌溪。先高祖处士毅叟公生三子，曾王父逸叟公讳继善，其季也，博学多识，以隐自高。康熙戊子饮于乡，年九十有四而卒。配曾王母陈氏，宦族女，有孝德，曾以避贼负姑逾山跳涧，疾走十五里，人惊为神助；寿考齐眉，后公六年卒，年九十有二。先王父讳斌，字郁人，逸叟公仲子。少补博士弟子员，以文学行谊为一时弁冕，学者称文庵先生，年三十有二而卒。当是时，家无宿舂，先王母许氏，日课女红，市番薯种菜为糜佐瓮飧，节腹奉舅姑，下抚先府君暨叔父鼎光，以教以育，至于成立。都人士上其事大府，督学归安沈公、大中丞仪封张公，先后旌之。云锦等每侍先府君，府君谈及先王母时事，未尝不潸然涕下也。

府君生十岁而孤，四子五经书已能成诵，通大意。稍长，从族伯唐民先生读书山中，月携白盐一罐，无他蔬，同学或揶揄之，府君怡然，作《白盐赋》以自励。日泛滥诸子百家、礼乐名物、韬略行阵，究心综核不辍，惟岁时一归省祀先而已。年十七，观海厦门，泛海舟溯全闽岛屿，历浙洋舟山，乘风而南，沿南澳、海门以归，自谓此行所得者多。人莫能喻也。岁癸

---

① 蓝鼎元：《鹿洲全集》（上），厦门大学出版社1995年版，第398-399页。
② 蓝鼎元：《鹿洲全集》（上），厦门大学出版社1995年版，第373页。

未,邑大尹四明陈公,以翰林出知漳浦。饶经济才,多善政,集绅士为讲经之会,月课制艺诗歌古文辞。府君既喜经济之学,又好古文辞,请业论难,所学益大进。拔童子试第一。是冬受知督学归安沈公,复拔第一。招入使院,分校诸郡。沈公有"国士无双,人伦冰鉴"之目焉,时府君年廿有四矣。丁亥,大中丞仪封张公抚闽,建鳌峰书院,延九郡一州之有学行者,纂订先儒诸书,浦士最盛,独于梁村蔡公暨府君有加礼焉,谓"蓝生确然有守,毅然有为,经世之良材,吾道之羽翼"也。久之,念祖父母春秋高,而许太君亦渐衰老,辞归就养。中丞复屡札要之。府君复书,其略云:

某幼丧父,赖祖父母及寡母辛苦提携,以至今日。大父今年八十有九,大母年八十有二,日薄西山,此境岂能多得?又某有弟已长而未婚,有妹已长而未嫁。加以先君之柩,历年既多,未归于土,每当苦雨凄风,肝肠寸裂。自侍执事以来,细观先儒之书,窃闻圣贤之道,其最切者,父慈子孝兄友弟恭。今也,有九旬之祖父母,垂白之寡母而不能养,有久停之柩而不能葬,有愆期之弟妹而不能婚嫁,自逃于八百里之外,以博丰食鲜衣,纵使学问才力推倒一世,执事亦何取于此等人而欲进之于道耶?某虽不肖,颇知义利之辨,岂肯妄受人怜,有所希冀?笔耕舌耨,得稍供菽水,朝夕承颜膝下,于愿足矣,岂可复以远游贻老亲之倚闾哉!曩侍执事一年,不敢稍露毫末者,恐形迹之间,似乎有所希冀。今征召再三,恐执事不知所以违命之故,将责以自暴自弃之罪,故敢竭其愚衷,惟执事鉴谅焉。

中丞公乃止。

辛卯,曾王父卒。癸巳,先王母卒。丙申,曾王母卒。六年之间,连遭大丧,哀毁瘠立。虽食贫,丧事一遵文公家礼。暇则益肆力宋先儒及许、薛、胡、罗之书,沉潜玩味。以程朱为的,以第一等人物为期,课督不孝等,诱进后学,以敦本行、严取与、慎交游为准绳。盖自庚寅至庚子,杜门讲读者十有一年。岁频饥,尝作《饥乡记》自广其志,都门竞传诵之。箪瓢屡空,不少挫也。

辛丑夏四月,台湾朱一贵作乱,窃踞全郡。浦大尹汪公,方属府君团练乡勇护桑梓,而族伯岩山公,以南澳总戎统师平台,要与偕行。时羽檄交驰,府君摇笔立就,风涛戎马,条画悉合。其大者,搜罗汉门、小石门、大湖、崇爻诸山,以清南北中路之余孽。擒捕竹仔脚、二林港之逸贼,抚垦甲之流民。凡经营岁余,而全台以宁。至于论罗汉门、阿猴林、槟榔林、郎娇之不可弃,南北路文武之驻扎要害,官兵营汛之添设更置,台镇之必不可移驻澎湖,哨船换班,兵丁舵缭斗椗各兵之必不可换,剀切详明,制府满公多如其议。时钱塘沈端恪公,需次入闽,在幕府尤叹异焉。曾忆端恪送陈少林先生还漳诗云："我闻闽中有二贤，共说少林玉霖好。才名非独冠临漳，默输忠赤葵倾阳。我识陈子思蓝子，何时笑咏谱清商。"盖谓府君也。

府君少攻举子业，食饩者十余年，试辄冠军，而屡踬于棘围。今上御极之元年癸卯，诏天下学臣选文行兼优之士贡辟雍，府君与矣。二年春，北游太学。三年，校书内廷，分修《大清一统志》，巨公宗匠，共推服有良史才。献所为《青海平定雅》三篇、《临雍颂》《日月合璧五星连珠颂》《河清颂》各一篇，一时声噪辇下，卿二慕之者，多躬先造访。或内臣出膺封疆，辄诣府君为条陈地方情形利病。天下士游京师者，皆争一见为快。六年冬，以相国高安朱公荐，引见，条奏经理台湾、河漕兼资海运、凤阳民俗土田、黔蜀疆域六事，上皆嘉纳，授广东普宁知县。时朱公侍侧，而钱塘沈公为总宪，与俱，交赞其才。上云："朕观此人，便用作道府，亦绰然有余。"随降旨黔蜀督抚会议，以四川遵义府属改隶贵州，本府君所奏也。

府君既感上知遇，思一自强于政治以图报称。潮属频年大饥，普宁界潮阳、揭阳之间，故多盗，而潮、揭尤盗薮，或潜械清昼杀人而攫之金，飞檐穿壁夜入人室，府君下车，严为教约。有王士毅者，盗尸诬告，府君廉得其实，反坐之，及其主谋之讼师王爵亭、陈伟度，一邑称神，诸盗亦稍敛迹。

逾月，摄潮阳篆。邑水陆汛凡五营，脱巾而呼，相望于道。询之，则县不给兵食半载矣。邑故健讼，豪绅劣衿宪役书吏尤甚，图差缘为奸利，急则结党空堂走东山以挟令。时宪檄借运镇平、程乡仓米三千石给兵，府君曰："此非计也，旷时日，且还运补仓，费于何出？天下岂有不完粮之邑哉！"揭榜通衢：

潮邑素号海滨邹鲁，士大夫明礼义，重廉耻。迩岁饥馑，急公者鲜，乃出无可如何；今年有秋，岂可仍居顽户抗欠之名？又五营兵丁，皆同乡共井，非亲即故，汝等平日借兵力自卫，宁忍坐视其枵腹颠连！且镇平小邑，尚能急公，有赢余贷给，岂潮阳而甘出其下。通例，粮米每石加耗一斗。今特从宽减：凡纳本年者，每石耗五升，旧欠耗三升，取足奏销之费。逋赋止问主名，虽父子兄弟，析居，一无波累。本县与士民休戚相关，缙绅衿监，宜率先完纳，以为民望，给兵食。至于势豪棍蠹，倘仍故习，或图差作奸侵蚀，哄堂挟制，固不足辱本县之纸墨鞭棰矣。

于是绅士争赴纳，十三都望风而趋，图差皆股栗，莫敢不奉法者，兵食以济，亦不借运程、镇也。

邑故有渔船四百，每船例四金，新令至，必输金以易新照。府君峻却之，镌石于泊舟之步。

妖女林妙贵者，自号后天教主，其奸夫胡阿秋，号仙公，建淫祠于邑之北关，书符咒水，为人治病求嗣，又能使寡妇夜见其夫。煽党凡数百人，诸邑远近踵至。遣吏卒捕之，皆言妙贵有阴兵，恐摄己为害。府君亲诣擒之，庭鞫其状，具得所为"求嗣""见夫"，闻者齿冷。府君悉焚其供状姓名，分别同恶，二妖荷校于市，众共碎其首而毙之；籍其居，改建棉阳书院，祀周、程、张、朱五先生，与都人士讲学课文其中，作《棉阳学准》，立条约，以官租二百三十石，捐为祭祀、师生膏火之费，正学兴焉。

府君既严治盗之法，劫港截径、暮夜行窃，动辄见获，盗多逸入他境，邑人皆贺。府君曰："未也，是将有大焉者。"侦其窝，乃在百二十里潮、揭之交葫卢地，诸邑盗魁皆在，谋以众由钱澳夺舟出海。为首者十有八人，营弁议以舟师扼隘掩捕之。府君曰："不可。调兵则事泄，贼惊且走。不烦兵也。"密檄普宁尉选丁壮，若为搜普盗者，兼程夜至葫卢地。围窝者宅，擒其首七人，出军械甚伙。十一人者以次俱获。先是，南澳镇檄普提洋盗二人，府君以出洋行劫，其党必多，而廉二人者皆非是，出之，更得洋面积盗四十三人姓名。吏曰："此他邑盗也。"府君曰："洋面商贾，非吾赤子乎？且是以邻邑为壑也，吾弗忍。"分檄潮、揭诸邑勾致。及兼摄潮阳，尽获诸盗，行劫闽广洋面，拒敌官兵，言之历历。悉按问如律。而计擒仙村楼马仕镇，群盗窝主也。自是四境绥靖，民皆帖席。

邑故健讼，期辄千余楮，讼师如云。府君时巡境内，劝课农桑，召父老问所疾苦，具得其姓名。府君曰："传语若辈，倘能改过，吾又何求？"有王元吉，尸弃龙湫之野，其弟煌立以活杀赚和告其怨家杨姓。府君谛视煌立，心疑之，故设词惊其约保，乃言：此讼师李阿柳、萧邦棉及刑书郑阿二合谋吓诈所为。然未知元吉作何身死也。词内有曹阿左盗案。府君呼约保："人命至重，今未得凶首，曹阿左不到，汝贿纵真凶，当以汝代矣！"约保大恐。翌日，府君自普旋验，夜过石埠潭乡，老幼列炬罗拜于道。问何为者。曰："我等无他，素为盗所苦，今藉公无恙，故喜而来迎，束薪为炬相送耳。"府君从容慰劳，命掖其老者起，因问远近尚有窃贼否。曰："无之"。一老者附耳言："龙湫埔有恶贼五人，死其一，则今日所验之尸是已。"更言四人，则曹阿左其一也。质明，约保以阿左至：行窃拒捕，三人者俱在事，独元吉伤重身死。乡人移尸溪畔，而李、萧诸人因构煌立成此狱耳。

林军师、陈兴泰者，讼师之魁。有监生郑氏告吴阿万等杀伤田主、抢剥衣物。而吴告郑霸海横抽，又使人赴各宪辕首告，府君鞫之，则吴词尽属子虚。府君欸语谓吴："若等两岁荒歉，田主不以情相恤，刻意取盈，若拒之过当，事甚小，汝乃加以霸海横抽，其罪甚大。倘直穷到底，则汝自罹反坐，罪大于抗租。此讼师误汝，将奈何！"吴叩头谢："军师言我有奇计，置欠租勿道，以霸海横抽遍控郡省，县官自不敢拘审。准则郑之家破，即不准，迁延时日，欠租事灰矣。"问："军师为谁？"曰："林军师炯璧也。"府君遣役疾走其家，及其案头字迹悉取以来，则吴词在焉。军师乃慴服。

陈兴泰利丐者蔡阿灶屋地，族人陈兴觐先之。阿灶病死，兴泰呼其弟阿辰、阿完、阿尾，饮食之，谓之曰："我有奇计，汝兄可得美棺衾，汝兄弟不忧乏食。"乃命三人者，舁尸至兴觐门。兴觐大惊，而陈、蔡两姓集尸所共斥其非。辰、完内恶，以兴泰所给米转给人瘗之。兴泰阴诱阿尾于家，以买地饶价、打死抑埋告。兴觐具诉未质，而府君诣会城。兴泰率党窘辱兴觐百端。嗾阿尾复控于郡。府君归讯，呼阿辰、阿完至前，曰："事我已尽知，汝二人前以兴泰所给米瘗汝兄，信有良心，当不至饿死。汝以实言，不累汝。"辰、完尽吐其实，兴泰犹坚执并无藏养阿尾，兴觐乃诱阿辰、阿完养于家。府君曰："此易辨耳。伊兄弟同乞食庙中，阿辰、阿完面青黄，乃饿莩无食，阿尾面独红白如宿饱，非兴泰诱养而何？"左右皆惊。兴泰遂无复置辩。

乐舞生萧振纲衔旧怨，群殴诸生陈询益于道，而诬其包捐侥赖，以郑桐为证。桐称武生，府君望桐非端士，问曰："汝武生之名即郑桐乎？"曰："郑棉纮。""然则汝小名郑阿桐乎？"曰："阿福。""然则郑桐何谓也？"曰："字耳。"府君曰："今人字皆以两，惟古人乃有一字之字，然则汝其古人乎？"曰："实字奕桐。"府君拍案大怒曰："汝讼棍也！金名花押，岂有各名字止书其半之理？"郑语塞。呼陈姓质之，果梅花乡讼师也。振纲父嘉福，亦诸生，老矣，呼之堂上曰："郑桐诡名，已首服矣。汝子行凶殴剥，假券欺官，乃盗贼光棍所为，应死。吾怜汝老舐犊，事非本心。以实告，当曲有汝子。"皆叩头谢。

饿丐溺水死，有郑侯秩之妻告萧邦武等五人殴迫落水，其子郑阿伯载尸以来，母子杖衰哀动，左右验之，则尸已腐烂。府君心疑，勒令阿伯母子自行收殓，众皆骇愕。府君呼邦武五人："若等知郑侯秩未死否？"皆曰："不知。""然则若等自甘偿命乎？"皆涕泣。府君曰："无益也。侯秩旧充保正，纵盗殃民，今见我来，畏法，更逃循行诈耳。潮之逋逃薮，不过惠来、海丰、甲子所、碣石诸路，亦何难获？"越五日，帮武果于惠来获侯秩以归，观者如堵，皆抃掌大笑。陈氏、阿伯伏地请死。并获其造谋之讼师陈阿辰，并治之。潮人以为死丐得妻子也。

府君治狱固严，然详慎周至，多所平反，盗贼罪状未著者，辄释之。大辟或竟日不食。讼师治其尤者，小犯则反复开导，戒以自新。人皆感悦。至于翻李振川之成案，力争兵丁蔡高之非辜，雪刘公喜、文实之冤诬，折林贤娘之长舌，人以为包孝肃复生，政声大震。然府君性伉直，治狱平反，数与上官忤，忌之者亦日以起矣。

初，制抚以潮属数饥，请于朝，拨省仓西谷贮各县备赈。惠潮观察故为广州守，自请以存留谷价籴运，省劳费。运官船户挟势甚张，沿途盗卖，杂取扁谷糠秕，和以水，各县吞声。府君尽得其实，置船户于狱。运官称观察之命，请释之。府君以事经通详，不许。观察衔之，属藩臬诬揭六款，栽赃千余。所革渔船例金其首也。渔人赍石刻鸣冤，弗省。奏上，奉旨革职。而观察旋升臬司，周纳成狱。二邑士民，奔走歔欷，挈槛提筐，相望于道。惠来人王希五，年八十余，携米五升、鸡子十数枚为馈，拄杖行二百里，谒府君曰："天乎，公乃至此！"涕泗交下。制府郝公再讯，心知其冤，贻书抚军，谋昭雪，诸君固持之。然粤中官民无不知其冤，即诸公亦心知之而不能悔也。郡守胡公延修府志，出府君于狱。诸款赖士民投匦上司，上官同寅倾囊集腋，依限结案，例得回籍。

制府鄂公，素稔府君才名，留府君幕府，相得极欢。是时郝公方调总督福建，而台湾诸番作祟，固要入闽。府君感鄂公意厚，固辞，为条陈台湾十事。十年冬，鄂公具折申明被诬始末，奉特旨赴京。十一年三月引见，奏对良久，命署广州知府，赐御书"谕训"诗文，及貂皮、紫金锭、香珠等物，温纶奖励，盖异数也。

府君自以受皇上殊遇，广州省会重地，旗民杂沓，番舶出入纵横，而香山澳门，红夷筑城设炮台，居然天险，思所以调剂振刷之，以上报国恩，酬鄂公知己。故至则谓不孝云锦曰："吾以身许国，自今家事汝任之，慎勿溷吾也！"讵意天夺之速，抵任一月，遽赍志以殁耶，呜呼痛哉！府君素强健，抵任后偶恙，以为长途受暑，不为意。六月二十日，忽患痰喘，翼日疾革，谓不孝等曰："我无以报皇上，汝等当勉励，为国家有用之人才，继我未竟之志。"问以家事，不答。倾之纩属，时雍正癸丑年六月二十二日辰时也，距生康熙庚申年八月二十七日未时，享生五十有四。呜呼痛哉！

府君治家宽而整，与叔父同财终其身。病近世兄弟多不相属，立宗子法。既通籍，未尝一日忘贫贱，茹蔬衣敝。亲友急，至纳质称贷而予。虽历患难，未尝轻受人一钱。少时以文章经济自命，晚年一意濂洛关闽之学，辟异端、斥佛老。在潮日，谒大忠祠，见佛像堂皇，问吏："此祀文丞相，佛何为者？"吏曰："丞相在佛座后。"视之果然。府君曰："僧可杖也！汝潜移佛像踞占忠臣宅，是陷佛于不道也。且春秋有司致礼，俎豆以羊豕，佛其安坐而飨之乎？"亟命撤去，移文丞相中堂，乃拜。其严气正性类如此。

在官以人心风俗为急，簿书应手裁决。尝自言惟诚可以生明，惟勤可以补拙。其遇事，一以忠信为主，不为苟且务外以徇人。深求乎理之所以然，而尽其所当然。昧爽而起，夜分而息，故事无不豫。家居尝以"豫"名其斋。然伉直之性，不以势怵利诱而少有所回护顾惜，故不免于忌嫉，而正人君子壮其节、亮其心，终爱而敬之也。雅意著述，风云月露不以染其笔端，见忠孝节义必纪之。修《一统志》，尽海内外之山川风土、百蛮雕题凿齿之情形，无不了如指掌，东南海疆尤熟悉而加意焉。病宋史繁芜，尝于潮阳狱中，厘正而欲更修之，未就，今存于家。在狱逾时，色怡而貌益晬，诵读声朗朗出金石，识者有以觇其所养而知其复起也。既起矣，溘然以逝，天也，尚何言哉！

所著《鹿洲初集》二十卷、《女学》六卷、《东征集》六卷、《平台纪略》一卷、《棉阳学准》五卷、《鹿洲公案》二卷、《修史试笔》六卷，俱付梓行世。《女学》最先出，《平台》《东征》成于征台幕府，《学准》《公案》成于潮普署中，《鹿洲初集》则分年而辑成之，《修史试笔》则在京与高安相国编订历代名臣传所成也。

配恭人许氏，有淑德，与府君相庄，共甘苦。男六人：长云锦，福建水师提标功加署都司金书，娶林氏，浙江定海镇总兵官讳亮女、御前侍卫朝翼妹；次云龙，业儒，娶林氏，甘肃巡抚赠尚书讳日瑞曾孙、庠生讳从龙女；三云翔，聘处士陈讳天珠女；四云翼，聘黎氏，己丑进士奉天府尹兼盛京刑部侍郎讳致远女。俱许恭人出。五云鹗，未聘；六云灿，聘王氏，候选县丞、管理广东海烑场盐务讳湄女。庶母林孺人出。女二：长适都司金书管漳镇左营把总事江讳苍臣子、邑庠生汉；次许字太常寺卿黄讳性震孙、邑庠生讳尚柔子曰焜。俱许恭人出。孙二人：成德，云锦出；成功，云龙出。俱未聘。女孙一，许字南澳镇总兵官聂讳国翰孙、水师提标中营把总世雄子麟瑞，云锦出。

府君殁后之旬有二日，鄂公及上官同寅诸君子怜其贫，敛金以助，得扶榇归于家。不孝等惟府君禄弗偿德，业弗究志，用图所以昭后取信，故不敢饰虚辞以累府君。谨洒血撰次平生行实，伏冀大人先生采择而志诸墓焉。谨述。

太傅文华殿大学士兼吏部尚书高安友生朱轼顿首填讳。

**光绪十年《潮阳县志》卷十六《宦绩》，《广东历代方志集成·潮州府部（十五）》，岭南美术出版社2009年版，第263页**

蓝鼎元，字玉霖，号鹿洲，漳浦拔贡生，有经济才。康熙之季，提督施世标收复全台，功第一，鼎元实在行间，多所赞画。雍正六年任普宁知县，摄篆潮阳。值水陆汛凡五营脱巾而呼，盖县不给兵粮者半截矣。邑故健讼，而胥吏图役复缘为奸利。急则空堂走东山以挟令，粮益无所得，宪檄借运镇平、程乡仓米三千石给之。鼎元曰："非计也，天下岂有不完粮之邑哉！"揭示通衢，劝谕绅士以为民望，词意婉切中要。于是十三都争先赴纳，胥役股栗，无敢不奉法者，兵食以济。妖女林妙贵创淫祠于北关惑众，籍之为棉阳书院。与多士讲明正学，作《棉阳学准》。其平反滞狱，如犀然烛照，主讼窝盗者悉就缚，时有包孝肃复生之称。寻以储谷备赈事为怨者所衔，诬揭赃款六，而渔船例金居其首。先是邑有渔船五百，新令至，必输金易新照。鼎元莅任，峻却之，且镌石于泊舟之埠。至是渔民数百舁所刻碑鸣冤，弗省，遂落职回籍。十年，巡抚（按：应作"总督"）鄂弥达具折雪诬，得特旨召对，命署广州府知府，抵任一月卒，祀邑名宦。所著有《鹿洲全集》，共四十六卷。论学以紫阳为宗，而《南洋事宜》一篇，洞见未然，尤关天下要务云。

**《广东通志》卷二百十八《宦绩录》二十八**

……雍正六年，以相国朱轼荐，引见，授普宁知县，潮属颇年大饥，普宁界潮、揭之间，故多盗。鼎元下车，严为教约。有王士毅盗户诬告，廉得其实，反坐之，及其主谋者王爵亭、陈伟度，一邑称神。逾月兼摄潮阳，邑水陆汛凡五营，脱巾而呼。益县不给兵食半截矣。邑故健讼，粮无所得。宪缴借运镇平、程乡仓米三千石给之。鼎元曰："非计也，天下岂有不完粮之邑哉！"揭示通衢，劝谕绅士以为民望，词意婉切中要。于是十三都争先赴纳，十三都望风而趋，兵食以济。妖女林妙贵，建淫祠惑众，籍之为棉阳书院。与多士讲学，作《棉阳学准》。他如窝盗者擒之，主讼者捕之。庶狱平反，口碑啧啧。寻以储谷备宸事，为怨者所衔，诬揭赃款六，而渔船例金居其首。先是，鼎元莅任时，以邑有渔船五百，新令至，必输金易新照。鼎元峻却之，且镌石于泊舟之埠。至是渔人数百舁所刻碑，为鼎元鸣冤，弗省。奏上，奉旨革职，总督郝玉麟再讯，知其事，周旋之，得回籍。十年东，巡抚鄂弥达具折申明被诬始末，特意召对，命署广州府知府，抵任一月卒（《鹿洲集》）。

**《儒林所记》**（清朱克敬撰，该书收明末清初同治光绪间著名文士102人逸事所闻，人自一则）

蓝鼎元……介直有志节……雍正时以拔贡生游京师，大臣论荐召对，特授广东普宁知县，尽裁上下陋规。巡道某怒中以法，夺职。鼎元素有声明，既废，多劝之仕者，鼎元曰："山林草野，随在可报君愿……"

**蓝鼎元撰《潮普割都议》，乾隆《潮州府志》卷四十《广东历代方志集成·潮州府部（三、四）》，岭南美术出版社 2009 年版，第 998－1000 页**

顷闻割潮阳洋乌、水二都，以属普宁，哀多益寡，甚盛事也。但潮阳、普宁接壤要害之处在贵山、水，不在洋乌。地理情形一目了然，普地偏小，东西广二十五里，南北袤三十五里，故潮邑（属）黄坑一都耳。东至洞仙径，十里，为潮阳贵山都界，过此为牛发（血）坑，盐枭鼠窃出入之路，厚山、前洋、狗眠樟冈皆潮邑顽梗乡也。东南至陈洞径，十三里，为潮阳贵山都界，过此为麒麟埔，匪类出没之地，径子乡、大青洋、冈头寮、南陇、大陇、蓝门、南洋、青洋山、北屿亦潮邑顽梗乡也。南至大坝墟，十五里，为贵山、水两都界。贵山界其左，最抗玩（顽抗）者曰北山寨，白昼攘夺，逐队私枭，居仁、西湖、定厝寮、埔上寮、娘坞坡（乌陂）、郑美村、渔庄亦皆潮邑顽梗（抗）乡也。水都在大坝之南，最抗悍（顽抗）者曰果陇，其民庄姓，与北山乡之许姓，盘踞大坝，横行劫夺，大为普邑害。若埠塘、桥柱、泥沟、赤水、浮江寮、塘塔埔诸乡之跋扈，不可胜言。其地距潮阳城一百四十五里，是水一都尽宜归普邑无疑也。盖普邑民生所最患者有四，水都之果陇居其一，贵山都之北山、麒麟埔、洞仙径居其三。贼巢所聚，肱箧盗牛，会无虚日，追之则踰境远扬，捕之则法不越境。今割洋、二都以界普，仅能去果陇之一害，而贵山三路未动分毫，是普邑四害尚留其三也。洋乌都在水东，其近南军埔、石港、石桥头、山门城、大长陇、汤坑、利坡一带为洋乌尾，距潮阳八九十里，刁蛮者素著，离普不过五六十里，其割归普邑可也。自林八渡而下为洋乌头，华里、湄洲诸处为洋乌中，皆距潮阳较近，无须割入普宁矣。按普邑至洋乌头、洋乌中，计程七八十里，必越潮阳之贵山、举练两都，而后能跨林八渡之阃，踰都以治远，固知其难也。而此洋乌头、洋乌中课税、夫役之征、雀角鼠牙之讼，至潮阳或四十里，或五六十里，欲其舍近就远，亦觉不便。

普宁为县，始于嘉靖四十三年，割潮阳之洋乌、水、黄坑三都建置。万历十年，潮阳复以乌、水归，仅存黄坑一都。虽曰履亩丈量，一都已赢赋额，亦潮邑绅士逞共强以夺之也。洋乌全割，潮阳人士素所不甘，若洋乌尾迤西片壤，尚非所甚爱惜也。普人壤地偏小，欲仍索洋、两都，则据前明旧案以争，将以得地为快。在潮人以金瓯无缺可以自雄，不忍洋、减之割,将以失地为憾。此皆各挟其私,不知前明旧案在今日何足轻重。况同一郡之中,短长无非臂指,何拘此疆彼界。惟是绥靖地方,必纵吏治,民生起见,则潮普割都分治之举,自宜计出万全。愚见请割贵山都沿山乡寨,北至赤肚岭为界,自新埔地、深洋、仙陂、砂寨埔、南洋、蓝门、桂屿、北屿、青洋山迤西,皆归普宁,则北山、麒麟埔、洞仙径三处之为普宁害者,胥可控制。而樟冈、狗眠诸乡之与潮抗者,距普邑不过四十里,自可朝摄夕至,无所施其规避矣。由桂(贵)屿而南过石港,为洋乌尾,请割洋乌尾一带乡寨,南至汤坑、盐岭为界,自利陂、山门城、大长陇、石桥头、黄牛寨、东浮山,附近减水三十余寨亦归普宁,其洋乌头、洋乌中七十余乡寨仍归潮阳,则远近适宜,潮、普两县皆无难于驾驭矣。统计所划地方,北自贵山都赤肚岭起,南至洋乌都汤坑、盐岭止,中间以桂(贵)屿为界,在西者皆界普宁,在东者皆属潮阳,则减水一都在普宁界内,已不待言。潮阳辖十三都,今割减水一都,贵山半都,洋乌三分之一,尚存十有一都,巍然大县,不见其小。普宁仅黄坑一都,寥寥四百乡寨。今得减水全都一百三十余寨,贵山半都九十余寨,洋乌尾三十余寨,虽曰一邑三都,不见其大,亦居然与中县齿。而要害皆入版图,更化易于指掌,在潮无鞭长马腹之忧,在普无卧榻他鼾之患,真一举两得者也。鼎元废弃之余,不应越俎言事,但两邑风土民情素所稔悉,今睹斯举,窃叹持议者未经身历,徒事按图索骥,舍目前之贵山,留三害于肘腋,隔远之洋乌开将来,以梗化潮人借口,终将起争端。即使洋乌不再夺还,亦为两邑无穷之累,而况逼近贵山腹心之害,岌岌不安,亦安用此更张为也。惟执事垂察焉。

### 《清史稿·循吏传二·蓝鼎元传》

蓝鼎元,字玉霖,福建漳浦人。少孤力学,通达治体,尝泛海求考闽、浙形势。巡抚张伯行器之,曰:"蓝生经世之良才也,吾道之羽翼也。"

康熙六十年,台湾朱一贵倡乱,鼎元从兄南澳镇总兵廷珍率师进讨,多出赞画,七日台湾平。复从廷珍招降人,珍余孽,抚流民,绥番社,岁余始返。著论言治台之策,大意谓:"土地有日辟,无日蹙,经营疆理,则为户口贡赋之区。废置空虚,则为盗贼倡乱之所。山高地肥,最利垦辟。利之所在,人所必趋。不归之民,则归之番与贼。即使内乱不生,寇自外来,将有日本、荷兰之患,不可不早为措置。"时议者谓台湾镇当移澎湖,鼎元力言不可,大吏采其说,见诸施行。鼎元复为台湾道条十九事,曰"信赏罚、惩讼师、除草窃、治客民、禁恶俗、儆吏胥、革规例、崇节俭、正婚嫁、兴学校、修武备、严守御、教树畜、宽租赋、行垦田、复官庄、恤澎民、抚土番、招生番。"后之治台者，多以为法。

雍正元年，以选拔入京师，分修《一统志》。六年，大学士朱轼荐之，引见，奏陈时务六事，世宗善之。寻授广东普宁知县，在官有惠政，听断如神。集邑士秀异者，讲明正学，风俗一变。调权潮阳县事，岁荐饥，多逋赋，减耗粮，除苛累，民争趋纳。妖女林妙贵惑众，置之法。籍其居，建棉阳书院。以忤监司罢职，总督鄂弥达疏白其诬，征诣阙。逾年，命署广州知府，抵官一月，卒。

鼎元尤善治盗及讼师，多置耳目，劾捕不稍贷，而断狱多所平反，论者以为严而不残。志在经世，而不竟其用。著《鹿洲集》《东征集》《平台纪略》《棉阳学准》《鹿洲公案》传于世。

# 第三章　道光时期地方乱象与姚莑之治揭

## 一、概述

### （一）姚莑之其人

姚莑之，字伯山，安徽桐城人，为清代桐城派宗师姚鼐的从侄孙。① 道光二年（1822）进士，选为河南省临漳知县，此后因为丁忧去官。十三年（1833）补缺揭阳知县，十四年（1834）正月去任，五月再次上任。此后，相继升任连州绥瑶厅同知、贵州大定府知府，《清史稿》有传。难能可贵的是，姚莑之留下了一部《伯山日记》。目前所见的日记为道光十二年十二月二十三日（1833年2月12日）至道光十三年二月十六日（1833年4月3日）共51天的内容，恰好记载了姚莑之就任揭阳县知县前后的所见、所闻、所想，特别是其上任后的施政措施，从中可以一窥道光年间潮州地区基层社会情形。

姚莑之还著有《伯山文集》（道光戊申刊），其门人王捡心的序言中历叙姚氏宦迹："举进士，授临漳令，屡办疑狱，修县城民不扰而事集，所作《漳水图经》，源流洞悉。其宰揭阳也，锄豪强，禁械斗，积年逋赋胥清。其分府绥徭也，更改营辖，峒排向化，《连山志》一书，实能见其大。其出守大定也，兴利除弊，不辞劳瘁，安常受绝产诸议皆有经国济世远略。然遇事敢言，不肯阿徇，直行己志，无所委曲，故未能见容于世，而饮酒赋诗怡然自得。"② 一句简单的"锄豪强，禁械斗，积年逋赋胥清"，高度概括了姚莑之在揭阳的施政活动。

---

① 汪孔丰：《姚鼐家族弟子群考述》，载《安庆师范大学学报》2017年第2期。
② 《清代诗文集汇编（549）》，上海古籍出版社2010年版，第1–2页。

## (二) 揭阳强悍民风与姚柬之的强力治理

姚柬之两任揭阳知县时期，适逢地方社会由治而乱，揭阳好斗之风已经声名在外。例如，姚柬之在省城广州候缺期间，与潮属官员多有交往，经常在日记中记述往来书信、公函概要，其中多有痛诉潮州事"难办"的记载，使姚柬之有"始知揭阳实在情形"之叹。例如关于揭阳钱粮难征情形：

> 饭后回寓，得朴亭书。其略曰：揭阳办不动，固由于风俗蛮悍，亦坐在无钱。从前办案，兵费出自乡间，此地人情不惜命而惜财，以乡间之钱办案，彼苦于供亿，当时既可了案，事后追悔，痛定思痛，兼可止斗。今则兵费出自己囊，遇有案件，差役不敢下乡，必须亲诣督催。兵役少则公然抗拒，兵役多则相率逃匿，深山峻谷，茂林深箐，随在可以暂避。而地方官日费数十金，久而资粮不继，不得不撤兵而返。是地方官底蕴全为百姓所窥，官来则暂为解散，官去则纠斗如故。不但视带兵为等闲，且转以为疲敝官兵之计。
>
> ……揭阳钱粮向来不过七分许，大凡任内仅征至六分。弟今年尚不及六分。所以然者，固由于本年收成歉薄，然亦升任道宪两案坏之也。一为曲溪吴姓抗欠最多，弟亲诣拿获欠户一名。讼棍吴俊宝以差役诈赃不遂，县官带领多役诣乡抄抢等情赴府具控。方川先生以为陈朴亭断不至此，此必讼棍抗粮习告，批将吴俊宝押发。而道宪已饬省释，专提差役究办矣。一为石牌蔡姓因差役催粮紧急，讼棍蔡馨香以蠹役串通家人诈赃赴府具控。方川先生（汪姓，名忠德）、汉皋先生（陈姓，名道坦）皆饬县查讯，而道宪又批提审矣。又该原告粘抄道批，赴省具控。省中亦只得照案批提。现在差役解府累月而原告避匿不到，无论各乡效尤，即差役亦兢兢焉。畏累之不暇，其敢认真督催乎？[道光十二年十二月二十三日]①

又如关于潮属械斗情形：

> 是日读杨枭司禀广东情形稿，又核议潮属械斗情形稿。其禀稿略曰：……潮属吏治废弛，其故在官不讲操守，而且利地方之有械斗，一任买凶顶替，遂得肆敛兵费、讼费。因而书差肆敛监费、解费。又因凶

---

① 〔清〕姚柬之：《伯山日记》道光十二年十二月二十三日，道光戊申年（1848）刊本。

犯之绝不翻供，率定爰书妄成冤狱，以致民气日益鸱张，藐视官长实非一日……至潮民之好斗，向来多由衿耆主持，烂崽听从，近则有力之家半成空匮，衿耆渐知自保，而烂崽则利于有事。乡族偶有小嫌即为构衅，酿命之后，尸亲择肥而噬。烂崽不在其中，仍勒被控之人，代为输服。买凶等费则烂崽肆为鸱张，实属目前之大害。且桀骜不驯之气，亦实非族长衿耆之所能制。是近来械斗并无敛钱约期之事，大率衅起一时，而烂崽为之主谋，富户受其实祸。（道光十二年十二月二十五日）①

十二日，辰刻发船。船中闻揭阳人言："揭阳斗之不止，固由于习俗之深，亦由府差四出向县差索费，县差无所出，勾通烂匪浑斗。于是罗织富户，以遂其欲。郡吏又从而索监费、解费，富明无完肤矣。"（道光十三年正月十二日）②

姚柬之获得揭阳县补缺之后，一些同僚也给予了他建议：

如有烂崽巨魁、鸟枪高手，不惜花红四处访缉，一经拿获予以杖毙，倘敢拒捕，定必格杀。业已面回各宪，可无掣肘之虞。然宰官之心肝，岂能人人皆见？宰官之言语，岂能处处皆知？所望公等于各绅士接见时，先为传播，报案不必花钱，出署升堂皆可面见。办案断不索费，兵糈役食皆所自携，总以安良保富为心，不遂烂匪、讼师之计。必此心先求谅于庶民，而后可论刑赏；必此声先能播于绅士，而后可议兴除。（道光十二年十二月二十九日）③

在省城候缺的经历，让姚柬之对揭阳大概情状及其原因了然于心；加上此前已有临漳知县"屡办疑狱"的经历，姚柬之下车伊始即采用严刑峻法的方式治理揭阳的匪案与械斗。如道光十三年二月初六日，姚柬之在揭阳县拜印视事，当日即发签捕拿本地"鸟枪手"，颇有给揭阳人下马威的味道。其日记载：

初六日巳时，进衙门拜印，任事即坐大堂，川谕诸役曰："本县此

---

① 〔清〕姚柬之：《伯山日记》道光十二年十二月二十五日，道光戊申年（1848）刊本。
② 〔清〕姚柬之：《伯山日记》道光十三年正月十二日，道光戊申年（1848）刊本。
③ 〔清〕姚柬之：《伯山日记》道光十二年十二月二十九日，道光戊申年（1848）刊本。

来戢暴安良，锄奸保富而已。揭阳之害无如鸟枪手，今本县途中所见，此匪最多，腮有疤痕，易于识认。今发一签交尔等速为擒拿，以所拿之多寡为汝等之殿最。"众役领签而去。戌刻报获潘阿富、吴阿求、彭阿會、方阿样、黄阿江、罗弟仔、黄阿有、欧阿鹊、刘阿帚、陈阿凤、黄阿哑、郭有荣十二人。（道光十三年二月初六日）①

所谓鸟枪手，即本地各乡械斗的专业雇佣帮手。"大抵鸟枪铳手，两颧各有痞疤，以为记认，即不然辫尾亦必结以五色丝线。至其所著衣衫，非黑色小袖密纽不著"，"鸟枪手受人雇请，往乡间帮斗，其受雇之值洋钱一文为一人，三日火食。领头者每人抽得五十文，如被人打死，每名议偿命银一百二十两；伤而未死医愈之后给洋钱三二十文"②。

随后，姚柬之严整胥吏，"以清讼尘"。"十二日，点卯提巡河衙役，各责四十"，"十三日，放告，自辰至酉无一呈投房。戌刻提承发房书吏责二十，枷号示众"。严厉的措施似乎收到效果，"十四日卯刻，坐堂受理呈词八十四纸。有孀妇郭林氏因其媳自缢，母家讹诈不准殡殓，当堂口诉，并无呈词，随委捕厅率件刑往殓，尸亲具结，片刻省释，遐迩诵之"③。可惜他的日记下半部自此缺失，未能从中窥探随后强力的缉盗、扼械斗、催科，但光绪《揭阳县志》称经过姚氏的治理，揭阳"颂声日起，催科所至，民咸乐输，为十余年来所未见"④。

《清史稿》列传二百六十五《姚柬之》载：

十二年，服阕，补广东揭阳。濒海民悍，械斗掳掠，抗贼戕官，习以为常。柬之训练壮勇，集绅耆于西郊，谕以保护善良，与民更化。最顽梗之区曰下滩，盗贼、土豪相勾结，柬之会营往捕，拒者或死或擒。一盗积犯十八案，召被害者环观，僇之，境内称快。有凶盗居钱坑，其地四面皆山，不可攻。潮州故事，凡捕匪不得，则蓺其庐，空其积聚。柬之戒勿焚烧，召耆老，谕交犯，不敢出。乃乘舆张盖入村，从仅数人，见耆老一一慰劳。皆感泣，愿更始。民在四山高望者，咸呼"好官"，次日遂交犯。自下滩示威，钱坑示德，恩信大著。收获时，巡乡

---

① 〔清〕姚柬之：《伯山日记》道光十三年二月初六日，道光戊申年（1848）刊本。
② 〔清〕姚柬之：《伯山日记》道光十三年二月初八日，道光戊申年（1848）刊本。
③ 〔清〕姚柬之：《伯山日记》道光十三年二月十二日、十三日，道光戊申年（1848）刊本。
④ 光绪《揭阳县志》卷二《宦绩志》，《广东历代方志集成·潮州府部（十七）》，岭南美术出版社2009年版，第475页。

为之保护，树催科旗；值械斗，则树止斗旗。一日，途遇持火枪者，结队行，望见官至，悉没水中，命以渔网取之。讯为助斗者，按以法，自此械斗寝止。兴复书院，厚待诸生，回乡以新政告乡人，有变则密以闻，官民无隔阂。逋赋者相率输将，强梗渐化，县大治。①

包世臣在《齐民四术》对姚柬之如何铁腕治潮有比较详细的记述：

> 姚侯莅揭，先集骁健而教以击刺步伐之法，次集绅耆而谕以锄暴安良之意。时西乡乔林之林与砧浦之黄，最为大姓，而相仇杀。林姓共四房，亦有自仇杀者。其林居、林国祥、林守与黄某尤积猾，各鸠众数百，日事斗劫。侯设计弋获，论诛之。侯偶率骁健下乡，遇持火枪者结队行，望见侯，悉没水中。侯命以渔网取之，得五十七人，讯详伏法。揭之盗薮以十数，箕头乡为剧，侯率骁健围之三日，获其魁，即先截手足，而后杖毙之。河婆司地衺延数十里，林箐深密，土豪开质库其中以济盗。侯斧其林，爇其库，邑人始可通行。又尝捕一凶盗，据供积十八案，侯缚之大竿，命以火枪下铅丸轰之十八出，如其案数。谓非此不足儆凶顽也。侯闻盗即轻骑往捕，故得不远飏。盗风息，地可耕，故民赋不负。侯以课最擢理徭厅。去官日，揭民饮泣走送者万数，而豪强则酌酒相贺。客之言如是。予以为治乱民如斩乱丝，非武健不胜，儒懦者溺其职矣。②

（三）对姚柬之治理揭阳的评析

从以上史料的记载可以认识到，与雍正时期比较，道光时期潮州社会的强悍民风、官民冲突以及社会治安已经明显恶化，对一县主官的个人能力提出更大的挑战。主要表现在：

其一，税赋积欠数量更加巨大，催科更加困难。雍正时期，洋乌都山门城赵姓七年间"积欠正供粮一百六十九两，米六十八石有奇"即是蓝鼎元笔下的大案。③ 到了道光时期，"揭邑之不完赋者，已三四十年"，"自道光

---

① 〔清〕赵尔巽：《清史稿》第四册，中华书局1998年版，第3345页。
② 〔清〕包世臣著，潘竟翰点校：《齐民四术》，中华书局2001年版，第298页。
③ 〔清〕蓝鼎元：《鹿洲全集》（上），厦门大学出版社1995年版，第436页。

以来一十余年，粮无不抗，债无不负，人无不掳"。① 而且知县下乡办案更加困难，"从前办案兵费出自乡间，此地人情不惜command而惜财，以乡间之钱办案，彼苦于供亿，当时既可了案，事后追悔痛定思痛，兼可止斗。今则兵费出自己囊，遇有案件，差役不敢下乡。必须亲诣督催，兵役少则公然抗拒；兵役多则相率逃匿"。②

其二，地方势力之大已非雍正时期的"豪滑"可比，更应称之为"豪强"。他们已经具备足够的经济实力，雇用专业的鸟枪手用以经常化的械斗。揭阳廪生许一清言"乾隆以前不闻有所谓械斗者，嘉庆之间虽稍稍有之，要亦不过一命抵二命而已，道光以来不堪言矣。揆厥所由皆因大乡欺凌小乡，有以致之，大抵揭阳宗族大者万计，中者数千，小者亦有一千几百，其凌虐人也"，"于是小乡连结小乡以为堵御自保之计，而大乡又恶其不受节制，亦结大乡以压制小乡"。③

其三，姚柬之不得不采取更加剧烈、极端，甚至残暴的手段才能有效地催征税赋、追讨积欠、制止械斗。雍正时期的蓝鼎元组织乡兵围村催征逋赋，最多只是采取威逼、恫吓的手段，相比较姚氏的"缚之大竿，命以火枪下铅丸，轰之十八出""先截手足，而后杖毙之"④ 的手段则温和多了。值得注意的是，姚柬之在省城，未赴任揭阳之前，广东巡抚朱桂桢即嘱其"到任横定主意去做，不能事、不能办者装糊涂，下手时便须一击而中"，两广总督卢坤也嘱"汝有难言之隐，汝具夹单密禀"。⑤ 姚柬之到揭阳后，马上"先集骁健而教以击刺步伐之法"，大概是组织了一支县官能够直接控制的武装。史料中没有明言这支队伍的规模，但从"侯偶率骁健下乡，遇持火枪者结对行，望见侯，悉没水中。侯命以渔网取之，得五十七人，讯详伏法"这一描述，⑥ 姚柬之的队伍至少也必须有数十人。

这些现象产生的原因比较复杂，但其中有两个比较清晰的因素。

首先，经过了康熙、雍正、乾隆、嘉庆四朝共一百多年的休养生息，潮州地区人口急剧增长，工商业发展迅猛，这使道光时期的宗族力量得到了较大幅度的增强。而且潮州地区人多地少，土地价格远远高于广东其他州府，

---

① 《朝议大夫贵州大定府知府姚君墓志铭》，《考槃集文录》卷十《墓志墓表祭文》，光绪二十年刻本。
② 〔清〕姚柬之：《伯山日记》道光十二年十二月十三日，道光戊申年（1848）刊本。
③ 〔清〕姚柬之：《伯山日记》道光十三年二月初八日，道光戊申年（1848）刊本。
④ 〔清〕包世臣著，潘竞翰点校：《齐民四术》，中华书局2001年版，第297-298页。
⑤ 〔清〕姚柬之：《伯山日记》道光十三年正月初八日，道光戊申年（1848）刊本。
⑥ 〔清〕包世臣著，潘竞翰点校：《齐民四术》，中华书局2001年版，第297页。

人地关系异常紧张。雍正时期蓝鼎元处理的地方纠纷，大多都是乡民日常的财产纠纷，规模较大的也不过是争水、争山林，而道光时期潮州的乡村械斗，除了争水、争山林之外，有些已经是在争夺市场、港口等商业利益更大之地的控制权。揭阳廪生许一清称："又五里一市，十里一墟，负嵎相抗，行足自固，交关贸易者，何人到县？故谷米腾贵、柴火高昂，民不聊生者，几不知其千千万万也。"① 宗族的强大，加上争夺对象的升级，使乡村的械斗规模更大、更频繁、更激烈。

其次，朝廷的基层管理体制已呈僵化之态，体制不顺，机制不灵。地方文武官员分歧，地方官固守畛域之见，官民阻隔，上下不通。如"潮属吏治废弛，其故在官不讲操守，而且利地方之有械斗，一任买凶顶替，遂得肆敛兵费、讼费"，"知县遇案情重大请兵围捕，而潮郡定章，官兵拿人非通禀批准在先，不敢施放枪炮，而彼则无器不备，并用铁条凿断装枪抗拒，乃官兵则持空枪，曷克有济"，② 已经难以出现雍正时期的"差役奔趋于四境，而邻邑同寅不以为忌。羽檄纵横于远近，而文武将弁协心宣力，不以为嫌"的境况了。③

在此情形下，姚柬之仍能采取强力措施治理揭阳，并取得较好的效果，"逋赋者相率输将，强梗渐化，县大治"④，一方面可以看到道光时期朝廷的权威性仍然对基层具备较强的威慑力，故一个未带一兵一卒赴任的县令仍然可以对地方豪强保持强势的压制。另一方面则可以看到姚柬之过人的才能与政治追求。姚柬之在临漳县任上，就以"屡办疑狱"闻名，在省城时即已明了揭阳县情，其背后又有高人指点，深得督抚信任，自己"治斯邑，不要钱，不要官，并不要命。有梗吾治者，锄之"⑤，故得以在较短时间内把上任办不成的事情办成，完成了催科任务，制止了械斗。但他对当时的体制无能为力，离任之日"揭民饮泣走送者万数，而豪强则酌酒相贺"，⑥ 可以想象姚氏离任后的揭阳很快会恢复到原来的状态。其社会矛盾日积月累，到了道光末年终于爆发了会匪黄悟空"聚众数千"的动荡，并引发了咸丰时期遍布粤东各县的大规模动乱。

---

① 〔清〕姚柬之：《伯山日记》道光十三年二月初八日，道光戊申年（1848）刊本。
② 〔清〕姚柬之：《伯山日记》道光十二年十二月二十五日，道光戊申年（1848）刊本。
③ 〔清〕蓝鼎元：《鹿洲全集》（上），厦门大学出版社1995年版，第398页。
④ 《清史稿》第四册列传二百六十五《姚柬之》，中华书局1998年版，第3345页。
⑤ 《朝议大夫贵州大定府知府姚君墓志铭》，《考槃集文录》卷十《墓志墓表祭文》，光绪二十年刻本。
⑥ 〔清〕包世臣著，潘竞翰总校：《齐民四术》，中华书局2001年版，第298页。

## 二、史料辑录

**姚柬之撰《伯山日记》，道光戊申年（1848）刊本**

### 道光十二年十二月二十三日

道光十二年壬辰十二月二十三日，上督院衙门，晚过越华书院，范川太史留饮，是日萧梅生在坐。饭后回寓，得朴亭书。其略曰：揭阳办不动，固由于风俗蛮悍，亦坐在无钱。从前办案，兵费出自乡间，此地人情不惜命而惜财，以乡间之钱办案，彼苦于供亿，当时既可了案，事后追悔，痛定思痛，兼可止斗。今则兵费出自己囊，遇有案件，差役不敢下乡，必须亲诣督催。兵役少则公然抗拒，兵役多则相率逃匿，深山峻谷，茂林深菁，随在可以暂避。而地方官日费数十金，久而资粮不继，不得不撤兵而返。是地方官底蕴全为百姓所窥，官来则暂为解散，官去则纠斗如故。不但视带兵为等闲，且转以为疲敝官兵之计。

故前函谓：潮州大局坏于我辈之讲操守，乃实在情形，非矫激之谈也。又况兵费虽裁于下，而武营之开销，则未尝裁也。武营带兵，游府每日银六元，都司每日银四元，千把以下每日一元，此从前要兵费时开销也。今则文官不要兵费，而武营必不可减，若非上台作主，我辈虽欲作海刚峰，其可得乎？无钱既不能办事，而我辈良心又不可昧，操守又不可改舍，催科而外，更有何术乎？揭阳钱粮向来不过七分许，大兄任内仅征至六分。弟今年尚不及六分。所以然者，固由于本年收成歉薄，然亦升任道宪两案坏之也。一为曲溪吴姓抗欠最多，弟亲诣拿获欠户一名。讼棍吴俊宝以差役诈赃不遂，县官带领多役诣乡抄抢等情赴府具控。方川先生以为陈朴亭断不至此，此必讼棍抗粮刁告，批将吴俊宝押发。而道宪已饬省释，专提差役究办矣。一为石牌蔡姓因差役催粮紧急，讼棍蔡馨香以蠹役串通家人诈赃赴府具控。方川先生（汪姓，名忠德）、汉皋先生（陈姓，名道坦）皆饬县查讯，而道宪又批提审矣。又该原告粘抄道批，赴省具控。省中亦只得照案批提。现在差役解府累月而原告避匿不到，无论各乡效尤，即差役亦兢兢焉，畏累之不暇，其敢认真督催乎？我辈读书晓得春秋之义，不敢要君，然此中委曲若不达诸上游，相率因循，其弊伊于胡底？弟意阁下禀辞时，可将此情形和盘托出，减武营之供张，即以养文官之操守。至于因抗粮而上控，或押发原告，或先饬完粮再提差役审讯，有无索诈情弊，不但征输赖有起色所全于政体者，亦复不少云云。始知揭阳实在情形。升任道龚姓绥名。

### 道光十二年十二月二十四日

二十四日，谒广州胡太守。午刻萧梅生来过谈，携有所著进口洋米议，实为粤省第一要政，惜不果行。其略曰：

粤东滨海之区，耕三余七，向因幅员辽阔，口食不敷，岁须广西桂、柳、梧、浔诸府载米来东接济。设遇西省年荒，诸郡闭籴，东省市价翔贵，小民时有匮乏之虞。惟洋米产小吕宋国，地在台湾之南，土美水甘，不耕而获；稻米一石值银数钱，由海道来广，不过六七日。粤关通市，夷船每名携带入口，乾隆八年钦奉谕旨："凡遇外洋货物来闽粤等省贸易，带米一万石以上者，免其船货税银十分之五；带米五千石以上者免其船货十分之三，其米听照市价公平发粜等因。"（见乾隆五十七年总督孙公咨覆粤海关文，内援引据称乾隆八年十月二十七日准户部咨云云。新修《广东通志》恭载入市舶门）仰见圣谟，广运轸切，民依灼知。开禁南洋为控制外蕃起见，国家富有四海，并非需此税银，与其茶叶、大黄、易呢羽、钟表无用之物，不如助筹足食，潜使利赖闾阎。训典煌煌，胜算操而垂裕远也。

自司权者专利自封，多不以此为便，奉行日久，旧制渐湮。嘉庆十一年以后，续来米舶粤关止予免钞，饬令空船出口，由是夷商无利，来米顿稀。道光四年，总督阮公奏请各国夷船专运洋米来粤，免其丈输船钞，所运米谷起贮洋行粜卖，原船载货出口，一体征收税课，得旨允行。一时黄埔、澳门岁增米十余万石，盖藏至为宽裕矣。然各国来粤米船均系零星小贩，并非资本充裕之夷，每船载米三四千石，即一二千石不等。虽有出口货物，其数不甚相悬。洋米之获利既微，出口之税银又纳，所免进口钞规始犹抵敷关税，渐且不足取偿。缘阮公入告之时，仅据县禀议，行其乾隆八年宽免米船货税之恩旨，未经查明声叙，是以但能导夷船之岁至，而不能使洋米之积余，可以收效于会城，而未得推行于全省。本年早稻收获仅及六成，秋冬亢旱，晚稻不足三成。来岁青黄不接之际，即查照乾隆、嘉庆年间成案，饬商采买洋米回粤粜卖，将来平其市价，非不可转歉为丰，而暂时举行，究非永久之善策。似应奏恳圣慈，申明乾隆八年旧例，嗣后凡遇外洋夷船，并无别货携带，专运洋米来粤五千石以上者，免其出口货税十分之三，一万石以上者，免其出口货税十分之五，其载米不过五千石以上者，仍照道光四年成案止免进口钞规，不宽出口货税以广皇仁而昭限制。如此则外洋米谷进口愈多，以关市之征资积贮之益，因势利导，实深合于裁成辅相之宜。

详其大利，厥有五端。各省灾荒，类多截留漕米数十万石粜济民食。天庾正供，例有定额；因苏民困，遂缺仓储。若鼓舞外蕃梯航自效，经费不损,廪给日充,其利一也。徂饥之患,半属穷黎。近时银价增昂,制钱日贱,小民肩挑墟趁,所得不过钱文。而石米百斤,需银四圆,计其角尖之息余不敷升合之价值。牂羊鲜饱,实可矜怜。今若洋米充溢,内价日平,民钱虽少,民米转多,其利二也。海滨莠民,睢盱玩法,打单勒赎,事变常滋。全赖时和岁稔,家庆丰盈,民气不嚣,人心斯固。今若洋米畅来,预防俭岁,比户之三余自足,揭竿之四应无虞,销患未萌,召和养福,其利三也。潮嘉诸属向资台米,岁歉不登,每多劫掠,如闻台匪倡乱猖獗非常,米阻不来,民艰可念。今若洋米汇积,近省不需转运,潮嘉分番粜济,台米不虞于阻滞,械斗可息其浇漓,其利四也。赍盗以粮,古语所戒,重洋伏莽,盛世宜防。小吕宋产米之区,近接粤洋,一帆直达,计日往还,设有艇匪不靖,私赴收买,禁断无从,蔓延足虑。今若洋米招致来舶源源,多一分之叩关,即少一分之私卖,绸缪未雨,消息因时,其利五也。有此五利,孚惠百蛮,救时良法,莫逾于此。

然而议者或曰:天朝民食岂借外洋,权贷免征,且将亏税,请更得而申言之。

夫茶马者,西北之利也。以内茶易番马,不得谓中国之战骑取给于夷也。通其地之有无,使所产不归红腐,天子之所以嘉惠远夷,收其土之蕃育,使所积皆我边储,至人之所以阴销,强国神民之用,因应无方也。若粤关正额盈余,岁需银九十万两,比年奏销,常溢收四五十万。其中进出货税,以英吉利公司夷船为大宗。英吉利风俗向来精勤织作,所制呢羽毛、洋布、纱线等物,非中国无以流通。米产小吕宋等处,不过一隅之地,又距英吉利国都方万余里,使进口洋米出口减税,止港脚、花旗诸夷闻风兴贩,亦无过十之五六。他英吉利阖境民夷必不容废其织作,专以贩米牟利。是进口之呢羽如常,即出口之货税无减,粤关正余之数岁终岂遽悬绝耶?且即关税稍绌,而藏富于民,备户口之流亡,免司农之振贷。以下益之有余补上捐之不足,大臣经国之远猷,圣上绥边之至计,讵与夫头会箕敛,较短絜长耶?明良一德,婉转祖训,以厚民生,庸讵当宁之少有靳惜也。

或者又谓米非洋产,买自边郡,船若畅来,尽携牙片,此皆参随巡拦之属,造为飞言阻挠盛业,而不知内米、洋米味各不同,市价、番价岂甘折阅也?更不知零丁趸船,自贩烟土,即洋米不通,而货船独不赍夹耶?夫洪范八政,一食二货,因货通而食足,所谓交易而退,各得其所也。国实民富,而后教化可成也。要惟当路君子勤民隐之求而已,谨议云云。

## 道光十二年十二月二十五日

二十五日,谒广州太守。午刻邀张相侯(云南人,新安令)、段士聪

（陕西人，太谷令）、顾椿（工部主事）三同年小酌。段，字朴亭，治太谷有声；张，字云溪，新安前两令具为大吏所逼杀，张承其后，措置有方，以忧去官。是席卢昌发所馈也。

是日，读杨臬司禀广东情形稿，又核议潮属械斗情形稿。其禀稿略曰：
……

查粤东盗案多于他省，实由地窄人稠，多无恒业，而又不能离去，其乡各谋生理之所致。以通省计之，广肇南韶等处较多，亦由地涉冲途，商贾辐辏，宵小易生觊觎，且易潜藏之故。至东路洋面，当从前洋匪肆劫之际，内地奸民暗与勾结，劫案频闻。自各匪殄灭投诚以后，招引无人，而船械炮火又难遽集，近年所以能臻安谧。现在水师各镇协巡缉认真，不使外来匪船潜入。自道光二年以来，经澄海、南澳曾盘获图劫未成二案详办，此外并无失事之案。其内河则河面浅狭，如非广、肇等处港汊纷歧，易于驶逃，且保练人等可以蹑踪跟捕。

西路自惠州至龙川一带，东路自潮州至长乐一带，数年以来劫案甚少，是内河情形亦尚无甚大患。惟潮属劫案，每岁总有数起。推原其故，海、潮、揭、惠、普等县则由大乡烂匪不事农商，务为游荡，小乡无业之徒与之附和，因而遇便向劫。又因近年查禁斗案甚严，其素习枪手之烂匪，无从受雇，遂相率抢劫，诚为地方大害。饶平、大埔则与闽省诏安、平和等县接壤，上年大埔县已故潘令任内，事主黄宏俊被劫之案，经卸任袁令设法破案，即系平和盗匪。该匪徒恃在隔省，关拘匪易，故敢于肆行。

职道查悉情形，即谕各令平日固以严烂匪为要，有事时则必须缉获真正首伙，不得以小案零匪搪塞完案。其闽匪虽在隔省，然果侦访的确，亦何难移会协。目今海阳自道光三年四百盗犯颜义安等办以后，并无劫案。揭阳、惠来、澄海、丰顺等县劫案先后破获，解办后渐臻安谧，是其明证。大埔黄宏俊之案，现饬新任徐令悬赏购线，移会平和同心协，务期悉数获案。俾匪徒等知虽在隔省，亦难饶脱，而后可期安靖也。

总之我国家升平日久，生齿日繁，有案即办，有犯即捕，虽不能剪除净尽，亦尚可少安民生。粤东向称殷实，而近来则颇形穷窘。地方官除莠固属要图，而安富尤为本务。盖多一有身家之百姓，即少一为盗贼之匪，人是尤在。地方官之知其所以不安，而思所以安之也。

至惠、潮、嘉三属时事情形，职道数年来确加体访，知各有不同，必须分别惩治，亦如先有所急者，谨为大人陈之。

查惠属民气大致淳朴，而士风最为刁劣，往往以职员、生监联名讦讼，把持官府，乡愚无知，附和听从，遂时有聚众抗粮抢夺械斗之事。地方官饬差传质，抗不到案；即获，滋事余人亦坚不供指，而渠仍暗中把持，以致缠讼拖累，深为地方之蠹。职道常面谕该令等以此恃符，劣衿不难访明实迹，惩一警百。所虑者，地方官平日公事不谨，授人以柄，彼得持其短长耳？如果知自爱，无不可对人之事，又何所顾忌而不办乎？现在如归善、龙川、河源、博罗各令尚能体会此意，力挽颓风，盖此风亦该四县较甚也。至械斗顶凶之弊，惠属亦早染此风，职道常谆嘱该令等加意查禁，并将职道近年治潮之法，详晰示知。务须力清其源，并塞其流，不可再令滥觞，渐不能制。然此尚系惠属癣疥之疾也。

窃惟惠属切要之患，莫重于拜会一事。夫拜会恶习于始，不过游手好闲之人，倡为保守田园之辈，沿村敛费，以资饮博。狡黠者乐于附和，谨愿者被其胁从，居家可免窃劫之虞，出门亦得倾助之力，遂更倡为三才会、三点会。有开口不离本，举手不离三之暗号也。其主事之人为先生，为首之人号为大哥。以窃贼为党，以乞丐为耳目。小有被害之家隐忍而不言，而通衢小路抢夺频闻。或因所失无多，不愿匍匐公庭；或告官准理，仍难缉获赃贼，以致若辈日益无忌，地方官或为书差朦蔽而不及知；或稍有所闻，又以目前无事，如苟安之计养痈贻患；不可不防。查惠属九县一州，仅海丰、陆丰无此风气，其余八属处处有之。而嘉应龙川属之长乐兴宁连界，最为会匪渊薮。又由龙川北至河平、连平具与江西之定南、龙南、信丰毗连，又嘉应属之平远、镇平与江西之会昌、长宁毗连，具系山深路僻，此拿彼窜。前次年江西查办会昌、龙南会匪，粤省查办连平州会匪，其时稍为敛戢。此数年来，又将蔓延浸炽矣。此等匪徒从前曾有交接兵役联为一气者。去岁曾面询何提台及恒守等，佥称近来会匪在处时有，而有与兵役交接实无其事，又复遍询于人，众口如一，似属可信。缘查该匪徒虽无交接兵役之事，其结会拜盟，虽亦无歃血盟书。如山东等省邪教包藏祸心，而其互相煽诱，日聚日多，诚恐积久必将胆大妄为。如从前博罗县陈烂屐四之案，亦不可不防其渐。但靡靡之俗，势难纷纷查拿，而且形迹未彰，又未可操之太蹙。惟有密访首犯，获案惩办，以警其余而已。本年春间会将前项情节，详胪告示，发惠、嘉两属，令其遍贴晓谕，并严札频催查办。又经面谕该守牧令等认真办理，去后嗣据禀覆遵办，至今尚无一获。大率粉饰太平，以并无大伙结拜为词。诚思拜会而至大伙复堪问耶？现仍严催查办，并祈大人严饬各属，实力稽查，并请颁发告示多张。所有通衢要路，僻壤穷乡，咸使闻知，庶几振聋启聩。俾胁从附和者，及早省悟解散，使其党羽无多，藉可易擒首恶，是亦弭患于未然之一道也。

潮属吏治废弛，其故在官不讲操守，而且利地方之有械斗，一任买凶顶替,遂得肆敛兵费、讼费,因而书差肆敛监费、解费。又因凶犯之绝不翻供,率定爰书妄成冤狱,以致民气日益鸱张,藐视官长实非一日。职道于道光二年到潮州府任后,查悉情由,当与该令等剀切示约,以斗风急切不能禁息,可诿之于民;而不办顶凶、不索兵费等项则权可操已,夫民不畏赃吏而畏清官皎皎然也。然则欲民畏官,则必先官不要钱,而后可以次第整理。职道每带兵办案,一切费用悉用自资,并出示有案,各乡严禁兵费名目。而首先为各属倡,首海阳李令,继之者潮阳刘令,以后各令均能效法,观感不蹈故辙,盖必如是而后可与言治潮也。

至潮民之好斗,向来多由衿耆主持,烂崽听从。近则有力之家半成空匮,衿耆渐知自保,而烂崽则利于有事。乡族倘有小嫌即为构衅,酿命之后,尸亲择肥而噬。烂崽不在其中,仍勒被控之人,代为输服。买凶等费则烂崽肆为鸱张,实属目前之大害。且桀骜不驯之气,亦实非族长衿耆之所能制。是近来械斗并无敛钱约期之事,大率衅起一时,而烂崽为之主谋,富户受其实祸。窃以为欲遏斗风,惟有设法制服烂崽,破其藩篱,使彼计无所施,乃可期渐就敛戢。职道是以与该令等坚明约束,嗣后一闻械斗信息,除迅速弹压禁阻,仍查拿主谋附和酌加惩治外,其已经酿命之案,县中一面驰往相验,一面密访在场主谋烂匪及受雇枪手,按名查拿,置之于法。余犯或拟以遣流或永远礅锁,一概不准房族送凶徒以无辜搪塞。至潮属斗案无不择肥而噬,查两造哄斗之际,安有的确见证,尸亲即未在场。纵欲控告正凶,亦无主名可指,况某人某伤即正凶,亦不能指认,因而烂崽诱引尸亲,或即烂崽冒充尸亲,任意指控,肆其所为。且在场被杀之人,即在场滋事之匪。此而以无辜愚民买命抵偿已非天理,若复将所控之凶,获案拟抵,尤为黑狱。所有斗案,尸亲呈词除逐层批驳,一面押发质讯,一面详报缉凶,候访获真正在场之滋事烂匪,定供后再报获犯。如尸亲不肯输服,即行坐诬,如此鞭辟近里,痛事剔除,则尸亲输服之费,富户买凶之费及一切监解等费悉无所用,而烂崽之伎俩穷矣。地方官纵多得详报迟延,及缉凶不力处分究愈,夫忍心害理,听命于烂崽之手,而妄成冤狱者。近来办理各案,即用此法,斗案渐少,亦未始不由于此。惟是解各犯率多翻供之犯,较从前绝不翻供之犯,必有能办之者,亦各行其心之所安而已。至于平日查拿烂匪,所以预遏斗风尤不可缓。自道光三年以来,每年约获百余名或百数十名由道宪转在案。本年各属详报获犯比较往年又多数十名。总之,此等烂匪实繁有徒,多获一犯,即多去一害。是在各该令与捕巡各官实心查拿,不肯松劲,则匪徒自无所遁逃矣。职道与各属苦心经理,务为其难者五载于兹。现在黄守亦实力整顿,惟恐少纵即逝,然比年来,仅能使斗案较少,不能使斗案禁绝。

夙夜悚惶，无以为地。尚祈严加训示，俾有遵循，以期渐化浇漓，日臻上理，是又职道与该守令等所望于大人之策励者也。

嘉应地方山多田少，土瘠民贫；人情险诈，士习轻浮；健讼之风波及惠、潮，而讼师传为衣钵；械斗之弊染自潮郡，而长乐几至滥觞；至于结盟拜会，一州四县比比皆是。官斯土者，非精明强干，廉静自持者，不能发伏而摘奸也。职道本年督办埔乡案，驻扎三百有余日，稔知其俗。大率学习拳勇，因而结拜弟兄；粗识之无，因而舞弄刀笔；则以地界福建、江西、惠州之故，风气所移，效尤滋事。当与金牧等言及治理之难，甚于惠、潮。盖惠州之民愚而不诈，潮州之民蛮而不刁，嘉应各属则兼而有之，甚至胆大妄为。如比年嘉应平远京控各案，全系平空捏造，毫无影响之词，一经逐细查明驳诘，即已词穷，是其讼师伎俩亦止如此。该牧令等但当悉心研鞫，则无不能问之，奸回亦无不能断之。讼蔓惟相习，拜会实繁有徒，且有积重难返之势，自应与惠州一律加意办理也。现在金牧守洁才明，办事细心，可期徐观后效，平、镇、兴、长正署各令虽才具皆非卓越，然尚俱。谨饬慎勤于地方事务，留心经理不致贻误。伏乞大人加之策励，则当益振刷精神，力思整顿，以仰副勤求治理之至意。职道以樗栎之庸材，膺繁剧之重任，去先害马，久严非种之锄事类，驱鸡又虑所操之蹙，是以蚊负时虞，凛冰渊以犹，昔应持乏术，如芒刺之在身，所幸夙蒙青盼，曾期国士之知，尤祈时锡丹箴，得奉经师之训，敢述无词。伏惟钧鉴，恭请崇安，谨缴钧柬职道谨禀云云。

其核议略曰：为核议详覆事，案奉两广总督部堂卢批，据潮州府具禀潮属械斗情形并火器杀人命案分别筹办请示饬遵。缘由奉批，潮属民情强悍，械斗成风，为民牧者，亟宜力图整顿，以挽浇风。据禀整饬营伍以得兵力，清厘控案以杜刁告等情，自应如此办理。其余所论均不为无见。惟称潮郡凶徒蛮悍性成，动辄抗官拒捕，知县遇案情重大，请兵围捕，而潮郡定章，官兵拿人非通禀批准在先不敢施放枪炮，而彼则无器不备，并用铁条凿断，装枪抗拒，乃官兵则持空枪，曷克有济等语。本部堂查罪人持仗拒捕，捕者格杀勿论。律有明条，断无查拿持仗拒捕之犯，必待通禀批准，始行放枪之理，随饬房检查，无是定章。惟嘉庆六年，吉前部堂任内因惠潮道禀办华涌乡械斗之案，凶党把持，抗不交犯，有带兵往乡围捕之语。吉部堂札行东臬司亲往会道查拿，不可轻易围村开枪，系恐用兵合围村庄放枪，玉石俱焚，是以慎重，并无匪犯抗官放枪拒捕，而官兵只许手拿空枪，必待批准而后施放枪炮之事。此乃地方文武畏葸拘泥，藉词推诿，希图卸咎，明与定律有违仰。东按察司即将该府所禀各情，悉心核议，通详饬遵。至尸亲赴省呈控火器杀人及有凶斗情形之案,请将原告押发该府确审一节,系为杜其刁告起见,自应随时察核准行,仍候抚部院衙门批示。此禀即缴,又奉兼署广东巡抚印务卢批同,仍候督部堂衙门批示,缴禀抄发等因。

奉此本司伏查潮属风俗嚣凌,斗风日炽,该府莅任未久,亟图挽回,意诚足尚。惟所禀整饬营伍以得兵力,清厘控案以杜刁告,均为治潮应办之事。惟其中稍有格碍难行,自当分别饬遵办理。本司悉心核议,如该府禀称"潮属凶徒蛮悍,动辄抗官拒捕,并用铁条断作铅子装枪,潮郡定章,官兵非通禀批准不敢施放枪炮,以致匪徒视为儿戏。请将旧章变通,如有械斗重案,文员请兵围捕。匪徒执持火器抗拒,许兵丁放枪擒捕,登时格杀勿论;并请咨行潮州镇,遇有此等案件,责令汛弁协拿,如须添兵及派大员或总镇亲往,随时由道府知会办理"等语。查罪人持仗拒捕,捕者登时格杀,律得勿论。断无匪犯逞凶,转令捕人束手。潮属员弁,带兵缉捕,被匪抗拒,必须先行禀准方许开枪擒拿。现在已奉宪台查明,并无是事。而地方遇有械斗重案,武员自应一体协拿,未便稍存推诿,应如该府所请。嗣后遇有械斗重案,文员请兵围捕,匪徒敢于执持枪铳火器拒捕者,许带兵员弁,督令兵丁放枪擒捕,登时格杀,照律勿论。如匪徒并无执持火器,或侦探未确,所捕并非实在匪徒,致有违抗,仍不得因有此议擅放逞威,事后藉指格杀,违者员弁兵丁分别参究,并请饬行潮州镇营。嗣后各县遇有械斗案件,责令汛弁协同文员督率兵役上紧拘凶,如本汛兵少,即申请添拨。倘案情较重,须派大员督率,随时由道府知会办理。如营员协拘不力,大员应往不往,或不即拨兵及纵兵抢掠民间财物,许文员移会该管上司查参究处。

又该府所禀各属招解火器杀人之案,凶徒多有顶替,现在新旧未结者甚多。古人罪疑惟轻,今以不知谁何之人,抵不知谁何之命。岂非故入冤狱第斗,案本无凶犯可指,又置认凶者于不问,死无抵命之人,是废法矣。狱冤则刑滥,法废则刑弛,均非除暴安良之道。拟将审系斗时在场施放枪铳之犯,及系鸟枪手照例拟抵等语,查用刑期,在持平大辟,不容率拟。该府既明罪疑惟轻之义,以顶凶抵命为冤,而又虑及死者无抵命之人,或致法废,请将持械与斗之犯,照律抵偿。不知杀人虽有抵命之条,必须所抵实系杀人之人,方可谓之执法。若因无凶手遂尔旁及非辜,是死者仍未伸冤,而生者复遭枉戮。明罚敕法,夫岂宜然?况两造蛮触纷争,在场者不知凡几。其所毙命或止一二人及十数人、数十人而已,较之持械之众何啻什一。设有报案,将尽录其徒,以偿之乎?抑止于一命一抵,于置不问乎?尽录其徒,以众命而抵一人则滥,余置不问。本同罪而异罚,不公。法至于滥,而不公尚可借以安良除暴耶?且斗案被杀,率皆受雇匪徒,当兵刃交接之时,旁人不敢过问。迨至丧生以后，既无见证可凭，即死者之裔亲，亦早得买命钱，而甘心钳口，其指告正帮凶手，无非主谋任意混开杀人者，犹难得主名。持械者更从何究诘？此端一启，将与斗者悉目之为正凶，非惟不可胜诛，抑且适增刁讼。如以谓到案顶凶之犯，审经施放枪铳，是其人本匪类，律抵不枉。殊不知彼虽在杀人之场，未必会有杀人之事，遽令招认，终不甘心。一经解府解省翻供发回另审，转致不可收拾。纵复通详，更正案情，益涉支离且例内同案之犯，代认重伤，致脱本犯罪名，较奸徒受贿，挺身到官，得从轻减，而共斗伤人与致毙人命，复有生死之分？岂可不事推详，概置重典。矧兹贪利之辈，杀人既可顶承，则所供在场，又安保其必无妄冒究，与买凶抵命何异？以羊易牛，倘果访察得真研求，不易到案者，确系共斗之犯。是其事经目击非，同道路传闻，何人致死？何人更不难向其鞫讯缉拿正凶？明置刑章，该犯阻恶顶凶，自有应得之罪，所有斗案正凶，仍应访缉办理，但断不可勒令衿耆交凶，仍蹈奸弊。是又在地方官实心访察，力除颟顸积习，遇有斗案先访定主谋姓名，购线拿获，向其追究在场持械杀人之犯，分别火器金刃伤痕，悉心推鞫，与主谋见证尸亲，质明毫无疑似者，即可定为正凶。如稍涉疑似与实在场助斗者，则归另案惩办，以警凶顽。至鸟枪手以杀人为恒业，尤应于平日密饬各属一一访明，或购线诱擒，或请兵围捕，务期获案，尽法处治，以除地方之害。似此分别办理，较该府所请，将审系斗时，施放枪铳之犯，及鸟枪手照律拟抵之议，较为妥周。

又如所禀各属讼棍教唆尸亲上控，牵织无辜，迨奉批饬审办，永不投案，以致案结无期，人证羁累，其实原告诈钱，人手业已置身事外，嗣后遇有尸亲赴省呈控斗案，恳将原告押发下府，以便督县审办等语。

查讼棍教唆妄控尸亲，藉命居奇牵累平民，信为可恶，第其间情事，亦有区分。如本案业已获犯，审明拟断，并无偏抑；或控案先经审结，尸亲妄告图翻；或前曾赴控批回，并不遵传投讯；或原案并无其人，审结后复行添捏，混呈或诉词，罗列多人，意在借端索诈，似此狡诬显著，诚如宪批自应随时察核准行。倘凶犯未经就获控案，尚未审明，官司任意迟延，胥役从中需索或原断，实有未协。所诉不尽无因，似此虚实未分，未便概行押发，转致长途系递，小民负屈难伸。惟潮属命案，尸亲本多冒认，其赴辕具控之人，大抵雇请省中无赖之徒代递，一经批准，即遂其沿乡讹诈之计。若押发质审，地方官能迅速审断，先破其鬼蜮伎俩，则尸亲与讼棍索诈之术可以立穷。是押发原告，亦杜刁告之一法也。

抑本司更有请者，潮属近年斗案日多，掳抢之风亦日炽。海、揭、惠、普地方，几至道途为梗。究其致此之故，良由地方详办斗案，率以顶凶为利薮。于是带兵有费，买凶有费，尸亲有费，进监有费，过堂有费，解省有费，凡此皆脧里闾之脂膏，肥官役之囊橐，以致曩时之富户，半成此日之贫民。民贫则烂匪日众，官贪则威望何存？无怪相率效尤，遂尔肆无忌惮。本司前任潮州府道深悉近年械斗多系烂匪有意酿成，从中渔利，因而禁办顶凶一切兵费等名目，概行裁革。其尸亲择肥而噬，罗织多名，切诫各令不准按名票传，徒滋胥役索扰，仍严督县令及捕巡等官，平日访拿烂匪以获犯之多寡，察属吏之惰勤。计自道光三年至七八年间，每年所获烂匪自百余名至二百余名不等，分别详办。虽未能尽绝根株，然已稍除党羽。此数年中斗案较少，即抢掳亦不似近年之甚，盖禁办顶凶以杜冤滥，则棍徒之科敛无由，良懦之身家可保，严缉烂崽，以除积恶，使匪类之附从渐少，各乡之蛮触亦稀。此固本司曩时千虑所知，未敢自谓一成不易。若夫勤听断以息民，兢励操守而肃官，常使民知理有可明而潜消斗狠，官不受赂而渐识尊严，更广耳目，而为先事之防察，衙蠹而不授人以柄。未斗则速行弹压，消厥祸萌；已斗则速捕主谋，勿任滋蔓，俾斯民居恒免侵凌之患，构衅无播弄之徒，是为治潮之良图，尤属亲民之扼要。果能持之以久，而勿失行之以实，而勿欺纵不能于积重难返之时，遽收成效，要不致有江河日下之势，遂作滥觞。应请饬行该镇道府及所属各官遵照办理。缘奉批饬核议事理是否有当？理合群候宪台察核云云。

**道光十二年十二月二十六日**

二十六日，谒署运司许粮道郑（名开禧，字云麓，甲戌进士，福建龙溪人），知台湾已平，额手加庆。潮州米不敷食，总须台米接济，今台湾平，米不忧道梗，吾民不乏食矣。谒藩司吉，许发银四千两，买补仓谷。晚发揭阳信。

**道光十二年十二月二十七日**

二十七日，谒臬宪杨，略谈数语，余极赞其禀中在场被杀之人即在场滋事之犯，以无辜愚民抵偿，已非天理，若复将所控之凶拟抵，尤属黑狱等语，极为里透，廉访甚喜。

**道光十二年十二月二十八日**

二十八日，谒督院，无言而退。

**道光十二年十二月二十九日**

二十九日，谒藩宪吉，纵谈伊在四川为州县时其政治与余同，而其杖毙啯匪，则又因地制宜，茂宰如此，宜膺荐擢。然州县几人到藩司欤，又可发一慨也。

又谒云麓观察，访以治揭之道。缘郑系漳州人，去潮不远，风俗略同，故询之。据云，民亦知亲官，亦知畏官，若是不难理矣。随以答揭阳佐二信稿送阅，其略曰：弟以庸才谬膺重任，明知苦海且度慈航，总期我不负民，不计民之负我。我能尽一分之心，即我造一分之福。民能省一分之费，即民厚一分之生。卑辞屈体以求和，愉色婉容以访政。凡我贤士大夫，下逮高年硕德。我若到门请见，务勿如干木闭门；彼若到署而言，窃愿效公孙开阁；如有烂崽巨魁、鸟枪高手，不惜花红四处访缉，一经拿获予以杖毙，倘敢拒捕，定必格杀。业已面回各宪，可无掣肘之虞。然宰官之心肝，岂能人人皆见？宰官之言语，岂能处处皆知？所望公等于各绅士接见时，先为传播，报案不必花钱，出署升堂皆可面见。办案断不索费，兵糈役食皆所自携；总以安良保富为心，不遂烂匪、讼师之计。必此心先求谅于庶民，而后可论刑赏；必此声先能播于绅士，而后可议兴除。倘能展一日之长，必永矢终身之报云云。郑以为然，惟属绅士不可轻信，恐皆阳乔也。

**道光十二年十二月三十日**

三十日，上各宪衙门辞岁，送本家戚友银米、柴炭有差。是日，督接闽抚文台湾撤兵。本日贵州兵自广西来，抵三水。督遣中军恒安、候补知府糜良泽前往截回。

**道光十三年正月初一日**

道光十三年癸巳正月初一日癸酉，上各宪衙门拜年。

**道光十三年正月初二日**

初二日，赴天后宫、风神、火神庙跕香班。闻粤省番禺、香山、东莞、阳江等各处，每逢元旦邻村顽童相遇掷石相殴，一童受伤即号召族众持械互斗，有死者讼师即构讼，谓之"打丰年"。胜者为得吉兆，而不知已一命论抵矣。恶俗至此，可哀也。夫揭阳亦有此风，奈何？

**道光十三年正月初三日**

初三日，广州太守招便酌，具领藩司领谷价。

**道光十三年正月初四日**

初四日，上抚辕拜年，旋告以初十日起程。抚长揖者，再谕以到任横定主意去做事、不能办者装糊涂，下手时便须一击而中。余对曰："做官，如做文，人手紧凑，便通身震动，人手松懈，余无足观矣。"抚又问携眷去否？余答以携眷去，抚以为甚是，旋即禀辞。四会令李英望来，申耆之侄也。

**道光十三年正月初五日**

初五日，先母忌辰，设席祭奠。哀哀我母，离我四年矣，悲悒一日。发韶州汪太守（名忠德，休宁人），附还潮州志书。又谢曲江侯大尹（名之翰，字南台），东莞吴大尹，名毓钧，字锵如。信又答潮州府司狱顾（名兆熊）各信。

**道光十三年正月初六日**

初六日，赴司道禀辞。是日，司道请督院，未遇而反。

**道光十三年正月初七日**

初七日忌辰，未出门。

**道光十三年正月初八日**

初八日，赴督辕禀辞。督云："汝此去必好，如此难缺，不独道府应为汝助力，即我等督抚亦须为汝出力。汝有难言之隐，汝具夹单密禀可谓信任之专矣。"又云："汝去必须一人帮办。"余答以帮办之人非有守有为，素常相信者，不敢延请而相信。惟陈令凤图一人可否？仰恳宪恩俯准陈令帮办。督云，"汝去回藩司云云"，而退。

**道光十三年正月初九日**

初九日，谒藩司禀辞。藩言：汝初到粤东，即委汝去做极难之缺，做得好，固不待言。做得不好，亦不肯为汝咎。至陈令凤图帮办固佳，但须汝本府以现在署理之人是否胜任禀我，我即可照行。若我现在另委一人，实一时不得其人。余对以可否令陈令先行上省。藩云，此则不能，非有公事不可来云云。又谒臬司禀辞。臬言藩台云汝做得不好，亦不为汝咎，此真用人之言。但汝到任须从严。又辞运司，许惟问行期，辞道郑则赞余前日复佐二之信，并将原信加墨围附还，晚赴何正机处小饮。盖同拣发者四人，为余饯行，黄宾、韩凤修、张文化、余亦送席，为留别。是席李善望所馈也。

**道光十三年正月初十日**

初十日早，赴越华书院，陈范川招陆劭文、萧梅生俱在坐，以银四两购李申耆所刻天下舆图。申耆（名兆洛，乙丑进士，江苏武进人），此图为亡友董曾臣（字方立）所著。而申耆题曰："武进副贡董方立。"方立实举孝廉，未当中副车也。同乡同时脚色已不可信如此甚矣，证古之难也。晚谒广州太守，辞行。留晚饭话别，二鼓后出城登舟，明日发船矣。是日吴锵如赠女儿香四厘，甚佳。锵如姓吴，名毓钧，江苏人，治东莞有豪绅黄姓，锵如置之狱时，称能焉。

**道光十三年正月十一日**

十一日，辰刻发船，行一百二十里至增城县。增城自后汉析番禺置县，刘宋分设绥宁。至梁陈间，废绥宁，移东官郡治此。《寰宇记》云："白塔水、庚水、胥水三源，上出龙川，经增城而流入海，即此江矣。"

**道光十三年正月十二日**

十二日，辰刻发船。船中闻揭阳人言："揭阳斗之不止，固由于习俗之深，亦由府差四出向县差索费，县差无所出，勾通烂匪浑斗。于是罗织富户，以遂其欲。郡吏又从而索监费、解费，富民无完肤矣。"因忆夏侯太初之议曰："今之长吏，皆君吏，民横重以郡守，累以刺史。若郡所设唯在大，较则与州同，无为再重，宜省郡守但任刺史，刺史职存，则监察不废。郡吏万数还亲农业，以省烦费，丰财殖谷，一也。大县之才皆堪郡守，是非之讼，每生异意，顺从则安，直已则争，荡而除之，则官省事简，二也。又干郡之吏，职监诸县，营护党亲，乡邑旧故，如有不副，而因公擎顿，民之困弊咎生于此。若皆并合，则乱原自塞，三也。若省郡守县皆径达，事不壅隔，官无留滞，三代之风虽未可，必简一之化，庶几可致便民省费，在于此矣。亮哉斯言。今上宪皆知便民省费矣，曷不取此议而读之，呜呼可慨也。已是日行八十里至赤嵌泊，东莞治也东莞在两汉为博罗县地，东晋为宝安县地，自唐至德二年改县。《南越志》所云："水东流，入海帆，道府至东莞是也。"

**道光十三年正月十三日**

十三日卯刻发船，行九十里。晚泊博罗县。博罗，汉县地，隋属龙川郡，唐属循州，五代属祯州，自赵宋以来属惠州矣。罗浮在望未得一登，《南越志》云："其穴溟然莫测，其极北通句曲之山，即茅君。"内传云第七洞，名"朱明"，耀真之天。余丙舍在句曲。此穴若通，当不惮劳一探，遂依亲之愿矣。

**道光十三年正月十四日**

十四日，雨，辰刻发船，午过惠州府治。惠州为南海郡地，晋治东官郡，南齐移治怀安，梁改置梁化郡，隋为龙川郡，初废郡置循州。唐为循州海丰郡，五代为祯州，宋为惠州博罗郡，元改惠州路，自明置府，附郭为归善县。东晋为欣乐，宋析为三，曰"安怀"，曰"欣乐"，曰"西平"。齐改安怀为怀安，梁废西平。自隋以来为今县矣。昨日过别情洲，思徐奕之忠亮，终于失位张绎之材，能不免陨身怀古抚今，偶成一律。曰："春风送我别情洲，江草江花也自由，雨歇南山来积聚，月明东莞映清流。季才忠亮同诸葛（东莞人），敬仲材能并夏侯。寂寞荒丘千古恨，莫嗤羽化爱罗浮。"是日行五十里，泊归善之七日湖。

**道光十三年正月十五日**

十五日，卯刻发船，行七十里，泊归善之瘦狗垄。归善本龙川地，昔赵佗为龙川尉所莅于此，有龙穴鳄池，此垄何自而名，俟觅归善。

**道光十三年正月十六日**

十六日，微雨，卯刻发船。与家人谈交州之地，古称难治。昔薛敬文见吕岱从交州召出，惧继岱者，非其人。上疏曰：昔帝舜南巡卒于苍梧，秦置桂林、南海、象郡，然则四国之内属也，有自来矣。赵佗起番禺，怀服百粤之君，珠官之南是也。汉武帝诛吕嘉，开九郡，设交趾刺史以镇监之山川，长远习俗不齐，言语同异，重译仍通。民如禽兽，长幼无别，椎结徒跣，贯头左衽。长吏之设，虽有若无，自斯以来，颇徙中国。罪人杂居其间，使学书粗知言语，使驿往来观见礼化，及后锡光为交趾，任延为九真太守，乃教其耕犁，使之冠履。为设媒官，始知聘娶，建立学校导之经义。由此以降四百余年，颇有士类。自臣昔客始至之时，珠崖除州县，嫁娶皆须八月。引户人民集会之时，男女自相可适，乃为夫妻，父母不能止。交趾，糜泠九真都庞。二县皆兄死弟妻其嫂，世以此为俗，长吏恣听不能禁。制曰："南郡男女裸体，不以为羞。"由此言之，可谓虫豸有腼，面目耳然。而土广人众，阻险毒害，易以为乱，难使从治。县官羁縻示令威服，田户之租赋裁取供办，贵致远珍、名珠、香药、象牙、犀角、珊瑚、琉璃、鹦鹉、翡翠、孔雀，奇物充备，宝玩不必仰其赋入，以益中国也。然在九甸之外，长吏之选类，不精核。汉时法宽多自放恣，故数反违法，珠崖之废，起于长吏睹其好发髢，以为髲。及臣所见，南海黄盖为日南。太守下车，以供设不丰，抓杀主簿，仍见驱逐九真太守，儋萌为妻。父周京作主人弁请大吏，酒酣作乐，功曹番歆起舞属京，京不肯起歆，犹迫强萌忿，杖歆亡于郡内。歆弟苗帅众攻府，毒矢射萌，萌至物。故交趾太守士燮，遣兵致讨卒不能克，又故刺史会稽朱符多以乡人虞褒、刘彦之徒分作长吏，侵虐百姓，强赋于民。黄鱼一枚，收稻一斛，百姓怨叛，山贼弁出攻州，突郡符，走入海，流离丧亡。次得南阳张津与荆州牧刘表为隙，兵弱敌强，岁岁兴军。诸将厌患去留，自在津小检摄威武，不足为所凌侮，遂致杀没后得零陵。赖供先辈仁仅，不晓时事，又遣长沙吴巨为苍梧太守，巨武夫轻悍，不为恭服。所取相怨恨，逐出恭求步骘。是时津故，将夷廖钱博之徒尚多骘以次锄治纲纪，适定会，仍召出吕岱。既至有士民之变，越军南征平讨之日改置长吏，章明王纲威，加万里大小承风。由此言之，绥边抚裔，实有其人牧伯之任。既宜清能荒流之表，祸福尤甚。今日交州虽名粗定，尚有高凉宿，贼其南海苍梧。郁林珠官四郡界，未绥依，作寇盗，专为亡叛逋逃之薮。若岱不复南新刺史，宜得精密。检摄八郡方略，智计能稍稍以渐，能治高凉者。假其威宠借之形势，责其成效庶几可补？复如但中人近守常法，无奇数异术者，则群恶日滋，久远成害。故国之安危，在于所任不可不察也。

　　窃惧朝廷忽轻其选，故敢竭愚情，以广圣思云云。薛君所云绥边抚裔人材之难如此，而近日部中尚以不合例横加驳饬乎？至疏中可谓虫豸有腼面目之语，与刺史五人之治，合之卢制军前日所言，民视官如盗贼，官视民如禽兽，其揆合符不意，斯地内属化洽。自黄龙三年辛亥至道光十二年壬辰一千六百一十二年，风气尚如斯也。选守令者能假其威权借之形势，稍稍以渐耶？而近守常法，无奇数异术者，方且从而掣其肘矣。无怪乎众恶日滋久远，成害也。

是日行六十里泊河源之秋香村。河源自唐武德五年析置石城县，贞观初省入属循州，明洪武二年移治属惠州，崇祯六年属连平洲，国朝复属惠州。《南越志》云："西有淡溪，溪有竦石，号曰石亭北；在辽冈石溪之乡，有山，号曰营冈，冈之间常有铜弩牙流出，父老云昔赵佗弩营在此也。若有人收此弩牙，即风雨败之舟船沦没，又有介然孤石在越王阙下，有石镬可容数十斛。恒有悬注，而竟不溢此物，若存何不取之贮，镇海楼以配铜壶耶？"

**道光十三年正月十七日**

十七日，辰刻发船。行七十里泊石港城，其《南越志》所称石溪冈耶？距河源县治三十里。

**道光十三年正月十八日**

十八日，辰刻发船，早雨午晴，过河源县治。是日行七十里，泊古门。途中探老龙米价斗三百八十钱。

**道光十三年正月十九日**

十九日，辰刻发船。戏作《孙讨逆论》，曰：日月不居，岁序如流，人生禄位，皆所可致，所不可致年耳。孙讨逆以破败之，余得父部曲，遂翱翔而不可制，当其表为折冲校尉。时兵财数千，骑数十四。宾客愿从者，百余人耳。史称其美姿颜，好笑语，士民见者，莫不尽心为致死。然则姿颜之美，其于天下也。宁可已乎？又一时，诸将若周瑜、程普等具有姿貌，吕范、张温、朱据等后亦以貌取其广揽英雄有以也。孔子曰：不有宋朝之美乎？免于今之世矣。信夫是日行八十里，泊学堂仍河源地。

**道光十三年正月二十日**

二十日，辰刻发船，行七十里泊龙川之新塔下。龙川古县，隋开皇十一年，省入河源。唐天授二年，改置雷乡。宋宣和三年更名雷江，自元以来属惠州矣。

**道光十三年正月二十一日**

二十一日，卯刻发船，辰刻大雨，初闻雷。巳刻抵老龙，至此须舍舟逾岭矣。此江旧名浰溪，此岭宋时呼为"丞相岭"。唐大历中，宰相常衮除潮州途经此岭，因名是岭也。其谪宦之所，由乎感而成诗曰：昔谒丞相祠，庾岭有张子寿祠，颜曰丞相祠堂；今望丞相岭，山色赴春暝。风微帆影静，昔贤此寂寞。千载一俄顷。侧身瞻四方，吾徒方驰骋。

饭后作谕揭阳书役，橄曰：本县恭奉宪橄遴署斯邦，凡吾所以来，亦欲为揭民锄强扶弱、息讼止斗、保富安良而已。今与尔等约，搭台者杖毙；疲玩者革役籍；端科敛恐吓取财者计赃科罪如律；所有到任堂规，概不收受其尔等。各该房经营事宜，须知册籍，但遵照向例，于交界处所禀见时面呈。但本县历任以来各书所呈舆图，皆笼统绘贴观者不明。夫地图、方志之不明，无以道地懋方懋也。今发去图式一纸，绘作方罫，每方为一里，先四至，次八到，次依道里远近为各村庄。某村去某村若干里，由大道来经某处，由径道来经某处，用五色以分别之，用红纸小签贴，说于其上。每房各呈一图，随册籍申缴。俾吾有以知都鄙，稍甸郊里之大。凡因是以辨夫家人民田莱之分数，可以依之访疾苦、策机宜。其为效于政治也不亦多乎？其如限无违。

### 道光十三年正月二十二日

二十二日，发行李上过载行。

### 道光十三年正月二十三日

二十三日，在船。

### 道光十三年正月二十四日

二十四日，四鼓起，天明催夫，辰刻始就道度秦岭，过蓝关。长乐沈大尹（名世镶）差人在韩祠备茶尖。因谒韩公祠，途中成一诗曰："淰淰春流汛黍苗，蓬蓬远树长云霄。神仙名士自千名，暝色愁心送岁朝。薄宦十年常局促，故人万里更萧条（谓陈朴亭，余与朴亭在中州，具以忧去官）。会当一握樽前手，痛哭狂歌酒不消。"酉刻行抵歧岭下船，船名"六篷"，陋之至，不解自潮来者，何以艳称此船事，真有不可解者矣。

### 道光十三年正月二十五日

二十五日，舟泊未行。遣家人赴揭阳投红谕，并寄朴亭书。

### 道光十三年正月二十六日

二十六日，辰刻发船。自二十一日雨，至今日始见睍行三十里，泊青溪、长乐县地。长乐在两汉为龙川县地，在晋为兴宁县地，南汉移兴宁县来治。宋天禧二年，徙兴宁还故县，废为长乐镇。熙宁四年，改置属循州。明初移治，属惠州，本朝割属嘉应州矣。

### 道光十三年正月二十七日

二十七日辰刻，发船，行三十五里，泊西林渡，距长乐治才五里。升米钱五十，麦穗尚茂，农民割其穗之将熟者而食，不能待其熟矣。戌刻，大雨雹。一食顷麦菜受伤。春饥洊臻，奈之何民不穷且盗也？为之三叹。

**道光十三年正月二十八日**

二十八日辰刻，发船。午刻，晴，行四十五里，泊黄泥圢，仍长乐地。闻榜人言有石名"罗浮石"，甚奇。古惜未访石丈，一拜也。

**道光十三年正月二十九日**

二十九日，辰刻发船，行五里至七都河口，有一水来会。其一水名"溪潭"，系双汊河，自永安来至长乐十二都司，并一河来此合流。长年打桨无复，爬沙之苦舟行甚驶也。行至乾塘买柴，每束七文钱，盖值斤一文。是日，行一百里，泊嘉应州之点大村。嘉应州在两汉为揭阳地，在晋为海阳地。南汉乾和三年置献州，赵宋为梅州义安郡，元为梅州路，寻降为州，明废梅州，仍程乡县。初南齐于是地置程乡县，自梁迄明皆因之。惟齐属义安郡，唐属潮州，南汉为敬州治。宋属广南东路，元属广东道，明属潮州府，本朝康熙初年废程乡，为今州矣。

**道光十三年二月初一日**

二月初一日壬寅辰刻，发船，天雨，舟中望嘉应州治，作诗曰："破烟春橹一枝柔，百道飞泉夹暗流。万里征人乡信断，冷风细雨下梅州。"至此地又一水来会，其水名"水湖"，由江西瑞金，历平远会于州治，并歧岭、永安二水合流矣。是日行八十里，泊镰子渡，嘉应地。

**道光十三年二月初二日**

初二日，辰刻发船，午刻过大埔。大埔，本揭阳县地。晋义熙九年置义招县，属义安郡。隋大业初更名万川县。唐废，为海阳二县地，置今县，本朝因之。有关榷税，揭阳刑书陈先荣来接谕，以随众至交界处，所呈递，须知册籍。揭阳典史阮亦差人来，随发帖回候。是日行一百四十里，泊峡泉尾，大埔地。风甚猛，月黑水深，不能前进矣。

**道光十三年二月初三日**

初三日，卯刻发船，申刻抵潮州府治。潮州在两汉为南海郡地。晋义熙九年，置义安郡。隋开皇中废郡，十一年置潮州。大业初复改郡。唐置潮州、潮阳郡，复置州，属岭南东道。元改路，属广东道，潮州府。

上岸谒护道金（名兰，原江苏人，韶州太守），谕以到任不可骤强，恐后难为继，始知本府进省，在揭阳候余，面询省中情形，遂匆促禀辞。又谒本府之母（府名普敏，蒙古人，前河南臬祥德之子），适家常出署，已漏下一刻。谒海阳大令叶（名承基），适有客宴，邀余入席，酒酣，与潮府别驾刘镇标中军拴住，谈甚欢，遂定缟纻交，三鼓回揭阳公寓宿焉。

初三日卯刻，起程行三十里至万里桥，入揭阳境。初道光丁亥余卓异人，觐祈签于陶然亭文昌宫，签曰"晨肇重来路已迷，白云流水忆佳期，与君便是鸳鸯侣,万里姻缘有梦思"。此地桥名"万里",寨曰"鸳鸯",恍然事有前定,行五十里至登冈北寨巡检,顾(名侃,绍兴人)来接呈履历,因留之共食,略谈揭邑情形。书役来接,过鸾坡渡,距城七里。捕厅来接,抵城关,晤朴亭,旋入东门,至书院宿焉。晤张印之表兄(名绶同)、郗晓巷秀才(名桢,直隶阜平人)、左星台上舍(名维垣,桐城人)。

**道光十三年二月初四日**

初四日,应游击(名卓然,浙江金华人)及各绅士来拜。

**道光十三年二月初五日**

初五日回拜,同城行至沟仔墘地方,有营生黄朝飞当街开赌,官来不避,骑虎之势,不能不交捕厅拿人讯供,潮属将骄兵横即此可见一斑矣。

**道光十三年二月初六日**

初六日巳时,进衙门拜印,任事即坐大堂,传谕诸役曰:"本县此来戢暴安良,锄奸保富而已。揭阳之害无如鸟枪手,今本县途中所见,此匪最多,腮有疤痕,易于识认。今发一签交尔等速为擒拿,以所拿之多寡为汝等之殿最。"众役领签而去。戌刻报获潘阿富、吴阿求、彭阿曾、方阿样、黄阿江、罗弟仔、黄阿有、欧阿鹊、刘阿寻、陈阿凤、黄阿哑、郭有荣十二人。

**道光十三年二月初七日**

初七日,忌辰,不理刑名。

**道光十三年二月初八日**

初八日,谒庙,有陈子义出首其子赌博,当即拘讯。开赌场者,为郑阿朝枷号提讯。潘阿富据供为烂崽(通称所为光棍)。十年先后抢夺二次,帮斗八次,铳毙十二命。此虽凌迟加割数刀,(例两犯凌迟者,加割)亦不足蔽辜,击其喙二百五十杖,其股二十,先为吾民吐气。始知鸟枪手受人雇请,往乡间帮斗,其受雇之值洋钱一文为一人,三日火食。领头者每人抽得五十文,如被人打死,每名议偿命银一百二十两;伤而未死医愈之后给洋钱三二十文。以是为利,民愚至此,可为寒心。

有廪生许一清者来谒,献议曰:"为沥陈械斗恶俗,以待按法严办事。窃以揭阳械斗之风,其始起于百姓之蛮玩,其继由于历任之宽纵,其终激于承差之索诈。所以无日而不掳人,无日而不杀人,无日而不食人,以蔓衍以至于今也。而总之皆为抗粮吞租、负债掳禁勒赎起见。为今之计,欲除恶俗,莫先禁承差之舞弊。欲重绅士,莫先防寻仇之为祸。欲行宽仁,莫先严明其法度。则干戈可息,文教可兴,而海滨邹鲁之风,亦可渐次再见于仁宪之手。"

揭阳形势分为南北，其南则为南河，绵亘至于河婆、鲤湖等处，名曰霖田。其地多出谷米，其利糖油、青果，横直三百余里，实为九都之冠。蹂躏至今大约三十多年，然生非生长其间耳？可得而闻，目不可得而见也。乔林、玉埔近在附郭，此不待言。且言西关之外，其北则有北河，是为蓝田水陆俱通，汤坑接壤丰顺，地利所出，虽下于霖田而亦为余都所不及。

乾隆以前不闻有所谓械斗者，嘉庆之间虽稍稍有之，要亦不过一命二命而已，道光以来不堪言矣。揆厥所由皆因大乡欺凌小乡，有以致之，大抵揭阳宗族大者万计，中者数千，小者亦有一千几百，其凌虐人也。譬如赌欠负债，理惟对手本人是问，而强者不然，累其兄弟，不惟兄弟且累其亲堂，不惟亲堂且累其通族。按之理，虽属过分，然尚事出有名。

又有一等烂崽或抱一猪一鸡至小乡，则佯为失手，故意追赶，而猪啼鸡叫闻者，谁不齐声叱喊，及见面则怒目裂眦，怪其错赖，由是罚之戏、罚之席、罚之银，稍不如意，则刀斧相随。

又有一种手持小刀沿乡窥探，伪为采药者，遇竹木则将刀扣扣室内，闻之意必是偷斫竹木，而不知一开言，又因此而开罪于强矣。然此犹其小焉者也。

又有乞丐路毙服毒死尸，见数日无人收埋，则公然冒认为尸亲，或掳或抢，百般逼勒，无可奈何。然后恳托公亲哀求讲和，非破家荡产，不足以满其难填之腹，故不数年而小乡遂变为邱墟矣。

于是小乡连结小乡以为堵御自保之计，而大乡又恶其不受节制，亦结大乡以压制小乡。其有不从者，则又胁之，以威逼之以势。即如锡场大乡也，其会有华清、莺鸟、花前围、潭前、江边碑、墟碑尾、军坡。溪头小乡也，其会有东围、浦边、三担、石部洋、东仓、后围、大寮、下寮、浦南、叠浦、崑头洋。此二会最为猖狂，自道光三年至今，斗无已时，其杀人也为不胜计矣。迹其初斗也，见田围则毁之；其有不胜毁者，则用长木一条入以耙齿，绳缚两端，十数人从中一拖，顷刻立尽；遇甘蔗则纵火烧之。虽膏腴之地，俱皆变为石田。尤可恶者，方斗之时，惟遇敌手，始敢掳之、抢之，皆无与他人事。今则遇人即掳、遇人即抢。然犹择其好者，今则不论好歹矣。然犹曰："此男人也，今则不分男女矣。"

是以去年九月间，生因次子在新亨病故，带银十余元，欲为殡敛之费，及到锡场、华清，被烂崽七人既将衣衫银两抢洗一空，又复掳至山洞见竖二木柱，各凿二孔，将生手串入其中，链子锁住，脚不落地，几于丧命，不得已变卖产业，用银赎回九十元矣。十月念七日，第四子完婚，路由茶亭被围，石部洋将妆奁抢尽，谁奈他何？

故自道光以来一十余年，粮无不抗，债无不负，人无不掳。即有租在其乡者，丝粒不吐，间有念其亲故，收亦不一二。至落水则又被他乡截河，而把抢之合家待饿枵腹垫课，谁复过而怜之者？以故陆路则人迹罕行，虽周道而鞠为茂草；水路则舟楫不通，非飞仙而何能即渡。又五里一市，十里一墟，负嵎相抗，行足自固，交关贸易者，何人到县？故谷米腾贵、柴火高昂，民不聊生者，几不知其千千万万也。而尤苦则莫如县内食租衣税者，惟于乡是望。兹则有田收无租矣。肩挑贩负者，惟于乡是利兹，则掳抢立殆尽矣。结婚联姻者，惟于乡是往来兹，则废吊不相闻问矣。砚台舌耕者，惟于乡是主兹，则爰及干戈矣。何以文为？因而盗贼蜂起，百十成群，行街市，如入无人之境。故在城外北门则劫银店，城内北市则劫当铺，大贾金姓则劫银两千余元，平民陈姓则劫杀命案，如同无事。总之皆因各乡会匪惯打鸟枪，故敢如此横行。

又二十里至于新亨埠，一大都会也。其埠分为上、下，上埠则有陈、倪、邢、李、柯五乡是也，陈姓最多，倪、邢次之，李又次之，柯再次之，是为一会，名曰"四会社半"。而四社半又于北面招大、平埔为一卫，上坝、下坝为一翼。自是而西，又有山湖林、洪、吴、纪黄为救援，自是而南，又有鸟围、孙巷、新围、赤岸、玉步头为遥望，共计大小数十余乡。其虎视一方，又直驾诸会之上，而称为雄长者。下埠则有十六乡为一会，若凤奎铺内，丰围、上乡、下乡，后社寨内，青龙头、大围、八亩、东里、三角围、罗厝埔、陈厝围、花寨，然皆杂姓小乡，不足指数。生即生长其间，见风气不好，移居来县，仅留二子在彼看守庐墓而已。现今上、下斗杀自十年，至今共杀命有一千余人。而四社半又于各处把截到门撞石，使杂姓求为息喘而不可得生，所谓其始起于百姓，蛮玩者此也。

若使历任各宪不务姑息，威以烈火，或未事而禁止之，或事发而按办之，亦不至如此之甚。乃陆前主、许前主、一味仁慈，反到乡而较其杀人之多寡，而抵折之存者，估银以偿，不知乡中强弱异势。回署之后，强者未必肯甘心出银，而弱者又不获所偿，故不旋踵而杀者，又如故矣。然试思被杀之家，谁非人父、人子、人兄、人弟，其告官讨偿理也，亦分也。及尸亲到堂则又施之以重刑，或锢禁之，或拷勒之，致令死者，告偿而未；及得偿而生者，被押反致得死。彼被杀父子兄弟，见告偿无益计，惟有斗之杀之，以图报复而后快也，于是会中又会也。或敛银钱以买火药，或倩枪手以争必胜，或拈死阄以效前驱。杀一人如获珍宝，掳一人沥血以祭，彼其意犹以为未足也。故或扒作过路，以伏莽而诱杀者；或假作乞食，以沿门而扑杀者；或生擒而剖其心；或炮烙而食其肉者；或碎尸而付之东流；或斩头而揭之竿首者；或掳其妇女而行淫轮奸者。此固古今所未有，而亦天下所希闻也。苟非历任之宽纵，何因而至此？且夫百金中人之产也，向使既经致死之后官差照常办事，听其来告死者有偿，得其心平即可了事，乃自数年以前，七班总头公然在署前演戏，倡率凡遇尸亲告呈，必欲担认凶手，夫价银一百五十两。然后准报，不知千金之子，不坐垂堂。至持刀被杀之人，非贫穷，即微贱。彼何自而得有此银哉？故屡有上府控验，以冀免其刻剥，及本府批回到县，则又怒其越控曲回。本官究其何人主意？何人作状所宿？何家一经拷勒案即立破，则又牵连多人，故公堂之上遂无一张命案呈矣。上司不知其故以为地方安静，而不知民之死于非辜而无告者。固历古史传所载未有甚于此时者也。激之愈甚，则其杀之愈惨。以故今年杀之不足，明年又杀之；明年杀之不足，后年又杀之。浸淫以至于今，或十年，或七八年，或五六年，或三四年，而尚未知所终极也。总之不离激于承差之索勒也。

近是今幸躬逢宪台新莅斯土，未经到任，先书来学，传播绅士。其殷殷求治之心，求之于古，或有其人求之于今。谁有如宪者，但倒县既久，是即望君如望岁之日也，是即望君如望慈父母之年也。愿宪为夏日可畏之赵盾，毋为冬日可爱之赵衰也；愿宪为火烈难犯之子产，毋为水懦可狎之太叔也。诚如是也，将宪威所□□，有玩民谁敢不服者，要其中行之，亦自有法。向来本官下乡，每□□壮取其易耳，不知此等人，即市井烂崽，一经任用则益加肆横□，眈眈惟思抢夺以饱囊橐，此又不可不知也。

夫揭阳风气，道光以前权在君子，故凡遇乡中斗杀，成人苟无成议，小人不敢动手，是杀惟君子，即不杀亦惟君子，其咎似在成人。道光以后权归小人，乡中即会各房，又会以拒成人。盖斗杀一成，或霸收公烝，以图染手；或掳抢抗租，以思肥己；或私仇公报，以期洩忿。种种所为无非害人利己之事，彼何惮而不为者？其罪当在烂崽，然亦有小人，而阳为君子之事，君子而阴行小人之道者。要之小人固为祸首，而其中苟非有一二不肖生监，从中主持。小人虽多，亦不得遽售，其奸是在悉心民瘼者，当几默访小心查察，自不至委屈良民也。

道光以前斗杀多用刀枪，其杀人者，非当场不知何人？道光以后斗杀惟用鸟枪，其惯打鸟枪之人，即多杀人命，若究真凶断非此人不可，何则？大抵鸟枪铳手，两颧各有痣疤，以为记认，即不然辫尾亦必结以五色丝线。至其所著衣衫，非黑色小袖，密钮不著。夫固历历可验者，此何异虞诩之治朝歌，使人入贼营，缝其衣、裾故事，此后若遇到乡诚使循其法，而施行之，虽一鼓而擒可也。况又因其长变相以机宜，多带营兵，遍贴晓谕示之，以不敢不畏之威，谕之以不得不从之势，将杀一自可警百，闻风谁不生畏？譬之破竹节木，虽多得其势耳，慎斯术也。以往吾知不数月之间，虽天下不足平也，岂区区揭阳一邑而已哉？生草茅下士，罔识忌讳，但以念切桑梓，不觉言之深长，非屠戮之殆，尽托云霓，以何心？此心岂敢妄有所冀，惟望后来下情，如或因此先通，毋为我后民，既期以不负，何须箴以蒙瞽言？更望乎共喻？何嫌托于蒭荛？用抒管窥之论愿效一得之愚。谨拜禀以闻台前察核施行云云。

### 道光十三年二月初九日

初九日，提烂匪吴阿求、彭阿倉讯供。又差役获蔡俊谋供称，上年械斗面有疤迹，又李阿步、罗阿遣面无疤迹，亦非良民，分别管押候讯。是日考代书题为治揭议。

### 道光十三年二月初十日

初十日，河婆汛解到张阿鈺、张乌志二名，讯据张阿鈺知方正利被抢案，内赃贼签差搜拿。是日家眷进署又阅城。

### 道光十三年二月十一日

十一日，有福建人经过桂林乡被抢，首告当给以资斧令回。是日，忌辰，不理刑名。

### 道光十三年二月十二日

十二日，点卯提巡河衙役，各责四十。

### 道光十三年二月十三日

十三日，放告，自辰至酉无一呈投房。戌刻提承发房书吏责二十，枷号示众。县牌曰示谕："九都告状人等知悉。照得本县下车伊始，先期县牌，本日放告，务要告状人等各正身伺候，点名，唱收，以备当堂讯供。如遇两造一同投递者，俾可即时断结完案，以清讼尘，而免株守。此尽在我之心，惜吾民之费，其一端也。今已催至申刻，并无一呈投房，殊不可解。因细加访问，始知揭邑风气，每逢告期投递，词状多系冒名雇替，延至晚刻始肯赴房报名。揆其至晚投递之心，不过希图本县不及讯问一切，朦混冒名，架云诬控，由此而生。无怪讼师日肆刁风，良民拖累无穷。本县实深愤懑，本应提代书讯，究念系发政之始，不忍不教而诛。为此先行出示晓谕，本日时届日昃，呈词若多，断不能逐呈细鞫。今定期于十四日辰刻升堂点名、唱收词状。尔等务于今日赴房报名造簿，送署伺候，本县明日早堂点名讯供受理。如有冒名替递，一经察出，定行严究。如该书需索多费，不肯造簿，许尔等执呈当堂守告，亦不得藉词诬陷开告讦之门。嗣后每逢三八日期，务须遵谕一体，早为伺候，毋得任意故违，各宜凛遵。"又牌示曰：每逢三八大堂放告，凡我民人有呈诉者，如无呈词，准其口诉；如未登簿，准其补呈，以通民情，而杜奸蠹云云。

### 道光十三年二月十四日

十四日卯刻，坐堂受理呈词，共收呈词八十四纸。有孀妇郭林氏因其媳自缢，母家讹诈不准殡殓，当堂口诉，并无呈词，随委捕厅率仵刑往验，尸亲具结，片刻省释，遢尔诵之。（日记以下缺失）

**《清史稿》第四册列传二百六十五《姚柬之》，中华书局1998年版，第3345页**

姚柬之，字伯山，安徽桐城人。七世祖文燮，见本传。柬之少负异才，从族祖鼐学。道光二年成进士，授河南临漳知县，屡决疑狱。县民张鸣武控贼杀妻，称贼攀二窗棂入室。柬之勘窗棂窄，且夫未远出。诘之，果夫因逐贼，误斫杀妻。又常姚氏被杀，罪人不得。柬之察其时为县试招复之前夜，所取第一名杨某不赴试，疑之。召至，神色惶惑，询其居，与常邻。乃夜至城隍庙，命妇人以血污面，与杨语，遂得图奸不从强杀状。每巡行乡曲，劝民息讼，有诉曲直者即平之。漳水溢，赍粮赴灾区，且勘且赈，全活者众。兼摄内黄，民服其治，闹漕之风顿革。境与直隶大名毗连，多贼巢，掘地为窟，积匪聚赌，排枪手为拒捕计。柬之约大名会捕，赌窟除而盗风息。母忧去。

十二年，服阕，补广东揭阳。濒海民悍，械斗掳掠，抗赋戕官，习以为常。柬之训练壮勇，集绅耆于西郊，谕以保护善良，与民更化。最顽梗之区曰下滩，盗贼、土豪相勾结，柬之会营往捕，拒者或死或擒。一盗积犯十八案，召被害者环观，僇之，境内称快。有凶盗居钱坑，其地四面皆山，不可攻。潮州故事，凡捕匪不得，则爇其庐，空其积聚。柬之戒勿焚烧，召耆老，谕交犯，不敢出。乃乘舆张盖入村，从仅数人，见耆老一一慰劳。皆感泣，愿更始。民在四山高望者，咸呼"好官"，次日遂交犯。自下滩示威，钱坑示德，恩信大著。收获时，巡乡为之保护，树催科旗；值械斗，则树止斗旗。一日，途遇持火枪者，结队行，望见官至，悉没水中，命以渔网取之。讯为助斗者，按以法，自此械斗寝止。兴复书院，厚待诸生，回乡以新政告乡人，有变则密以闻，官民无隔阂。逋赋者相率输将，强梗渐化，县大治。

迁连州绥瑶厅同知，民、瑶构讼，判决时必使相安，遂无事。普宁县匪徒戕官肆劫，奉檄从镇道往捕治。匪以涂祥为巢穴，磨盘山为声援，地皆险。乃设方略，正军攻涂祥，调揭阳壮勇自磨盘岭突进破贼巢，获六百余人。事定，言官误论劾。朝使查勘其诬得白。

十七年，署肇庆府，端溪大涨，城不没数版，柬之日夜立城下守御。预放兵粮，以平米价，民不知灾。十九年，擢贵州大定知府，俗好讼，柬之速讯结，不能售其欺，期年而讼稀。白蟒洞地僻产煤、铁，有汪摆片者，据其地聚众结会，为一方害，捕灭解散，地连川、滇，得弭钜患焉。大定民、苗杂居，宜治以安静。大吏下令，柬之必酌地方之宜，不使累民。见多不合，遂引疾归。数年始卒。

**《朝议大夫贵州大定府知府姚君墓志铭》，《考槃集文录》卷十《墓志墓表祭文》，光绪二十年刻本**

（道光二十七年）九月六日，前贵州大定府知府姚君殁于江宁之侨居舍。越明年将即葬于句容县，新扦先茔兆域。其孤世熹先于七月返桐城以状来乞铭。噫！吾故人也，义不可辞。乃按状次其行历，并以余所夙知者为序，而铭焉。

君登道光二年壬午恩科进士，以知县分发河南。三年癸未补临漳县知县，中膺卓荐，回任候升。故在临漳久凡七年，前后尝两次兼摄内黄县事。九年，丁母忧，扶榇南回。以桐城坟山禁严动，碍他人墓界，往往涉讼，乃卜兆于江宁府属句容县孝义乡大柯村之馒头山，并迎其祖若父之榇于桐而聚葬焉。

十二年，服阕赴铨，改发广东补揭阳县，在揭阳三年。十五年，升连州绥猺厅同知。以前办普宁县镫匪案，被台臣误劾，经钦使辨明，旋署肇庆府知府。用大吏保奏，擢升贵州大定府知府。在大定六年，君尚气负，才敏而敢为，遇事执义强争，上官寖不悦君，以道不合则去，遂决意引疾归。道光二十四年，甲辰也。

君生有异禀，自少读书，轩轾非常，族伯祖以诗古文词为海内所宗，世所称姬传先生者也。君早闻绪论，亦欲以著撰学问文章名世，时会所际，乃反以吏能显其仕，所历之地悉号繁剧难治，而君所至锄奸、辨狱、禽狝、草剃，卓著威声。尝两辨冤狱、八铲贼巢，其余兴利除害不可殚述，赫然与古功名之士竞能。有汉西京帐张赵之风焉。

初，君至河南值，抚军程公祖洛与署开封府后为河督张公井审积案，檄君入局。其时共事诸公皆素负折狱，才君以新进居其间，见同意合，皆相引重。君每谳一案，推明律意，揆情度理，务使两造诚服无憾，于时滞狱皆决，悉称无枉，则君之才得于所授天分者，不可度量也。

在临漳，有邑民张鸣武控妻被贼杀，前官将以贼成狱矣。君阅谳牍，称贼攀折二窗棂而入。君念北方窗多窄，仅折二棂何由能入？且其所居非呼无人应之区，其夫又未远出，情皆可疑。即往复勘研讯，果其夫因逐贼，误斫杀妻，惧罪诬控。又有常姚氏被杀，罪人不得狱，久不决。君察是年县试有招复弟一名，文童杨献子不到，而常姚氏被杀之夜，即招复前一日。心疑之，乃招献子至署，而案其神色举动多恍惚。又查得献子之居与常姚氏居，中隔一家，为献子孀婶，老而瞽，乃以计赚至署。又传其胞姊杨越氏诱讯，尽一日夜。引至城隍庙得官媒似常姚氏者，使以血污面。俟人静潜蹑其后，杨越氏见之以为鬼也，与语辨，因遂得实。乃献子夜至瞽婶家，借梯图奸不从，行强所杀。邑多无赖，恃强扰肆民。因不敢设肆，凡日用所需，多远购之郡城。君廉得故，亲巡街市，遇则严惩之。期年风革，市肆遂兴。俗又好讼，君每因公事赴乡，遇生童即为讲说义理。见妇女之勤织纺者，劳以束布。童子在乡塾者，奖以笔墨。四乡之民习熟相亲，或请赴其家诉以事者，即为辩其曲直。或劝令不必结讼，或令其补结存案，欢附如家人。父子情伪尽显，无敢作奸。由是讼狱遂稀。

癸未，漳卫洹荡并涨，漳水改道东趋，抵内黄入卫县等属，村庄尽被冲没。君乘水正发时齐粮赴水所，且赈且勘，民欢呼感动。幕宾或言当待勘报而后赈。君言弃一官而可全万民，吾何惜？及抚军来邺，遂檄君承办灾务，全活甚众。彰属惟内黄俗最悍，上控罢漕之案，无岁不有。上官择贤令陈君凤图宰是邑，谓能获民也。会漕务正殷时，陈君以忧去。大吏以君为彰郡，六属民所素服。乃檄君兼摄内黄事。君至，民果输纳恐后，漕事获济，君不取内黄一钱。故陈君亦得无困内黄。有贼薮，其村四面设壕堑，聚党羽，具予铳兵役，莫敢撄。君率兵役乘夜往入村，搜捕扑灭。临邑毗连大名境，有积匪聚赌博，不畏官法。君致书大名镇，及大名令拨兵役堵要隘，会营往捕。匪徒汹汹，将抗捕君大张声威，惊使散大名兵役，合势犄逐，遂全数就获。北地博徒多掘地窖，聚盗其中。其门仅容一人出入，内排枪矛为拒捕计。君令以烟熏之众争出逃，遂被获。于是合邑赌窖俱尽，盗贼无所容，皆君调度适机，互所致。

在揭阳，揭阳为粤省著名弟一剧邑，其民凶悍，积巨资为械斗费，世相仇杀。城以外民各距隘守，无敢逾境。一步入，有被掳勒财。以赎，不赎即脔割食之。良民禾稼岁被抢夺，故赋无所出，强者自祖若父以来，不知有纳赋事。截夺商贾，勒取其税，名曰"打单"。官斯土者，恐激之生变，率因循苟且，以隐忍为得计。

君下车召吏民矣之曰："吾来治斯邑，不要钱，不要官，并不要命。有梗吾治者，锄之。"集壮勇，教以坐作步伐击刺之法，构筑台西郊。上揭榳帖，下树大旗，示以保护善良，与民更化之意。集延绅耆会台下，为若设筵约和者，皆辞以惧仇不敢赴，则命人说之来，俾共知振作本意。初揭邑有戕官事，民贿和之，不以实报。又昔年镇道督兵至揭，见其势汹，乃夜遁，故民益不畏。

官邑之河婆司巡检属有地名下滩，林箐深密，匪徒匿其中。土豪开张质库为之囊，橐盗贼所聚，公肆抢劫，人无敢出其途者。君会营往捕，其人皆赤身持铳，裹头脱裤。揭俗亡命者，每以此示，必死以吓人。君调拨兵勇，直前冲突。或死，或被擒获，即时扑灭。于是威风大振。捕一盗积犯十八案，乃召被害十八家环观之，轰以火枪十八出，如其案数。被害家皆感泣，民咸称快。

有正凶居钱坑不出，君率壮勇往擒。其地四面皆山，仰攻不可。君入其村，村人共奔高山，以观动静。潮州故事，凡官兵赴乡剿捕，如人逃避则爇其室庐，空其积聚。君戒毋焚烧，书示于门。令其耆老见官谕话，限以日，勒壮勇驻河干以俟。至日，耆老不来，君书示复如前，耆老仍不出。君令人入村见耆老，传谕述官长意，在劝化无恶意，而耆老终怀疑不敢出。复令一同乡门生入见耆老，耆老言感官长厚恩，惟负罪太多，故不敢见。某为一一解释，复婉导再三，耆老愿请官一人独进村，勿带兵勇，报君许可。次日君乘舆张盖入村，随行厮役仅数人。耆老接见，君一一慰劳。耆老流涕，而言昔年被累情事。君告以愿与叟，始谕令将正凶送出，耆老许诺，立请质子以明信。君谕止之。维时民有在四山高望者，皆欢呼称曰"好官"。君返至河干，耆老知无相罪意，皆送至舟次。君书数筐分给耆老，以示戢安意。越日，果将正凶获送，遂置之法。

盖自下滩示以威，钱坑怀以德，而恩信大著。有罪人潜来城探官消息，役拘以来，君以不能拘人于乡，而拘于城，是使民畏而不敢进城也。纵之归，并资役数日。其族长缚之来，乃按论焉。初差役不敢赴乡，每奉有票拘，俟其乡之人，有入城者辄拘之，令其以正犯来，始释还，故民不敢进城。自此次整顿而后，乡城始通，其弊乃革。

揭邑有榕江书院，久废，君复兴之，作意培养士子。课余回乡，皆以官长新政，告其乡人。若闻其乡有将械斗者，密先以告君，闻即驰往为之排解。其不遵者则并力治之。

君置催科、止斗二旗，于收获时惧良善或被抢夺，亲督勇壮巡行四乡，为之保护。树摧科旗使民无惊。械斗者则树止斗旗以往，未至而械斗者慑于威无不止散。一日遇持火枪者结队行，望见君至，悉没水中。君命以渔网取之，得五十七人。讯为受雇助斗者，悉按以法。自是民乃不敢助斗，而械斗之风浸息。民间张镫庆贺，揭牌书古，谚语曰"官清民安云"。

揭邑之不完赋者，已三四十年。至是输将恐后，虽揭民亦诧为意想不到也。君将去揭，揭民具公呈赴，大吏呼请乞留，呈中历叙君治揭之政。揭民向德之殷，后引豳诗无使公归语，以爱周公者相比。况时总督卢敏肃公阅之优语批答准其回任，四境之民闻君复至，演剧以迎，自入境至县治数十里不绝，先期共揭示曰："合境共迎县主复任，有敢乘此为逆报私仇，泄私忿者，通邑大小七百余村共往洗荡之。"自后民益驯，扰亲附强梗之俗遂化。新会令陈君凤图前署揭阳，为团练乡勇犒赏诸费，挪用垫款数至三万，及是卒于新会任。或有劝君揭参陈君亏空者。君谓陈君好官，止有一子又穷乏。吾何忍令其入囹圄，受追比之累，徐图筹补可耳？陈君前令内黄，后令揭阳，皆与君相接，似有因缘，然亦可见君厚待同僚，不以财利死生，易心也。

十五年，升连州绥瑶厅同知。是冬奉檄普宁察案，先是普宁令周君赴乡相验，令事主一人在己轿中闲行走，盖亦虑有不虞也，行至大坝，凶徒追至，杀于官前，并杀夫役二人。又有盐曹官晋省中，途突有匪众出，伤其舆。夫随从行李悉被抢夺，大吏奏明查办。饬潮州镇、惠潮道同带兵五百名前往督捕，委君随同办理。镇道先赴大坝搜捕，群凶有远扬者，有就获者。乃命君就现获各犯研鞫，究出有龙镫会事，同盟有厝寮各村，以某村暨涂洋为巢穴，以磨盘山暨某村为声援。君以涂洋自宋以来未有能攻取之者，因与镇道谋议，必计出万全。乃遣人至揭阳借乡勇百名听用，至则令屯大坝防会匪复聚。复令门辟司巡检刘某同揭勇自大坝潜捕磨盘岭，又别遣带兵勇，同日分行潜捕某寨，以先绝其援。次日君与镇将整队伍趋涂洋，令都司赵某攻其东，都司马某扼其后。揭阳乡勇自磨盘岭来，亦自成一队。贼寨中枪炮并发，揭阳乡勇从烟火中冒死先进，各路兵继之，遂大破之。群匪以次就擒，乘胜复围捕。某村倾其巢穴，取获大炮、鸟枪、长矛，计前后共获首从六百余名。是役惟伤揭阳先登乡勇一人、厮役一人。二月事竣回省，因湖南瑶匪蓝正樽滋事，恐逆匪窜入连山，乃奏令君先赴绥瑶任防范。其时君遣弁目入瑶排严查，而潮道及三江协及湖南，皆有委员纷纷入。排瑶人不胜疑惧。君查明确无潜匪，申明大府，出示晓谕，八排瑶请乃定。君在连州遇民瑶构讼，于判决时，每防微杜渐，必使民瑶相安，故以无事。十六年丙申，以前办普宁案被一臣误劾，奉旨交钦使之本先在粤察案者就近查办。所劾皆诬，乃得解。初君自连州被逮，揭阳民间之络绎，遣子弟至省，探问消息。忽讹传君已得罪，城乡惊扰。经潮郡文武出示谕之，乃止。此亦可见斯民三代直道之公也。

**光绪《揭阳县志》卷二《宦绩志》，《广东历代方志集成·潮州府部（十七）》，岭南美术出版社 2009 年版，第 474－475 页**

姚柬之，号伯山，安徽桐城人。道光壬午进士，道光十三年为揭阳令，十五年再莅任。时土人久沿漳泉械斗之习，痼病日深；加以累朝宽厚之余，有司粉饰治平，务为姑息，驯至于抗官玩法，政令不行。柬之甫下车，即痛惩烂匪、讼棍，民稍知畏法。

有黄姓者因案逃匿，吏持之急，即率众拒捕，势汹汹。柬之念营勇弓兵举不足恃，即申牒大府，未必遽发兵，度不如以计制之便。乃驾小舟，从数役，以绳量江面，如是者再。众不测其意，私询役。役言公请于上宪，已得报，不日即有省兵，虑届时无船，拟设浮桥三以济之，此绳所以度广狭也。黄姓闻之大惊，乃擒献拒捕者，泥首请命，案遂结。其他权略多类此。

鞫狱必坐大堂，令士民环观之。尝有老人诉其子有余蓄，曰供钱于父不敷用。柬之令唤其子来，问作何业？子对以月佣工得钱三千。问其父何为？曰年老不能食力。问罢退入，各给以百钱俾买食物充饥。顷之，复坐堂，传两人至，问所予钱？其子犹存十之九，父则所存无几。乃责之曰："老饕餮游手好闲，吾所给百钱，尔移时殆尽。尔子月佣工三千，日计不过百钱，何足以餍尔欲？"责数板斥去。又一负贩者，以所荷物寄人店门侧，比返则失钱一千，指为店主所窃，同诉于官。柬之曰："阛阓中人作正业，谅不至为攘窃，尔寄托时不声明，乃自误耳？吾给还钱三千，以作资本，可也？"判曰："本县不能使道不拾遗，今罚俸钱三千补过。"负贩者叩谢去。署中一马夫刘田草，为乡民殴辱，诉于堂上。柬之问刘草何处？曰陇畔。责之曰："陇草是民间牧牛者，刘马草当从山上。今日受辱自取之耳。"置弗问。

好文学。书院课日辄往与诸生谈艺，刺刺不休。间步至厨间，见所食太寒俭，则厚加奖赏。每宵分人静，常微行访察时事，疑狱诪张亦无久稽者。由是颂声日起，催科所至，民咸乐输，为十余年来所未见。

尝上书卢制军坤，请以大兵惩办揭阳，并令附近各县勿分畛域，以为一劳永逸之计。大约谓潮属民情悍而不刁，服则骈首不辞，不服则挺而犯上。揭本难治，而邻邑犬牙相错，措治尤难。盖在我尚可禁其不往，而在彼不能遏之不来，如一械斗也。无论德化难孚，不能卖刀买犊，即使此遵约束，彼则日肆干戈。此若伤彼之人，则严拘不贷。彼若伤此之人，则关檄皆空，民心能服乎？

一命案也。尸亲多择肥而噬，今且噬及邻封。如上年普邑安仁陈姓与红山之陈姓互斗毙命一案，尸主不控本邑之红山，而控邻境之棉湖，罗织多人，全无影响。又揭邑蔡姓为兄报仇，杀伤丰顺罗姓一命，凶手畏法自首，质之尸亲，其事不诬。而关查丰顺加以切函，复称并无罗姓杀毙蔡姓之案，取具族邻切结而已。蔡姓之应得死罪，自无庸议，然伊兄之命究竟谁偿？在投首者，固宜明正典刑，而漏网者反得置身事外，民心能服乎？

一抢掳劫盗也。同此一河，各居两岸，一遇有事，事主每择其畏法之地，向所辖之官呈报。官为辩明，迹近推诿。缉票一出，已被株连。及至审明是非，皮肉已尽。于是弱者不服，以为畏法则祸患频来，抗法则安乐无恙，亦相率而抗矣。即绳之以法，民心能服乎？

揭邑交界则有海阳、潮阳、普宁、陆丰、澄海，村庄何止百数，加以本邑梗化之村为数益繁，其徒不下数十万人。其所犯之条为律令所不载，其虐人之法为刑章所不忍。言皆不待教而诛之地，若非尽戮其人，焚其庐，潴其居，断不能久安长治。而其案既非叛逆，县令亦何敢张皇？久久羁縻，终成尾大不掉之势。若能以大兵剿办，与各县同心并力，则凶徒既无所逃死，而赏善罚恶，刑法悉得其平。民情服教畏威，将弭耳，以听命于有司，不特揭阳治而全潮均治矣。其书洋洋数千言，力求去任以为生，三日而孤，终鲜兄弟；力不胜任而不去，深恐所负实多云。

在署中每逢生日，必斋戒。届其时正襟危坐，不饮食，谓此吾亲生我劬劳时也。久之移晷，乃出理公事。其至性过人如此，宰揭前后二年，不戮一人，以病谢事去，仕至绥徭厅同知。

**光绪十六年《揭阳县续志》卷四《纪事·下》，《广东历代方志集成·潮州府部（十七）》，岭南美术出版社2009年版，第570－571页**

道光二十四年甲辰，潮阳直浦都会匪黄悟空作乱，率党攻揭阳城，冬十二月，官军讨平之。

先时直浦有土豪黄银生，虎而冠者也，抗粮拒捕，所为多不法，曾败知县吴均之兵。悟空最为所亲信，已而杀银生，并其众，遂竖旗歃血拜盟。其党动静往来皆有隐语、手势以相标识，号为双刀会，远近大震。时承平百余年，民生不见兵革，事起仓猝，皆惶扰，不知所为。又将届秋成，匪党扬言入会者不抽租，不劫杀，愚民为所惑，趋之如鹜；其实为身家计，非乐于从乱也。

时两邑纷纷告变，道宪命海阳县吴均带兵驰抵揭阳，疑民心有异，不肯入城，城中人或嘲笑之。吴怒拟欲轰城，邑令王治溥力争终夕，保百姓不反，吴遂引兵归。贼知外援绝，谋于十一月二十五日攻县城，聚众数千由棉湖至，围东北二门，冀内贼为应。幸县丞王皆春得信先驰报邑中，故得以从容堵御。是日，天大雾，贼多迷失道；又蜂屯蚁聚，不习战斗，人各手一义袋，拟破城后得饱所欲即远扬；至日中雾散，贼众已饥疲，官军从城上鼓噪大呼，贼遂解体，其不能过河，逃至梅兜、楗松、义和各乡者，多为乡民擒送，官军乘势追扑，立解重围。

未几，臬司孔继尹督省兵至，得其拜盟底册，见入会者十室而九，疑不尽胁从。时值冬至，乃出示谓当万宝告成之候，忽遭贼扰，田租不安，梦中似来求食，尔百姓其速祀之，可以迓福。是日，市上酒脯鱼肉一空。孔闻之大笑，遂按册但诛首恶黄大头、黄佛保、李阿永、郑阿蒋等十余人，余人俱不问无何。悟空及伪军师徐善被擒解省正法，会匪之案遂结。

**光绪二十六年《海阳县志》卷二十五《前事略二》，《广东历代方志集成·潮州府部（十二）》，岭南美术出版社 2009 年版，第 254 页**

（道光二十四年）知县吴均剿捕土贼黄悟空（《道府县案册》）。先是巡道李璋煜以海阳附郭非干员不治，详调嘉应同知吴均知县事。奸人惮其严明，多逃他邑。会岁饥，潮阳黄悟空与曾阿三等竖旗拜双刀会，应者万计，围揭城，郡中震动。璋煜檄均督勇剿捕，贼败溃，乃访贼党主名，移潮阳知县寿祺购捕。悟空为妻弟缚献，余党亦次第就擒。按察使孔继尹来潮莅谳，诛首恶，外余多纵舍。均以治乱民用重典，力争不得，仍密捕诛之，众心肃然。

# 第四章 咸丰、同治年间的地方乱局

## 一、概述

道光时期的粤东乡村已初步形成了大乡与小乡、大姓与杂姓对立的、壁垒森严的格局。咸丰、同治年间,三点会在粤东兴起,很快与已有的乡村权势格局结合,形成了一股强大的力量,在天灾等偶发因素的诱发下,掀起了波及粤东各县的大规模动乱。其间,在江南战败南下的太平军余部也进入粤东地区,官军随之进剿,动乱与战乱交叠,使粤东地方进入全面动乱时期,给地方民众带来了巨大的劫难。

### (一) 动乱的兴起与湮灭

#### 1. 嘉应州与海陆丰的三合会

咸丰初年起,粤东各县遍起三合会,到处拜盟,图谋作乱。三合会为"天地会"的变相,也称"三点会",肇始于嘉庆年间,至道光而渐盛,因其以红布裹头,常被称"红头贼"。民国《潮州志》称:

> 传教者曰"亚妈"。引见者曰"舅父",又曰"先生",曰"升上"。主文字者曰"白纸扇"。奔走者曰"草鞋"。各头目曰"红棍"。拜会曰"登坛演戏"。入会曰"出世"。每拜会,亚妈裹红帻,服白衣,设五色旗上书"彪""寿""合""和""同"字,分布五方。从某方来者隶某旗,设三重门,每门二人持刀,作八字形。拜会者匍匐入,自称曰"仔",赤身披发,跽伏拜斗,念三十六咒,割指血盟,受隐语,三角符内写"参天宏化"四字,发辫系两线,辫结一圈。头目曰"天牌",圈正额,司事曰"地牌",圈脑后。先入会者曰"人牌",圈左耳。后入会者曰"人和牌",圈右耳。俱身披短袄、彩带蓝袜、锐屣露刃。彼此相遇,问姓名以洪对,或称三八二十一,便知是会中人。不肯入教者曰"皇仔",冒其教者曰"野仔",曰"疯仔"。每入会,科银

一，铜钱三百六十，曰"祝寿钱"。不识其隐语暗号者，即被掠。始拜会在香山，旋蔓延广州、东莞各地。咸丰甲寅之变即肇于此。①

咸丰三年（1853），三点会在惠州府陆丰县、海丰县以及嘉应州、潮州府各县大肆活动。咸丰四年（1854），三点会破惠来县，六月劫平山，东西夹逼陆丰县。陆丰县县令林芝龄严令三点会解散未果，遂率兵勇在乌石桥捉拿会首颜北龙，搜出名簿。三点会会首黄履恭、王宇春、李遇春、颜霞春等恐官府按名拘拿，于闰七月初九日攻据县城，县令林芝龄、把总李椿等战死。随后，各路会众分路多次攻击后门炮台、汕美炮台，在陆丰、海丰两县城乡各处与官军团勇作战。至九月初九日，官兵大队进驻海陆丰，分驻大坑、梧桐埔等处剿办匪乡，至十月三十日始大破三点会。

在丰顺县，三合会也分路进攻县城。咸丰四年，丰顺县匪首古声扬暗中勾结各乡莠民，四处拜会结党。六月，古声扬身穿红袍，乘马率众由留隍袭龙溪，焚劫屯仓巡检司署。七月初十日，古声扬由大田乡直扑县城，为官军团勇堵截败走。八月十五日，古声扬又联合揭阳林元恺、纪阿鹤重至大田，分路进攻县城，至上林坑为官军团勇拦剿，古声扬遭炮击身亡，动乱始灭。②

咸丰八年（1858），嘉应州镇平县也发生了会匪王讨食四之变。当年春，王讨食四纠结外匪竖旗拜会，聚众数千，突击新墟，击溃官军。大肆焚掠后，不数日再聚众数千围攻州城。知州王滇修遂募潮勇数百人、乡勇千人，最终在葵岭大破会匪。三月二十一日，各路官军会剿松源，毙匪数百，室庐焚毁殆尽，擒获会首王讨食四、军师曾兰奎、元帅何振秀、三戕官要犯郑庚麻、何摄二等，使嘉应州境肃清。③

### 2. 海阳县吴忠恕之乱

咸丰四年三月，连续大雨使韩江下游的潘刘堤奔溃，淹及海阳县登云、登隆，诸及两百余乡，农田失收、房舍倒塌，许多农民流离失所、家破人亡，民不聊生，直接诱发了持续数月的吴忠恕之乱以及潮阳、揭阳、普宁各地的动乱。

---

① 饶宗颐总纂：《潮州志》新编第一册之《大事志一》，潮州市地方志办公室编印，2005年版，第353页。

② 同治《丰顺县志》卷三《大事记（一）》，见《广东历代方志集成·潮州府部（三十一）》，岭南美术出版社2009年版，第83—84页。

③ 光绪《嘉应州志》卷三十一《寇变》，见《广东历代方志集成·嘉应州部（三十六）》，岭南美术出版社2009年版，第583—584页。

当年三四月，海阳县彩塘乡吴忠恕因流民失业与游僧亮聚宝云寺，纠众拜会，一个月之间，拜会者数千人。四月，因潮阳陈娘康起事，潮州知府吴均率兵赴潮阳镇压，吴忠恕乘机竖旗起事，约众谋攻府城，因城中戒严，遂转而攻澄海城与海阳县龙溪都。

六月初四日，海阳知县刘镇、都司金国梁率兵出驻龙湖，图攻彩塘。吴忠恕分兵据鹳巢、古楼，互为犄角，并将龙湖官军包围。官军屡战不捷，饷路断绝，遂向府城突围；在潘刘溃堤处，被吴忠恕半路截击，官军大败，刘镇、金国梁仓皇入城。吴忠恕乘机率各路民军占据枫溪、古巷一带，从南至西包围潮州。陈阿十率领的另一支民军则占据城东的卧石、涸溪等村，截断韩江水路，从东面包围潮州城。

七八月间，官军、民军的战斗在潮州城附近不断展开，互有胜负。民军趁着官军于城中，肆意攻击庵埠陇仔乡，毁庵埠通判署，在枫溪则遭枫溪、归仁等大乡的合力截击，形成对峙。八月初七日，吴忠恕合潮阳民军两万多人分七路环攻潮州城，双方再次激战连旬，城中粮食将尽，人心惶惶。

围城至九月，民军多回乡收割晚稻，围城兵力空虚。九月十八日，城中官军得丰顺县士绅丁日昌援军三百名进驻城东韩山书院，并与意溪乡士绅钟英才约定内外夹攻。城中守军大举出击，夜袭吴忠恕东津主营，吴忠恕全线溃败，潮城围解。十月初，海阳县知县汪政攻破彩塘，捕获吴忠恕、李如珠、和尚亮等为首者，吴忠恕之乱方告平定。[①]

### 3. 潮阳、普宁与揭阳等县的动乱

咸丰四年，潮阳县大长陇乡人陈娘康与梅花乡郑油春合谋于陈店墟起事。三月，陈娘康突入潮阳西门，被守备李从龙击退。四月，潮州知府吴均偕惠州协副将膺保督兵至潮阳进剿，鮀浦司巡检章坤战死；陈娘康攻陷县廓西南，于五月初三日分兵二路围攻潮阳县城，被吴均击退。虽然未能攻陷潮阳县城，但陈娘康吸引了吴均的主要兵力，使海阳吴忠恕得以起事。随后，陈娘康与郑油春在"石巷山建旗结盟，诱众为叛，每日人给百钱，所至裹胁，众渐万余人"，于五月十二日转攻惠来，击杀知县汤廷英、游击辛鼎甲、教谕彭瑞龙，占据县城。

在陈娘康起事的同时，北山乡许阿梅也随之呼应，在贵屿聚众万余人，以杨臣尧为元帅，踞湖尾，渐移赤冈山，意图进攻普宁县城。其时，普宁士绅方源利、方敬爱、方怡合偕李姓为四大股，筹饷赡军，添募壮丁三百，协

---

[①] 光绪《海阳县志》卷二十五《前事略二》，见《广东历代方志集成·潮州府部（十二）》，岭南美术出版社2009年版，第255–257页。

同守御，城中兵食粗足。六月十六日，许阿梅率万余人攻城未克，败走北山，遂与陈娘康合二为一。七月间，郑游春、陈阿合、陈阿墙、杨臣尧等多次攻打普宁县，企图占据普宁为大本营。其时"环城诸乡皆为贼"，杨臣尧胁令乡民至城招引，云三日内逸出者弗杀，人心汹惧。普宁官绅遂合谋密约，黄、陈两姓及下社等乡分为四十股。七月十五日，城中官兵出师夹击，四十股乡众云集，并力合攻，郑游春大溃，死伤无数，普宁县城得以解围。随后，潮州知府文晟率兵七千进剿普宁，四面围攻北山，擒获许阿梅、杨臣尧、许鸿飞、许凤翔等送郡城枭示，至十二月，普宁全境肃清。

咸丰六年（1856），陈娘康自鸩死，郑油春下海远窜，官兵潴其庐墓而还，贼平。①

海阳吴忠恕、潮阳陈娘康之乱均波及揭阳县。咸丰四年四月，吴忠恕之党陈阿再结伙千余人，据潮阳玉浦界，将窥揭阳县的桃山、地美两都。潮州镇总兵寿山统师进剿，未战先溃。幸得桃山、塘边、四扬等乡团练声势浩大，并与附近诸乡联合，立十社，互为声援。陈阿再无缝隙可乘，只能一路烧掠，往潮州城而去。七月，梅冈都李如珠、地美都黄宝丰、桃山都洪阿拔等于梅冈弥勒佛寺结党联盟，胁诱乡民入伙，旬日间，众至万人，四出勒索粮食。最终也因桃山、塘边、东岭、四扬诸乡乡勇势大而退，转投吴忠恕，合攻府城。

至咸丰六年八九月，又有揭阳霖田都莪萃乡吴阿顶、吴阿智、吴阿干等纠党起事，击杀前来围剿的揭阳知县王皆春、把总郑英杰。十月，潮州镇进剿，附匪各乡全行焚毁，为首者均被捕杀。

## （二）动乱之后的地方社会

自道光二十四年（1844）黄悟空之乱起，到咸丰年间大规模的动乱，以及太平军与清兵在本地区的厮杀，粤东地区陷入了兵火连天、水深火热的境地。一方面，大量民众前有天灾，后有兵祸，官兵会匪皆如狼似虎，稍有不慎即家破人亡，或流离失所。另一方面，地方文武官员为了应对此起彼伏的动乱，狼奔豕突，疲于奔命。他们面对着蓝鼎元、姚柬之都无法想象的困难境况，被发动起来的"暴徒"已非官府几声恫吓或数百乡兵围村就可以束手就范了，他们已是真刀实枪地与朝廷军队拼杀，有些领袖如吴忠恕已经初步展现出比一般官军更高的军事指挥才能。在镇压动乱的过程中，一些地

---

① 光绪《潮阳县志》卷十三《纪事》，见《广东历代方志集成·潮州府部（十五）》，岭南美术出版社2009年版，第180页。

方官员甚至付出生命的代价。检阅史料，在咸丰动乱中战死的官员有：陆丰县知县林芝龄、把总李椿、县丞施道彬；惠州协副将膺保、鮀浦司巡检章坤；惠来知县汤廷英、游击辛鼎甲、教谕彭瑞龙；揭阳知县王皆春、把总郑英杰；还有饶平知县王惠溥率兵支援府城在笔架山中伏被俘。

动乱前前后后持续了近十年，终于在同治初年被完全扑灭，粤东地方秩序渐告平靖，直至三十多年后，辛亥革命时期，粤东方才有所波动，但其规模远远比不上咸丰时期的这场动乱。如果摒除明清朝代更迭时期郑成功入潮这一外来因素，咸丰时期的动乱，是清代潮州历史上规模最大、危害最深、影响最远的一次动乱。这一动乱留下的遗产足足影响了本地区后来近百年的历史进程。

其一，朝廷的权威在地方社会中的影响力已经被大打折扣，武力与金钱成为地方社会最重要的追崇目标。在吴忠恕之乱中，官兵不善战、被包围、中埋伏乃至一触即溃的例子比比皆是，即使是潮州总兵也不例外。地方志载："潮州镇总兵寿山统师剿贼，驻军桃山都铺前将济河。时兵大半皆募集，闻贼势甚张，又奸民谣言煽惑，军心愈解，才登南岸便争北渡，镇军挥刀断先渡者，指不能禁，师遂溃。"① 于是，在动乱中"诸无赖张揭帖云，官兵不足恃，贼至当自为计，人益惶惑"②。这等于告诉普通民众，朝廷、官府已经无力或者不愿意保护他们，他们唯有"自为"，要么拜会，要么依附豪强，才有可能在弱肉强食的时代中生存下去。这也等于告诉地方士绅，他们必须自己组织起来，家家户户抽丁壮、出资粮、备刀革，方可以自保。

其二，城乡豪强势力得到了前所未有的增强。动乱中的民军四处攻掠，首先使官府与地方士绅（特别是大乡士绅）结成了利益共同体，成为反民军的联盟。例如"咸丰四年，土匪陈娘康倡乱于潮阳陈店墟，使其党林掌率匪徒数百人四出逼勒，乡民入伙附和渐众，人心惊惶。禄宜乡陈读等与贼同谋。七月十三日，忽引百余人蜂集其乡，以图伺衅。古溪乡与之接壤，为揭南藩篱。禀生陈甲第、监生陈珏、职员陈有义、训导陈大成、职员陈廷杰等闻变，亟赴县报请会营御贼。不数日，贼目卢猛带土匪十人至古溪乡勒索银钱，甲第等呼众拿获，解官正法。越二日，林掌率匪数千人将渡黄沙桥掳

---

① 光绪《揭阳县续志》卷四《纪事下》，见《广东历代方志集成·潮州府部（十七）》，岭南美术出版社2009年版，第571–572页。

② 光绪《揭阳县志》卷二十五《前事略二》，见《广东历代方志集成·潮州府部（十七）》，岭南美术出版社2009年版，第255页。

掠,闻甲第等请兵至,临河而退,其聚谋禄宜乡者亦遁,揭邑得安"①。其次,又使一些原有仇隙的大乡能够暂时消弭分歧,联手对付民军。例如方志载"吴忠恕遣其党李阳春踞枫溪乡。廪生吴作舟、岁贡朱光鼎潜约归仁诸乡共击贼。枫溪故与北厢有隙,虑其袭己,归仁乡绅陈翔和解之,乃合力攻贼,贼惊溃,执阳春等十人送官,贼势稍杀"②。又如"时桃山、塘边、四扬等乡团练声势方振,于是近贼诸乡遂与之合,立十社,按社抽丁壮、出资粮,互为声援。贼失所望,遂焚文物衙署,北奔潮城,与窥府垣之贼会"③。

更重要的是地方豪强在对付动乱中获得了一项特权,即私人武装的合法化。雍正时期,蓝鼎元在有事的情况下可令各乡组织"乡兵",随县官行动,结束后即予解散。道光时期,姚柬之看到各乡械斗雇用了专业的火枪手团伙,即予严厉打击。到了咸丰时期,官府一方面兵力捉襟见肘,一方面又担心各大乡绅"附贼",故而令城乡各处自行组织团练抗敌。如吴忠恕围潮州城时,"绅士邱步琼、林恒亨、朱以监、饶应春、刘于山等乃白官,请集众团练,分立五社,无事巡防,有事助官军击贼,人心稍安"。接着,"各官以西南诸乡素强悍,恐其附贼,乃谕古巷、枫洋、凤塘、鹤陇、长美、浮中诸乡耆,募其乡悍骛勇,日给口粮,名曰十排,设公所城中,以资统摄。其城东上游河道为踞,蔡家围之贼所截舟楫不通,官又谕绅士戴维祺设团练于龟湖各乡,晓以大义,约同御贼,外属文书悉由维祺择乡人善水者乘夜浮渡,密带入城,以通内外消息,陈阿十贼党闻觉,攻其乡,各团勇赴援,共击之"④。各乡、各都团练的组织,使各乡大族在强大的经济实力之外,又拥有了合法的武装力量,更加能够掌握地方民间事务。一旦他们的利益与官府相左,官府进行治理的难度将会更大。

其三,大量漏网的会党潜往海外,成为海外会党的中坚力量。自康熙二十三年(1684)以后,潮州商人的海上贸易已经非常发达,贸易所到之处,也即是移民所居之地。咸丰时期的动乱结束后,官府大肆捕杀会匪余党,一部分人被迫出洋避难。其时,新加坡刚开港不久,急需大量劳工,逃亡新加坡、马来半岛一带的会党成员很快就组织了打着反清复明旗号的海外会党,

---

① 光绪《揭阳县志续》卷四《纪事下》,见《广东历代方志集成·潮州府部(十七)》,岭南美术出版社2009年版,第571页。

② 光绪《海阳县志》卷二十五《前事略二》,见《广东历代方志集成·潮州府部(十二)》,岭南美术出版社2009年版,第255—257页。

③ 光绪《揭阳县续志》卷四《纪事下》,见《广东历代方志集成·潮州府部(十七)》,岭南美术出版社2009年版,第571—572页。

④ 光绪《海阳县志》卷二十五《前事略二》,见《广东历代方志集成·潮州府部(十二)》,岭南美术出版社2009年版,第255—257页。

如著名的义兴公司等。也有一些会党潜逃外洋又再返回。本地方志中记载了吴阿干的事例:"咸丰六年八月,揭阳霖田莪萃乡匪吴阿顶、吴阿智、吴阿干等纠党相拒。九月初三日,知县王皆春会同把总郑英杰赴莪萃围捕,同时被遇害。潮州镇讷苏肯、潮州府伊霖督率官兵往剿莪萃及附匪,各乡全行焚毁,生擒贼目吴阿顶、吴阿智等。十月初七日,潮州府伊霖等驰往新坛乡掩捕首匪吴阿先,获之,惟吴阿干潜匿新坛乡,旋逃海上,阿干即手戕县主者。同治八年,潮州镇方耀查办积案,阿干适自外洋潜归,官军擒之,剖其肝以祭王郑二公,民心大快。"[①]

## 二、史料辑录

### (一)咸丰年间的动乱

**饶宗颐总纂:《潮州志》新编第一册之《大事志一》,潮州市地方志办公室编印,2005年版,第353页**

#### 三合会倡乱

(咸丰四年)广东各县是年俱有三合会分布,到处拜盟,图谋作乱。自咸丰初年,群盗毛起,粤东有所谓"三合会"者,以红布裹头,因称"红头贼"。佛山陈开,其首也。假托图歼,煽惑乡愚以谋不执,各属一时,响应结党拜会者所在而有,于是丰顺则有管以筠之乱,揭阳则有林原剀之乱。(《嘉应温志·东莞志》云,"三合会"即"天地会"变相。嘉庆间有之,至道光而渐盛。初起时,撰妖书,造隐语。传教者曰"亚妈"。引见者曰"舅父",又曰"先生",曰"升上"。主文字者曰"白纸扇"。奔走者曰"草鞋"。各头目曰"红棍"。拜会曰"登坛演戏"。入会曰"出世"。每拜会,亚妈裹红帻,服白衣,设五色旗,上书"彪""寿""合""和""同"字,分布五方。从某方来者隶某旗,设三重门,每门二人持刀,作八字形。拜会者匍匐入,自称曰"仔",赤身披发,跽伏拜斗,念三十六咒,割指血盟,受隐语,三角符内写"参天宏化"四字,发辫系两线,辫结一圈。头目曰"天牌",圈正额,司事曰"地牌",圈脑后。先入会者曰"人牌",

---

[①] 光绪十六年《揭阳县续志》卷四《纪事下》,见《广东历代方志集成·潮州府部(十七)》,岭南美术出版社2009年版,第572页。

圈左耳，后入会者曰"人和牌"，圈右耳。俱身披短袄、彩带蓝袜、锐屣露刃。彼此相遇，问姓名以洪对，或称三八二十一，便知是会中人。不肯入教者曰"皇仔"，冒其教者，曰"野仔"，曰"疯仔"。每入会，科银一，铜钱三百六十，曰"祝寿钱"。不识其隐语暗号者，即被掠。始拜会在香山，旋蔓延广州、东莞各地。咸丰甲寅之变即肇于此。）

**同治十二年《丰顺县志》卷《大事记（一）》，《广东历代方志集成·潮州府部（三十一）》，岭南美术出版社2009年版，第83－84页**

（咸丰四年）知县敖翊臣令城乡举办团练。六月，匪首古声扬在隰隍作乱，焚劫屯仓巡检司署。古声扬纠集龙溪匪首管以均、白溪匪首朱阿帼、海阳贼苏友材等劫龙溪谭姓仓谷踞之，初三日复进攻大田村。七月初十日，古声扬率各匪众由大田直扑县城，为官军团勇堵截败走。八月十五日，古声扬复勾揭阳贼林元恺、纪阿鹤重至大田攻叶华，复进攻县城，至上林坑为官军团勇拦剿，古贼授首，余贼悉平。古声扬本五华流氓，在隰隍卖卜，暗中勾结各乡莠民，四出拜会结党，颇众，遂在隰隍倡乱。古匪身穿红袍，乘马由隰隍袭龙溪，啸聚益众；劫大田、叶华，直进攻县城，先为官军所败；复勾结揭阳贼首林元恺等分路扑攻县城，古匪亲率大队由北路进，另一股自东关进谋夹攻。适雷雨交作，丰溪暴涨，不得渡，军民隔溪开炮轰击，古匪中弹倒地，群贼遂溃。时双螺口张姓乡勇在后尾击断贼退路，东路贼方进攻东关，又为仙洞乡勇截击，两路皆溃败，擒斩甚多，遂扑灭之。

**同治十二年《海丰县志》卷下《邑事》，《广东历代方志集成·惠州府部（十二）》，岭南美术出版社2009年版，第466－472页**

咸丰三年秋，三点会起（会倡自陆丰，延及海邑，被煽惑者皆若狂，首恶有大排、老母、铁草鞋名目。虽经林令严禁，而弭祸不能卒，致有四年之变）。

四年闰七月初九日，逆首黄履恭等攻据县城，县令林芝龄死之，把总李椿、守城目兵林启升登城击贼，同时遇害。时会匪盛行，五月破惠来县，六月劫平山，东西夹逼。林令谓当先解散，带勇到乌石桥拿颜北龙正法，搜出名簿。时匪首黄履恭、王宇春、李遇春、颜霞春等，勾结陆邑三点会匪，在内拜盟结会。逆衿黄殿元、洪连馨、吴献芹等潜与其谋。迨七月，惠来克复，该匪恐按名严拘，乘外寇纷来，乃于月之初九日一同攻城，城中拒战至次日，因勇少并贼乡匪预潜在内，所以城破，贼由东门入。有目兵林启升，登城开炮击贼。及贼入，升谓居民曰："贼至矣，尔等急逃。"或曰："尔何不逃？"升曰："吾世受国恩，生死当报，尔可比乎？"后为贼首叶开香射死，县令林芝龄、城守李椿俱同时与难。典史周霖被掳，强之跪，不跪囚之贼党家中。后咸丰七年四月奉旨：林芝龄、李椿俱赐祀昭忠祠。

十一月，匪首叶仰曾、李长荣、黄思哲等纠匪袭踞后门炮台。十三日，逆首颜世亮等纠匪踞汕美炮台，县丞施道彬闻变，朝服在官署尽节。后咸丰七年奉旨赐恤崇祀昭忠祠。十八日，府委员乔泰阶、陆邑绅士马怡、陈乐群等，统同马龙驰援，各带兵勇将县城收复，逆首黄履恭等弃城走。自匪踞城，邑绅林光辉、马飞鸿、余德闻、周家协间道请援，陆令陈催马龙、马怡、陈乐群等出军。龙初迁延不进，适委员乔在陆防堵，乐群、马怡遂同龙带勇一起驰援，于十八日出军，十九日行抵海邑之龙冈尾乡扎营。该匪竟于二十日分行各乡滋扰，官军前往截击，杀匪七十余名，生擒七名夺获器械数十件，因时傍晚收军。至二十六日，乔委员督同怡等带勇直抵县城外之泌涛园，缘先鸿昆季自备勇费赴陆，接应官军，军至入扎伊家。一扎营，该匪三千余人前来迎拒，遂与之接战，三获胜仗；适州同林格所雇林奕耀勇壮千余名亦赶来助战，贼败回城中，我军乘胜赶追，逆首黄履恭等即由南门逃走，城遂复。后铳手到处混抢，附近军民不胜其苦。二十一日，匪首叶营、张汉琛、黄捷光等纠同乡匪由屿岭、金刚围分路攻扑梅陇，伤毙团丁陈果。梅陇绅士督勇力战，杀伤贼匪数人，斩贼手二颗，贼遂败走。

八月初三日，陆丰县令陈景璐、署碣石镇何芳、碣石分府许鐏身统兵带勇数千进城。先惠来失守，人皆疑龙有异谋，及海邑有变，驰往求救，璐饬陆绅士雇勇收复，群等遂挟龙共援。自璐初三日进城，至十七日皆雨，十八日霁，而陆有事，璐因勒龙归，肩舆至东海桥头，为仇家刺死，自是而陈令亦不得重到海丰矣。

初四日，匪首李遇春、曾文宰等纠匪袭攻县城，被官军击退。是日未刻，有贼匪三千余人由谢道山前来，直扑县城西门。陆丰令陈仝、何镇许倅带领兵勇分守四门，即饬委员姚巡检、蔡都司、陈守备及陈乐群、马怡分带兵勇前往迎剿，贼遂溃散。初十日，梅陇绅士乡勇同后门绅士郑梦魁等收复后门炮台，拏获匪犯叶亚二等二十九名解县，送护镇何、分府许、陆丰令陈枭示。十口日，委员乔泰阶督带府勇同陆邑绅士在南汾等处剿办匪巢。二十四日，贼匪叶仰等再攻后门，经外委刘载膺同埠众击退，阵斩黄亚近首级。

九月初九日，护镇何芳督同兵勇分驻大坑、梧桐埔等处剿办匪乡，擒获王宇春、霞春等匪正法。是月初九，兵勇剿办匪乡，拒捕，至十月三十日始破匪巢。

十月十四日，碣石分府许鐀身剿办黄殿元等匪巢。该匪党拒捕，铳伤官勇陈我等七名，伤毙团丁杨森一名。遂谕各乡帮助官军连日痛剿，将匪巢一概焚毁。

（咸丰五年）三月初二日，贼首黄英等攻踞后门炮台。

初五日，清治局绅林晒开、马逢蕃等，协同梅陇绅士林光迥、林光照等，各带勇壮分路攻击所有拒捕贼逆，杀伤无数，阵擒妖僧振裕、君曹、要匪蔡旺等二十余名，遂将后门炮台收复。初七日，逆首黄捷光、黄亚觉等纠匪窜扰赤石等处，典史周霖督兵勇同梅陇绅勇击散，阵获黄亚觉，送县正法。初十日，鹅埠分司王序畛，奉委督同梅陇绅勇剿办骆坑，获匪五名送县。

八月初七日，贼匪林亚生入城窥探被获。匪犯林亚生与匪党程武春等勾串，约于八月十五日纠匪袭攻县城，使林亚生先入城窥探，被获。梁令堂讯，供认不讳。十三日知县事梁凤辉带同清治局绅督勇剿办麻子。上匪勾结陆丰程武春等屯聚麻子，意图纠匪再袭攻县城，梁令闻报，督勇进剿。但该处悬孤海外，时近中秋发飓，兵勇间有沉溺。二十七日，贼匪攻扰后门炮台。梅陇绅士林关照等带勇，协同分司王序畛击退，毙匪十余名，斩首级二颗，夺红旗二枝，余党败走。后门自三月破后，居民惶恐不能安业。遵义局董事奉梁令谕，雇勇备资，派绅士林光照等带勇同分司在该处守御。

十月，股匪扰南岭，梁令督同清治局，带勇二千余名，驻交界之黄羌屯堵御。自闻贼出南岭始还。

十一月初二日，逆首黄殿元、黄殿臣正法。

十二月，股匪窜出南岭，攻破大塘、老虎围、龙冈尾、水湄坑等乡，死者甚众。

（咸丰）六年正月元旦，股匪屠旧墟寨。时官军俱扎旧墟寨，屡与接仗，自辰至戌，贼党滋蔓，力战不克，被屠死数百人。初二日，贼屯公平。时梁令见援军未至，谕委员李芹芳往贼巢骗缓。初五日，岭南股匪许礼生等焚扰泌涛园，遂围攻县城。泌涛义民与敌拒，众寡不敌，被杀百余人，城外居民房屋、铺户尽遭焚毁。咸丰五年，归匪许礼生、翟火姑等盘踞南岭，于六年正月初一日窜入海丰，遂于初五日直逼县城。先是城厢清治局绅陈焕龙、林晒开、陈尔匏等闻变，同梁令雇潮勇守御，州同林格亦遣子生员光选带勇入援待贼至。而所雇升平约、王公川之勇已到，同西路遵义约练勇俱扎小液、大液、石牌等处，一路连营。贼众连日攻城，各路年练勇屡与接仗，彼此均有损伤，无分胜负。后城内外密商，遂于十三日乘贼攻打县城，城内潮勇、升平约雇勇、西路练勇，分三路截击，大败贼众。是晚，护镇何兵到，若于十四日督同各路援勇连日痛剿，贼早遁逃，乃为口粮故，拥兵不发，致贼乘隙，竟于十七日袭击赤岸屯扎官军。兵勇疏于防御，被迫溺毙者二百余人。而贼势复猖，有土匪勾引，遂窜龙牙、竹苞等乡。府宪委守备李际昌统带府勇五百八十二名驰援。府勇驻城，最善防御，刁斗之声，彻夜不绝。

二月十四日，贼破汕美炮台，护镇何芳督勇力战不克，自焚。贼于正月十七日袭击赤岸官军，遂于二十八、九日攻破龙牙、竹苞，二月十一日破东涌所，有贼乡匪类尽出来兹扰，蔓延遍野，所过黑旗等乡，一概屠洗。

（二月）二十三日，贼复围攻县城。自汕美炮台何镇失机，贼势复猖，内地震恐围攻县城益急。

二十四日，省委林福盛督带兵勇，同抚标梁仕光等，及乡勇在城外埔下与贼打仗。先是盛统带林勇，同抚标奉宪命来归善办匪，闻海丰城围急，星夜驰援。缘自何镇失机，内地仓皇，幸盛兵至，人心始安。时贼营屯扎鹿境，余匪分驻龙山。盛与梁令密商，派潮勇于龙津等处，为东道堵截，以防贼在旁乘虚袭击。盖盛前在省城解围，身经百战，所向无敌。果兵士奋勇，所用抬枪、火箭，贼多损伤，就此一战，已可直捣贼巢。梁令未派潮勇出城为东道堵截，致龙津贼众乘虚从旁而入，兼后队乡勇胆怯，不敢分军截击，几至反胜为败。及潮勇开城接应，将旁袭贼众杀退，而己多丧劲卒。然林勇虽略挫，而箭炮焚烧贼营，死亡者多，故望见我军披靡。

三月十七日，委员林福盛统带兵勇，督同抚标及遵义练勇、附城雇勇围攻股匪，在东笏、前横、沟洋等处与贼接战，大败之，贼仍由新田而逃。是役林勇破阵当先，大败贼众，所斩首级及夺获大炮、火药、贼旗，不计其数。我军乘胜渡河，逆首许礼生等几将就擒，奈大雨骤至，不能尾追，竟被逃脱，惜哉，缘盛素负盛名，兼勇有节制，保全城邑，厥功为巨。

连日官军剿办吕亚雪、吕亚刚等匪巢。

四月初七日，署海丰县令张金监将莅任，道经鹅埠，督勇剿办归善之小漠港。小漠匪首刘妈德与其党屡在鹅埠、后门等处滋扰，张令将之任，就近先行剿办。

初九日，逆首叶仰曾正法。逆衿叶仰曾与李长荣等作叛，遂纠匪踞后门炮台，待官军复城，同其子潜匿赤石之彭巷，赤石绅士林一枝擒拿解办。时张令行营驻扎梅陇，遂押同伊子在后峰正法。

春重修表忠祠，装复诸神圣像。六年，贼扎五坡岭，所有神庙圣像暨遭焚毁。

（咸丰）八年七月二十八日，惠州府海督带兵勇到县剿办匪乡。

八月十二日，匪首张炳昭在菜甫埔正法，后即出军移驻青湖。

十月十七日，匪首赵金安在公平正法。

**光绪二十七年《嘉应州志》卷三十一《寇变》，《广东历代方志集成·嘉应州部（三十六）》，岭南美术出版社 2009 年版，第 584-585 页**

松源堡界连江西之雩都，福建之武。平州属之镇平常为游匪出没之区。咸丰戊午春，王讨食四纠结外匪竖旗拜会，希图滋事。时知州王渲修信门阄，郭大刀言方欲借端罔利，闻变募勇往剿，一面驰谕各堡捐集军资，以为州属三十六堡，堡万金，便三十六万矣。二月一日行抵新墟，新墟距松源十里，闻贼势盛，拟添募潮勇。始进日议封祠交匪并勒措军储甚急，绅民皆逃，匪遂负隅。十三日，匪众数百，突掩新墟，官军失利。刺史与郭阄易兴而逃，匪以为阄也，遂遇害。随行弁勇死者数十人，郭亦为所杀，剖其腹以为然灯。匪乃大肆焚掠，不数日聚众数千径寇州城，及城东北二十里之葵岭。当是时戕官之案猝发，警报日沓至，人情汹汹，适前知州文晟之长公子星瑞在州，而新募潮勇数百，方至环城，绅董因增以乡勇，约得千人，请公子御寇，公子毅然而行。二十二日抵葵岭，与贼交锋，胜负未决。团绅李熙龄欲鸣金而误鼓，潮勇大进，遂破之，群贼狼奔，豕突一股窜嵩山，一股窜黄沙乡，后窜够尾岭。而松源老巢及镇平之石磜、武平之岩前、上杭之半径、沙埔，复囤聚不少。其时代理州篆者为张邦泰，接署者为陈昂。而惠潮嘉道赵畇、惠州知府文晟则奉制府命调募兵勇驰往剿办。因派福建同知文星瑞等进剿嵩山一路，都司卓兴等进剿黄沙乡一路，都司李暄芳等进剿狗尾岭一路，皆先后克捷，斩获有差。诸路悉会松口。松口为水路通衢，距松源六十里，大营驻焉。而出入松源之要路，前为宝坑，卓兴一军驻焉；后为三坑口，巡检张书绅一军驻焉。三月二十一日，诸军会剿松源，卓军先登，枪炮齐发，将鉴石路一带贼栅概行轰倒，各队继进，毙匪数百，室庐焚毁殆尽。穷搜直抵镇平、武平、上杭各县。匪首王讨食四、伪军师曾兰奎、伪元帅何振秀，三戕官。要犯郑庚麻、何摄二等均次第擒获伏诛，州境肃清。（据奏疏《谈梅采访册》参修）

**民国三十二年《丰顺县志》卷三《大事记（一）》，《广东历代方志集成·潮州府部（三十一）》，岭南美术出版社 2009 年版，第 83 页**

（咸丰）四年，广东各县俱有三合会分布，到处拜会歃盟，图谋不轨。

**咸丰三年《嘉应州志补考略》卷三十九《寇变》，《广东历代方志集成·嘉应州部（三十五）》，岭南美术出版社 2009 年版，第 755 页**

咸丰三年兴宁奸民王振全、镇平贼陈阿运与州属匪徒陈南幅、陈焕郎、邓阿三、王曾兴二等先后作乱，知州文晟督率员弁及团练绅民讨之，擒其渠，斩获五百余名，境地胥靖（新辑）。

**光绪九年续补刻本《饶平县志》卷十三《寇变》，《广东历代方志集成·潮州府部（十八）》，岭南美术出版社 2009 年版，第 522 页**

咸丰四年甲寅四月，海阳土寇吴忠恕、陈十聚党作乱。环绕攻郡，被官军剿灭，饶民与有力焉。

**光绪十六年《揭阳县续志》卷四《纪事下》，《广东历代方志集成·潮州府部（十七）》，岭南美术出版社 2009 年版，第 571－572 页**

咸丰四年四月，海阳土匪吴忠恕之党陈阿再结伙千余人，据潮阳玉浦界，将窥桃山、地美两都。潮州镇总兵寿山统师剿贼，驻军桃山都铺前将济河。时兵大半皆募集，闻贼势甚张，又奸民谣言煽惑，军心愈解，才登南岸便争北渡，镇军挥刀断先渡者，指不能禁，师遂溃。巡检姚某、汛弁黄某皆遁，阿再遂进据铺前，四出逼勒，附近者不堪其扰。初通再者冀借贼势以图利，及是无所得，且受其害，顿生悔心。时桃山、塘边、四扬等乡团练声势方振，于是近贼诸乡遂与之合，立十社，按社抽丁壮、出资粮，互为声援。贼失所望，遂焚文物廨署，北奔潮城，与窥府垣之贼会。

咸丰四年，土匪陈娘康倡乱于潮阳陈店墟，使其党林掌率匪徒数百人四出逼勒，乡民入伙附和渐众，人心惊惶。禄宜乡陈读等与贼同谋。七月十三日，忽引百余人蜂集其乡，以图伺衅。古溪乡与之接壤，为揭南藩篱。禀生陈甲第、监生陈珏、职员陈有义、训导陈大成、职员陈廷杰等闻变，亟赴县报请会营御贼。不数日，贼目卢猛带土匪十人至古溪乡勒索银钱，甲第等呼众拿获，解官正法。越二日，林掌率匪数千人将渡黄沙桥掳掠，闻甲第等请兵至，临河而退，其聚谋禄宜乡者亦遁，揭邑得安。知县王皆春上闻给奖，陈甲第六品顶戴，表其里曰："敌忾同仇。"

四年七月，梅冈都李如珠、地美都黄宝丰、桃山都洪阿拔等于梅冈弥勒佛寺结党联盟，胁诱乡民入伙，良弱者惧而从之，冀保目前。旬日间，众至万人，四出勒索粮食。一日有贼数千临白石渡，将荼毒富冈、院前等乡，时桃山、塘边、东岭、四扬诸乡，方约集乡勇于桃山上，擂鼓助战，贼慑而退。民皆以贼无能为向之，为所胁者皆反而击贼，如珠等穷蹙遂投吴忠恕大队，合扑府城。是年冬，先后为官军擒斩，惟洪阿拔漏网。

地美都之土匪黄宝丰、郑皮罗并于咸丰四年起，与海阳诸匪勾结倡乱，为乡里大害，其乡绅耆计擒之，官得之伸国法焉，知县王皆春极嘉奖之。洎光绪戊寅，郑皮罗自远潜回，乡人复擒解于县，寻毙狱中，其家产悉以充公，闻者快之。

普宁县北山土匪许阿梅等于咸丰四年竖旗倡乱，破赤贡山乡，寻围扑普宁城，进窥棉湖寨，均以守御严密不得逞，闻府宪文晟帅师将至，遂遁，次年贼平。

咸丰六年八月，揭阳霖田莪萃乡匪吴阿顶、吴阿智、吴阿干等纠党相拒。九月初三日，知县王皆春会同把总郑英杰赴莪萃围捕，同时遇害。潮州镇讷苏肯、潮州府伊霖督率官兵往剿莪萃及附匪，各乡全行焚毁，生擒贼目吴阿顶、吴阿智等。十月初七日，潮州府伊霖等驰往新坛乡掩捕首匪吴阿先，获之，惟吴阿干潜匿新坛乡，旋逃海上，阿干即手戕县主者。同治八年，潮州镇方耀查办积案，阿干适自外洋潜归，官军擒之，剖其肝以祭王郑二公，民心大快。

**光绪二十六年《海阳县志》卷二十五《前事略二》，《广东历代方志集成·潮州府部（十二）》，岭南美术出版社2009年版，第255-257页**

（咸丰四年）五月，彩塘乡吴忠恕作乱。先是忠恕因流民失业与游僧亮聚宝云寺，纠众拜会，有某生密禀知县刘镇，镇疑，挟嫌置不理。匝月，聚数千人。四月，陈娘康围吴均于潮阳，忠恕因约外属诸匪谋攻府城，城中戒严，贼遂椎牛飨众，开旗倡乱，攻澄海城，不克，遂攻龙溪都。（《采访册》）

六月初四日，知县刘镇、都司金国梁率师出驻龙湖，以图彩塘。（同上）

忠恕竖旗倡乱，各属贼匪俱为响应，刘镇会同金国梁统兵进剿。忠恕闻刘镇、金国梁将至，分党进踞鹳巢，又分扎古楼乡为犄角，蹙官兵于龙湖镇等，屡战不捷，为所困，饷路断绝，敛兵，溃。

围回郡城时，潘刘堤溃二百余丈，河水流溅，有伏贼伺其半渡截击，官军败，兵勇多没于水，镇与国梁仓黄入城，诸无赖张揭帖云："官兵不足恃贼，至当自为计。"人益惶惑。绅士邱步琼、林恒亨、朱以监、饶应春、刘于山等乃白官，请集众团练，分立五社，无事巡防，有事助官军击贼，人心稍安。（《潮乘备采录》参《采访册》）

七月二十一日，汪政、陈坤率师出涸溪进剿。（《潮乘备采录》）

时城以外各乡都皆贼，汪政率舟师顺流下涸溪，以围剿办。方与接战，东津贼众又蜂拥而来，欲截其后。政乃自出督战，而令坤驰往东津，与刘镇、金国梁、王近仁、朱士杰等分路攻击。贼由韩山乘高冲压，我军仰面而登，各踞山之半，鏖战二时，政在涸溪得胜，回兵夹击，杀贼无算。

三十日，吴忠恕攻东桥头，汪政击退之。

吴忠恕纠党号八千余人，由韩山背来。王近仁等驻东桥头与战，政率兵驰赴援之，东津贼首刘逢得执大旗，拒敌勇目卓兴以铜炮断其右臂，贼乃退。闰七月初一日，吴均檄罢海阳县刘镇，以汪政代之，仍留刘镇军中效力。（俱同上）

吴忠恕攻庵埠陇仔乡，通判贺桂龄率兵救之，不克，陇仔既破。庵埠乡远近为贼协应，势益披猖，并毁通判署，分党踞之。（《采访册》）谨案：此条册中载六月十九日事，然又称忠恕初约阿十同攻庵埠，阿十以七月二十五日暴死，忠恕乃自行踞踞，庵埠似当在闰月初旬矣。

吴忠恕遣其党李阳春踞枫溪乡。廪生吴作舟、岁贡朱光鼎潜约归仁诸乡共击贼。枫溪故与北厢有隙，虑其袭己，归仁乡绅陈翔和解之，乃合力攻贼，贼惊溃，执阳春等十人送官，贼势稍杀。寻吴阿受复引，贼目李如珠纠众还踞枫溪，并分党踞北厢、凤山等乡。自是贼遂分东、西两路。（俱同上）

闰七月二十三日，西乡贼由枫溪等处攻城，汪政伏兵西湖山，侧击之。（《潮乘备采录》）

二十八日，募西南十排乡男，设团练于城东之登荣都。（《采访册》）

时枫溪北厢皆为贼踞，各官以西南诸乡素强悍，恐其附贼，乃谕古巷、枫洋、凤塘、鹤陇、长美、孚中诸乡者，募其乡悍鸷勇，日给口粮，名曰十排，设公所城中，以资统摄。其城东上游河道为踞，蔡家围之贼所截舟楫不通。官又谕绅士戴维祺设团练于龟湖各乡，晓以大义，约同御贼，外属文书悉由维祺择乡人善水者乘夜浮渡，密带入城，以通内外消息，陈阿十贼党闻觉，攻其乡，各团勇赴援，共击之。（同上）

八月初七日，吴忠恕合潮阳贼围城。（《潮乘备采录》）

时惠来为官军克，复潮阳贼投忠恕。忠恕与之合，八月初七日，霖雨甫霁，忠恕率二万余众分七路环攻郡城，自以大队趋西湖山。巡道曹履泰、潮镇寿山，闻报登陴，汪政商令各员分路迎战，刘镇、金国梁、郭春林出南路；王近仁、朱士杰、周治源出东路；杨清臣、陈明泰、郑英才出北路；孙仲安、由春城楼抄击其后；汪政与陈坤、李瑄芳驰赴西湖山，先登其岭，奋力鏖战。自午至酉，各队杀贼无算，然我军终以兵少且受创者众，不能穷追。贼自是连旬围攻，城中粮食将尽，人心惶惶。（同上）

九月，吴均檄饶平知县王惠溥援府城，至笔架山后为贼截劫，入鹤塘。

（《潮乘备采录》参《采访册》）

先是均闻府城西路为贼所踞，乃自潮阳归时，澄海贼首王兴顺方攻鸥汀，均留澄海剿之。而檄惠溥带勇并饷驰援府城，路经笔架山后，贼伏猝发，官军死者五十余人，惠溥被执，入鹤塘。（同上）

谨案：册载陈阿十暴死，其兄阿四代统其众，鹤塘贼党为陈阿四也。

巡道曹履泰谕绅士陈翔、邱邦彦、邱树德、陈作诰、陈泽开、苏奋鹏、黄位洲等率西南乡勇讨贼，约九月十六日，槐洋沟山举烽火为号，届期不克。（《采访册》）

十七日，西路贼攻长美乡，乡人合古巷、枫洋等乡与贼战于月弓池，踞北厢贼来援，孚中乡勇御之于西塘渡。（同上）

十八日夜半，意溪乡绅士钟英才约官军击东路贼，大破之。（《潮乘备采录》参《采访册》）

时贼粮不继，多归乡刈稻，英才知贼营虚可击，遣弟灵为农夫装，渡江谒汪政，愿为内应，政不禀道府，不告绅士，约夜半放金山大炮为号，航勇过江，英才与弟鸿逵等暗约乡兵开炮擒贼。官兵抵岸，贼已破。黎明，汤坑队勇从笔架山渡菱角池破东津，获贼百余，东路围解。

二十一日，官军与十排乡勇攻贼于凤山，并逐踞枫溪北厢乡贼，西路围亦解。

十月，汪政谕绅士郭廷集设法擒贼首，并自率兵至彩塘乡勒交各匪，吴忠恕、李如珠和尚亮等次第就缚伏诛。陈阿四护送王惠溥并缚贼数十投诚。

八月二十八日，吴忠恕遗党黄学胜、杨云南等聚众千余人袭攻庵埠，为乡人击败，官军就擒之。胜等伏诛，其党悉溃散。（《潮乘备采录》参《采访册》）

潘刘堤自三年崩决，耕农失业，吴忠恕因之作乱。事平，屡筑屡圮，至是知县汪政率绅士抢筑，乃见合口。（同上）

**民国三十二年《丰顺县志》卷三《大事记（一）》，《广东历代方志集成·潮州府部（三十一）》，岭南美术出版社2009年版，第83页**

（咸丰四年）夏四月，海阳县吴忠恕、陈平、潮阳县郑游春等均作乱。

秋七月，吴忠恕等围攻潮州府城，邑绅丁日昌率乡勇援救，遂解围。邑绅丁日昌率汤坑乡勇三百名援救潮州府城，进扎韩山书院。九月十八日黎明，日昌率勇从笔架山渡凌角池，破东津贼阵，生擒百余，遂解东路之围。

**光绪二十六年刻本《海阳县志》卷二十五《前事略二》，《广东历代方志集成·潮州府部（十二）》，岭南美术出版社2009年版，第255－256页**

（咸丰四年）鹳塘乡陈阿十作乱。（《采访册》）先是吴忠恕将攻城，城中人多迁避鹳塘。阿十见子女玉帛，顿怀不轨，先至澄海谒贼首王兴顺，兴顺允与结连，归，遂聚众叛。与忠恕合进踞卧石、冈洋、涸溪等乡，二十四日攻饶平隆眼城。二十五日攻澄海鸥汀寨，皆为官军乡勇所败。（同上）

七月初一日，陈阿十攻东桥头，潮阳知县汪政击之。（《潮乘备采录》）

先是潮阳贼为吴均所败，因合惠来贼攻惠来，城陷之。陈娘康寻病死，郑游春夺气，均以贼势稍衰，而府城警报叠至，乃命知县汪政、县丞陈坤选带勇目杨清臣、卓兴、张保、胡佳、邱兴等劲勇一千四百名驰救。六月二十六日抵郡，政巡察险要，见广济桥撤去梭船，曰："如此则桥东乡民无退步，必从贼，贼踞桥东，府城不可守也。"仍饬扎回梭船，桥东民心始固。七月初一日，陈阿十率其党三千余人乘夜攻城，汪政、陈坤、刘镇、金国梁督兵出战，我军由广济桥进，贼由韩山结队而来，鏖战数时，毙贼百十人，贼乃退嗣。是贼无日不至，东津武生刘财宝引贼驻东津，吴忠恕复遣其子与贼党陈阿印等进踞蔡家，围城东北河路，遂绝贼登虎子山，以炮轰城，城益危时，丰顺丁日昌客巡道署，募汤坑勇三百人，颇精悍，扎桥东宁波寺及韩山书院，守东路。政率勇扎西湖山，守西路。郡城乃恃以无恐。（同上）

七月二十一日，汪政、陈坤率师出涸溪进剿。（《潮乘备采录》）

时城以外各乡都皆贼，汪政率舟师顺流下涸溪，以图剿办。方与接战，东津贼众又蜂拥而来，欲截其后方，政乃自出督战，而令坤驰往东津与刘镇、金国梁、王近仁、朱士杰等分路攻击，贼由韩山乘高冲压，我军仰面而登，各踞山之半。鏖战二时，政在涸溪得胜，回兵夹击，杀贼无算。

**民国三十四年《饶平县志补订》卷十七《寇变》，《广东历代方志集成·潮州府部（四十七）》，岭南美术出版社2009年版，第1933－1934页**

陈亚十，佚其名，海阳秋溪都鹳塘乡人，家富而族强，曾援例捐散官。人因其行十，故以十爷称之。咸丰四年五月，海阳上莆都彩塘乡吴忠恕作乱；六月，亚十起事，旬日之间聚众逾万，以鹳塘为根据地，用隆都前溪诸生陈亚引为军师，海阳东津武生刘财宝衮军事（海阳志引误印财宝，引均乳名，其学名则失传），与吴忠恕联结西趋郡城，踞对岸卧石、岗洋、涸溪等处，分股攻略隆都各村，二十四日，攻龙眼城不下，又分股会合澄海外砂土豪王兴顺攻澄海城鸥。

汀寨声势甚盛，遥戴南京洪秀全，秀全认亚十为养子，人又成为十太子。就其家改建王府屏风、照壁均绘五爪龙,有女适樟山村萧某为室,萧出入用驸马仪卫,乡愚荣之。七月二十五日,亚十暴死,由其兄亚四统其众;九月,知县王惠溥奉本府吴均檄率勇解饷驰援府城,抵笔架山后遇贼与战,众寡不敌,死县勇五十余员,名惠溥被执,囚于鹳塘;十月,吴忠恕等次第伏诛,亚四护送王令并缚陈引及首要数十人入府城投诚,亚四贷一死,引凌迟,余者论如法。(传闻王令被执时,贼剥去其冠服,以一竹杆扛之以行,王令以手足抱杠耸其臀,亚引以手弄其肛门侮之,王令诡为不觉。抵鹳塘,佯为巴结于引,迨亚十死,官军日胜,引内惧,反巴结王令,寻与结为兰谱兄弟。迄事急,亚引欲遁。王令多方慰之,复云贼平,引且有反正护官功,彼自为之作证。引信而不逃,遂伏法,引亦痴矣。)

**咸丰八年《平海阳枫洋匪乡记》,碑现存广东省潮州市博物馆,韩山师范学院潮学研究院存有拓片**

用兵之要,制胜为先,制胜之道,运谋为先。孙子曰:"胜兵先胜而后求战。"其旨微矣。然而圣王之世,必不得已,始行诛戮,以除梗顽。故兵不用幸也,用而不知,为过孰甚。今年夏,海阳县汪令统带兵勇,剿办枫洋会匪。嗣余奉檄,会同镇军及本道督办。凡三越月,卒以用间破之。初余至是乡,亦谓是蕞尔区。若厚其兵力以临之,不啻决沧海以沃爝炭也,夫何忧。及至一战,再战始知其艰,盖贼生长于斯,聚族于斯,田园庐墓于斯,安肯不相与死守?更兼其地背山面原,以溪水为池,以茂林为障,塞垣重重,连络十余里,路径丛杂,咫尺即迷。虽各要害扼之重兵,而我能多方以攻彼,亦能多方以应。势既判乎主客,情复殊乎逸劳。以故是役也,兵勇增至一万有奇,相拒至下三月之久。且是时,省中多故,军需一切由潮自行筹办,仓卒之间,在在皆形竭蹶(蹙)。又虑别属愚民,闻风搔(骚)动,故明知不能克期奏捷,竟不能不作株守之想。兵久战则疲,将久守则困。噫,吾适有以自取也,假而当日不动声色,于大兵未发之先,预遣精谍图其形势,审其扼塞,择其乡导精选以足兵储,峙以足食,酌量人才,孰守孰战,一一成竹在胸。而后猝然一发,出其不意,攻其不备,则兵数可省,经费可节,即收功时日亦断断不至如此其远也。兵法曰:"知彼知己,百战百胜。"又曰:"多算胜少算不胜。"今我剿办枫洋,于两者均有所失,是用兵而不知兵为过孰甚。且不特此也,吾守此土,不能教化致民为非。一旦兴兵除暴,因而全乡不保,玉石俱焚,是又过之大者也。岂止不知兵之为过已哉?虽然方今之世,潮属办乡在所不免,假今后之来守是邦者,不知此为吾过,而鉴之,或尤而效之,一误再误,此吾之所深虑也。今行观察高廉,故将督剿枫洋情形，公赎所不能细载者，补书之，以明旧政，必告之义云。时咸丰八年岁在戊午冬月朔旦，长白伊霖记。

**光绪三十四年刊本《海阳乡土志》**
邱步琼……甲辰黄悟空倡乱，巡道李璋煜太守吴均用其谋，捣其贼巢平之。咸丰甲寅吴忠恕作乱，东南诸乡皆为贼有，郡城危如累卵。步琼乃设团练以资捍卫，城赖以安，当事急时，或粮不继，琼毁家以抒之。

吴均，钱塘人……时黄悟空结双刀会聚党数千，蔓延三县（海阳潮阳揭阳）均廉得其情，首发奸状，请于监司捕治。巡道李璋煜委任之，卒擒悟空捕党数百，各县借以安谧。

吴忠恕，海阳彩塘人，因流民失业与游僧亮聚宝云寺拜会。咸丰四年四月，乘潮阳贼陈娘康作乱，遂椎牛饷众，树旗倡乱，进攻海阳各乡。知县刘镇被困于龙湖城中，戒严时丰顺丁日昌驻韩山，潮阳令汪政率用驻西湖，东西成犄角，潮城乃恃以安。七月，忠恕攻东桥头，汪政击退之；遂攻庵埠，通判贺桂龄驰兵往救，不克，庵埠远近为贼协应，势颇猖獗，于是进攻枫溪等处，并攻郡城。汪政又击退之，然枫溪附近各乡已为贼有矣。八月，忠恕乃合潮阳贼围攻府城，以粮饷不继，遂退。意溪绅士钟英才约官军夹击之，贼大败。十月，吴忠恕、李如珠、和尚亮此地就擒伏诛，余党亦悉皆溃散焉。

陈阿十，海阳官塘人，先是吴忠恕倡乱，各属贼匪居委响应，约期攻城。城中多迁避于官塘，阿十见才女玉帛，图怀不轨。先至澄海谒贼首王兴顺，兴顺允与连结，归，遂聚众叛。与忠恕合进距卧石、冈洋，涸溪（均属本境）等乡。六月攻饶平隆眼城，并攻澄海鸥汀背寨，皆为官军所败。七月，攻桥头，知府吴均遣潮阳令汪政击退之。未几，阿十死，其兄阿四代统其众。及忠恕伏诛，阿四乃护送王惠溥，并缚贼数十投诚（以上皆本境叛党者）。

**饶宗颐总纂《潮州志》新编第一册之《大事志一》，潮州市地方志办公室编印，2005年版，第353-357页**

**（咸丰四年）潮阳陈娘康反知府吴均进剿**
陈娘康（一作"娘匡"），潮阳大长陇乡人，与梅花郑油春（一作"游春"）相谋叛。是年，自陈店墟起事。三月二十二日昧爽，突入潮阳西门，署守备李从龙击走之。四月，知府吴均偕惠州协副将膺保督兵至潮阳讨贼。

十四日，移屯峡山，保与鮀浦司巡检章坤先驱御贼于大布乡。章坤等均战死，乃乘夜旋县退守邑城，预修战具，谕富绅助饷。二十七日，贼于双望失利，越二日，廓之西南告陷，粮道既梗米腾贵，均乃开仓，储平粜，城中游手日给以钱，令登陴协守。五月初三日，陈、郑叛众潜实火药于南门桥，腹将以烧城，会大雨，线溃得不发，复布云梯缘堞登分兵二路来犯，均自临督战，自辰至未，复遣惠州台枪队度红涂园夹击，西南遂克，复是役斩首五十余级，论功奖赏各有差。(《潮阳周志》)

### (咸丰四年) 五月陈娘康陷惠来知县汤廷英等死之

当贼自潮阳溃退，旋勾引郑游春等于石巷山建旗结盟，诱众为叛，每日人给百钱，所至裹胁众渐万余人，犯吴均行营，复围潮阳。五月十二日，攻惠来，城陷，知县汤廷英、游击辛鼎甲、教谕彭瑞龙死之。(《普宁赖志稿》翻印《惠来张志序》《征访册》)

### (咸丰四年六月) 北山贼许亚梅围攻普宁

许阿梅者，北山乡贼首，偕阳夏林阿廷，赤岩头吴阿干共谋倡乱，聚众万余人立贵屿，杨臣尧为贼帅。六月朔，踞湖尾，渐移赤冈山，声言掠棉湖，而意在攻普。绅士方源利、方敬爱、方怡合偕李姓为四大股，共议筹帑赡军，遂添募壮丁三百，协同守御。方治顺、方丰裕复出资筑栅，为外卫方云翔、赵作宾、方修良等亦劝殷户捐助。是城中兵食粗足。十六日，旗冈余阿什等引许阿梅党万余人攻城。黎明大雾弥天，辰后，雾始散，义勇缒城出击，贼奔。溃勇目方佑被贼炮毙，既而贼复至，大战于西门外。日晌午，贼败走北山，旋与潮属股匪合。(《普宁赖志》)

### (咸丰四年闰七月) 陈娘康党郑游春犯普宁

陈娘康既死，其党郑游春、陈阿合、陈阿墙、杨臣尧谋再举。意在得普宁为巢穴。六月二十三日，进踞鸣冈，官绅登城审度形势，撤东安横街附郭民居。翌日，贼大至，攻西门，郝有金、方发督战。二十七、二十八两日连战于西门外。贼夜攻魁星楼，鼓噪而前，炮石交集三十日。贼分屯赤髻乌、五福屿，遂攻北门，官军出击。自辰至午，皆不利，用后劲百余人横冲其阵，所向披靡。贼败，渡浮梁，仓皇间多坠入水，夺获白旗数面，书"忠""义""安""良"四字。七月朔，又与战于百里桥，官兵失利伤二十余人，阵亡三人。初三日，天大雷雨，贼冒雨攻城，殊尽死力，官军悉力捍御。壮士方猴死之，伤十余人，贼不得逞。初五日黎明，官军别遣奇兵往攻，贼悉队屯洪山乡。初六日，屯马耳桥，遂分屯昆安、新安、南连、旗冈。环城诸乡皆为贼，薮贼帅杨臣尧胁令乡民至城招引，云三日内逸出者弗杀，人心汹惧，经官绅剀切晓谕，城守母方林氏等亦捐厚资赡军，人心稍定。初十日，贼自东门外攻中央，街洞其屋墙进，薄城壕烟火障塞，郝有金、方发与城中绅练悉力抵御，贼暂退，官绅合谋密约。黄、陈两姓及下社等乡分为四十股，十五日，贼攻洪山乡，乡民与战良久，城中出师夹击，四十股乡众云集，并力合攻，贼大溃死伤无数，邑城解严。(《普宁赖志稿》)

（二）太平军在粤东地区的活动与影响

**同治十二年《大埔县志》卷九《兵防志》，《广东历代方志集成·潮州府部（二十一）》，岭南美术出版社2009年版，第421页**

咸丰九年己未年正月二十七日日，发逆由福建汀永入埔，城陷，民被掳数百，遇害者亦不少。前邑宰缪募勇拒贼，至二月初二日各乡率练勇齐至。连日大雨，河水骤涨，该逆脱居民门板，以布绞搭浮桥渡河，溺毙无数。随窜坪砂，过松口，入嘉应州。县主缪旋即收复安集。各甲绅耆念缪公劳乏，馈金米糜至，然公卒以此去官，士民惜之。

同治甲子九年，江南发逆贼流窜闽漳。乙丑夏四月，贼由漳散窜经埔界，方总兵耀与郑参将绍忠率兵堵御，贼本据嘉应。秋九月，闽浙总督左公宗棠统大兵进剿，驻防埔城花园墩调遣诸军，环击毙逆首汪海洋，贼悉降，嘉应平复。

**民国三十二年《大埔县志（四）》卷三十八《大事记下》，广东历代方志集成·潮州府部（二十五），岭南美术出版社2009年版，第2711－2712页**

（咸丰九年）是月，洪军石镇吉陷县城。先是石达开拥众十余万自湖南分股，一由江西信丰窜粤之和平、龙川，一由闽龙严、永定窜粤之大埔，窜埔者，巨魁为石镇吉（或作"正纪"，又自号"国宗"，本姓陈，为达开弄僮，因冒石姓）。正月二十七日陷大埔城，掳民数百，多遭害。诸生巫丹翠及义勇队彭简骅、邝传榜等皆战死，殉难七十余人（邑绅何如璋为请赐恤，或祀昭忠祠）。时缪令中孚先期下乡催征，幸不罹难，及闻警募勇抗拒，各乡练勇于二月初二日齐集，石军退脱，民房门、板绞布作浮桥比渡河，陡遇甚雨，水暴涨，溺死无数，余窜坪砂入松口、嘉应而去。（据旧志，参《嘉应州志》《饶平志》修。）

**光绪九年续补刻本《饶平县志》卷十三《寇变》，《广东历代方志集成·潮州府部（十八）》，岭南美术出版社 2009 年版，第 522 页**

（咸丰）九年己未，长发贼石达开伪王窜陷龙岩州。正月廿七日分陷大埔县，县令缪中孚先期下乡催征，幸不遇害，饶平戒严。二月十八日贼破嘉应州。三月十五日官兵由兴宁破贼克复州城，各贼逃为流寇劫食。夏四月，惠州贼罗阿添劫破和平县，廿二日陷龙川县，总督黄宗汉带大兵克复，剿平之。

十年庚申十一月初六日，探报长发贼陷福建汀州，水路由峰市至大埔甚近，饶邑戒严，县令余公恩鑅诣上、饶茂芝前檄劝，与县城协同开局团练，防堵；次年辛酉夏四月，贼败走江西吉安府，饶邑解严。

饶平虽属偏隅，实乃潮州门户，由东而北界连诏安、平和、大埔；由北而西界连丰顺、澄海；南则界滨大海。柘林，为入粤要口，设被发逆攻入，盘踞城池，即潮州亦难保安。而且东可控制漳泉，北可控制汀龙，西可控制嘉应、惠州，南可由黄冈储舟备楫，航海远攻。故斯地防堵尤为紧要。而与饶城最近者，莫如闽省之平和县，与饶之黄冈城最近者莫如闽省之诏安县。

同治三年甲子九月间，发逆窜踞平和，与饶疆相离不远，仅隔柏嵩一关，计程不上二十里。县令谢公树棠即时谕饬内外绅衿团练各乡防守，由九峻岭起至柏嵩关，由柏嵩关起至老虎关，由老虎关起至分水关；琉璃岭自北而东，自东而南计程二百余里，要隘繁多，径路丛杂。黄冈各乡义勇前赴诏安，与云霄交界之油甘岭，协同黄冈何协戎抵御，以遏贼锋，彼此经战数十，迭获胜仗。

同治乙丑四年二月，发逆首丁太阳从上游窜至平和，突由朱家山而进，于饶疆尤为逼近，幸饶民随同军官堵御谨严，贼因无隙可乘，遂即窜陷诏安。诏安既与平和俱失，则饶平尤四面受敌。迨四月，贼由漳属云霄等处逃窜和城，巨逆为官军所击，多向柏嵩各隘冲突，而丁逆亦旋由诏安来攻老虎关。时中饶团勇协同吉游府一军重重堵御，贼不能闯进。即于五月初四早突至饶之峡子奇，相距县城甚近，势甚危迫，而乡团愈加奋勇，闻鼓救援，一呼百应，围击追赶，至茂芝前地方。林协戎保自深圳闻报，亦即统带劲勇赶至夹攻，自辰交战至未，枪炮并施，杀伤遍野。丁逆知势莫当，抵死杀出重围，带同败党窜由鸟石山小径奔往大埔而去，所有擒斩发逆首级一百七十余颗，生擒伪官十余名，夺获军器不计其数。

**光绪十六年《揭阳县续志》卷四《纪事下》，《广东历代方志集成·潮州府部（十七）》，岭南美术出版社2009年版，第572页**

同治三年，发逆汪海洋陷嘉应州，县主张克良设团练，河婆一带俱添兵勇堵防，言岭关、猴子崟专命委员把守，言岭关距嘉应州不远，防御尤切。

**光绪二十七年《嘉应州志》卷三十一《寇变》，《广东历代方志集成·嘉应州部（三十六）》，岭南美术出版社2009年版，第585－588页**

咸丰己未年正月发逆伪翼王石达开挟众十余万自湖南分股，一由江西信丰窜粤之和平、龙川；一由福建龙岩、永定窜粤之大埔。窜大埔者其贼目为石镇吉（按：或作"正纪"，又字号"国宗"，本姓陈，为石逆弄僮，因冒逆姓）。三月二日，由埔窜于松口嵩山白渡之间。初四日，直扑州城。先是戊午六月惠州知府文晟剿办松源土匪，后复权州事。寇至，游击潘法元挟兵勇六百出城，诡言御贼，实以自卫。城内因是空虚。婴城固守者半属民壮，间及妇人。时则大雾弥漫，咫尺不办，河水盛涨，外援阻绝。贼众约五六万，连日环攻城上，礌石投之。贼缘梯登，或浇之沸汤。贼多死，乃止攻。惟日间钲鼓声大作，盖潜凿地道，藉是以乱军阵也。十六日黎明地雷轰发，西城坍缺三十余丈。守阵者皆走，不知所往。贼三面蚁附而登，城遂陷，知州文晟等死之。男妇死者四千余人。时总督黄宗汉驻扎惠州，方调兵赴援，先后分派三队。第一队为南韶连总兵讷苏肯、都司卓兴、同知文星瑞一军。第二队为惠州府知府海廷琛一军。第三队为已革按察使东莞张敬修一军，是为西路援兵。而惠潮嘉道赵昀亦委卸署海阳县汪政、游击何云章水路兼程并发。是为东路援兵。二十六日，西路第一队援兵抵长乐，维时州城已陷十日，而兴宁被围亦六日矣。幸卓兴兵骁勇善战，文星瑞即殉节。文晟之子亦屡经行阵，骤闻其父凶耗，悲愤不欲生，乃一心并力誓将灭此朝食。二十七日，拔营进扎，距兴宁十里之茆塘，相度地形，布阵设伏。二十八日，贼大队麇至，卓兴偃旗息鼓。若不知者，及贼逼垒，度我枪炮可及，喷筒火箭一时齐发，贼马队惊逸。我军弹如雨注，两翼兵左右包抄，文星瑞麾兵助之，歼贼无数。适东路援兵何云章一军亦于是日赶至，泥陂军势大振，连日迭获胜仗。兴宁县城遂于初五日解围。而州城之贼早于初一日弃城窜兴宁。悉由连平韶州入湖南，合石达开大股以去。东路援兵署知州汪政时扎西洋侦悉，倍道前进以收复。禀报州人士则谓搜刮财物，兵甚于贼云。当城陷之后，贼投尸河中。顺流而下。委员章嘉树日在西洋滩面捞获甚众。一夕梦太守衣冠甚伟，若将远行者，翌晨急于河干求之。初一尸至识为州厨役，因默祷之。俄再至则太守忠骸也，面目如生，附身衣皆钤印，矢必死也。州人已自哀，复哀太守不置也。事闻赠太仆卿，立祠荫子，赐谥壮烈司，时殉难官弁兵勇绅民妇女以次旌恤有差，而弃城逃遁之潘法元卒，奉部议正法。（据奏疏《谈梅嘉应平寇纪略》《采访册》参修）

同治三年甲子，官军克服金陵，发逆余党汪海洋、李世贤、丁大洋、林伯焘窜扰江闽粤三省边界，众号百万，所至辄陷城邑。州属之平远、长乐，皆先后失守。镇平失守者且三，贼氛扰及州境之白渡、松口、松源、隆文、桃源等处。布政使李福泰、知府张恒祥、同知吴赞诚、副将方曜皆驻州城防堵。丁逆为黄旗，后降于刘典；林逆为红旗，后降于卓兴；李逆则为其党刺杀。于是，止于汪逆一股，亦不下十数万。其由定南败，窜连平也，意欲夺路南韶，窜江西、湖南边界境，以遂其本谋。乃因江军扼其前，闽军蹑其后，计无复之。忽由连平翻山绕窜和平、兴宁各境。遂于乙丑十月二十一日乘虚突陷州城。初李福泰追贼至连平，闻贼还窜，急檄知州程培霖为备。程培霖密令所亲挟锱重，先期赴潮，绝不以贼情告人。至是从十数人斩东门而出，行未十里，贼前队百余，遂直入城，游击英秀死之。民仓皇大奔，死者枕籍，绝无一兵一骑与之御者。贼于是分扰各乡，鸡鸣而出，日入而返。附郭二三十里穷搜大索，火光照彻岩谷，焚掠掳杀之惨，不可言状。其时闽浙总督左宗棠既奉命督办江西、福建、广东三省军务。闻报以为东南赭寇，余孽仅存汪逆，使非草雉而禽弥之，何以完此浩劫？今乃自趋绝地，又狃于前。此辄得逸去，未图，遂窜。此其机有可乘，而其时不可失也。即亲率大队出，屯平和县之琯溪，一面飞檄诸军约定长围困贼之策，先后分饬帮办军务。刘典进扎州之东南丙村、井塘一带，提督高连陞、总兵刘清亮进扎州之东北樟树坪，提督黄少春进扎州之东北金谷坑，道员康国器进扎州北乌泥坪，布政使王德榜进扎州东塔子坳。凡此皆闽军也。其西路一面命粤军总兵方耀进扎南口，西南一路命粤军总兵郑绍忠进扎长沙墟。州南一水下通汀、潮，名曰"梅江"，复命粤军炮船数十号，扼驻三河坝，与道员朱明亮陆路之兵，紧相依护布置，既定长围渐成。惟西北一路檄调江军提督鲍超进扎相公亭。按察使席宝田、总兵刘胜祥进扎大坪，时尚未至，左帅复由大埔驰往松口，并密饬诸军营垒，宜若断若续，若即若离，毋使贼觉，俟各军取齐，克期并进，乃能困此残寇。盖贼势军情了如指掌，早成算在胸，为一股聚歼计矣。当汪逆之回窜州城也，收合李逆余党，纠结霆营，叛勇皆凶悍，百战之余毒焰。于是复张分扎附城东、西、北三面者，尚有五十余垒，知官军渐次紧逼，与东北路诸军迭次血战。其西路扎南口，东南路扎白宫，市之各粤军亦或被掩袭，或竟败溃。十二月十二日汪逆率悍党数万猛扑塔子坳，官军复分股潜抄深坑、葵岭等处，图袭我军后路。又由黄坑另出股匪牵制丙村，井塘之军漫山遍野，势极披猖。经刘典、王德榜、黄少春联络，诸军合力酣战，贼党死伤甚伙，血渍满蹊径，涧水尽赤。汪逆中枪，坠马气绝。自是贼胆已寒。然犹推伪偕王谭体元为首、胡瞎子为总统，负隅抗拒。适是月十七日，鲍超全军行抵相公亭，屡战皆捷。而席宝田、刘胜祥两军亦于十九日驰扎大坪，左帅度贼已不得逞于西北，必以东南为窜路，即饬州南一面粤军迤扎，而东闽军迤扎而西迅合锁围以免漏逸。二十二夜二更后，贼果潜启西南门，渡河由水南出黄砂嶂者，州南狭隘，群峰峭削，一径萦纡为州境，出新田、大田，右至丰顺，左至潮州之间，贼以数万之众，冒死出险，各军奋力压剿，追至丰顺之北溪白沙坝，计毙贼一万六七千名，拿擒数千人，收降五万余众，逆首谭体元、胡瞎子，叛勇黄矮子均先后拿获磔诛，遣散胁从，搜除漏网，积年逋寇遂以荡平。（据奏疏《嘉应平寇纪略》参修）

附录闽浙爵督部堂左宗棠奏片：再查分驻嘉应之潮州镇署左营游击英秀于上年贼踪逼近嘉应时，招集绅团力筹堵御，每慷慨自矢与城存亡。本年十月二十一日发逆窜陷州城，时英秀公仓促登陴，见贼已薄城下，守卒星散，知事不可为，以幼子属一亲兵，携之出走。朝服坐堂，手剑以待贼至。大骂不绝，身被数创，死于游击署左柚树下。贼叹其忠义，就树下掘坎瘗之，将砍断发辫及冠服悬东门城外，见者哀之。该游击之妾吕氏同时殉节，一女甫六月亦被害。据嘉应州绅士陕西补用同知直隶州张其翮禀报前来，臣面询该游击死状甚悉，不觉涕出。闻其幼子经亲兵负之走潮郡，除饬广东惠潮嘉道张铣访求忠裔善为存恤并由臣捐廉瞻助外，伏查潮州镇署左营游击英秀视死如归，被害惨烈，孤忠亮节，凛然犹生，应请旨饬部从优议恤并于嘉应建专祠以慰忠魂，而励臣节军机大臣奉旨："英秀著从优议恤，并准于嘉应州建立专祠，该部知道。钦此。"

附录书潮镇左营游击英公殉难事：维同治四年十月金陵孽汪海洋陷嘉应。潮镇左营游击英秀死之，阅六十日。节制三省军务恪靖伯左公宗棠以状闻于朝，天子悯焉，既赐恤有加，且下其事于督抚就嘉应立专祠。其翮与公交有日，因检公事迹，考核虚实，用书之简，俾他日修国史地志者备采择焉。谨案公讳秀英，字兰庄，满洲镶白旗人，世袭牛录、章京，于同治元年履任。嘉应当江闽粤三省之交，贼踪去来倏忽，自己未失守。后庚申陷平远甲子、陷镇平，比岁无休息。公每慷慨言曰："谕满洲世仆世笃忠贞，嘉应万一有事，余惟有矢城存，与存，城亡与亡之义。上无负于国家，下亦可见先人于地下。"其平时自励如此。迨贼自闽之漳州回窜粤境，乙丑五月，镇平复陷时，贼锋虽经屡挫，犹号十余万团防，势不支，惟恃大兵无恐。八月贼西窜，大兵亦尾追，而西州人方庆幸得稍苏息。十月二十一日闻贼折，而东各大骇。公署中惟一妾吕氏一子六岁,女生仅数月耳。前夕微有风闻,聚家人期必死。至是仓促登陴,贼众已薄城下。回顾守卒寥寥,度事不可为急,反署朝服。手剑出,坐堂皇亲兵数十环拥阶下,请开城东门,卫公出不许,群跪泣请,复不许。亲兵邓安者,请以六岁公子出,叩首再四,颔之,遂负以出。贼已梯城,开西门入,且及大门,亲兵亦星散。公回顾吕曰:"汝不可不死。"泣曰:"诺。"贼登堂,公仗剑起大骂。贼刃交下。公怒甚,奋剑乱斫,且斫且骂。贼发洋枪,公洞胸仆地。吕方手药入口,睹厥状奔赴指贼大骂,贼以刃尖刺其喉,亦仆地,连斫其腹,遂俱死。贼魁贼群入,以告贼魁连声叹曰:"好好厅事之左,为箭道。"指其东南地曰:"此忠臣!"指其东北角地曰:"此烈妇!"叱所隶掘坎瘗焉。贼去三日,恪靖伯命州同知阎兆桂、舁双櫘至瘗,所出之朝服,凛然面如生。韜之避难三河也,遇署内仆妇。其逃出时,贼在门,公语之曰:"事急矣。何不同死,得一干净身子。"疾走不顾,踰短垣出,出而述其事甚悉。事定复得贼中投诚者及罗姓为贼掳,游击署者缕述当日情状。罗姓者曰:"移尸之顷犹觉公怒,不可遏,血漉漉,自右耳下及项喷有声。"呜呼,烈矣!子为亲兵邓安冒险携赴潮州,依盐运同格洪额女在署中,贼义公死难,为觅一乳媪,予数金送出城,因渡河避难山中,贼去始出。忆去腊,韜谒恪靖于大埔,上公死事状,有云贼将公发辫及朝服挂城门上,又云一女生才六月亦死。恪靖据以闻于朝,兹审其虚并削去。其韜曰公貌温类儒者,言呐呐,如不出诸口,绝不意临大节,毅然不屈。如此嘉应在偏隅,传闻异辞,久则失实。呜呼!伊谁之责哉?伊谁之责哉?(里人张其韜撰)

**民国三十二年《大埔县志(四)》卷三十八《大事记下》,《广东历代方志集成·潮州府部(二十五)》,岭南美术出版社 2009 年版,第 2713—2715 页**

(同治)四年(乙丑)四月,官军败汪海洋于小靖。官军拔金陵,洪秀全自杀,余党李世贤窜闽漳,为左宗棠所破,豕突狼奔平和、永定间。别股汪海洋亦由浙入闽,在南靖归阳墟煅火炮制器械,思由埔顺流下。时布政司李福泰命总兵郑绍忠、方耀分屯埔城,郑兵驻教场坝,尤当贼冲。汪率十数万众浩荡入埔境,沿途劫杀无数,严上甲桃源里民房焚烧殆尽,保安甲遭扰特惨,同仁百堠绅耆邱春梧、杨丹凤、杨禹甸、杨汝为、杨继麟、萧惟森等俱以骂贼惨死。乙丑四月二十一日,郑绍忠率勇数十巡哨,中途遇汪先锋三十许人,知是郑急捻旗枪直刺,郑仰身避蹬,后随发洋枪毙其渠,两军各发炮交绥退。郑知贼必来攻，夜蓐食，统全师往驻小靖石牌楼侧以俟。拂晓，贼果蜂拥至，出乌鸦阵，迳扑官军，郑兵旗忽开，张左右翼以御，雷奔电激，鏖战移时。贼不得胜，思出奇袭官军，背分精锐七百人驰道旁巨山衔枚下，民往观战者，睹悉亟告郑，遂饬伏兵半山，伺贼至，轰然迎击，贼不出意，颠崖坠堑，肉血雨飞，七百人歼焉。群贼望见气夺，官兵攻益猛，敌乃大奔，追之获无数马匹、旗械，殪贼首以千计，贼乃返巢。旋欲复攻，有请备羊耳凹者，郑曰："我在此！"贼必不敢过，但多张旗帜二十人守之，使鼓声不绝足矣。后贼六窥羊耳凹，疑不进，卒由他道窜镇平。埔城不破，郑之力也。汪已走镇平，三陷镇城。秋九月，左宗棠统大兵由闽下，驻防埔城花园墩，粤军炮船十数艘扼驻三河，闻十月二十一日嘉应州城陷，乃由埔驰驻松口，用长围困贼法，八面围锁。汪亲临城督战，会降人丁大洋见汪，急报官军，萃抬枪数十，击之中脑，坠马毙，巨寇荡平。（据丘晋昕《小靖战事纪》参《嘉应州志》旧志《忠烈传》修）

**民国三十二年《丰顺县志》卷三《大事记（一）》，《广东历代方志集成·潮州府部（三十一）》，岭南美术出版社2009年版，第85页**

（同治四年）秋九月，发逆陷大埔，邑属各乡筹办团练。

十二月，伪偕王谭体仁率众十余万自嘉应州南窜县境，至北溪村灭之。县北界嘉应州北溪凹，有径渚隘道，一线羊肠下临深涧，悬崖绝险。知县钱诵清采义安公局绅士王步云献策，闻伪寇南窜，督乡民先将该隘路掘断。时左宗棠督办闽粤军务，驻三河，知贼势穷，促谋四面围歼之策，檄官军及阖邑卅二局团勇八千余人，拒守白溪，分三路迎敌。贼众窜入北溪凹，无路可通，官军利火攻，法擂木大石齐下，贼知坐困，前锋人马皆堕涧死，积尸山脊，后继者皆踏尸而过。迨集结北溪村，仅余七八万人，因辎重全失，无所得食，相率剃发易服溃散。越旬日，官军招降，收抚三四万，遂扑灭之。步云献诗"有发逆梅州驻，钱侯谕守关。自分力量小，常欲献平蛮。及女子抒忠勇，丁男大义明。中兴新气象，荡寇庆升平"等句。（《团防平贼记》）

**民国三十四年《南澳县志（三）》卷十四《征抚》，《广东历代方志集成·潮州府部（三十四）》，岭南美术出版社2009年版，第1146－1147、1630页**

井洲土寇，同治三年九月，太平军余党康王汪海洋自赣窜闽阳诏安平和，进迫饶平交界之柏嵩、老虎、分水诸关隘。饶令谢树棠督率团练协同官军分路堵御，全潮骚动，井洲土寇乘机侵掠后宅，乡人素不习战，任寇剽劫，例职章名立请官办团，倡募巨资购器械、置巡船。督练子弟，捍卫地方。寇重至，名立亲督团丁船勇迎击，寇大溃，连艓再犯，复大败之。自是寇不敢扰。(《清史稿·左宗棠传》《饶平志》《微访册》)

穆宗同治三年九月，井州土寇运艓劫掠隆、澳，乡绅章名立率乡团丁壮击走之。(《征访册》)

**饶宗颐总纂：《潮州志》新编第一册之《大事志一》，潮州市地方志办公室编印，2005 年版，第 360 – 365 页**

### （咸丰七年） 太平军犯上杭流尸韩江

先是太平军是岁四月廿二日下宁化，迫河田。粤督叶名琛拨兵会剿，调潮桥盐运分司顾炳章率勇六百，驻峰市防御。五月辛亥朔，太平军窜上杭，攻城弗克，走武平，给守者开门，入屠其城，窜军门岭，同时分股，窜瑞金。是役清军大胜，太平军死者无数，弃尸河中，从韩江出海，自十六日流至二十日，蔽江而下，总计不下三千二十一二，两日犹流未尽。

### （咸丰九年） 太平军石镇吉陷大埔

是岁春，太平军由闽入粤，海邑戒严。先是翼王石达开拥众十余万自湖南分股，一由江西信丰，窜粤之和平、龙川；一由闽龙岩、永定，窜粤之大埔，窜埔者为石镇吉（或作"正纪"）正月廿七日，陷大埔城。掳民数百，多遭害。诸生巫丹翠及义勇队彭简骅、邝传榜等皆战死，殉难七十余人。时缪令中孚下乡催征，幸不罹难，乃募乡勇于二月初二日齐集，石军遂退。廿八日破嘉应州，三月十五日官兵由兴宁破之，乃由赣边西趋。

### （咸丰十年） 太平军屯聚三河

是岁，太平军麇聚三河等处，于十月十四日由龙冈马坝一带直逼河岸，意图抢渡。

### 同治三年
### 秋九月太平军复陷大埔

是岁九月，太平军陷大埔，海邑戒严。丰顺各乡筹办团练。九月，太平军窜据平和，与饶疆隔柏嵩一关，计程不上二十里。县令谢树棠即谕饬内外绅衿，团练各乡防守，由九峻岭起至柏嵩关，由柏嵩关起至老虎关，由老虎关起至分水关。琉璃岭自北而东，自东而南，计程二百余里，要隘繁多，径路丛杂。黄冈何协戎抵御，以遏贼锋，彼此经战数十，迭获胜仗。（《饶平惠志》）（《太平天国日志》云："九月来，王陆顺德自大埔占福建永定，据此，则是岁入大埔之兵，即来王也。"）

**捕太平军间谍林亚吕于潮阳**

江宁克复，太平军康王汪海洋以大兵入嘉应，密遣吕入潮，诱奸民为应，时吕匿云路乡女巫家，四境鼎沸。署知县冒澄谍知，以举人余用宾等传谕附近，散其党，而自与在籍训导，连登瀛，直抵其巢，擒女巫，尸之。吕势孤，走脱，旋获于郡城，骈首传示。

**（同治）四年乙丑**

**春二月太平军犯饶平**

二月，太平军犯饶平界，布政使李福泰统兵剿之，驻潮州。时太平军丁太阳从上游窜至平和，突由朱家山而进于饶疆，尤为迫近，幸饶民随同官军堵御谨严，贼无隙可乘。遂即窜陷诏安。诏安与平和俱失，饶平尤四面受敌，迨四月，由漳属云霄等处逃窜，平和为官军所击，多向柏嵩各隘驰突，而丁太阳亦旋由诏安来攻老虎关，时中饶团勇协同吉安府一军力加堵御，不能闯进。

**夏四月太平军汪海洋入大埔**

四月十二日，汪海洋走广东大埔。二十一日，因粤军副将方耀迎击，与偕王谭体元自大埔折回，围攻福建永定。时清军拔金陵，洪秀全自杀，其余党李世贤窜闽漳，为左宗棠所破，狼奔平和、永定间。康王汪海洋由浙入闽，在南靖归阳墟煅炮火，制器械，思由埔顺流而下。时布政司李福泰命总兵郑绍忠、方耀分屯埔城，郑兵驻教场坝，尤当其冲，汪率十数万众，浩荡入埔境，沿途劫掠无数，岩上甲、桃源里，焚烧殆尽。保安甲遭扰特惨，同仁白堠，绅耆邱春梧、杨丹凤、杨禹甸、杨汝为、杨继麟、萧维森等俱以骂贼惨死。

**总兵郑绍忠歼太平军于小靖**

四月二十一日，郑绍忠率勇数十巡哨，中途遇汪先锋三十许人，知是郑，急捻旗枪直刺，郑仰身避镫后，随发洋枪，毙其渠，两军各发炮交，绥退。郑知敌必来攻，夜蓐食，统全师往驻小靖石牌楼侧，以俟拂晓，敌果蜂拥至出，乌鸦阵径扑官军。郑兵旗忽开，张左右翼以御，电奔雷激，鏖战移时，敌不得胜，思出奇袭。官军背分精锐七百人，驰道旁巨山衔，枚下民往观众者，睹悉，亟告。郑遂饬伏兵半山，伺敌至，轰然迎击。敌出不意，巅崖坠堑，肉血雨飞，七百人歼焉。敌望见气夺，官兵攻益猛，敌乃大奔。追之，获无数马匹、旗械，殪贼首以千计，乃退返巢，旋欲复攻，有请备羊耳凹者。郑曰："我在此，贼必不敢过，但多张旗帜，二十人守之，使鼓声不绝足矣。"后敌六窥羊耳，凹疑不进卒，由他道窜镇平。埔城不破，郑之力也！

### 五月太平军丁太阳犯饶平

五月四日早，丁太阳兵至峡子奇，距饶平县城甚近，势甚危急，乡团围击，追赶至茂芝，前林协戎保自深圳闻报，即统带劲勇赶至夹攻。自辰至未，枪炮并施，杀伤遍野，丁知势败，由乌石山小径奔往大埔，是役，擒斩首级一百七十余颗，生擒十余名夺获军器不计其数。

### 九月太平军陷大埔县属北胜

九月，太平军复陷大埔县，属北胜各乡勇在旌墩岌凹设防，海阳邑境戒严。(《海阳吴志》《丰顺李志》)

### 冬十月太平军陷嘉应左宗棠由埔驰援

十月二十一日，太平军汪海洋、谭体仁、谭体元、李远继等自广东和平经龙川进抵兴宁，攻占嘉应州。左宗棠由大埔驰驻松口，用长围困贼法八面围锁。

## 同治五年

### 一月左宗棠大破太平军于大埔

十一月十五日，太平军汪海洋、谭体元、李远继等击败粤军总兵方耀于广东嘉应州。十一月廿四日，提督高连升、总兵刘清亮进军嘉应州之凤寨。汪海洋、谭体元等督军扑攻，阵毙大埔知县汪遇元、县丞晏济时、游击朱体盛、钟敏，遂都司钱贵仁、王连升、赵玉林、何文禄，守备萧焕武、钟洪霖等。左宗棠飞檄道员朱明亮驰赴三河坝，以扼汪海洋犯潮州之路。十一月廿九日，左宗棠抵大埔，仅有亲军八百人，刘典自福建永定来援。十二月十二日，大破太平军康王汪海洋、凤王黄明厚、天将胡永祥于嘉应州之佛子高、黄竹洋。十二月十六日，汪海洋中弹。谭体元代领其众。

### 太平军谭体元兵败丰顺北溪村

丰顺县北界嘉应州北溪，凹有径隘道一线羊肠下临深涧。知县钱诵清、采义安公局、绅士王步云献策，闻太平军南窜督，乡民先将该隘路掘断，时左帅驻三河阁，邑三十二局，团勇八千余人拒守白溪，分三路迎敌。太平军入北溪，凹无路可通，官军用火攻之。洪军前锋人马皆堕涧，积尸山齐，后继者皆踏尸骸而过，迨集结北溪，仅余七八万人。因辎重全失，无所得食，相率剃发易服，溃散。越日，官军收降招抚三四万人。(《丰顺李志》引《团防平贼记》)〔《太平天国日志》云："十二月廿三日，广东提督高连升、总兵刘清亮于嘉应州大田败洪军部众四万。道员康国器于丰顺县北白水寨生擒金王钟英（驸马）、沛王谭标（谭星子）及朝将黄松、佐将何昌胜等（周王汪麻子阵亡于黄砂嶂）又据平浙。"方略云："十二月廿四日，浙江提督鲍超于嘉应州北溪白沙坝擒东平王何明亮、谭体元等多人总计两日共毙太平军一万余，受降五万余。"又《湘军志》云："十二月癸丑，夜寇溃走，官军登山呼曰：'弃械者免死。'群寇踉道旁求免者六万余人，俘寇将七百三十四，皆斩之。拔良民男女万余人，阵斩群寇可计数者万六千，自寇起至破灭，未曾见斩刈如此之易。"〕

**《清实录》所载相关材料**

**《清穆宗实录》卷一一八，同治三年十月戊寅条**

又谕徐宗干奏：官军击退瑞金窜匪逆，逼漳郡，并请饬浙营得力将官来闽。林文察奏由省启行，驰赴邵、汀一带等折片。瑞金踞贼，经官军击走后，绕窜广东平远、镇平、大埔等处，阑入闽境，窥伺龙岩，直犯漳郡。现在漳郡失守与否，尚无确信。贼势既趋重闽疆，漳属南靖等县，复有土匪串同粤勇假冒发逆，各处滋扰。现在关镇国留守汀州要隘，康国器驻防光邵，徐宗干已饬郭什春带兵勇二千驰往泉州，并调魏喻义、张运兰作速进剿。即着督饬各军，乘新窜之贼喘息未定，一鼓歼除，毋任蔓延。闽省兵力较单，全浙现已肃清。左宗棠檄饬得胜之军，统带劲旅，星驰赴闽，迅殄贼氛，该督职任兼圻，责无旁贷，务须实力区画，以维全局。林文察已赴邵、汀一带，即着探明贼踪，相机进剿，毋稍迟缓。本日据沈葆桢奏，鲍超一军攻克瑞金县城，追贼至距城三十余里之堑田，直达闽界等语。仍着鲍超乘破竹之势，督军出境，会合闽省防军，将此股败匪追捕净尽，以竟全功。前据毛鸿宾等奏，贼由江西窜入平远县城，南雄解围后，贼由江西龙南窜入和平龙川县境，横窜嘉应州界。现在粤省之贼，由大埔窜入闽境，其嘉应等处贼势如何？平远县城是否收复？前调之王文瑞、赵焕联两军，着毛鸿宾、郭嵩焘，飞咨江西、湖南。分饬该员等迅速入粤助剿，并严饬李福泰等，将各处窜匪节节扫荡，以期定东南全局。将此由六百里谕知左宗棠、毛鸿宾、沈葆桢、徐宗干、郭嵩焘，并传谕林文察知之。

**《清穆宗实录》卷一四四,同治四年六月乙亥条**
　　又谕瑞麟、郭嵩焘奏:发逆窜入镇平县城,调军进剿,暨霆营叛勇。窜扰南雄、信丰地方,现筹剿办。及粤省军饷竭蹶,万难协济甘饷各折片。孙长绂奏,遵核协甘饷数,及现筹防剿情形各折片。镇平解围,复被康逆等股阑入,贼势骤张,瑞麟等现派黄添元、邓奋鹏及卓兴等军扼扎龙和长乐要隘,饬李福泰驻扎嘉应策应。方耀等联军进取,徐图恢复镇邑,所筹尚妥。即着督饬各军,实力防剿,截其旁窜之路。一俟援兵齐集,即行会同进击,聚而歼旃。左宗棠当迅催闽军入粤,会合粤省兵勇两面夹击,尽扫贼氛。不得以贼已出境,遂置粤事于不顾。孙长绂所派之席宝田、王开琳两军,均已到赣,即着饬令择要严防。如粤贼窜近边境,即行迎头截击,不准稍有疏虞。镇平文武下落着瑞麟、郭嵩焘查明具奏。至郭松林、杨鼎勋两军,现在行抵何处?瑞麟等所奏咨调苏军,由潮嘉一路进防江楚,及孙长绂奏请俟该两军到江,咨商左宗棠调拨之处。是否可行?着左宗棠、李鸿章斟酌调派,毋失机宜。如郭松林等业已赴苏,应如何添派劲兵,赴粤赴江防剿。即着左宗棠妥筹兼顾,不得稍分畛域。霆营叛勇窜至南雄信丰地方,万一与康逆等股合并一处,为患甚巨。鲍超因伤病举,发叠经有旨严催,尚未据奏报起程。瑞麟等惟当督饬,朱国雄等就现有兵力,视贼所向,跟踪追剿,以靖地方。瑞麟等所奏粤省军饷竭蹶,杨岳斌请拨厘金,目前万难协济等语。自系实在情形,第甘省地瘠民贫,军饷万分支绌。瑞麟等仍当力为其难,设法源源接济,不准稍涉推诿。孙长绂奏,每月协济甘饷二万两,尚须俟防务稍松以后。若他省悉皆如此,甘饷终恐无着。仍着刘坤一、孙长绂、宽为筹画,随时协拨,不准以本境防务为词,膜视甘饷。将此由六百里谕知瑞麟、左宗棠、李鸿章、刘坤一、郭嵩焘,并传谕孙长绂知之。

**《清穆宗实录》卷一四七,同治四年七月壬申条**
　　又谕孙长绂奏:叛勇被击窜逸,已赴粤军乞降,现在筹防情形一折。叛勇与发逆,在吉祥墟搜括粮食,分派不均,互相斗杀,既合复分。叛勇窜长宁被剿,遁往平远,进退失据,遂向粤军乞降。经方耀收受,计七千余人。现令前赴嘉应州石灰港听候处置。着瑞麟、郭嵩焘督饬方耀妥为区画。其有家可归者,酌量递解遣撤,如系无业游民,即遣散亦恐复为贼,须分营安插,令与官兵相辅而行,不可稍涉疏虞,致贻后患。汪逆仍踞镇平,添造木栅望台,意在伺隙而动。着即督饬在事各军,设法攻剿。务须四面兜围,毋令再有窜逸。发逆窜往老龙街,有图犯惠州之意。此股现系何人剿办,卓兴现在何处能否跟击?

又谕瑞麟等奏：逆匪由连平复窜和平，饬军追击。刘坤一奏，逆众窜逼闽省边境，并请将席宝田暂行留营各折片。粤逆窜踞连平之上坪等处，经李福泰、方耀等军率队进攻，将其下坪暖水口炮台平毁。该逆焚烧上坪山寨，窜由龙南复至和平县属地方，尚系十月初十以前事。据刘坤一所奏，王开琳追贼于和平下车，捕斩落后贼数十人。该逆遂于十三日窜龙川之小山墟，又于十八九等日，由兴宁向平远镇平长驱而去。遂据谍报已窜福建武平，是逆踪剽疾，旬余之内，已窜扰三省边境，倏忽东趋。江粤各军，并未大加惩创，扼其奔突，何能制贼死命？

贼踪已近闽边，左宗棠有节制三省之责，务当一面严饬沿边将士扼防本境，杜其深入，一面将江闽粤各路官军妥筹调遣，总期四面兜围，为一鼓聚歼之计。其江粤各军，更不得借口本省边防，徒事株守，致令贼势纵横，骤难蒇事。席宝田现带精毅营剿贼，战事方殷。着准其暂行留营，俟此股发逆扑灭，即行驰赴贵州臬司新任。将此由六百里各谕令知之。

### 《清穆宗实录》卷一六一，同治四年十一月庚寅条

又谕鲍超奏：会合旧部抵防并请督办大臣调度一折。发逆大股盘踞嘉应州城，江、闽、粤三省地界毗连，此剿彼窜，非合三省兵力，四面围歼，势将复行滋蔓。尤须有督兵大员，节制调度，方足以一号令而齐进止。现据鲍超奏称，各军越境会剿，未进之先，各存意见，临期之际，牵制堪虞，争功诿过，窒碍多端。非督师大臣亲临前敌，驱策群力。不免耽延时日，虚糜军饷等语。该提督老于戎行，洞悉军情利弊，所奏深合机宜。左宗棠前辞节制三省之命，朝廷未经允准，叠经谕令视贼所向，驰赴江粤督兵会剿。该督旋因贼陷嘉应，奏明带兵赴粤督剿。着即调齐江、闽、粤三省官军四路进逼，务乘贼势穷蹙之余，就地歼除，不可再令贼踪他窜，又成燎原之势。并着该督亲往嘉应视师，以期呼应灵通。鲍超所部，现已会齐驻扎会昌，听候左宗棠调遣。着该督即约会闽粤各军，订期前进，并檄令鲍超所部，合力进攻，毋得稍分畛域，坐失机宜。所有鲍超军营粮饷，即着该提督行知广东、江西各督抚，严檄地方官设法转运，毋许贻误。前经谕令曾国藩将鲍超一军，酌调赴豫剿办捻匪，现当江、粤军务吃紧之时，鲍超驻军会昌，距嘉应甚近。即着该提督暂缓赴豫，俟发逆荡平后，再行听候曾国藩檄调入豫，助剿捻匪。将此由六百里谕知左宗棠、并传谕鲍超知之。

又谕前据曾国藩奏：鲍超一军，赴豫有益，当经谕令曾国藩酌量檄调。本日据鲍超奏称，驰抵江粤边界，已于本月十二日移扎会昌，现闻康逆大股盘踞嘉应州城，拟即由会昌前往嘉应会剿等语。发逆窜扰粤东，势尚猖獗。

鲍超就近由江赴粤，剿办此股，必能得手。此时若将该军改调赴豫，则舍近图远，往返又需时日，疲于奔走，殊失机宜。就目下军情，揆其缓急，莫若即将鲍超一军，暂留江粤，剿办此股发逆。

民国三十四年《饶平县志补订》卷十七《寇变》，《广东历代方志集成·潮州府部（四十七）》，岭南美术出版社2009年版，第1935–1936页

林能丰，黄冈人，少入双刀会为匪。党羽二百余人，能丰为渠。以耶稣教徒借势凌人，遂于光绪三十年甲辰正月，率党为乱，毁抢黄冈教堂房屋五十余间，掳教民幼女一，教徒被殴者百数十人。事闻于道，府行县严捕究办，能丰等远逃。

# 第五章 同光时期方耀清乡与秩序重建

## 一、概述

同治与光绪年间，粤东地区社会秩序处于失序的状态。由宗族和乡村械斗而引起的"会乡"把乡村割据成不同的势力范围，而官府的势力往往难以有效进入并控制。这些"会乡"成为械斗、盗匪、赌博等扰乱社会秩序的温床和庇护伞。当官府进行整顿的时候，地方便利用"会乡"势力进行抵抗，甚至酿成各类冲突。此外，"会乡"更成为地方反抗官府的地域单元，各种民变及冲突由此而起。

面对日渐无法控制的混乱局面，从潮州知府到知县都想尽一切办法极力改变。比较突出的有潮州知府曾纪泽，和分别任潮阳、海阳、陆丰等知县的陈坤、冒澄、李钟珏等人。他们共同的主张就是变动固有的治理方式，承认地方乡绅在治理中的作用，并推动利用强绅的治理举措。虽然这样的做法最终也无法扭转当时的局面，但奠定了晚清粤东地区基层社会治理的"强绅化"转型。这一时期形成的公文案牍《潮乘备采录》《治潮刍议》《潮牍偶存》《圭山存牍》对地方执政者的想法和做法均有比较详细的揭示。面对失控的社会局面，地方官推行"强绅"治理，以变革传统的官治模式。不过，这种方式还是无法快速地扭转局势。同光时期，方耀受两广总督的指派，以"清乡"方式对潮州基层社会进行治理，开启了军事化治理模式。

### （一）方耀的生平及两次治潮

方耀（1834—1891），名辉，字照轩，广东普宁人。由于屡建战功，方耀从一名普通的乡兵首领，最终擢升为广东陆路提督和水路提督。纵观方耀的一生，可以分为早年的征战和中晚年的地方治理两大阶段。

首先是早年的征战时期。咸丰初年，太平天国起事波及两广地区。广东地区内部也并不安静，洪兵起义肆虐珠三角、粤西及粤北地区，而吴忠恕、陈娘康等起事也引起潮州地区的动乱。太平天国起事与区域动乱的结合，使清政府的统治摇摇欲坠。在这样的历史背景下，方耀之父方源开始组建乡团，一方面保家卫乡，另一方面又可维护朝廷对基层社会的统治。地方志这样介绍方源的经历："道光三十年，粤东西盗贼蜂起，奋然请于当道。自募乡勇五百，赴高廉。"① 方耀先是"随其父原治乡团"，后来由于"征土匪有功"，被升为把总。② 此后，在"督粤桂赣闽等省逐寇"的过程中屡建战功，同治七年（1868）被提升为南韶连镇总兵。③

在与太平军征战时期，方耀建立了以血缘和地缘关系为纽带的方营。方源建立的乡团被称为潮普勇团。因为"是时源诸子俱在军"，"六子随之"与"所部多普人"，④ 所以该团具有明显的家族主义色彩。咸丰六年七月（1856年8月），方源因"积劳成疾"而卒于军中，于是方耀"力肩厥任"，并接受了清军的营制改编，把潮普团变成方营。⑤ 方营保留了浓烈的家族主义色彩，只认将领，"方耀所部尽属潮勇，闻其肆意杀掠，无所不为"⑥。不过，正是方营这种基于血缘和地缘的管理模式，为方耀屡建战功和日后推行的清乡等治理模式奠定了坚实的基石。

其次是中晚年的地方治理时期。太平军被平定之后，方耀被授予南韶连镇总兵，但调署潮州镇任职。同治八年（1869），两广总督瑞麟以"广东潮州府属各县地方，民情强悍，抢掳、械斗习为故常"为理由，派"记名提督署广东潮州镇总兵，实任南韶连镇总兵方耀督带兵勇彻底查办"。⑦ 自此，方耀从潮州地区开始，参与了晚清广东的基层社会治理。

光绪三年（1877），方耀"调属陆路提督"，驻扎在惠州，把治潮的经验推广到该地。光绪五年（1879），方耀任潮州镇总兵，"治潮州、南澳、

---

① 〔清〕卢师识修、赖焕辰纂：《普宁县志》卷七《文物志·武功》，光绪十五年传抄本，见广东省地方史志办公室辑《广东历代方志集成·潮州府部（二六）》，岭南美术出版社2009年版，第496页。

② 〔清〕赵尔巽：《清史稿》列传二百四十四《方耀》，中华书局1977年版，第12678页。

③ 〔清〕卢师识修、赖焕辰纂：《普宁县志》卷六《选举志·仕籍》，光绪十五年传抄本，见广东省地方史志办公室辑《广东历代方志集成·潮州府部（二六）》，岭南美术出版社2009年版，第478页。

④ 〔清〕卢师识修、赖焕辰纂：《普宁县志》卷七《文物志·武功》，光绪十五年传抄本，见广东省地方史志办公室辑《广东历代方志集成·潮州府部（二六）》，岭南美术出版社2009年版，第496页；《建威将军家庙赞并序》[同治辛未年（1871）]，碑存广东省普宁市洪阳镇德安里老寨祠堂大门圆额背面。

⑤ 〔清〕卢师识修、赖焕辰纂：《普宁县志》卷七《文物志·武功》，光绪十五年传抄本，见广东省地方史志办公室辑《广东历代方志集成·潮州府部（二六）》，岭南美术出版社2009年版，第496页。

⑥ 《清穆宗毅皇帝实录（二）》卷六十八，见《清实录》，中华书局1987年版，第366页。

⑦ 《九月二十五日京报全录》，载《申报》1873年12月9日，第3张第5页。

碣石军事"。此次回潮,方耀主要是治理海防。光绪九年(1883),中法发生冲突,方耀升任水师提督,"充海防全军翼长"。在此期间,方耀把潮惠基层社会治理的经验带到了广州府及广西沿海一带,以加强地方的稳定。遂有"尝率师出捣盗穴,广、惠安谧"之说。光绪十七年(1891),方耀卒于任上。①

这一时期值得关注的是方耀的一系列基层社会治理措施。方耀软硬兼施,非常注重民生教化和恢复既有的社会治理方式。在治理潮州期间,除了武力清乡之外,还"御水患以保农田,建书院以育俊秀"。②而在广州府地区则恢复团练、保甲以及重用乡绅等。现存的《照轩公牍拾遗》卷三就有《咨请彭宫保暨督抚两院照会新会士绅设团防文》《照会各府县绅耆将各乡团练事宜会同营县妥筹办理文》《分派各员往广属会办团练札》《拟办广属团练章程》《致南番八县局绅书》《查办广属各乡清理内匪章程》《办理各属沙团保甲条约》等多篇反映方耀在广州府实施基层社会治理的公牍。

方耀两次治理潮州是其人生中最为重要的节点。虽然目前学界内外对方耀两次治潮毁誉参半,③但是无可置疑的是方耀的清乡之法对晚清基层社会治理起到了相当重要的作用,也开启了地方军事化治理的新模式。面对"潮俗故悍,械斗夺敚以为常,甚且负嵎筑寨,拒兵抗粮"之局面,方耀于同治八年(1869)以总兵的身份全面整顿潮州基层社会秩序。④他认为,"积匪不除,民患不息",于是"创为选举清乡法",⑤以武力方式解决潮州地区长期械斗不休、抗粮拒捕等局面。

光绪三年方耀调署陆丰上任广东陆路提督后,又于光绪五年调回潮州,直到光绪九年再次调离。虽然光绪三年到光绪五年名义上是回来办海防,但也同样参与了潮州地区的基层社会治理。所以方耀两次治潮有十年之多,对潮州地区的影响深远。张之洞对潮州地方的调查显示:"彻办之后,风移俗易,地方安靖者垂二十年。"⑥当时的美国传教士也指出:"方将军结束了日

---

① 〔清〕赵尔巽:《清史稿》列传二百四十四《方耀》,中华书局1977年版,第12678页。
② 〔清〕赵尔巽:《清史稿》列传二百四十四《方耀》,中华书局1977年版,第12678页。
③ 参见陈泽泓《亦悍亦儒存毁誉——清广东陆路、水师提督方耀》,见《广东历史名人传略续集》,广东人民出版社2004年版,第371—378页;陈泽芳、林扬东:《从方耀评价的两大分歧看历史人物评价问题》,载《南方职业教育学刊》2015年第1期。
④ 〔清〕赵尔巽:《清史稿》列传二百四十四《方耀》,中华书局1977年版,第12678页。
⑤ 〔清〕赵尔巽:《清史稿》列传二百四十四《方耀》,中华书局1977年版,第12678页。
⑥ 〔清〕方耀:《复张香帅督过书》,见方耀著,郑国藩、吴鸿藻选辑《照轩公牍拾遗》卷四,民国抄本,第5a页。

益混乱的局面，社会稳定得到维护，秩序得以重建。"① 1881—1891 年的潮海关十年报告特别指出方耀治潮的业绩："从那以后，到处一片平静，人民感到了安全，能够将注意力转移到耕种土地，从事和平生产上来。一度荒废的田地重获耕作，荒山变成了梯田。甚至无数河滨地经过围垦、排干，使之生长出丰富的作物。"② 1909 年的潮州乡土教科书也说："方耀以总兵镇潮，严禁令，创惩办。强族豪乡，无不服法，闾里肃靖……至今士民，咸受其德。"③

## （二）方耀的基层治理策略及实践

方耀出生于道光十四年（1834），其时姚柬之正在揭阳县任上强力捕盗、止斗，粤东地区已经是乱象初现。方耀称：

> 忆自童时习见乡邻有斗，被发缨冠者，固未之前闻，亦从未闻有官兵弹压解散之事。迨至焚掳、劫杀，互毙至百数十命，仍不过自起自灭，官长不复过问。其所谓起衅主谋是非曲直，文牍所不载，政令所不及。养痈贻患，刁风日长，此地方官之失于容纵者。④

方耀自幼生活在好勇斗狠、官府腐败无能与社会秩序失控的社会环境之中。这样的环境一方面促成了他后来从武从戎的职业选择，另一方面影响了他日后地方治理采取软硬兼施的策略主张。

方耀的基层治理策略主要内容包括推行教化与设置防控体系两大方面。方耀虽然是行伍出身，但是他深切体会到教育在地方社会治理中的功能。他曾经自谦地说自己是"一介武夫，毫无知识"⑤，不过清廷重臣郭嵩焘却评价方耀"人甚文秀，不类武将"⑥。方耀认为，教育不一定能够使人人都能

---

① William Ashmore, A Clan Feud near Swatow, *The Chinese Recorder and Missionary Journal*, Vol. 27, NO. 5, May, 1897, p. 215.

② 甘博：《1882—1891 年潮海关十年报告》，见中国海关学会汕头海关小组、汕头市地方志编纂委员会办公室《潮海关史料汇编》，内部资料，1988 年，第 28 页。

③ 翁辉东、黄人雄合编，徐庆元校定：《潮州乡土历史教科书》第四册，"第十九课方耀清乡"，海阳剑光编书社，1909 年刊本，第 16b 页。

④〔清〕方耀：《复张香帅督过书》，见方耀著，郑国藩、吴鸿藻选辑《照轩公牍拾遗》卷四，民国抄本，第 5b 页。

⑤〔清〕方耀：《复张香帅督过书》，见方耀著，郑国藩、吴鸿藻选辑《照轩公牍拾遗》卷四，民国抄本，第 9b 页。

⑥〔清〕郭嵩焘著，杨坚、钟叔河主编：《郭嵩焘日记（2）》，湖南人民出版社 1982 年版，第 143 页。

通达，但是如果从儿童开始接触教育的话，"可隐消其悍戾之萌"。所以他在治理潮州地区的时候就开启"兴教化以端士习"之路。① 方耀在潮州地区修建了大量的书院和义学（见表1及表2），"设乡学数百所，郡邑立书院，延礼通儒"②。书院是读书、讲学、藏书与祭祀先贤的重要场所，而义学往往起到启蒙和普及教育的功能。不论是书院，还是义学，都对地方教化起到重要的推动作用。

表1 方耀在潮州地区倡办书院一览③

| 县 | 书院 | 时间 | 备注 |
| --- | --- | --- | --- |
| 海阳县 | 金山书院 | 光绪三年（1877） | 倡建 |
| | 龙溪书院 | 光绪六年（1880） | 倡建 |
| 潮阳县 | 东山书院 | 同治年间 | 重修 |
| | 奎光书院 | 同治十三年（1874） | 改建 |
| | 六都书院 | 同治十二年（1873） | 倡建 |
| | 培元堂文祠 | 光绪二年（1876） | 倡建 |
| 揭阳县 | 榕江书院 | 同治十年（1871） | 拨款经费 |
| | 兴道书院 | 同治十一年（1872） | 改建 |
| | 蓝田书院 | 同治十二年（1873） | 重建 |
| | 宝峰书院 | 同治十三年（1874） | 拨款建 |
| 惠来县 | 葵峰书院 | 同治十三年（1874） | 改建 |
| | 龙溪书院 | 光绪十年（1884） | 改建 |
| 澄海县 | 蓬砂书院 | 不详 | 倡建 |
| | 方公讲院 | 不详 | 倡建 |
| 大埔县 | 启元书院 | 同治七年（1878） | 拨款建 |

---

① 《九月二十五日京报全录》，载《申报》1873年12月9日，第2张第4页。
② 饶宗颐：《方提督耀》，见《潮州先贤象传》之《像二八》，汕头市立民众教育馆，1947年。
③ 资料来源于饶宗颐纂修：《潮州志（四）》之《教育志·书院》，民国三十八年铅印本，见广东省地方史志办公室辑《广东历代方志集成·潮州府部（九）》，岭南美术出版社2009年版，第2104、2107-2108、2110、2112页；吴榕青：《潮州的书院》，香港艺苑出版社2012年版，第105-106页；惠来县地方志编纂委员会编：《惠来县志》，新华出版社2002年版，第573页；《无额碑记》（同治十年），碑存广东省普宁市里湖镇里湖镇第一小学。

(续上表)

| 县 | 书院 | 时间 | 备注 |
|---|---|---|---|
| 普宁县 | 三都书院 | 同治十年（1871） | 重修 |
|  | 上社书院 | 同治十年（1871） | 倡建 |
| 丰顺县 | 蓝田书院 | 同治九年（1870） | 倡建 |
|  | 鹏湖书院 | 同治十一年（1872） | 拨款经费 |

表2　方耀在潮州地区倡办义学一览①

| 县 | 义学 | 时间 | 备注 |
|---|---|---|---|
| 海阳县 | 有造义塾 | 同治八年（1869） | 倡建 |
|  | 有德义塾 | 同治八年（1869） | 倡建 |
|  | 凤塘义塾 | 光绪八年（1882） | 倡建 |
| 潮阳县 | 新设义学（东门长寿庵） | 同治十二年（1873） | 倡建 |
|  | 新设义学（西门紫霄宫） | 同治十二年（1873） | 倡建 |
|  | 新设义学（南门梵王宫） | 同治十二年（1873） | 倡建 |
|  | 新设义学（北门龙神庙） | 同治十二年（1873） | 倡建 |
| 普宁县 | 麒麟义学 | 同治年间 | 倡建 |
|  | 普东义学 | 光绪二年（1876） | 重建 |
| 丰顺县 | 蓝田义学 | 同治九年（1870） | 倡建 |

书院办学经费基本上来自清乡所得之财产，时人是这样评价方耀的："以罚锾振兴九邑风教。"② 比如，同治十年（1871），"潮镇方耀拔罚锾三千两"，给揭阳县榕江书院置买产业。③ 丰顺县汤坑市内的蓝田书院原来为文庙庙址。同治九年，方耀清乡驻扎在这里，"乃酌拨款项，发交绅士生

---

① 资料来源于饶宗颐纂修：《潮州志（四）》之《教育志·义学》，民国三十八年铅印本，见广东省地方史志办公室辑《广东历代方志集成·潮州府部（九）》，岭南美术出版社2009年版，第2132－2133、2138－2139页。

② 〔清〕邹进之修、温廷敬纂：《大埔县志（一）》卷四《营建志·黉舍》，民国三十二年铅印本，见广东省地方史志办公室辑《广东历代方志集成·潮州府部（二十二）》，岭南美术出版社2009年版，第401页。

③ 〔清〕王崧修、李星辉纂：《揭阳县续志》卷一《建置志书院》，光绪十六年刻本，见广东省地方史志办公室辑《广东历代方志集成·潮州府部（十七）》，岭南美术出版社2009年版，第461页。

息，延聘山长，以设教其中"，由此，倡建了蓝田书院。① 海阳县金山学院的经费也是"方耀于办理潮属积案时将有所争执者拨充之"②。这些做法足见方耀对教化的重视。

方耀基层治理策略的另一个内容是设置官民合一的防控体系。方耀依靠动乱时期举练团防起家，深知既存的宗族、团练等民间组织对推动乡村治理的作用。于是，方耀以军事化模式整合既有的民间组织，建立官民合一的防控体系。他在治理潮州期间，"择豪族中正人为乡正副，层递稽察，分别良莠，许其自新，由乡县至府而自挈其纲"③。方耀治潮的这一防控体系在地方志和公牍里有些介绍：

> 耀镇潮州时，以潮俗喜斗，不除积匪，其患不息……设局选绅士之公正者，主其事。使乡举正一人，副一人；族举族正副如之。族大者，房举房正副，亦如之。由房族正副至于局绅皆得随时晋谒，勿言事。有以盗告者，即往捕诛，潮人始知有官法。④

> （设）公局若干处，总局绅士若干员，分局绅士若干员，各分局管辖若干乡……每乡选举公正得力之人为乡约、房族正副。其一姓聚族而居者，公举本族公正之人为族正、族副；人数众多者添设房正、房副。其数姓同居一乡者，应令公举乡正、乡副；其各大乡或各小乡同归一路者，应由分局公举约正、约副。各给木戳，责令专司约束稽查。有事由房、族长告之乡约正副，乡约正副告之公局，由局禀官。近限本日，远限二三日，必须达到。⑤

第一则史料虽然出自《东莞县志》，但是显然是在讲方耀治潮时所实施的办法。第二则史料来自《方照轩公牍》，讲的是方耀治理南海、番禺、顺德等广府地区的做法。不过考虑到方耀在广府地区治理推行的是"按治潮

---

① 〔清〕葛曙纂修、许普续修、吴鹏续纂：《丰顺县志》卷二《建置志·学宫》，光绪十四年续修增刻本，见广东省地方史志办公室辑《广东历代方志集成·潮州府部（三十）》，岭南美术出版社2009年版，第455页。
② 饶宗颐纂修：《潮州志（四）》之《教育志·义学》，民国三十八年铅印本，见广东省地方史志办公室辑《广东历代方志集成·潮州府部（九）》，岭南美术出版社2009年版，第2145页。
③ 饶宗颐：《方提督耀》，见《潮州先贤象传》之《像二八》，汕头市立民众教育馆，1947年。
④ 〔清〕陈伯陶等纂修：《东莞县志》卷五十二《宦绩略四》，民国十年（1921）铅印本。
⑤ 〔清〕方耀：《查办广属各乡清理内匪章程》，见方耀著，郑国藩、吴鸿藻选辑《照轩公牍拾遗》卷三，民国抄本，第13b—14a页。

成法"的情况,① 可以把第二则史料作为治潮时期的旁证。

结合两则史料,可以知道方耀在治潮时推行的防控体系正是"县—总局—分局—乡约—族—房"的模式。这是一套由上而下建构起来的比较严密的体系,已经把既有的宗族组织、乡约组织有效纳入其中。这一套体系的顺利运作,能够有效打破晚清时期官民隔阂的局面,对地方治理有一定的成效,"官民相亲,联为一气。耳目不致壅蔽,而办事亦有纪纲"②。

方耀在强调内部防控体系的同时,还特别强调公局的局绅要注意举办团练,"应将团练事宜,责令专司经理"③。其设置办法为"每都设团练公局一所,各就本都选派明白晓事之公正绅者,总理其事","每百人为一小团,以团长、团副各一人管之;五百人为一大团,以团总一人率之。其畸零小村不及百人者,令其归并附近大村办理"。结果潮州各地纷纷建立起了严密的团练组织,"海阳设局十处,得团丁一万二千零七十八名;潮阳设局十三处,得团丁二万九千三百六十五名;揭阳设局八处,得团丁一万六千七百三十九名;饶平设局八处,得团丁一万三千六百四十五名;惠来设局七处,得团丁一万零八十九名;澄海设局六处,得团丁一万三千一百四十五名;南澳设局三处,得团丁二千名"。其作用显然是"无事则各安耕作,有事则共卫乡间"。④

当然,方耀在地方上推行教育教化及建立防控体系,主要还是以军事化的武力举措为靠山。当面对"素为盗薮顽抗不率者"之时,"始行围捕";⑤遇到"有以盗告者"的时候,"即往捕诛"。⑥

### (三) 方耀清乡及其效果

咸丰、同治年间的潮州地区,社会失序,处于全面动乱之中。当时的报纸就一针见血地指出了这种情况:"道光年间风气日坏,其始不过大族侵暴小姓,强宗凌虐弱房。驯至抗粮拒捕,戕官围城,无所不至。数十年来积案

---

① 〔清〕陈伯陶等纂修:《东莞县志》卷五十二《宦绩略四》,民国十年(1921)铅印本。
② 〔清〕方耀:《查办广属各乡清理内匪章程》,见方耀著、郑国藩、吴鸿藻选辑《照轩公牍拾遗》卷三,民国抄本,第14a页。
③ 〔清〕方耀:《拟办广属团练章程》,见方耀著、郑国藩、吴鸿藻选辑《照轩公牍拾遗》卷三,民国抄本,第7a页。
④ 饶宗颐纂修:《潮州志(四)》之《兵防志·海防》,民国三十八铅印本,见广东省地方史志办公室辑《广东历代方志集成·潮州府部(九)》,岭南美术出版社2009年版,第2017–2018页。
⑤ 《惠州府志》卷十八《郡事下》,光绪七年刊本。
⑥ 〔清〕陈伯陶等纂修:《东莞县志》卷五十二《宦绩略四》,民国十年(1921)铅印本。

之多，几于不可究诘。"① 面对这种"浇风渐长，各乡斗杀陋习时有蠢蠢欲动之势"的局面，"各属地方文武尤不善于抚绥"。② 就在"潮属地方糜烂，不可收拾"的情形之下，方耀作为潮人身份被瑞麟"畀之以重任，假之以事权"，从而"募勇练兵，彻查严办"。③ 于是，方耀以总兵的武官身份参与基层社会治理，开启了潮州乃至广东清乡的军事化治理模式。《香港华字日报》就说："吾国清乡以方、邓二公为先河。"④ 这里的"方"就是指方耀。

所谓"清乡"，一般是指在特殊时期，统治者使用军队等武力形式快速肃清地方动乱的一种方式。其主要特点就是用非常态的手法清除一切动乱因素，维护社会稳定。方耀在潮州地区的清乡总体思路是"良者安之，暴者除之"，"其凶恶昭著者，杀无赦"。⑤ 他在潮州的清乡主要从两方面入手：一是"各属积案抗不遵传，饬由营集讯断结"；二为"各属钱粮抗欠日久，饬由营设法催收"。⑥ 前者的"积案"主要指械斗成案、臭名盗匪及戕官杀将者，而后者主要是一些依靠武力抗官的大乡村。

方耀的清乡主要清理了那些会乡械斗及戕官杀将的案件。马立博（Robert Marks）认为："方耀将军的清乡正是为了对付日益严重的械斗所导致的官府失控的局面。"⑦ 方耀清乡办理的案件就有潮阳县沙陇郑锡彤会党抄杀盘踞抗官案，戕杀副将膺保、巡检章坤案，澄海县谢昆冈等劫掳焚杀案，惠来县戕杀知县汤廷英案，揭阳县戕杀知县王皆春案，田笼得竖旗叛逆案，以及饶平县殴辱黄冈协文武官案。这些案件基本上是咸丰年间吴忠恕、陈娘康起事期间发生或引发，也都是"地方官所不能为，抑亦地方官所不敢为"⑧。方耀力求肃清这些案件。比如，咸丰六年（1856），揭阳县霖田都

---

① 《九月廿四日京报全录》，载《申报》1873年12月8日，第2张第4版。
② 〔清〕方耀：《复张香帅督过书》，见方耀著，郑国藩、吴鸿藻选辑《照轩公牍拾遗》卷四，民国抄本，第9a–9b页。
③ 〔清〕方耀：《复张香帅督过书》，见方耀著，郑国藩、吴鸿藻选辑《照轩公牍拾遗》卷四，民国抄本，第6a页。
④ 《续江孔殷上张督清乡意见书》，载《香港华字日报》1911年5月22日，第4版，"广东新闻"。
⑤ 〔清〕方耀：《复张香帅督过书》，见方耀著，郑国藩、吴鸿藻选辑《照轩公牍拾遗》卷四，民国抄本，第6a页。
⑥ 〔清〕方耀：《复张香帅督过书》，见方耀著，郑国藩、吴鸿藻选辑《照轩公牍拾遗》卷四，民国抄本，第6a页。
⑦ Robert Marks. *Rural Revolution South China: Peasants and the Making of History in Haifeng County*, 1570–1930. The University of Wisconsin Press, 1984, p. 63.
⑧ 〔清〕方耀：《复张香帅督过书》，见方耀著，郑国藩、吴鸿藻选辑《照轩公牍拾遗》卷四，民国抄本，第6b页。

莪萃乡吴阿顶、吴阿智与吴阿干等联合乡人纠党抗官，把前来镇压的知县王皆春和把总郑英杰杀死。虽然吴阿顶与吴阿智等被正法，但是吴阿干却逃到海外。事隔十几年后，吴阿干从海外回来，被正在清乡的方耀获知。于是，方耀派官军擒获了吴阿干，"剖其肝以祭王、郑二公"①。

方耀在潮的清乡成果显著，"数年间讯结积案数千余起，惩办著匪三千余名，征收旧粮百万余两，起获炮械数千余件"②。社会也从动乱中逐渐趋于稳定。在方耀清乡的前二十年，潮州地区的"强横为一省之最"，清乡后的近十年，"其安靖亦为一省之最"。③揭阳县，"举百数十年来斗狠梗化之氛涤而荡之，土俗豁然一变，有司得以敷治宣猷"④。潮阳县，"方照轩军门所办沙陇乡诸案，炯戒昭昭，耳目间晞"⑤。陆丰县，"一时铳手潜伏不出，以故（光绪）十四、五、六三年县属斗风稍戢，斗案较少"⑥。方耀的清乡逐渐成为地方官所依赖的治理手段之一。比如，陆丰县"历来办理斗案，必请方营"⑦。早在光绪初年，陆丰县竹仔林等乡发生乌红旗械斗，知县徐赓陛在"兵役积疲已久，实不堪用"，"勇壮虽可缉捕，而线路不熟，脉络不灵"，"绅士则说事过钱，闻风蚁附，帮同捕匪，百计诿延"的情况下，只好请求方耀带兵清乡。⑧

方耀在潮州地区的清乡有几个显著的特征。陆丰知县李钟珏对方耀的清乡举措有清醒的认识：

> 方营办法有二，谓之曰红血、白血。如严拿凶犯有获，必诛惩警犯属，焚拆房屋，此之为红血。获案之匪贷其一死，责令重出罚款。在逃者勒令房族具缴花红，按其罪迹轻重每名多至数百，少亦数十，此之谓

---

① 〔清〕王崧修、李星辉纂：《揭阳县续志》卷四《事纪下》，光绪十六年刻本，见广东省地方史志办公室辑《广东历代方志集成·潮州府部（十七）》，岭南美术出版社2009年版，第572页。
② 〔清〕方耀：《复张香帅督过书》，见方耀著，郑国藩、吴鸿藻选辑《照轩公牍拾遗》卷四，民国抄本，第6b页。
③ 〔清〕方耀：《复张香帅督过书》，见方耀著，郑国藩、吴鸿藻选辑《照轩公牍拾遗》卷四，民国抄本，第5b页。
④ 〔清〕王崧修、李星辉纂：《揭阳县续志》之《卷首·李序》，光绪十六年刻本，见广东省地方史志办公室辑《广东历代方志集成·潮州府部（十七）》，岭南美术出版社2009年版，第433页。
⑤ 〔清〕周恒重修、张其翱纂：《潮阳县志》之《卷首·张序》，光绪十年刻本，见广东省地方史志办公室辑《广东历代方志集成·潮州府部（十五）》，岭南美术出版社2009年版，第1页。
⑥ 〔清〕李钟珏：《圭山存牍》，手抄本，1895年，第17b页。
⑦ 〔清〕李钟珏：《圭山存牍》，手抄本，1895年，第17b页。
⑧ 〔清〕徐赓陛：《禀方军门请亲临查办》，见《不自慊斋漫存》卷五《陆丰书牍》，沈云龙主编：近代中国史料丛刊（第78辑），台北文海出版社1967年版，第542页。

白血。是以凡经严办之乡，非败屋颓墙，弥望凋敝，即鸠行鹄面，举目贫寒。然而惩一而众未知警，此灭而彼又忽兴。民穷、法穷，而积习终未改变。①

陆丰在处理械斗的时候，虽然都会请方耀军队帮忙，但是却取不到治本的效果。李钟珏对方耀的清乡之法有深刻认识，特别指出了清乡的武力性和勒收花红两大特征。当然，除此之外，方耀的清乡还要依靠地方强绅。实际上，其做法具有三大特征。

第一，打破武官不能审案的成规，甚至还突破司法权限，采用"就地正法"的方式。清代规定武官只能协助地方办案，不能直接办案，审案权归地方州县等文官。武官若擅自审案，将要受到严重的惩罚。方耀以总兵的身份治潮，按常规并没有案件审判权，但特殊时期，方耀还是把持了这一权力。方耀的解释是：

> 耀驻师某邑，民间控诉，纷至沓来，既曰办案，自不能不为之清理。其寻常细故，即饬妥员局绅劝谕排解，俾免仆仆公庭……各属每以营中别无讼费，与衙署层层胶削者迥不相同，故控诉者多，而断结尔速。②

不论做何种解释，方耀以武官身份审案而打破朝廷成规已经是事实。

此外，方耀在清乡时，采用"就地正法"的方式，以树立自己的威严。其做法是"所有先后拿获各犯，均经随时讯认，迭次劫杀抢掳等情不讳，照案就地正法"③。当然，"就地正法"在一定程度上对树立威权与快速治乱有着立竿见影的效果。不过，这也在一定程度侵蚀了清政府的司法权，甚至造成大量的滥杀和枉杀。清末的报纸就直接指出方耀的清乡，"杀人不可谓不多矣"④。以至于方耀尚在职期间，就有人向朝廷控告"广东潮州镇总兵方耀办理积案，枉杀甚多"⑤。

---

① 《禀候补府吴王》，见李钟珏《圭山存牍》，手抄本，1895年，第28a页。
② 〔清〕方耀：《复张香帅督过书》，见方耀著，郑国藩、吴鸿藻选辑《照轩公牍拾遗》卷四，民国抄本，第8a页。
③ 《九月廿四日京报全录》，载《申报》1873年12月8日，第2张第4版。
④ 《续江孔殷上张督清乡意见书》，载《香港华字日报》1911年5月22日，第4版，"广东新闻"。
⑤ 〔清〕曾国荃：《遵旨查明总兵被参各款疏》（光绪八年八月十六日），见梁小进校编《曾国荃集（2）》，岳麓书社1998年版，第100页。

第二，重视发挥地方乡绅的作用。咸丰之后，伴随着地方动乱和团练的兴起，乡绅的作用愈来愈明显。方耀的清乡也是在乡绅的配合下进行的。上文讲到方耀建立一套旨在打通官民的防控体系，其中很重要的一个环节就是乡绅。《申报》对这种做法有详细的报道：

> 方耀等督同地方官按乡按族划分地段，遴选正派绅耆充为乡约及族正、族副，严定章程责成管束，将会乡械斗、掳人劫掠、霸田发冢种种恶习概行禁绝。某处有犯即为该乡约等是问，子弟不听约束，准其送官惩处。倘该约正等庇匪玩法，把持公事，立即褫革功名，拘案究办。①

从这里明显地可以看出，方耀非常注重调动乡绅的力量。其实际情况亦是如此。同治年间太平军余部波及丰顺与大埔两县的时候，方耀到丰顺办清乡，首先做的就是"谕汤（坑）设保安局，举罗国材、徐琨、张仲宣、丘达权等十人为局董"②。而在执行防卫任务时，"方耀等联络士绅会督兵勇亲历各属"③。

方耀的做法是晚清潮州地区官治变革的一种延续，且更加深化了重用强绅的举措。

第三，创办"花红"名目。所谓"花红"就是用来赏赐清乡中表现得好的军、绅、民，也就是悬赏金。只不过，"他省多取之官，而广东独取之民"。④广东的"花红"由乡绅向民众收取，"粤东遇有著名巨盗、首要匪犯匿迹远扬，一时难弋获者，往往由乡局各绅筹备花红，存候获犯赏给"⑤。而"潮属自开办积案以来，陆续拿获匪犯，均经各属绅耆先期筹备花红银两，缴局存储。获犯之后，由公局各绅按名发给"⑥。也就是说，潮州地区每个公局都会向民众收取花红，作为清乡经费。方耀治潮时期，"潮属公局

---

① 《九月二十五日京报全录》，载《申报》1873年12月9日，第2张第4页。
② 〔清〕刘禹轮修、李唐纂：《丰顺县志》卷二十一《列传三·义行》，民国三十二年铅印本，见广东省地方史志办公室辑《广东历代方志集成·潮州府部（三十一）》，岭南美术出版社2009年版，第527页。
③ 《九月廿四日京报全录》，载《申报》1873年12月8日，第2张第4版。
④ 《清宣统政纪》，中华书局1987年版，第453页。
⑤ 〔清〕曾国荃：《遵旨查明总兵被参各款疏》（光绪八年八月十六日），见梁小进校编《曾国荃集（2）》，岳麓书社1998年版，第101页。
⑥ 〔清〕曾国荃：《遵旨查明总兵被参各款疏》（光绪八年八月十六日），见梁小进校编《曾国荃集（2）》，岳麓书社1998年版，第101页。

约共所收花红之银三十一万余两"①。光绪十三年（1887），陆丰县除了碣石、甲子、博美、南塘、大安、河田各保安分局所收的花红不算，"县城保安总局经收各乡著匪三百四十余名，花红银三万八千余两"②。这既为方耀的清乡提供了有效的物质保障，也为公局等团练组织在基层治理中发挥作用奠定了基础。

### （四）方耀清乡的影响

方耀死后，方营的影响力虽然还在，但已经大大不如以前，社会风气也变得恶劣。《岭东日报》报道说："潮属民俗强梁，自方军门卒后，械斗纷起，盗劫渐多。"③ 不过，方耀的清乡办法还是得到保持，也不断得到重提和肯定。光绪三十一年（1905），潮州士绅范家驹等"以潮乱日极，清乡难缓"等为理由向两广总督上书。④ 不久后得到的批复就是："极应举办清乡，以靖地方而免酿患……复令吴镇军率队前往弹压查办。"⑤ 乡绅李承牧在向两广总督请求派文武大员统率大兵在东江地区实行清乡时，就特别提到"仿前水师提督方耀剿办潮州章程"⑥。这一时期的清乡一方面延续了方耀时期的做法，另一方面也有所深化。

首先是武官办案，文官协助，甚至文官也进行清乡。1905年两广总督的批词中就要求新上任的潮州镇总兵吴祥达"察看情形，何属械斗最盛，何属贼匪披猖，分拨弁勇前往，协同该有司按乡清查，澈（彻）底拿办"⑦。同年，潮阳县溪头下厝与盐水丁乡发生械斗，伤毙多命。吴祥达闻讯，于五月初九日派兵勇去镇压，并"遣勇诣县告知俞大令"。由于刚好遇到考试时期，知县只好于初十日派县丞带领差役"驰往合办"。⑧ 十二日吴祥达由潮阳县峡山乡率勇赴普宁县，"是晚即会同魏大令亲督勇队"到布袋寮乡围捕盗匪，接下来顺便往魔坑乡围捕黄姓盗窝。十三日，到南径乡追交罗姓劫匪。十四日，赶到和尚寮办斗案，十五日才回到行营。⑨ 吴祥达的清乡措施

---

① 〔清〕曾国荃：《遵旨查明总兵被参各款疏》（光绪八年八月十六日），见梁小进校编《曾国荃集（2）》，岳麓书社1998年版，第101页。
② 〔清〕李钟珏：《圭山存牍》，手抄本，1895年，第17b页。
③ 《续纪潮绅禀办清乡之批词》，载《岭东日报》1905年3月20日，第3版，"潮嘉新闻"。
④ 《认真清乡禀稿》，载《岭东日报》1905年4月19日，第3版，"潮嘉新闻"。
⑤ 《续纪潮绅禀办清乡之批词》，载《岭东日报》1905年3月20日，第3版，"潮嘉新闻"。
⑥ 《续志认真清乡稿》，载《岭东日报》1905年4月20日，第4版，"潮嘉新闻"。
⑦ 《续纪潮绅禀办清乡之批词》，载《岭东日报》1905年3月20日，第3版，"潮嘉新闻"。
⑧ 《吴镇军清乡之近闻》，载《岭东日报》1905年3月20日，第3版，"潮嘉新闻"。
⑨ 《补志吴镇军往普宁清乡事》，载《岭东日报》1906年1月16日，第3版，"潮嘉新闻"。

真的是"按乡清办",并且联合知县。这样的做法一方面是遵循上级的要求,另一方面也是为了避免不必要的麻烦。

虽然吴祥达办案联合了地方文官,但更多时候也是直接执行审案职能。1906年,潮阳县梅花乡郑某甲拐卖儿童,被人抓获后,送到吴祥达的行营中。吴祥达即刻"过堂讯问"。① 武官在清乡过程中仍然保留了"就地正法"的做法。1906年,陆丰县贼匪猖獗,抢劫时常发生,总兵孙国乾奉命前去清乡,焚烧水墘三乡,拿获陈姓六十余人。此后又缉拿三百余人,"匪徒正法者,有六十余人"②。

武官清乡之外,文官也进行清乡。1905年,孙国乾在揭阳县观音山一带清乡,只抓获了黄袭祥与黄华的家属及其党羽,而主谋黄袭祥与黄华已经逃匿。于是,孙国乾"函请郑大令驻乡会办"。知县接到函电后,即刻"前往该乡襄办一切"。③ 这里显然是在武官要求之下,由文官执行的。当然,也有文官自己去清乡的。1904年,潮阳县门辟司属地方发生械斗案,知县收到消息后,立即"前往门辟属清办"④。同时,"再往洋背、树厦各乡办理未了之案"⑤。

其次是依靠乡绅的纽带作用。1906年,吴祥达带领军队与知县在大埔县,"按乡清办,闻到处,令绅士约束子弟,并取具保结,尚不至于骚扰"⑥。乡绅的作用无可替代,一方面能够作为乡村担保者,另一方面又能有效执行清乡军队的命令。当清乡官军在大埔县拿获淫僧两人时,"旋为胡寮绅士保领而去"⑦。

最后是花红的勒缴。方耀清乡之时,"花红"名目成为军队的重要财源。方耀之后,不论文官还是武将清乡都非常注重花红的勒缴。1904年,潮阳县西卢乡同姓发生械斗,潮阳知县与续备军进行清乡处理,结果是该乡闻祖派陈琴书等"遵缴花红五千元",而谷祖一派拒绝缴纳。于是,知县把该派在汕头的某行东"拿获解县,暂押捕衙"。⑧ 1905年,普宁县桥柱与埔塘乡发生械斗,经过总兵吴祥达的调处后,方告结案。其处理结果也是

---

① 《吴镇军惩办拐徒》,载《岭东日报》1906年1月15日,第4版,"潮嘉新闻"。
② 《孙军门严办海陆匪后拟移驻惠来》,载《岭东日报》1906年1月5日,第3版,"潮嘉新闻"。
③ 《揭阳令会办清乡》,载《岭东日报》1905年7月18日,第3版,"潮嘉新闻"。
④ 《俞大令复办清乡》,载《岭东日报》1904年11月8日,第4版,"潮嘉新闻"。
⑤ 《驻办西沪清乡》,载《岭东日报》1904年12月3日,第3版,"潮嘉新闻"。
⑥ 《续备军清办大埔会匪之详情》,载《岭东日报》1906年1月15日,第4版,"潮嘉新闻"。
⑦ 《续备军清办大埔会匪之详情》,载《岭东日报》1906年1月15日,第4版,"潮嘉新闻"。
⑧ 《西沪清乡近情》,载《岭东日报》1904年12月31日,第3版,"潮嘉新闻"。

"各乡情愿具遵报效银数万元"①。

方耀之后的清乡扩大了范围，愈来愈走向常规化。方耀时期的清乡主要针对抗粮拘捕、会乡械斗及会（匪）党抗官等情形，并不包括一般案件。而方耀之后的清乡范围就扩大到普通抢劫、盗匪，甚至是一般纠纷。比如，揭阳县拐匪李亚海"素以贩猪仔为生"，被告发后成为清乡兵勇捕获的对象。而烂仔郑亚奥由于抢劫县城黄千盛，"经黄某指控，悬五百金购缉"，最终被管带陈松龄拿获。② 1906年，潮阳县梅花乡郑某甲因为拐卖儿童成为被拿的对象。③ 同年，吴祥达在大埔清乡，"拿获淫僧二人"④。在这里，不守规矩的僧人都成为清乡的对象，可见清乡的范围已经无所不至。

坟墓是深度笃信风水的潮人的重要纠纷点，往往也是地方官执政的难点。当时坟墓纠纷的解决也成为军队清乡的内容。潮阳县南洋乡的郭姓宗族有祖墓在普宁县桂江都，而墓地旁的祭田屡屡被人侵犯，并建有墓穴十几处。在多次逼迁无效的情况下，郭族便"赴郡求准孙军门，派勇十名，抵墓督迁"，结果获孙国乾总兵的同意，很快得到落实。⑤

由上，方耀在治理潮州期间软硬兼施，最主要的是实施军事化治理。他所实行的清乡举措逐渐成为清末潮州基层社会治理的重要组成部分。方耀之后，地方继任的文武官员对于治理粤东也别无新意，再无良法，只有继承方耀清乡法，并推广应用于地方治理的各个领域。依靠武力与金钱的清乡，对于社会治理而言，只能止一时之痒，并不能祛除病根。清末粤东官员一味依靠清乡这一剂猛药，使地方民众对朝廷、官府徒增不信任、怨恨与恐惧之感，更加强化了地方社会对武力与金钱的追求。不久之后，在辛亥革命中，民军几乎是不费吹灰之力就光复全潮、全粤，这或许可以视作清乡这一猛药对清朝躯体的反噬。

---

① 《孙军门清乡近情汇述》，载《岭东日报》1905年7月15日，第3版，"潮嘉新闻"。
② 《孙军门清乡近情汇述》，载《岭东日报》1905年7月15日，第3版，"潮嘉新闻"。
③ 《吴镇军惩办拐徒》，载《岭东日报》1906年1月15日，第4版，"潮嘉新闻"。
④ 《续备军清办大埔会匪之详情》，载《岭东日报》1906年1月15日，第4版，"潮嘉新闻"。
⑤ 《孙军门清乡近情汇述》，载《岭东日报》1905年7月15日，第3版，"潮嘉新闻"。

## 二、史料辑录

### （一）同光时期的动乱

**同治十二年《海丰县志》卷下《邑事》，《广东历代方志集成·惠州府部（十二）》，岭南美术出版社2009年版，第474页**

（同治四年）七月嘉应长乐失守。恐贼由南岭窜扰，清治、遵义两局绅士奉县谕，各雇勇三百名驰守海陆交界之佛子垇。

**民国三十二年《丰顺县志》卷三《大事记（一）》，《广东历代方志集成·潮州府部（三十一）》，岭南美术出版社2009年版，第87－94页**

（光绪元年）秋七月，禁广东围闱姓赌博。

（光绪四年）谕严缉贩枭、私枭。

十二年春二月，总督张之洞奏禁州县械斗办法。

（二十一年）夏五月，永安、长乐会匪蠢动，令各乡举办团练。

（二十二年）四月，兴宁泥坡墟会匪暴动，县城惊扰。时举行县试，各乡士人多在县上，寨村妇传闻股匪南窜水口墟来县，大呼贼至，唤夫回家。县令开试院门回署，士子争相逃避。越日，潮州镇派兵过县剿办，匪党溃散。

（二十三年）英国教士纪多纳探采八乡火滩铜矿，并发见金矿，经乡民抗阻，遂止。

（二十八年）定州县官接待游历传教洋人法。外务部咨洋人游历传教，各州县官于经过地方，只须声明照约保护，不得供给。

（三十一年）秋八月，知县单梦祥谕潭江、小胜、产溪各设立保安局。时三点会匪首邱义山、钟富山等窜匿埔丰毗连各乡内山，诱惑乡民拜会，肆行劫掠。单令梦祥莅任，分往各乡查办，亲自擒获钟富山正法，阅两月肃清并督饬各乡设立保安局。

（三十二年）夏四月，沙田墟天主教士占商店设教堂，邑绅李唐倡众逐而毁之，法国神父交涉不遑而去。

**光绪十六年《揭阳县续志》卷四《纪事下》，《广东历代方志集成·潮州府部（十七）》，岭南美术出版社 2009 年版，第 572 页**

光绪六年，凤栖楼土匪李阿赐父子密约伙党，拟于四月朔日竖旗会众，以图不轨。谋泄。先一日，渔梁李玉成擒之，送官究治，其党始散。

**光绪二十六年《海阳县志》卷二十五《前事略二》，《广东历代方志集成·潮州府部（十二）》，岭南美术出版社 2009 年版，第 258–259 页**

（同治三年）八月，英人、法人以抚议定，始至潮州。九月，发逆陷大埔，邑境戒严。

（同治四年）二月，发逆犯饶平界。布政使李福泰统兵剿之，驻潮州。

（同治九月），发逆复陷大埔，邑境戒严。

（光绪二年）二月，捕斩伪皇帝王三义（《县案册》）

先是光绪改元，其年号初传"祺祥"。逮诏书宣布，中外乡民犹有狐疑者。时揭属斋姑某，某往来海、潮、揭世家，诓骗财物无算。造船三艘，泊阁洲乡堤岸侧载所，勾引男妇。其中声言将往海外求仙，阅一二载，官府莫之问。会诏安王三义来潮，诡称己为祺祥皇帝。斋姑见其异，惑焉，引共住船中，号其船曰"三奇"。三义乃伪封其党孙泡为左丞相、黄淑贤为右丞相。复由阁洲历游西北各乡，所至之地妇女被惑、愿为伪嫔妃者甚伙。知县樊希元至是闻其事，二月会同城守营方鳌带兵差至阁洲三奇船搜缉，有龙凤轿、日月旗、觉罗皇帝亲兵号衣等物。斋姑逃窜，获王三义及孙泡、黄淑贤等。四月，解省斩之。（同上）

（光绪）十年，法人陷福建马江，邑境戒严。

**饶宗颐总纂《潮州志》新编第一册之《大事志二》，潮州市地方志办公室编印，2005 年版，第 368–377 页**

**（光绪）二年春二月捕获伪皇帝王三义**

先是光绪改元，其年号初传"祺祥"，逮诏书宣布，中外乡民犹有狐疑者。时揭属斋姑某，某往来海、潮、揭世家，诓骗财物无算。造船三艘，泊阁洲乡堤岸侧载所，勾引男妇。其中声言将往海外求仙，阅一二载，官府莫之问。会诏安王三义来潮，诡称己为祺祥皇帝。斋姑见其异，惑焉，引共住船中，号其船曰"三奇"。三义乃伪封其党孙泡为左丞相，黄淑贤为右丞相。复由阁洲历游西北各乡，所至之地妇女被惑、愿为伪嫔妃者甚伙。知县樊希元闻其事，二月会同城守营方鳌带兵差至阁洲三奇船搜缉，有龙凤轿、日月旗、觉罗皇帝亲兵号衣等物。斋姑逃窜，获王三义及孙泡、黄淑贤等。四月，解省斩之。(《海阳吴志》)(《普宁赖志稿》记光绪四年二月总镇何胡亮、都司方鳌擒获三义贼首与吴志年异)

### （光绪）六年春三月获凤栖楼乡匪党李阿赐

凤栖楼乡民李阿赐（《赖志》作"阿肆"）父子密约伙党，拟于四月朔日竖旗会众，图谋不轨。邑城一夕数惊。先一日，即三月二十九日，渔梁李玉成擒之，时方军门耀驻普宁，统军往剿，其党始散。(《揭阳李志》《普宁赖志稿》)

### （光绪九年）法越构兵广东沿海戒严

署总督曾国荃奏云："光绪九年五月，奉谕法越构兵久未定局，着将沿海防务，实力筹办，认真布置。查广东洋面延袤三千余里，广州省会居其中；东则自惠州而潮州，与闽省连疆；西则自肇庆而高州，而雷康，与越南接壤。琼州一府、南澳一厅则孤悬巨浸之中。"数千年来，督臣、抚臣等办海防，以省城为外郡之中，权虎门为省城之门户。因而议修炮台，议练水师，又议购巨炮、制水雷以为守御之备。经营布置盖有年矣。顾以财力不充，事功难就，即省河及虎门、黄埔等处应修炮台，各工尚未一律告藏。历年购置水雷枪炮为数虽多，然以之分布各处，炮台仍形不足。此外，沿海各处，如东路潮州之汕头，仅止修成崎碌炮台一座。其余惠、雷、廉、琼各郡更属兼顾不遑。今法人构兵，外人借以生端，欲挑衅于中国粤东洋面，实为外人入华首要冲途。且通商最久，香港、澳门及附省河、沙面一带在在皆洋人馆舍，房屋处处皆有领事商贾屯驻。沿河水势之浅深，山谷之险要，皆敌所稔知也。时先之防势不可缓。(《东华续录》《曾忠襄奏稿》《番禺续志》)

### （光绪十六年）六月杀廪生苏遇春

枫洋殷户苏基妹因筑墓为廪生苏遇春所勒劫。案发，军门方耀大索其党。枫洋、鹤陇两乡秀才干连是案者生员十余人，俱拟大辟。将刑，潮嘉人士，具衣冠求赦，乃只杀遇春，余斥革监禁。又前此事数年，方耀立沙田厂于澄海，征收沙田，澄民抗之，生员杨春英以是被拘辱。众不平，为罢市，方益怒，遂入以叛逆罪置之法，与春英骈首市曹者数人，时论冤之。(《鳄渚摭谭稿》)

**光绪二十二年夏四月会匪骚动**

四月，兴宁泥坡墟会匪暴动，丰顺县城惊扰。时值会试，士子争相逃避。越日，潮州镇派兵过县剿办，其党溃散。（《丰顺李志》）

**（光绪二十四年）中英交涉花会案**

花会自嘉庆入潮以后，大厂、小厂遍于城镇、村庄，鹤陇、凤塘尤甚（李璋煜立石告示），为害酷烈。道光间，道宪李璋煜力惩其弊，终不能绝。同治初，观察华廷杰用千总林定国擒治花会官（花会主者曰官）陈顺韦，并斩顺韦子，花会绝数十年。至光绪二十四年，又有李唪嗳之案。唪嗳揭阳官硕乡人，素无赖，以赌博为生，大开花会。道宪联元命弁捕之，下于狱。李冒其乡人入教者姓名，使其妻诉之汕头岩石英领事，移照会索人，竟不能治。时饶平奸民开花会山中，官府拘捕数十人，其首犯亦以夤缘窜名英籍获免，至是李益无忌惮，其爪牙寖，且视为正业，与胥吏营勇相勾结，势愈张。联元数移文，让责英领事。其后英领事召李与绅士会讯，得美教士金士督为持平之论，乃禁锢李于岩石。（《鳄渚摭谭稿》）未几，番摊、山票诸赌行于潮，而花会又骈兴诸县，几无不有，官厅莫能禁也。（《征访册》）

## （二）地方执政者与"强绅化"的治理措施

**李钟珏[①]撰《圭山存牍》，光绪年间**

**卓郑两姓斗案禀一**

敬禀者，窃卑县械斗之风，历年不绝。卑职于二月间抵任后即出示严禁，剀切开导。无如民情积悍，殊非文告所能感化。寻常口角细衅，动辄纠众图斗。

本月初六日，访闻离城五十里之桥涌卓姓与潭头郑姓，因祭扫起衅，有掳捉情事。正在饬差查明吊放间，即据潭头、乌石两乡老民郑敦色、郑继成喊称伊子郑友细、郑乌虾被卓姓掳禁等情。当即派拨差勇并面商城守吕千总亲往，将郑乌虾、郑友细二名先后吊放到县。嗣闻两造各集铳手数百人意图械斗。

卑职就近禀奉邓镇宪，札饬该管中左两营各派哨弁，酌带兵丁与卑职先

---

① 李钟珏，字平书，上海人。光绪十一年（1885）优贡生，朝考以知县分发广东，署陆丰、新宁、遂溪等县知县。著有《新嘉坡风土记》《圭山存牍》等。

后驰赴该乡查办。两造一闻官兵将到，所集铳手各已遣散。即据该两姓族老房长赴案递，具不敢械斗切结。卑职因县城望雨甚切，即行回署祈祷。并以两造俱无受伤之人报验，尚属图斗未成，是以未将案情禀渎宪聪。

讵卓郑两姓之民各有数千，散处十余乡。桥涌、潭头虽经遵结不敢械斗，而余乡尚在蠢蠢欲动。卑职闻信即札饬甲子司赵巡检就近会同营汛及甲子南塘两局绅士前往弹压、解散。二十一日据该巡检来县面禀，连日冒雨亲历各乡开导，摄以兵威。讵郑姓之乌石乡、潭头新乡，卓姓之环田林乡各恃族大人多，俱有阳奉阴违之意，仍须请兵弹压等语。并闻二十三日乌石等乡郑姓复有围攻桥涌、新乡，卓姓伤毙人命之事。是该两姓斗势已成。

卑职刻拟会营督带兵勇周历滋事各乡弹压、解散、查验死伤。惟该两姓各乡散处相距二十里之遥。卑县兵力甚单，难敷散布，不得不禀请大人俯念地方紧要，准予设法调拨弁兵，协同查办。伏查卑邑民情尚知畏服方前军门兵威，现在方参将恭驻兵海丰查办曾林两姓斗案，已有头绪。可否恩施札调平海营方参将恭刻日移营卑县？或先派拨弁兵来县，借壮声威，庶不致酿成巨案，理合亟切禀恳宪台察核迅赐批示。饬遵实。

**卓郑两姓斗案禀二**

敬禀者，窃卑县属桥涌卓姓与潭头郑姓纠众互斗，前经通禀在案。卑职本拟刻日亲历各乡弹压、解散，因节近端阳，县城新旧两墟龙舟竞渡，最易滋事。绅士固请未便远离，且此次两姓各连十余乡之多，相隔二十里之远，若非多调兵勇分头排解，诚恐此止彼起，滋蔓难图。除派差勇弹压外，探闻方参将现驻普宁，卑职于发禀后即驰书恳请先派弁勇帮同弹压。又就近禀请镇宪邓续拨中左两营兵丁均于四月底五月初先后齐集会同。

卑职于初八日驰赴南塘，即闻附近两姓之红旗十三乡黑旗四十五……卑职连夜草檄遍，谕各乡耆老约束子弟，不准滋事，并凭悬重赏购拿铳手头目。初九日，风声较静。是夜即商定初十日分路进扎，方营哨弁黄裕、方综汉、郑振、方戊分扎卓姓之桥涌、壕潭、柴头顶各乡；南塘汛吕益谦扎郑姓之潭头、乌石两乡。各带兵勇前往按压，不准出械寻斗，听候官临查办。

卑职即同城守吕元动由南塘进扎卓姓之环田林乡。即据乡老监生卓玉川，房长卓亚钳、卓炳中、卓仲成、卓季万、卓季华，并柴头顶乡房长卓尚开、卓尚贞等到案，供称现在均已悔悟，情愿遵办，约束子弟止斗息争。所雇铳手已先遣散，当具交匪缴械切结。

卑职驻扎一日，密查铳手实已散尽。当于十一日下午移扎郑姓之潭头乡，仍留勇驻扎环田林乡。十二日据潭头大乡耆老房长郑太心、郑敦色、郑敦堂、郑敦法、郑敦飞等到案，供称前经遵谕具结不敢再斗。讵料卓姓复来围攻，致各乡子弟又滋事端，现在实已知悔遵办。并据潭头新乡房长郑敦禄、郑伦守，乌石大乡房长郑敦谨、郑继秉、郑敦定、郑敦业等佥称，现已一律止斗，情愿交匪缴械，当同具结呈案。

卑职于十三日至乌石大乡、乌石新乡一路，开导各耆老严行约束后生，不得阳奉阴违遵。是日扎卓姓之蠔潭乡据职员卓逢潜，房长卓明春、卓泰佑、卓泰白、卓乃云、卓景有、卓名亲等到案，供称伊业本不敢出械，因郑姓各乡围攻不已，雇人防守，现已遣散，情愿交匪缴械，当即取具切结。

十四日移扎桥涌乡，据房长卓亨江、卓亨海、卓亨元、卓亨兰、卓亨用等到案，供称前蒙准办遵谕止斗，讵各小乡不服，致复滋事，现已一律悔悟遵办，愿具交匪缴械切结。卑职连日即于桥涌驻扎各哨弁兵勇仍分扎各乡，以防他变。此卑职连日亲历各乡谕令止斗具结之实在情形也。

查潮惠两属械斗历年既久，相习成风，无论小斗、大斗，暂斗、久斗，必由公亲调处，两造耆老于交界地方笑脸说开，方始了事，谓之笑破。若不经公亲调处、笑破，官到则止，官去又斗，结屡具而屡违，大兵到乡一时逃散，久仍集斗，竟成牢不可破之局。此次两姓各乡经卑职剀切晓谕，悔悟尚早，即于十五日各请新墟约正王大英、潮州会馆董事方汉章到乡私相议和。

卑职因势利导密谕甲子局绅张兆炆、李儒瑾、刘文炳等帮同调处，当于十七日两姓乡耆在交界处所笑破和好，相约严禁子弟不再生事。卑职即于十七日下午仍移驻潭头勒令各乡交匪缴械此两造请绅调处笑破和好之实在情形也。

至于伤毙人命卓姓据报卓秉圭、卓亚兑、卓里深、卓壮兴、卓李生五命；郑姓据报郑亚教、郑亚淡、郑大成、郑瘦钉、郑妈忠、郑乃右、郑妈飞七命。内惟卓秉圭、郑亚教两尸互被抢夺，经卑职勒令两姓乡老起出其郑亚兑、郑亚淡各命。虽经报案均称尸已敛埋，坚请免验。即卓秉圭、郑亚教两尸勒令起验而两造于十六日私相交还敛埋。经尸父郑娘庆、郑秉枘到案求请免验，并具领尸埋葬切结。维时两姓尚未和好，若照例驳斥，恐又别生事端，不得不姑允所请。大抵械斗之案，斗炽之时各匿死伤，将止之日争报毙命，及至和息又不肯验尸。其中多少虚实殊难查确。总之，任蛮横之性情，视人命如儿戏，卑职固不敢讳匿不报，又不敢不据实陈明，此查验两姓死伤之实在情形也。

现在两姓已各安耕，卑职驻乡数日察其情形，似无反复，当将兵勇撤回。卑职于二十日回署所有方营先后派来之弁兵，现扎南塘会同差勇严催交匪缴械。伏查此次卓郑两姓结连二十余乡绵亘二十余里，雇集铳手数千人之多，加以红黑旗蠢蠢欲动。当初七八两日势甚岌岌，幸仗大人德威，一经卑职亲历各乡开导，即知悔悟。旬日之间，大局敉平，两姓和好，实非始念所及料。

惟卑县民情强悍，现两造虽已止斗、和好。若不严究主谋及伤毙人命，凶匪尽法惩办，恐不足以昭炯戒。仍请移行札饬方参将恭临卑县会同严勒交匪讯办。俾各乡不敢效尤地方幸甚，谨将办理情形，陈请明察核俯赐批示。

**卓郑斗案议结禀**

敬禀者，窃卑职前次会同方参将恭查办卓郑两姓斗案，事竣。禀奉督宪批饬由卑职提犯复讯，明确录取切供分别按拟禀办，毋稍稽延，枉纵等因。

奉此查此次两姓械斗，缘桥涌蠔潭等乡卓姓，于光绪二十年三月二十九日，上山祭扫，路经郑姓之潭头乡，沿途施放炮竹惊吓小孩。郑姓妇女出言詈骂，卓姓不服，愈将炮竹乱放，村中耕牛尽行惊窜，以致郑姓子弟群起而致将卓姓人等所抬祭品打散。卓姓因众寡不敌奔回桥涌乡，当时郑姓乡老之明白者，即将卓姓所失祭品收拾送还，无如卓姓后生以为大辱，不由父老收回。其竹树埔之卓娘东、卓娘引等平日本不安分，乘此构衅，先与郑姓小乡互斗。该乡老等大半懦弱、无能，难以按压，致酿成斗案。

卑职细查此案致斗之由，实因两姓后生逞其血气一发难遏，事起仓猝，尚无蓄谋主斗之人。方事之殷难，各乡铳手纷纷投集聚众甚多。然一经卑职会营督带兵勇按乡开导，该两姓无不遵谕、止斗。即上年七月间方参将府带兵莅办，该乡老等奉谕后交匪缴械尚无违延。两造环跪哀求俱称愚民无知，现已深悔莫及，惟求格外恩施。

卑职查该两姓本属姻亲，自经公人调处即已解释嫌衅，和好如初。连日讯究……铳手多执火器，两姓子民……研讯供口如一，察其情形，似已相约弗究。故将毙命之正凶尽逐，诸散亡之铳手也现在押候。人犯除卓娘东、卓娘引、卓娘顶三名讯系上年九月二十八日惠来县隆江墟□□板劫案犯，拿验。

卑职于上年十二月初二日，移解惠来县口讯，归入盗案办理。外其现押之卓江狮、卓娘坤、卓亚镇、郑亚搓、郑娘旺、郑妈娇、郑乌目七名，迭提复讯，录取切供，分别按拟列折。呈请宪台察核俯赐批示祗遵。

### 徐赓陛①撰《不自慊斋漫存》，光绪年间

#### 禀报竹仔乡械斗一

敬禀者，窃查卑县民情强悍，械斗成风。自红黑旗会乡倡乱以来，民间因细故小嫌动相纠斗。兹访闻县属竹仔乡陈、薛两姓于本月十八日因争砍树木起衅，彼此互殴。而湖东、后林、曲涌、郑壮各乡，因会乡纠匪，于十九日帮同械斗，并有致伤多命情事。卑职闻信后，一面亲督勇役星驰前往弹压解散，一面会营严拿凶匪，查验尸伤。

除再另文通报外，惟查卑县械斗之风已非一日，而别乡事不干己，辄敢纠同争斗。虽因习尚凶横，愍不畏死，实亦匪徒借端逞乱，冀遂其剽掠、掳劫之私。是以数十乡各以红黑分旗，一呼响应，不崇朝而麇集千人，若不予痛予剿除，后患既深，隐忧方大。应请咨明宪台、提宪就近拨派兵勇三四百名，遴委将，备大员，督带下县，会同逐乡搜捕。一面勒缴枪械，一面荡涤凶顽。并请念积重难返之情，准照假以便宜之法，庶昭大戒，用挽颓风。

#### 禀提宪、府宪 夹单

敬禀者，卑县碣石、甲子逼近潮州，民情犷悍。红黑旗械斗虽经惩办，然而分旗小斗，无岁无之。此次竹仔林乡酿事之初，只因争砍树木互相斗殴，其端甚微，乃并不控官。次日即会乡械斗，致毙一命。二十一日又复聚斗，致毙六命，受伤者各数十计，迄今亦无一呈报、具报，其冥顽藐法，概可想见。距县八十五里，卑职于二十午后始得风闻，仅知陈、薛两姓因事互殴，正在派差弹压解散。间乃迭据驰报，会乡纠斗，伤毙多人各情。

卑职伏查红黑旗互杀多年，积忿匪细故，一经兴斗，势即枭横。其中不逞之徒纷纷纠约，愈聚愈多，诚匪勇役百余人所能镇压。卑职为民父母，义当身先临办。然而窃揆事势，卑职赴乡之后，解散犹易，补戮较难。当此惠属办乡之际，若再粉饰了事，纲纪何存？是以通禀仰恳澈办。伏念宪台因公在省，下情即可面达上游，用特将禀分缮两份，一递铃辕，一交坐省，迳呈行幄，伏求察核。

#### 禀报竹仔林乡械斗二

敬禀者，窃卑职赓前于正月二十四日，曾将县属竹仔林乡陈、薛两姓起

---

① 徐赓陛，字次舟，浙江省乌程县人，附贡出身。光绪四年（1878）九月，任陆丰知县。至光绪七年（1881）四月离任。徐在任期间，著有关陆丰史料的文章67篇。留有《不自谦斋漫存》一书。

衅械斗，其附近各乡因而红黑分旗，同时集匪互斗，致伤多命，麇集千人。卑职亲督勇役，会营星驰弹压查办，缘由通禀宪鉴。卑职长亦同时具禀，各在案。

发禀后，卑职赓即募勇二百名，于二十五日募足成军，于二十六日驰抵碣石，会同卑职长加拨营兵五十名，于二十七日进扎湖东墟，确审形势，随于二十八日直捣竹仔林匪乡。惟时各乡所雇铳匪风闻官兵将至，逐渐解散。惟附近竹仔林村之湖东村一乡、后林村一乡，尚藏匿铳匪各百余人，意在觇官兵之强弱，办理之宽严。为尝试之计，卑职等当即分饬兵勇前往捕拿，有后径乡铳匪首航张亚秘，即混名独目庇等于湖东村外，尚敢摇旗呐喊，拒敌官军。当经卑职等督饬勇目黄得胜冲锋前进，阵斩张亚秘一名，余匪始纷纷窜逸。而派去后林乡之兵勇亦获其著匪陈亚传一名，逐散余匪。是晚匪类四扬，人心乃定。

遂即明察暗访，稔知此次械斗竹仔林乡起事陈姓系陈亚懋主谋，薛姓系薛亚企即亚竖主谋。然两姓烟户各仅一二百家，尚未能纠约蔓延至一二十村之多。则又因黑旗有后林村之监生陈吉诚，即陈思敬，混名陈姐妚及林亚剪为之主；红旗有湖东墟张德龙，即张德灵，即陈班江为之主。是以敛钱雇匪，聚众横行。

黑旗之会合者有后林村、径林村、蕉田村、深田村、新田村、南田村、下埔上村、下埔下村等八乡；红旗之会合者有后陂坑村、湖东村、大林埠（即湖东墟）、曲涌村、郑壮村、白石头村、五叶村、横山村、长墩村、后湖村等十乡，此皆出资帮斗纠合成党者也。又相距较远，不入会中。而各出子弟应雇铳手者，则有白沙村、溪塥村、东坑村、溪打村、北池村、坑尾村、水口村、下尾村、桥头村、滴水村等十乡。此又积匪甚多，疾贫逞乱者也。

卑职等窃查乌红旗逞乱从前横亘十余县，流毒十余年，几至路绝行人，较流寇，尤为残狠。甫经平靖不及十年，而现在余党复萌，死灰又炽，若不澈底严办，必至酿成巨患，滋蔓难图。况此次正月十八、十九、二十一等日互斗，三次两造共毙十余命，又支解一人，负伤者各以五六十计。现在除起出陈车辚、陈亚普两尸验系铳毙，吴亚碗不全，一尸验系支解外，余俱所毙雇来铳手，各家属自相掩埋，匿不请验，盖恐官之究其为匪而转自讳也。其悖妄可诛，其顽愚可悯。如此第是除恶务尽当净其根株，设施之方当寻端委。

卑职等管见所及，拟请将酿事之村分别。首从帮斗之村专办着匪；承雇铳手之村严究首匪，并捕余凶。盖酿事者邂逅致斗，仓卒拒敌，尚非尽出甘心,故首犯固应严诛。而从犯似应量减帮斗者,事不干己,若无着匪从中纠合,必不至千百成群,以身命为儿戏,故应戮其著匪,潜散胁从。至承雇铳手之村,原系嗜杀逞凶,贪财轻死,目无法纪,本可聚歼。况铳匪恶习,每乡必有一二人为首,一闻某村斗杀,即挺身自来,求募与会斗。各乡明立合同,一首匪承雇百人或数十人不等,议明每日工食若干,恤伤若干,恤死若干,便纠聚无赖连袂而来。比及到村,倘遇两造议和息斗,彼反挟持不散,或掳人,或杀人,故酿事端,互挑衅隙,兵连祸结,藉作生涯,故铳手之罪实浮于肇衅之人,而铳手之魁尤恶于寻常之匪。

兹卑职已逐加密察,访得铳手匪首姓名十余人,应请于捕获后,审明录供,禀请斩枭传首示众。至从匪,固不能尽诛,而著名光棍或审有伤毙人命供词,均请正法,以儆凶顽。但该匪党羽既众,若辗转解审,恐有他虞,可否仰恳逾格恩施,俯念地方紧要与军务无殊,俯准批饬就地办理,庶昭炯戒而儆将来。

卑职等现已陆续获匪四五名,或敛钱纠斗,或铳手匪首,或械斗为从容,再研讯确情,分别录供禀办。此外,各匪访有姓名者约数十人,已分饬捕拿,务期悉获。其间有逃赴香港、澳门等处者,拟购定的线探确踪迹,再行派弁赴省密禀,仰恳给文照会洋官,分别拿解。

第查铳手所居各村均系著名强蛮,卑职等兵勇无多,力难围捕。且卑职赓有地方之责,一切钱粮词讼尚待亲裁。卑职长轮值洋巡,亦应督兵出海,均难久驻一隅,专办缉捕,应请仍照原禀咨明提宪迅派将备迅赐派员督带兵勇到乡专办。卑职赓仍随时到营会商缉捕审录罪囚,一面搜查军械,编造门牌,为一劳永远之谋,期化戾为良之效。所有卑职等会督兵勇到乡查办,阵斩铳首,解散匪徒,仍实力缉捕,酌拟措施,并请拨勇会办,以净根株。缘由理合通禀,大人查核。

**到任禀地方情形**

敬禀者,窃卑职仰荷宪恩。量移斯邑,自维愚暗,深虞上辱恩知。是以受事以来,夙夜只惧,凡有关治道张弛之故者,若民情,若士习,若学校,若农田,若钱粮,若狱讼,分为六目。敬为我宪台详陈之。卑邑辖境东西百一十里,南北一百六十里。昔析海丰之半为县,幅员本不甚宽。面海负山,为惠郡东境,与潮之惠来、揭阳,嘉应之长乐,本郡之永安、海丰等五县交界。

县南之民,滨海为生,田畴肥沃;县北之民,依山而处,土地贫瘠硗,此大较也。惟其中聚族而居,既有人丁多寡之殊,即有势力强弱之异。初则强与强争，每有械斗掳捉之案，而弱者尚不与之较也。迨咸丰季年，有会乡之风起，而弱与弱并，即可化弱为强。于是境内红黑旗械斗纷然四起，道途梗塞，田野荒芜。又值红匪逼近郊圻，当时内讧外惊，守土者无所措手，而政教竟不行矣。嗣值方提宪在潮镇任内，奉委查勘，歼厥渠魁，大彰明敕，民气始为一靖。比年以来，虽风气已见转移，而忿疾终未荡涤，是以干糇之失，动起争端，言语之间，立成大衅，故械斗会乡之事间亦有之。若共殴伤人及掳人关禁，比比而是，不特异姓相噬，并有同族相残。

卑职之愚以为大斗之案，咎在于民，所当痛予剿除，以挽积习；小斗之案，咎在于官，所当修明刑政，以定人心。何则大斗之案连乡百十村，聚众数万人？问其起衅之由，实无难堪之事，不过一二刁衿劣监逞其桀鹜，鼓煽愚民，因而逞忿营私，敛钱济欲，核其情罪，实与乱民无殊。倘不究其主谋，立正重典，仅将听从械斗之犯准斗杀，拟抵是犹治疤不拔其毒，芟草不净其根也。应请由县核明案情，声其罪状，禀请乘提宪办乡之日，亲临督办，稍假便宜，从严惩创。

至小斗之案，大都州县因循疲玩，扰而致之，盖两姓肇衅之初，不过因钱债、坟山细故，倘为随审随结，则是非已判，永释何难？即有逞凶抗断之徒，则情罪既明，拿办亦易。所患者一呈到县，差传者几何时？候审者几何时？即令草率一讯，或又添传人证，或又拘系多人，以致积忿未伸，小衅又起。官方优游于簿领，民已残于郊原。倘使内无多欲之心，外有勤民之实，本虚公以行其刚决，更慈惠以迪其颛愚，小民各具天性，未必终形隔阂也。

其在士习则因读书人人少，义利不明。虽潜修自好之士，尚不乏人。而一列胶庠武断乡曲，尤所习见闾阎口角细故，投其排解名曰公亲，如果秉正持平，原可宁人息事，无如以顺逆为喜怒，以同异启猜嫌，始则激怒其人，唆使兴讼，继则默持其柄，嗾令忿争。彼则阳居理事之名，阴作噬肥之计。当其两衅端乍起，则假官之势，以辚轹乡愚，及其滋蔓难图，则借民之顽以挟制官长。近年频开捐例，凡豪强不逞之徒，无不捐纳微名，居然与荐绅为伍，出入衙门，甚至办局。绅弁擅受民词，派令局丁壮勇下乡查传两造，有公然责系罚赎者，以致贫愚无诉，相率投入天主耶稣等教，仗外国教士为护符，民教相猜，更堪隐虑。

……

卑邑词讼诬控者多睚眦小嫌，动以抢掳具控讼，连祸辄自倾家，故始以一朝之忿，借讼以逞威。继则因讼之嫌寻殴以报复，终且酿成仇怨。持械以杀人，考其起衅之根，其端甚细，动为听断以息祸机，是又有司之责。

卑职历任以来，均系亲自收呈，当堂批判。初词不多，准理准则，立即签差，计道里之程途，定限期之久速。大约寻常之案，限以一旬半月，此中调处寝和，亦即免其深究。诚恐差役延压，则又按限追比。诬告，则必予重罚。假命则尤加严创。但期面质，不假调察，以启疑似之斗。但理现呈，不准罗织以开株累之渐。巡典淹系人犯，则立即严提营讯，理问民词，则不稍迁就。如此清理数月，或可讼狱止息，尽力耕耘。

以上六条，谨就卑邑情形据实渎陈宪听。然而知匪艰而行维艰，精心必继以果力。形既端斯，表自正。治人尤贵于责躬，所当博访详，咨熟察民情之向背，虚衷实，力自祛意见之偏私。应办适宜，随时禀求恩训外。所有卑职履任察看地方情形及现筹措置缘由，理合通禀大人查核。

**复提案俞委员**

少甫仁兄大人阁下，顷展手示并钞札一件。祗悉本案事主方璠利等二十余人均系远在潮郡，分居海阳、普宁、惠来、潮阳各属，一时未易传集。而故犯李作霖，即元审之胞侄李亚师、李亚俸、李亚位等即系被告，行抢匪首，案悬七年，始终并未赴案质审，该乡目无法纪为日已久。若非稍假兵力或设计诱擒，则正犯断难就获。若仅将事主传到省，而行抢之犯释而不拘，则挟私刁告之徒转以苦累事主，为得计民岩（言）可畏，实有未敢含糊塞责者。

兹已由弟将尊札暂存内署，一面作为由县传讯，分别饬差往传。如果日内办，有把握人数可齐，再当切实面致人卷并解。倘李姓恃蛮不案，则仅传解事主似难折服人心，且恐畏累避匿不来，则此事仍无了局。此中实情有不能不直达宪听者，容当察看情形据实通禀，另候批示。请先将此意密回冯首府宪，伏恳便中转回院宪、臬宪为荷。

总之，李作霖即元审一犯，实系土豪势恶平日与前碣石镇李杨升认作同宗，又与各县令关说公事。出入衙门，声势本极煊赫。即如本案事主赴县报勘，县中并不收呈。迨控经府道批行，始为饬差传究，则其线索灵活，交情固结，概可知矣。况其另起所犯勒和人命，刑责乡愚，本属不一而足徒。以该故犯因无赖起家，拥资巨万，所有县署房科、书办半系该犯出资贿充，以故积案如山，抽失净尽现在。

弟到任后，清理旧案，已审有勒逼尸亲，私和人命及巡检滥押毙命各一案，均系故犯摆弄而成。徒以事越多年不得不通融在县拟结。然而案供可据，非可捏饰为也。况弟与方署提军平日并不往还，此次到惠，始与晤。谒抵任后其弁勇不法者，秉公惩办，多方裁抑，恐提军未必不存芥蒂。第此案是非具在，惠潮之舆论可采而知，实不敢附和。张月樵禀复之词，遽谓该故犯死非其罪也。愚直之衷，并求上达。先此布致，敬请勋安。

### 致提辕文案丁委员

子瑜仁兄大人阁下，弟赓陛前在循州，迭亲矩训别后，以履任之始，案牍冗劳，是以迄未笺。候弟毓寿等督兵到县，连日会商查本案起衅之初原。因卢姓祖坟所葬之处与卓姓山地相邻，从前祭扫之期，其馂余如包饼等类，向系颁及卓姓妇孺。前年卢姓因祖尝不敷费用，将此项裁汰。正在拜扫期间，卓姓幼儿壮丁仍向索食，卢姓不给，当被卓姓子弟率用牛粪污秽其坟，又石击，墓碑损破。随经卢姓投明乡老调处，咸斥卓姓之非，勒令卓姓洗坟立碑，另备花红服礼。卓姓迫于众议，一时遵从，其积忿不平，衅由此始，于是知其风水所系，特迁神庙以制之，此祸本也。

迨经卢姓告官，张月樵明府迟之又久，始为勘讯。如果立为讯断，彼时易于结，无如月翁遇事持重，不免耽延，以致卢姓有掳人不遵吊放之事。自奉提宪会府拨兵到县，下手之初，若将卢姓掳捉之案，责交真匪惩儆，一面查封掳禁房屋，一面毁去卓姓淫祠，则义正词严，亦不至于反复。乃卢姓所交之匪，既非指控有名，当堂供明，用钱和雇顶案。卓姓所交之匪供明姓刘名霸，系潮阳县人。幸顺翁审问之际，既已确知其情，乃并不立。时责释令交真匪，仍复含糊，拘系直同儿戏。且置卢姓掳捉于不问，仅以卓姓所建新庙有碍风水，勒令拆毁。则所断既非因公立辞，便滋遗议，此卓姓阳奉阴违之原委也。及派石千总带勇下乡督拆，一闻卓姓布散抗拒之谣，忽又撤勇回城，意存观望。虽劫以请严办之威，实示以畏缩不前之弱，又不据实禀报，犹期粉饰消糜，种种情形，不特自损其威，仰且上辜委任？

弟陛抵任，幸顺翁来商会，禀其立意，在严办卓家，而又首鼠两端，并非确有把握，当即婉言诿谢。嘱其自请宪示遵行，实则不能迁就之苦衷在也。兹幸提宪洞灼下情，首将石方两哨弁撤回，并饬查明各情，严办风声，不特成行以整，并能择服民心，此固佩仰之私五体投地者也。兹拟本日传集两造，先行确审。一则责其掳捉，毁其宗祠；一则责其违禁私建淫祠，遵例拆毁。并勒令卢姓捆送掳人之匪，卓姓捆送伤人之匪（本月十八日，卓姓械伤卢姓，已由县验明有伤），各予以严惩。一面将兵勇分拨两乡，勒将真匪全数交出方撤回。仍由弟陛会同弟毓寿亲往分拆祠庙，以期公允而儆强横。所有弟等会商办理情形，因案尚未定，未敢率禀。特恳子翁仁兄大人先将各情婉回提宪，并代弟陛回明府宪，为荷。

**禀复致死教民涂立存案**

敬禀者，窃于本年十月十二日，卑职汝廉到县，赍奉道宪札开云云。全叙等因。奉此，卑职赓陛卷查本案。先于本年四月二十二日，据民人涂亚灶呈称，伊弟涂立存在祖遗屋内安设教堂，集友礼拜，被涂娘连向阻，争殴杀死，呈乞验究。又于五月十八日据民彭永兴、彭初扬、萧亚清、卢受文、杨亚胜、周新义等佥呈，四月十八日该民人等在涂立存家集友礼拜，涂娘连等殴，逐致伤，各等情到县。当经卑前县张令一面饬差起尸，听候相验；一面验明彭永兴发辫被割，余无别伤。彭初扬发辫被割，额颅有刀背击伤一处。萧亚清发辫被割，腰、眼、左臀各有竹抢戳伤一处。卢受文右肩甲刀伤一处，业已结痂平复。杨亚胜、周新义并无伤痕，各与填单附卷。诘其被何人致伤，各供未悉。但见周犁头三、余五星、涂观妹等身先出阻，各等供录明在卷。

旋卑职汝廉初次奉札到县，会同卑前县张令传到涂立存之胞兄涂珠贵讯明实因。伊弟涂立存欲将为分祖遗住屋改作教堂。伊与族邻先备红花向教头等劝阻，业经教头及众教民应允移迁。不料伊弟固执己见，邀同彭永兴等到乡，硬在屋内设堂礼拜，男女混杂，人众喧哗，以致争殴等语。随由卑职汝廉会同张前令究出尸所，验明涂立存实系杀伤毙命，业经据实通禀又在案。卑职赓陛抵任，照案饬缉，正凶尚未弋获。惟查张前令既验明涂立存实系被杀毙命，自应查照定例，填格通详，一面缉凶究办。是以先于十月初十日补具图格，照例通详，又于十月十一日扣满六个月初叅之限，照例将张前令承缉。及卑职赓陛接缉名、职名开送本府宪台核叅。一面仍即悬赏勒差，并关移邻封，一体严缉。

兹奉前因，查阅英国额领事函，称各节涂立存之尸业已起验。先经卑前县通禀，复经卑职赓陛通详，又经开报初叅查中国定例，命案缉凶以六月为初叅，又一年为二叅，又一年为三叅，又一年为四叅。承缉接缉或住俸，或罚俸，或降级，则例昭然，自有一定办法。四限无获，内有部科，外有院司道府纠叅，固不能因其入教而稍存膜视，亦不能因其入教而特设科条。应由中国官员自行办理，至所称凌虐奉教一节，查向来民教之案，均由积衅成仇，酿成巨案。总在地方官于此等案件，但分理之曲直，不分教与不教，自能安其生业，戢其奸萌。

即如陆丰一县，从前红黑旗匪纠合械斗，以众凌寡，以强欺弱，地方官不能伸雪，以致贫弱之民无所控诉，相率投入耶稣天主等教，以冀庇护。其情本属可矜。乃入教，既多良莠不一，其中即有结党寻仇，借端刁讼之事，即如游神赛会，免科教民之钱，载在条约。而雇看青苗、工食、修理祖祠公费，亦因而不肯匀捐。教士如有冤抑，原许赴地方州县具词，而民间田土、钱债之事，事非干己，亦因而具禀扛帮。殊不知雇看青苗工钱，历奉总理衙门通饬教民一体认派，著在例册。至祖祠虽为彼教所无，但广东祖祠向有尝田、祭产，合族均分。彼入教之子孙，既欲分其余润，即不能其免派捐至民间。词讼，无论入教与否，均系中国人民，应由中国官员办理，岂容教士纷纷干预，甚至自作干证，到县具禀扛帮？从前各令于中外交涉事例，未能十分透澈，一经教士函托或投递禀状，不知据约驳饬，又必多方徇护，抑压平民，以致民愤既深。每酿斗杀之案，各领事不知原委，辄以为凌虐教民，实则起衅有由教与民各有不合也。

伏查我中国儒教而外，原有释道，从未有与民间互杀者。今即于释道之外另立耶稣一教，何至遂有龃龉？诚以释道之民，概遵王法惩办，是以积久相安。而耶稣天主之教民，则地方官专徇情面，不按条约，是以动辄生变，故名为爱护，转以害之，当亦非各国领事之本愿也。应请据情照复各领事，请即申明条约，通饬各教士，务各遵循，勿干预以起衅，勿偏听以容奸。其素行不端，或犯罪在官之人，勿听入教，使民间知教律清严。

王法难犯，如有词讼案件，即由卑职速为查审，照例持平断结，勿再干预请托，致涉嫌疑。建造教堂，必由教士禀知卑县，由卑职前往查勘。如果与民无碍，饬其兴修。一面出示晓谕，禁止作践，不得擅将民屋无端改设，致失崇奉耶稣之诚，且启构衅。民间之渐如是，则中外安熙，讼狱止息，于彼教必且有益。至本案正凶涂娘连现已由卑职赓陛实力购缉，务期获犯认供按例招解。其殴伤各匪亦应俟缉获涂娘连后，讯明何匪致伤，何人逐，一应按例发落，逾限无获，照例请恭，不敢隐饰。卑职汝廉应即先行销差，所有本案现以照例办理。卑职汝廉应先销差由理合，联衔禀复，大人察核。

### 禀大宫乡抗粮情形

敬禀者，窃查卑县钱粮自红黑旗会乡械斗以来，民间均以抗粮为积习。是以额地征地丁仅五千八百余两，民米仅止一千五百余石，而非每年征收均不及七成。推原其故，盖由征册之户皆非现在的名，有卖田而不过，户主仍岁收其粮而抗不完，官曰"荷包米"。有卖田而不立户，诡寄其祖尝名下，而积年宕欠曰"祖宗米"。所谓荷包米者，是民蚀官粮也，责其完缴，则卖主买主互相推诿，咎在包收之户。所谓"祖宗米"者，是安心抗欠也，责其征输，则各房各派互相推诿，其咎在诡寄之人。又有所谓公户掌户者，无非巧立名色，为包抗地步。

卑职抵任以来，亲历大安、河田、甲子、碣石等站，责成绅耆以次挨查，计清出无着之粮约百成之五。惟县属大宫乡郑姓一村，约有地丁四十余两，民米一十余石。从前魏令留先任内，曾往亲查，该乡拒捕伤差，未及澈办，仅据自认丁银四两二钱二分，民米一石一斗零八。合此外，明知系该乡隐匿之粮，时值地方多事，姑亦置之。

本年卑职挨次清粮，删浮费，减米价，但期复额，不事烦苛，定就田间赋之方，开匿户自首之例。民尚向风，渐臻起色。当于十月十六日，饬派书役前赴该乡，妥为开导，乃该乡狃于旧习，抗不遵从。随谕令按田签插，如果田少粮多，准其开除注册；如果田多粮少，仍准照册输完，其开诚布公似极尽。其在己乃该乡匪首郑祖榜一味刁抗，胆敢喝令。该族匪徒将派去站书图差，一并殴打重伤，并将伊母郑黄氏自划头颅一伤，抬请验究。惟时卑职亲驻距该乡三十里之碣石，地方即验明郑黄氏伤痕齐截，不类被殴，但年老已笃，诚恐别酿意外之虞，姑且地保领去调医，现已伤痕平复。卑职犹恐书差人等别有需索致酿事端，随经亲访邻村，佥称并无别故，实由该乡恃众横行。

该乡抗粮殴差习为故，事若不澈底究办，此风实虑效尤。当于十七日就近禀商碣石镇派弁督兵，会同卑职亲赴该乡搜捕下手殴差之犯，乃该乡闻风窜匿，迁徙一空。卑邑民情，官至，则举族扬去；官旋，则刁抗如常。索兵费则馈遗无难，交真匪则缚送匪易，此等颓风几成莫挽。

卑职此次到乡，首以兵费勇粮由官捐给，无取于民，大张晓谕。至下手殴差之匪，已访查一十一名，分饬兵役严缉，责成全数送交。不准一犯不获，一匪不真。总期，有犯必惩，铲除积习。惟是卑职正值催粮之际，未能久驻该乡，当经札委河田司巡徐廷槐督勇四十名，会同金厢汛吴把总在乡驻办。一面责令按田认粮，一面勒缉匪犯。除俟获犯供认，另行禀办外，所有县属大宫乡抗粮殴伤书差，现在派员督勇驻乡查办。缘由理合禀报，大人察核训示。

**禀复教民案件**

敬禀者，窃十二月二十日奉宪台，十一月二十七日札开。现准英国领事官额照会内开云云。全叙等因，奉此遵查此案。先于六月二十八日，奉宪台札行准兼理法国领事转据布儒略禀称，卑县博美市附近之上寮乡内，有教民数人聚党，意欲吓逼奉教之人反教，否则赶出他乡。且有下寮乡内林昭珠借其豪富，吓阻不许进教。照会过道饬县责成绅耆妥为约束，排解出示晓谕等。因当经卑前县张令遵札出示，遍贴晓谕在案。

兹据照会内称十月初八、初九、初十等日，将各教民资生田禾、甘蔗、地瓜、花生尽行割去四百担左右。复于十一夜郑亚香率党劫夺教民杨妈惜之家，旋至公所将圣像拆毁。又纠众劫夺林亚乌各家，将其家资抢夺一空。杨妈惜赴县喊冤，讵料县主反责以不合从教，刑杖枷号等语。

卑职遵查上寮、下寮等乡，距县城不及三十里，布教士寄居隔属，其耳目自不及。卑职为较真十月初八、初九、初十等日，并无乡民抢割禾蔗、薯蓣、花生之事，亦未据报有案。惟十月十一日，据教民郑继、郑敦旺具控同族郑亚香、郑妈娇纠党多人割伊田谷，并戳伤郑继英右臀等情。当经验明伤痕，填单附卷，一面饬差缉究，旋于二十六日传拘两造，审讯得郑继英等因投入天主教后不肯派出雇看青苗之钱。自光绪三年冬季至光绪四年冬季，共欠应摊雇工谷四石二斗七升一，合看苗工丁郑亚香、郑亚三屡向追讨不给，心怀不甘，商同共往抢割田禾，计谷十石，薯一十五石。郑继英拦阻互殴，致用禾尖枪戳伤郑继英右臀等处，报经验拘讯究。

卑职当查洋务事宜，册内开同治元年二月初三日准总理各国事务衙门，咨行嗣后除迎神演戏赛会烧香等项，习教者不得摊派外，伊等不能因系教民遂傥免各项公费，如有差徭及一切有益等项亦应照，不习教者一律摊派等语。兹查合村雇看青苗，昼夜巡防盗贼，保护禾苗系属阖乡有益之事，自应一律科派。今郑继英等恃教不给，本属非。是第郑亚香等因看守青苗，郑继英不给照派之钱，自可呈官追凶，乃并不告官，辄起意强割田禾，互殴伤人。虽据供因向来民教之案，地方官总欲见好洋人，欺压百姓，是以逞忿私斗等语，尚非尽出无因第。既犯罪事发，自未发便稍涉轻纵，当即照例由徒折枷示众，并予以重责，以儆强横。仍追出所抢谷三十石，薯一十五石，当堂还给郑继英承领。另令扣出雇看青苗工谷四石二斗七升一，合还给郑亚香等各取领状完案。

讵杨妈惜于十月二十三日呈称九月十一日亦被郑亚香来家行抢，并毁天主圣像等情，当卑职当堂详诘，并饬差保详查。去后旋据地保郭富结称当日并无其事，差役禀复亦称毫无形迹。复将杨妈惜再四研讯，始据供称委没被抢及毁像情，实因雇看青苗工钱自奉教后各教民均藉词不出。昨郑继英与郑亚香互控一案，蒙堂讯时，将例册传示，大众咸知因思饰词抵控陷累，郑亚香等泄忿是以诬控等供。卑职伏查诬告人死罪未决，例应拟军，当以杨妈惜悔罪乞恩，从宽枷号两个月示众。

以上两案，均系中国民人词讼，由中国官员按照中国律例审理，乃由教士布儒略于十二月初一日派一教民持其名帖前来说清。卑职当以各国教士不准干预词讼，历奉文行将原帖发还，并申明约章去后。此卑职审断各案之原委也。

伏查天主、耶稣两教钦奉谕旨恩准，毫无查禁，中外咸知，卑职服官已有十余年，历办闽粤通商差务，岂有责教民以不合从教转加枷责之理？即如民间久经遍贴颁行上谕及总督、各宪示谕，闾阎无不周知，亦似无嫉教吓逼反教之事。况卑职履任后曾谓释道二教久已并行，其天主、耶稣亦不过于释道而外另增两教，入其教者亦不过与习道释之教相等，毫无异样，不必别起猜嫌。随时谆诚士民，不准稍存歧视，民间亦各遵循。现粘单所开各名，或另因互控，别案之嫌或查系，族老因而牵累，均无逼勒反教之事。即如林仲修一名，系县生员，年已八十余岁，步履艰难，似更无主令不法情事。

总之，卑县民风既悍且狡，专以挟嫌逞忿，为事以强凌弱，固为痼疾。然而弱与弱并，纠约以攻强，以图报复，亦系近二十年来红黑旗互斗之余风。现在习教之人，半系强乡弱房或弱乡弱房，未经习教之先，固多被人凌辱。迨习教之后，各人皆知敬爱，不敢欺凌。第该教民又往往纠约同教借端滋事，报复前嫌。迨自知理亏，又不得不捏造饰民人嫉教毁灭圣像等词，以耸教士之听。教士念系同气，又闻嫉妒传教之言，是以每听肤诉之词，猜疑地方官不加保护，实则知县为国命吏，既奉朝旨饬令习教者与不习教者一体，抚字自不敢阳奉阴违，上欺君父。

况复为民父母官，譬如一人三子，分习三教，必不因其所习异教而别有爱憎。故卑职审理民教事件，不问教与不教，但究事之曲直。盖既同为卑职之子民，善良则一体爱护，顽梗则一体创惩，本父母教子之心以临民，则偏私自绝，本是非曲直之正以判事，则猜忌自忘。所当化猜为和，导争为让，以其中外久安，深愿领事、教士共体此意，于传教之时，一律劝导。于民教词讼事件，官之审断必须广为察听，则一面之词无从欺蔽，而两国之好于以永坚矣。除枷犯杨妈惜于枷满日，即行省释外，所有卑职讯办各案，遵札查覆缘由，理合专差据实禀覆。大人察核俯，赐照会兼法国额领事，知照实为德便。

### 禀请札行领事禁止教民抗粮

敬禀者，窃查卑县地丁民屯米石，先因各乡纷纷抗欠，每年征输数不及七成。县署征册虽存，而十余年来，兵焚频仍，以致册内之名与现耕之户多不相符，按籍而稽无考究。卑职抵任，窃以钱粮乃国家正供，若令额数虚悬，既属不成政体，且及今不加厘正，则数十年尤觉漫无可稽，至必全无征纳，尤切隐忧。

是以本年十月间，于各乡分设清粮公所，遴派公正绅耆经理，特设就田间赋之法，并开匿户自首之条。开办以来，激以大义，计清出户口甚多。

惟是卑县地方分三司、一捕属，辖幅员。以河田司属为最大，地丁屯粮亦河田司属最多。该处自洋人传教以来，入教之民几及其半，百姓一经入教，便恃教士为护符，词讼抗传，钱粮抗纳，几成痼习。甚至拒捕殴差，纠众夺犯。从前各令因加示怀柔，不甚深究，遂至肆无忌惮，几不知官法王章为何事矣。

该处驻大溪峰者有法国天主教士，名苏恒礼。驻河田墟者有英国耶稣教士，名金护。尔两教士，人尚明白。卑职抵任尚无关说词讼，袒护教民情事。但其教徒之桀黠者，声言入教之人免纳钱粮，不由地方官约束。纷纷煽惑愚民、蚩氓、无知，信以为实。现令清查田亩、一体完粮，颇形窒碍。

合无仰恳宪恩，俯赐札饬、照会英法两国领事，传谕该教士嗣后务须戒约教民，一体遵守中国官法。钱粮、民屯米务须逐一清完，倘敢抗粮殴差及向系不法之徒，一经州县知照到日，已入教者，即行逐退；未入教者，不再收留。如教士仍前庇纵，即由州县申请札饬照会领事，将教士撤回，另易明礼之人前来接替。庶几民知法纪，中外相安矣。所有恳请，札饬照会领事，转饬教士，戒约教民，不准抗粮、抗传，务期安分守法。缘由理合通禀，大人察核训示。

## 禀请申斥教士越境干预词讼

敬禀者，案查光绪四年四月十八日，据卑县上寮乡教民林娘漫呈称家有水牛一只，命童养弟媳曾氏在虎坑莞地方牧放，被林亚坵、林国元强抢，呈乞起究等情。经卑前县张令振新，以同村同族之人，何至平空强抢牛只，显有隐饰。饬差一面查明禀复，一面饬传集讯。随据原差张吉等禀称，遵查本案先因教民林娘漫失见一鹅，疑系林亚坵所窃，欲向林亚坵家中搜寻，两人争论各将耕牛为赌，嗣在林亚坵家搜不见鹅，林亚坵遂将林亚漫牛只牵去。林娘漫知悔央缓，林亚坵勒花红复礼方肯放回，林娘漫遂捏以被抢等词具控。现已到牛只，禀候察夺等情。

卑前县当将牛只当堂给发林娘漫领回，并饬集讯候结，乃林娘漫以诬良为盗。已露真情，复于六月二十三日呈控林亚坵、林亚伍抢伊谷两石，并殴伤其母。又于六月二十八日，纠同林联芳、林之栅等呈控林亚坵、林亚倒等十八日夜强抢林连芳田谷五担；二十夜强割薯、芋、麻皮、苦瓜；二十一日强抢铁耙一柄，并将林连芳殴有重伤。经卑前县批饬分别抬验伤痕，林娘漫并不遵批赴验，转赴道宪衙门越控，奉批查明集审。卑前县未及传讯，卸事。

卑职抵任，复据林娘漫呈催前来，并称九月十八日被林亚倒等将瓦屋拆毁等语。经卑职照案逐层驳黜，并分别谕饬约正、地保、原差查明集审。去后旋据禀复该教民瓦屋具存，并无拆毁情事，从前亦委无抢谷殴人各情，带同被告有名之人悉数赴案庭审，随饬传林娘漫备质。林娘漫情虚畏审，旋即逃赴惠来县属隆江地方教堂藏匿，并不赴案。卑职犹恐约绅差保所禀各情，或未尽实，随于乡征之便，亲赴上寮乡勘明林娘漫等房屋，并无拆坏痕迹。

正在关移传究间，本年正月初八日，适有法国传教士布儒略持束求见，诘问何事故。该教士称林娘漫被本族逼逐，求为究办。卑职当将案情始末并查勘毫无据证及林娘漫畏审潜逃缘由，宣谕知之。仍申明教士不准干预地方词讼之言，饬令恪遵条约，一面交出林娘漫等赴质，以便实虚坐。该教士无可支饰，遂引去，但该教士系在潮州府惠来县传教，而隔属包揽词讼，庇匿不法教民，实属不遵条约，因事生风，此风断不可长。合无仰恳宪恩俯赐札行法国领事，将该传教士布儒略严加申斥，迅将情虚畏审逃匿不案之教民林娘漫、林连芳、林亚栅等，按名交出归案严审，不得仍前窝匿，致案悬莫结，实为公便。

### 捕获械斗首犯禀

敬再禀者，正缮禀申发间，卑职长饬。据外委马从龙、记委廖文升计诱首犯陈吉诚，即姤妏，监名思，在驻营附近地方密会，卑职赓督兵勇捕获到案。查该犯昔于同治七年与本族陈开和、陈亚传械斗，互毙十余命，稽显戮。兹复出资主谋，雇觅铳手，会同竹仔林乡陈姓建乌立旗，纠聚械斗，实属大恶极。兹幸仰托福庇，遽即就擒。查该犯系同治八年改名思敬，于黔捐案内报捐监生。合无仰恳宪恩，先将该犯衣顶斥革，以便刑讯，实为德便。

### 禀本府

敬禀者，窃查竹仔林乡纠聚各乡械斗一案，昨又将会营诣办获犯各情通禀在案，想呈恩察。兹伏奉二月二日手谕，具蒙指示周祥，下怀不胜敬佩。近日情形，昨已详陈禀牍，惟其中弊源不敢叙入印禀，敢为宪台略陈其故，伏候指挥。

卑县民情素称强悍，然亦未尝不畏死也。既畏死，则必畏官；既畏官，何以不法？盖卑县之械斗积四五十年矣，而检诸故牍，从未有以械斗禀者。其故有二：厥咎在官，盖一恐处分之严而无以善其后；一欲消弭之速而有以攫其财。先之，以患失之心，继之以攘利之实，以致纲纪陵替，积习相沿。

查卑县械斗考向来之办法曰"谕绅调和"，曰"谕乡送匪"。夫谕绅调和而止斗，其说似近理矣。然试问斗者为良民耶？为匪类耶？如其良也，何以织芥小嫌，事不干己，冒白刃而不顾，辄敛钱以聚人？其为不良而为匪，明矣。既曰匪也，何不捕斩之？惩创之？而劝令和耶？彼盖以匪不和则斗不止，斗不止则案不销，案不销无以了其事，则不如姑令和息而取两造之。夫价勇粮以充其囊橐也，然而财雄才可聚人，有罪乃能纳贿。今受金而纵有罪，倘桀黠残狠无资者，必欲惩办一二人，以伸吾法，则斗不可止，而讼必以兴，则又不得不两赦之，以全其纳贿之术，则谕绅调和之说，正觊法者之巧说不可行也。

然而斗何以止？窃以为匪枭黠，则不敢冒死，非豪右则不能纠人，今取两造之枭黠、豪右，悉以拿办，则冒死无人，纠众无力讵，尚能斗耶？逞强者锄则不敢斗，恃财者则无力斗，虽不令和，必无斗矣。

至谕乡送匪，乃县令了斗面语耳。百案皆有谕而无一案有匪送者，所办如此，安得不群其效尤，流毒至今日耶？此次卑职二十一日闻报，一面召募勇丁，一面密饬查探匪名，分为三等：一曰敛钱纠众、一曰应募雇匪、一曰分旗帮斗。共访得各匪几及百人，遂于二十六日抵任以来，附近十余乡逃走一空。陆续购获匪首陈吉诚，铳首陈亚传、蔡亚康，均系积年犯案，雄视一乡者也。又获薛亚剪、谢舜日、薛亚应等皆散匪，此次滋事者也。此外所获亦不下十人，或情有可矜，或身系强房，勒交族匪应分别究释者也。

盖惠属缉捕与他处异，他处重赏花红，无不立获，而卑县则同旗相顾，异旗虑患，无从领花红报踪迹者也。他处兵丁、差役、勇壮、绅士均可为功，而卑县差役敢侮鳏寡，不敢入强乡，敢欺孱弱而不敢捕烂匪。至弁兵之怯懦尤不可用。勇壮虽敢捕匪，然路线不熟，脉络不灵。绅士虽不乏人，然而说事过钱，则风闻而至，责成捕匪，则诿卸百端。

此卑职前次另禀，所以有解散尚易，缉捕实难之说也。今所捕获之人皆设计诱擒，或探令仇家报信，均系煞费经营，幸而或之。另有白沙等村恃蛮负固，更非卑职兵力可擒，故至今犹未发也。卑职因署中公事尚多，不能久驻于此，且河田粮务已清有眉目，间有教民、一二乡刁抗不完，绅士屡请亲催，教士亦请亲往查办，不能再迟。

跂企方军之来，有如饥渴，盖非积数月之内逐乡亲查，终不足净其根株，而昭大戒也。至卑职前请获犯讯明，就地正法一节，明知民命为上游所重视，未必准行。惟念卑县距郡水陆甚远，即由乡解县，所过皆红黑旗纠会之村防护，亦非易事。倘奉驳饬，尚求宪恩融谅。所有近日各乡业已止斗，潜逃及卑职管见所及，逐一缕陈，仰求训示。

**禀方军门请亲临查办**

敬禀者，窃查卑属竹仔林乡纠聚各乡分旗械斗一案，并会营诣办，缘由昨经两次禀陈，计邀县鉴。昨奉本府复函，恭悉大人道出珂乡承欢，借画锦荣归之乐博，莱衣舞彩之娱翘望，吉麾诚欢诚忭。

卑县民情非不畏法，无如狃于前官之积习，以为械斗之罪可以贿免，而法可不加。是以相率效尤狡焉。思逞此次纷纷纠集，每造至十余乡，聚匪各以千计。然闻官之至，解散过半，比及到乡捕拿十余人，戮其铳手、匪首一人，即予枭示。余党遂入兽散。现在滋事各乡匪已远窜，十室九空。

风闻半赴汕头、汕尾、葵潭、甲子、南塘等处，虽由设法侦缉，无如兵役积疲已久，实不堪用。勇壮虽可缉捕，而线路不熟，脉络不灵。绅士则说事过钱，闻风蚁附，帮同捕匪，百计诿延，此办理之难，所以日夜跂望大军之至也。

且其中有白沙等村，不围捕，则匪不可获。围捕则之力恐不能支，故犹不动声色，静候指挥，现在察其大势，前请拨勇三四百名，兹可稍从减汰。然围捕白沙，犹非精勇二百，乘其不备，夜半兜围不可。此乡既办，只须专事探缉，积三月之久自能逐乡获犯，一劳永逸。附上匪名一单，先呈察核。节麾何日由普启行，伏求赐示。

缘前于河田清粮，已有成效，惟其中尚有习教一二乡颇多狡抗，尚有一二起民教互讼之案，该处绅士屡请亲临，教士亦请亲往查办。先已订本月二十五日由县前往拟俟，宪营派员到后，此间有人接办，即行前去，且欲借重声灵慑服顽梗，以清积课，而张国威。再张把总光裕在陆日久，此次赴河田五云洞一带，拟恳宪恩，饬其就率所部勇丁十余名一同协办可否？俯如下情，伏候均裁。

**禀请提解斗案首犯陈吉诚赴省审办**

敬禀者，窃查县属竹仔林乡陈、薛二姓械斗一案，前于本年正月二十日准碣石中营何署游击府长清督饬弁目，计诱主谋、纠斗首犯陈吉诚，即陈妲奴，监名陈思敬来营，捕获到案。当即附禀陈明，并续详奉批，革审在案。随又传到该乡，另案被控纠众械斗之陈亚传及奉前署提宪方发审缉获，被控帮凶之陈乃敬，提同尸亲吴林氏，逐一质讯。各据供认陈吉诚主谋，雇铳出资购备火药各不讳。随提该犯研讯，仅据供认被逼出资，并无主谋情事。诘其何人主谋，则又不能指出，其为避重就轻，已可概见。但吴林氏系属尸亲，陈亚传又与该犯积年互斗，亦难保非任意诬供，不足成信谳。而获到之黑旗铳手，初审则供其究雇对质，则另指陈亚意主谋，忽认忽翻。现在陈亚悥未经获案，无凭质究，亦未敢据为确供，致涉枉纵。

惟查该乡自同治七年以来，因陈开色忽被本族杀死一家九命一案，先于同治七年十一月初八日在童前令朝珍任内，有该乡陈亚智呈报。是年十月三十日被贼强劫杀死九人，当场毙匪七名等情，当经童前令以案情重大，呈报迟延，显有别故。批斥去后，随于十二月十三日续据陈吉诚，即陈姐妣之母陈王氏呈称知贼系陈亚仙等，因迫会不从，挟仇纠杀，并请将呈不可漏泄等情，亦经童令驳斥。正在查办，间童令卸事。俞令文莱抵任，即有访闻土豪陈姐妣为陈开色亲支，挟嫌纠会残杀陈开色一家等票维。时官莫能制，听其自斗自息，从未获案。

同治八年八月二十三日，据陈亚传之母陈张氏呈控陈吉诚，主令铳首陈乌鳖将其子陈亚彩伏杀毙命等情，又经严拿未获。魏前令抵任，十一月十八日，经碣石左哨林千总解获陈亚先一名到案，供系陈吉然起意，叫胞弟亚传纠会聚斗，并嘱令小的雇匪团杀陈开色一家等，供未及究办，该犯即于二十日在押病故，验明饬埋。

嗣后或和或讼，旋斗旋和情节不一。第据该族迭次呈控，有控陈吉然起意谋杀者，有控陈吉诚起意谋杀者，总缘陈开色一家仅存幼孙一人，无从详诘。而魏令置谋杀、伏杀各重情于不问，屡谕勒和，实属不成办法。案卷具在，可复按也。

卑职详查本案谋杀陈开色一家九命，案情不为不重，即续控伏杀陈亚彩一命，亦应抵偿案内。所控主谋陈吉诚现已获案，互控主谋之陈吉然虽讯称已在逃，而陈亚传即其胞弟，陈乃敬即其亲子，现亦获到，则此案原被俱齐，自不难于澈究。当提陈乃敬、陈亚传、陈思敬等逐一磨讯，据供虽系互相诿诋。要之，谋杀一家九命，实有其事，另录供折附呈宪鉴。

卑职又查被杀之陈开色系陈思敬之小功服叔，陈亚传之无服族叔，伦纪攸关，更应严加究拟。况查陈开色系陈吉诚服属之亲，陈亚仙等若迫会不从致相屠杀，各毙九命七命之多，格杀自非片刻踪迹昭彰。陈亚仙亦系该犯同支无服族人，同村居住。如果陈吉诚并未同谋，何以报案之时不即指名控告，直迟至二月之久，始令伊母陈王氏添控其名，言之凿凿。则陈亚传所供，恐事败露，因而指控其人，希图卸已之罪。随又雇出乌旗匪类，将重案帮同下手之族人乃惜、乃印、六仔、亚串等一并杀死灭口。

总非无因，惟此案案情重大，一经讯实，无论何造主谋，均应凌迟究抵。自应备录案，由禀请大人察核，俯赐提省审办，以昭慎重。如蒙批允，是否由卑职亲身押解犯卷赴省，抑或酌委巡检一员护解之处，并候训示。祗遵再供折内，供开听从纠杀之逸犯陈乃金一名。现由卑职悬立重赏分役踩缉，务获合并声明。

**附禀**

敬再禀者，窃查该犯陈吉诚，家资巨富，从前迭犯械斗杀人重案，未经惩创，习以为常，以为官兵经临，不过备缴兵费、花红，即可逍遥法外。此次卑职会同何游击长清驰往查拿，知其稔恶已久，而迭经拘缉，兵役无不受其贿，嘱通同一气，即勒缉，终属具文。

随与何游击密细筹商，苦无良策。适何游击随营所带外委马曾恩伺便向何游击闲谈，言外欲为该犯贿脱，何游击密向卑职告知，彼此细商与其严为拒绝而致彼远扬，不如准其关通，而设法诱捕。商由何游击传谕马外委转饬该犯呈缴花红银三千三百两，饬其赴卑职行营面具限状。马外委与之交情深，固已知该犯逃赴惠来县葵潭地方。今见可以贿通，遂连夜亲赴葵潭告知该犯，该犯始潜行回村，而狡狯性成，坚不肯谒见。

卑职恐致被拿事几决裂，卑职又与何游府熟商，嘱何游府添索其谢礼一千，许其不见县官，来营与何游府面酌。该犯察此情状，以为文武图贿是真，遂夤夜赴何游府行营求见。何游击恐兵弁均系本地之人，仓卒喝拿，转致纵脱，特用好言慰藉，嘱其暂回，俟次夜再至。该犯回后，何游击又向密计，约定暗号，嘱卑职拣齐心腹勇丁，乘其夜来，亲往围捕。次日，该犯踵至，何游击即令记委廖文升送到暗号。卑职即带勇，飞赴围拿，立时擒住。搜出带来盖用该当图记限缴花红状一张，附入案卷，并略讯粗供。漏夜解回县城监禁，以防他变。此该犯获案之始末也。

诘该犯被获后，即央及本地不肖绅士，迭次代为乞恩。或言其雇铳出资，迫于无奈，求为开脱者；或言事无证佐，不如饬罚万金，赊其一死者。内则左右仆从，外则寅僚交好，无不为之置词。卑职概予严拒，该犯无路可通，又向潮州、嘉应等处延请，与卑职知好者迭来，无非动以罪疑，惟轻之言，诱以顺水推舟之利。

卑职愚蠡，窃以为惠潮械斗之着，虽云民俗疲顽，第考其办理械斗之方，从无究及主谋，以致日杀不辜，根株终难尽绝。官之谨敕者，任其贿买数凶，分作寻常斗殴办结，不肖者则派绅调和，取具两造，甘结搜索兵费而还。即为了案，是以富者一呼百诺，不惜千金之费，即可泄忿以逞凶；贫者逐臭趋膻，苟得糊口之资，即可轻生以助斗。而主谋之迹又隐而难知，是以召乱之人，往往置身事外。殊不知非财无以聚人，除莠不如拔本，杀一强恶之富豪，即可救一方之屠戮。纵一主谋之首恶，仍留后日之祸机。是以坚持此心不敢摇惑。

然而此案情贿沓来觊望者，不无聚怨。设使遵照督宪、宪台批饬，事理由县录供。禀请就地惩办，不特该犯财力尚雄，必至纷纷上控，易启宪意，矜疑即令仰荷恩。原俯赐批准正法，而事后谣言纷起，指为奇冤，转使卑职无以自白。是以思惟再四，惟有先将该犯从前谋杀、伏杀一案，恳请提省审办，斯其罪状，昭著易于狱成。而此案首恶既除，地方亦可挽回风气。所有卑职审办此案在在为难情形，理合附陈，钧听不胜，钦感念望之至。

### 谕白沙乡

本县闻尔沈姓五房昨午自相械斗，杀伤四人，尚未悉尔因何起衅，想必有不平之事，族老所不能理；亦必有二三崛强少年不听长老盼示；更必有当事老人挟势徇私，致众人不服。但本县乃朝廷命官，作众人父母。尔百姓老者、少者、强者、弱者，我皆得而教训之、惩治之，所以理尔之不平以致其平者。

离此仅四十里，何妨约同老少强弱前来告诉，请本县一判其是非曲直。是者、直者我扶之；非者、曲者我抑之。即曲直是非各半者，我为条分缕析而断之，何等不好？乃必自相屠杀，伤骨肉和气，犯朝廷律法耶？今年方提台甫经临办，尔等尚不怕死耶？今特差前来，尔等可抬伤来验，一面将不平之故详细诉来，我为尔断。若不省悟，本县一怒，刑戮随之矣。

### 禀复教民案件

敬禀者，窃于五月二十七日奉宪台、督宪札开。光绪六年五月初十日，接法国李领事官函称云云，全叙等因，奉此遵查。

卑县民情犷悍，械斗成风，从前大姓并吞小姓，强房蚕食弱房，事所常有。维时外迫海氛之不靖，内逼红匪之攻围，地方官议剿议防，日不暇给。而又习尚久疲，纪纲不振，是以政教陵替，相率因循。洋人以和议来县传教，始至之日，弱民无所控诉，因即相从习教，冀其保护身家。教士偶见不平，一为伸雪，地方官察其事在情在理，亦有听其嘱托，即为查办者。于是民情趋鹜，实繁有徒。

迨同治七年奉派方镇到县办匪，械风渐止，民气稍安。其时漏网之正凶，著名之积匪，遂复相将入教，恃为护符。始而假教士之势力，萃聚捕逃，继而寻平昔之仇，横起争讼，终且合不逞之徒，夺犯殴差，横行乡里。甚谓一经入教，官司不得拘责，朝廷免征钱粮。占民田房，赖人钱债。民控教，则拘传不到；教控民，则挟制忿争。偶拂其心，教士则饰词上诉，州县畏其纠缠也，于是遇事含容，多方迁就，以致民情积忿，疾之如仇。知控诉无之徒劳,则激为斗掳矣;知官司之终庇,则酿为擅杀矣。是欲庇之,而适以害之,欲全之,而适以杀之也。

是以履任以来,一面剀切晓谕,谓天主、耶稣两教不过与释老相同。释老亦来自殊方,习久则毫不为怪。僧道虽所秉异教,盛世亦何所不容吾民?但自修其本原,不必群惊其非类。一面延到各教士,告以民间词讼。无论教与不教,皆吾子民,但问良莠,不分民教。盖民教词讼与中外交涉事件不同。中外交涉事件是指两国互有争论,我国家怀柔远服,屈法原情,特开会讯之旷典。至民教词讼是中国民人,由中国官员办理,固不可因习教而稍加漠视,亦不能因习教而稍废刑章。故条约之文载明教士不得干预词讼。诚以我国自有政体事权,不容或扰,尔国亦重邦交,搀越终嫌非分也。且尔传教者,犹民之师,而我作令者,乃民之父。今子与子讼,事在家庭,自有严父之劝惩,不烦明师之陈说。况父子之谊较师弟尤亲。一父而生子,二人必不因习教与否而稍存歧视。人虽异域,理本相同。开譬再三,各教士亦无可辩难。

是以两年承乏,民教讼案因以无多。乃属大溪峰法国教士苏恒礼者,先已正凶庄连喜被捕三函求情,经驳斥,继以叶亚兰抗粮不完,出头包庇。经谕饬局绅按田查粮,不得迁就。复以庄兆兰欠完住房租谷,先为私函嘱托,经明白批斥,遂乃撮拾虚词,上烦宪听,谨备录原案,为宪台一详陈之。

一、咸丰七年据民人李润蓁、李初招等具控。庄连喜、庄添喜、庄月明等与叶姓械斗,强勒该族,将承耕叶姓之田归伊收租。该族不允,庄月明等赴村掳人、抢牛。经该姓尾追,讵庄姓于范厝凹地方埋伏多人,出而截杀,当被庄添喜铳毙李丙生,庄连喜铳毙李进与庄月明铳毙李亚富等三命等情。报经前县饬差查起尸身,并吊放被掳之人,均被庄连喜等聚众持械逐回,不遵查办。历经各前令设法拿缉而庄连喜等身居石鼓塘乡。该乡在万山之中,山路崎岖,层岩叠嶂。多拨兵役则窜入深山,难以搜捉,少拨兵役则聚众拒捕。不服拘拿又投入天主教中,党类繁多。距县二百余里之遥,即拿获亦被截夺。

抵任察知地形,知非兵役所可捕拿。随探得石鼓塘乡之左为五云洞彭姓,其右为书村叶姓,均系强宗大族。若募其壮丁,前后犄角,其力自足制之,而且熟习山险,不难饬令穷搜。逼处其旁,彼更畏其报复。能穷搜则绝其兔脱之路,畏报复则杜其抗拒之心,固非同兵勇之后难为继也。于是一面函告教士,一面召募彭叶两姓之人,团集千丁,听候调拨。

又访得教民之首有庄从禄者在内主谋,一面悬赏严拿,使其自顾不遑,无暇为人施设。于是庄连喜、庄添喜等计无所出,乃挽教士董若翰作书,陈请投审。当提尸亲李初招质讯供，指庄连喜等下手发铳伤人，情节凿凿。而庄连喜等供称李丙生等三人系在逃之庄月明致毙，情愿缉送庄月明到案质明。经将庄连喜、庄添喜分别发押，姑令交凶，仍一面饬差严缉。暨关移邻县，一体查拿庄月明，务获究办。乃传教士苏恒礼屡函求释，经逐层指示斥，嗣又以绅士在外招摇，谓费金可释等语相恫喝。经指诘绅士姓名以凭查究，随据函呈上砂保正兼清粮局书，庄受海请帖一纸，内开被控一案，敦请罗玉堂、范六和二翁调解等语。当提庄受海查讯据供，庄连喜系其族叔，因被拿在官，意欲邀请罗范两绅向李姓说合私和，情愿许给李姓银六百元。讵发帖后，两绅不允调处，即作罢论等语，则是庄受海听从族叔庄连海讬向李姓私和，口许虚赃，并非局绅在外撞骗。

当将庄受海惩责，并革去保正局书取保管束函内。又称庄连喜一人入羁所，即费金一百二十两，张仲固认据一条。当经拘到，张仲固并提同庄连喜质讯据。张仲固供称向在县城开设杂货及饭店生理，素与庄连喜等熟识。庄连喜被押后即交有银一百二十余两，嘱为随时雇送水饭，打点房差。小的仅雇送出水饭百余天，用去银十余两。书役、羁差人等并无向其索取情事。并将用账呈阅当堂，将余银饬令如数缴出，发还庄连喜等承领。饬令嗣后庄连喜、庄添喜两犯口粮由署发给，不准在外雇送，并详复。该教士各在案，则是庄连喜、庄添喜等系被尸亲李初招指控正凶，即据所供诿，为伊侄庄月明致毙，而现在庄月明尚未获案，讯认自不能遽准开释，此系中国命案，一定办法，与其传教毫不相干也。谨将与教士往复书函录呈钧鉴，此办理，李初招具控庄连喜命案之原委也。

卑县钱粮民屯米石，每年征收较定额不过五成，固由民俗强梁视抗欠为恒事。然自近年以来，地方渐安，咸知国课所关，均已踊跃首认。惟民屯米额以河田一带为尤多，习教之民于河田一带尤盛。从前一经入教，图差里甲不敢入其家，而教民扬言入教后免完钱粮，愚妄者即信以为实。

抵任后，即于河田设立清粮总局，派禀生罗象生、监生范鸣高总司其事。一面明白晓谕，告以钱粮乃国家正供，无论民教，均当一体完纳。其有教民买田而未经过割者，即行过割立户，照例输完，倘在诿延，即与平民一体拿究，不得顾瞻。

随据该局禀称教民叶茂兰承买叶贻盛等本姓三十一户，杨振坤、李荣特等外姓三十一户，共六十二户。田粮除奉，尚积欠折米六十七石零，屯米六十二石零，并地丁、屯丁在内，计应银六百余两。既不过割又不输粮，请示核办前来。当经派拨勇役驰往拘拿，旋据备缴银六百两赴局收存。恳请一面查户过割，一面扫数清完续据。叶茂兰认过割五十三户，共应完银三百七十余两,尚有承卖叶昌兴、叶相兴、李子荆、李廷岳、李开先、李成林、李传盛等九户,田粮未据。叶茂兰承认该局绅以就田查粮,不容狡赖,勒令一律认完,如敢诿延,应即按亩插田,以昭核实。若田多粮少欺隐,即应创惩。若田数与粮额相符,原银即发还承领,所议原属持平。乃教士苏恒礼赴县代求,意在免其查插,谓就田间赋事属至公,求免插田,显有情弊。况绅士人役马夫工食均由县捐发更,更无劳扰之虞。自不能徇情免究致国课为之虚悬。乃该教士拂意之余,遂隐其包抗之实情,饰为迫借之虚语。且指为员绅等诱令,反教其荒诞不经之说。固早在洞鉴中矣,此一事也。

一、本年四月初十日,据民人庄绍徽呈,称伊父庄广就于道光二十六年典受教民庄兆兰之父庄应茂住屋一所,议明赁回居住,岁纳小斗,租谷十石零六斗,契约两据。现庄兆兰既不完租,又不完钱,称乞拘究等情。正差传集审问,即据教士苏恒礼函称庄绍徽嫉教诬控,请宪详查等语。越五日,始据庄兆兰赴案具诉,以房屋钱债细故,就令庄兆兰被控诉枉抑,尽可赴县呈诉,静候讯断。且同族互争债务,何得托言嫉教?由该教士出头干预,私函嘱托,既已显违约条,自应明示防闲,随将该教士不合之处当堂明白批示,并将钻黉请讬之庄兆兰杖责二十,聊示薄惩。一面饬传讯断,讵该教士恼羞成怒,积愧生嫌,因架嫉教之词摇惑领事之听,上渎宪聪,此又一案也。

总之,民教之案办理,端在持平,倘教士有争胜之心,牧令有偏徇之意,民之怨恫易启,厉阶在官司,上体朝廷,无不以怀柔为务。愚民不知大体,难禁其积忿生端,迨事变既成而始悔包荒之迟,以酿祸亦已晚矣。故愚以为绝非礼之干,所以曲为爱护也;执不阿之节,所以善为保全也。深愿领事、教士等各具深心,善体此意,庶民教无不和之迹,中外坚永好之心矣。

身膺司牧,职重抚循合民教,而悉属子民。即合民教而同此仁爱。传教无关轻重,嫉之,何居政令;贵自修明,嫉之何益?惟有平情应物,贞固不摇,以仰副大人绥安远人,怀保小民之至意。除奉查各案,遵札妥为办理外,所有各案始末缘由,理合先行禀复大人察核,俯赐札行照会法国李领事知照,并严饬教士,毋得违约干预词讼,实为公使便计。钞呈与教士苏恒礼往复书函一扣。

### 禀民教案件不得为中外交涉事件

敬禀者,光绪六年十月初五日奉本府札开,光绪六年九月初五日奉臬司札开。准前司移交,奉督宪批据。卑县禀缴本年五月分自理词讼册,由奉批据禀及清册均悉。

查本年五月间,据法国李领事来函,该县平空签差缉拿教民庄添喜羁禁及庄兆兰被人诬控两案，尚未据办结，禀报。现禀声叙，并无中外交涉案件，核与原案不符。仰东按察司严饬该县迅将未结自理词讼各案及教民庄添喜、庄兆兰两起，赶紧拘传人证，质讯明确，分别断结详销。并饬嗣后遇有中外交涉案件，务须分晰造缴，毋再含混干咎，仍候抚部院批示缴册存。

又奉抚宪批据禀及清册，均悉该县自理未结词讼尚有三十六起，亟应赶紧清理，以免积压。仰按察司会同布政司转饬遵照，迅将自理未结各案，赶紧传集两造人证，秉公讯明，断结造报，毋再搁延。仍候督部堂批示缴册存等，因奉此并据该县列册禀缴到司合就札，饬札府。即便严饬该县遵照奉批事理，迅将未结自理词讼各案及教民庄添喜、庄兆兰两起，赶紧拘传人证，质讯明确，分别断结详销并饬嗣后遇有中外交涉案件，务须分晰造缴，毋再含混干咎速速等因。

由府转行下县，奉此遵查月报词讼章程。凡命盗案件，有承缉忞限者，均不列入词讼册内等语。此次县民李初招具控庄连喜等铳毙李五富、李丙生、李进兴三命一案。庄连喜、庄添喜系尸亲指控下手发铳正凶，迭经于获案后提审，据供系在逃之庄月明一人致毙，而尸亲供指凿凿，似难任其狡展。惟庄月明尚未获案，无凭质审。业经卑职于五月二十八日汇禀陈明，奉批勒缉确究，并于羁押人犯册内早经列报各在案，自应归入命案办理，词讼册内毋庸声登。

又民人庄兆兰，踞屋不交一案，前奉行查，亦于五月二十八日汇禀录报案由，并于词讼册内照常声注，并非漏列。其所以不作中外交涉事件，另册造报者，卑职之愚窃以为中外交涉事件，系指华民与洋人涉讼而言，是以事涉华洋，有派洋员观审、会审之例。至民教案件，乃系中国之民与中国之民互讼，向由中国官员审断，条约并有教士不得干预一款。所谓教士不得干预者，原为民教并属中国子民，就令州县审断，不公，自可控由上司衙门平反。人虽习乎外教，民则仍属中华。初与外国之人无涉也，既与外国之人无涉，则教士嘱托领事函求，均系违约干预，似应据理驳正，以崇国体，而杜衅端。是以卑职于民教之案，仍归民间，词讼一律造册未敢区分。

兹奉前因，除赶紧勒拘审结具报外，理合将民教案未作中外交涉事件造册，缴报缘由，附禀呈请大人察核。再逸犯庄月明昨闻逃在邻境海丰揭阳等处，已由卑县密悬重赏，购雇线人，一有下落即行密移严缉，务获。其庄兆兰一案，自经该领事函请以后，迭由卑职勒差谕族，饬传讯断。屡据该处绅耆禀，称该教民情虚畏审潜避省城、汕头等处，尚未回家。容俟卑职设法诱令回县，再行拿获，集审究结，合并声明。

### 致法国教士苏恒礼书

法国传教士苏恒礼教士阁下：别来年余矣。闻近日吾民受教者安分守法，少与人争斗涉讼。具见教士训诲有方，约束甚谨，以助我地方官化导所不及，甚嘉赖焉。道阻不得，遽见惟教士安善眠，食无恙。兹敬告者：县属上砂石古塘乡民有庄连喜、庄添喜、庄双喜、庄月明、庄亚兰、庄应喜者，在咸丰七年八月十八日，因勒收书村李姓租谷，抢牛、掳人，李姓尾追，被庄连喜等伏路铳毙李进兴、李丙生、李五富等三命，控经各前县严拿未获。后闻有庄崇禄者，诱令习教，希图恃教为护符，俾得抗拿漏网。从前各前县未悉中外条约，以朝廷优待远人，故教民犯法，每多容纵。殊不知法者，天下之公也。教士远来传教，原为化诲愚民，使知尊君亲上，即天主所论之道理，亦无非劝民向善改过，凛遵王法。若果其人犯法，在教士岂肯姑容，况人命至重。杀人抵罪，万国皆同。教士决不因其入教，稍为袒庇。且教民亦中国子民耳。为中国之民，犯中国之法，中国官员拿究是其职分。教士岂有异言？惟本县知教士居心正大，作事光明，决不令犯法之徒混入教中，使天主大教有庇匪之名，为万国人谤议。是以一面饬令差役勇壮分投捕拿，并勒令该族族老捆送；一面详细函告，教士务望转饬教内之人，勿得庇护。如庄连喜有逃至尊处，即请捆执以来。若庄连喜有言被控冤抑，则令到案听审，本县自有分别。倘逃匿不来，不守朝廷法度，不服官长拘传，在我国为叛民，在贵教为匪类。想亦教士之所深恶，固不仅本县必欲执法严办之也。教士诚信聪明，以为然否？专此布达即请，日祉。

### 复法国教士董若翰书

法国传教士董教士青照得来函，悉苏教士抱疴居省，以贵教士代其事。虽未觌面，想不惮七万里来至我邦，必明礼义，识忠信。宣布贵教必劝善规过，有益于民，本县当嘉赖之。庄连喜被控人命，当为确审，有罪则刑，无辜则免，吾当执中朝法律，秉公理之。庄崇禄昔闻为庄连喜发谋拒捕，因欲拘惩，兹庄连喜既来，彼亦自至，则非抗官拒捕。可知故特原之释令自去，同为吾赤子，恭顺则加爱，抗逆则加惩，初无歧视也。此复即候，日祉。

### 复法国教士苏恒礼

来翰阅悉，谨按条约，传教士不得干预地方词讼事件。故凡贵教士关说案件，则必照条约拒绝，不与辩论是非，述知底蕴，所以崇国体，昭大信也。但贵教士品望素高，吾所嘉许。既来询访，当罄始末。俾知中朝法度，必不枉人。本县居官，一无偏倚也。

查本案事在咸丰七年，庄姓与叶姓械斗。李姓承耕叶姓田租。有庄月明者强向李姓收租，李姓不依，遂纠同族匪前去掳人、抢牛。李姓追逐，被庄姓截路伏杀李丙生、李五富、李进兴等三命。当时原控即指庄连喜、庄添喜、庄双喜、庄月明为正凶，迭经各前县饬缉，而庄姓恃居石鼓塘乡，在群山之中，距县窎远，少遣兵役则拒捕，多遣兵役则远扬，故二十年来积冤未白。

此次本县初拟捣其巢穴，疾捕而聚歼之。知自贵教流传，其兄弟又窜名习教，冀作护符。本县又知贵教士非庇匪之人，是以专函告知，邀同协捕。讵薄游省会未返此邦，而庄连喜等闻信自投，亦知畏法。当经提集确讯，据尸亲李初招指供，李丙生系庄添喜致毙，李进兴系庄连喜致毙，李五富系庄月明致毙。

质之庄连喜等供系庄月明一人致毙各等语。两造供词互异，固难别其虚实，但庄月明现未获案，当日是否一人所杀，抑或是庄添喜各有下手行凶，必须出自庄月明口词乃可成狱。况李丙生三人似非庄月明一人独杀，案关人命，非可率定爰书。是以未加庄连喜以刑求，仅予拘系，以待庄月明之获案以判。是非官非目睹其间，有辜无辜不能臆断。即贵教士亦未身亲其事，传疑传信，又岂可凭？

总之，庄连喜等既被人控指为正凶，证佐未明，情伪未判，固不能遽加大法科，以杀人抵罪之条，亦不能曲徇人情，定为无罪释放之案。中外虽殊，情理则一。贵教士聪敏恂谨，当体念本县执法之苦心也。故兹布复，即问新祉。

### 复教士苏恒礼

来函诵悉，庄连喜之案论之详矣。庄月明一日不获，则庄连喜是否正凶，不能自辩也。地方官决不能以原告指控正凶之人，遽自省释。本县莅任几二年矣，服官十三年矣，何案可以贿通？何事可以情托？教士岂无见闻？所称绅士谓费金可释，绅士是何姓名？果有其人，自当拿究，以绝招摇。倘无其事，本县乃中国丈夫，岂以一二浮言动吾念虑？贵教士亦何必以说辞来相尝试。

本县受国之恩，承乏斯土。惟本清忠以对君上，申信义以抚士民。国体所关，王法所在，虽刀锯在颈而不惊，罢斥在即而不顾。遑恤其他。高明谅之，此颂贵教士日祉。

**复教士苏恒礼书**

来函讼悉站书，庄受海如果在张仲固店内有向庄连喜之子侄庄衍昌等招谣需索，法不容宽，已票传到案察审矣。贵教士能查察此等事件，从直见告诫，为直谅之友，深嘉悦焉。至本案之衡情定狱，本县自当准法办理，国体所关，不得为贵教士共预也，即问日祉。

**再复教士苏恒礼**

再复者，昨接贵教士来函，并交到庄受海请帖一纸。当传庄受海、张仲固到案讯，据庄受海供称，伊系庄连喜族侄，庄连喜拿在官，意欲邀请罗、范两绅向李姓说合，情愿许给李姓赔命银六百圆。讵发帖后两绅不允，即作罢论等语。又据张仲固供称与庄连喜素识，庄连海被押后，即交有银一百二十余两，嘱其随时雇送，打点房差。伊仅雇送水饭一百余天，用去银十余两。书差、管羁并无向其索取，并未送过银钱。所用账目缴呈案阅，余银现存在家等语。

提质庄连喜供各相符，当经本县将庄受海革去保正重责，示儆。饬张仲固缴出于银一百余两，当堂发给受领。饬令嗣后该二犯口粮由署发给，不必在外雇送。则是前函所说绅士招摇，是庄受海听庄连喜嘱付，自许李姓虚脏，诸绅士并无干预，亦无招摇。张仲固收存庄连喜银两，雇送水饭，并非馈送书差，亦无书差需索得脏情事。贵教士误听风闻之言，固不足怪。但事之本末如此，不可不令让贵教士知之。

至李姓命案，即庄连喜亦认明伊侄庄月明下手，伊等在场，其非并无其事可知。李初招所受矛伤瘢痕尚在其，非捏控可知。况当堂供指凿凿，特以庄月明尚未获案，故本县未加刑讯耳，何得谓其诬陷？李林康系李进兴胞侄，年虽仅三十岁，而胞叔被杀，即属尸亲，何得谓其不应出控？此贵教士之遁辞也。总之词讼事件，非贵教士所得干预，其恪遵条约，勉思鄙言也。顺候日祉。

**复教士苏恒礼**

教士不得干预地方词讼，条约著有明文，岂容违背。所陈各事无一可干预者。教士即不为自己品行计，独不为贵国条约之大信计乎？

一、庄兆兰与同族之人争讼房屋，是非曲直，自有本县公断，何用尔教士预为关说？此教士之自背条约也。庄兆兰以本县之子民，乃不自诉于本县之前，而转托教士之关说，此风何可长也？当堂杖责。乃中国之典法，父母官之教训，至其本案一经赴审，本县自能秉公核断，与教士何关，而又欲干预耶？

一、叶亚兰前缴粮银，除割串外，所存银两因有承买叶昌兴、叶相兴、李子荆、李廷岳、李开先、李成林、李荣特、李承发等九户田粮，未据承认，该局绅以就田问粮，不容狡赖，必须按田签插，以昭核实。若田多粮少，即应勒令认完，并治以欺隐之罪。若田数与粮额相符，原银即发还承领。所议尚属至公，已令罗象森前往插田，此系国课攸关，岂尔传教士所能干预者？

一、庄连喜一案，事关被控致毙三命，必须庄月明到案质明，方能分别究释。前已明白告知，何得渎求释放？夫教士乃贵国无职人员耳？条约及通商事例登载详明，乃欲在我中朝干预词讼，包抗钱粮，强释罪囚，俨然与我地方官争理民事。遇事干预，我不知教士自居何等，恐万国公法、天主条约均无此情理也。昨奉督宪札行，贵国领事官伸陈该教士禀件到县，已由本县逐条据理禀复。督宪转饬贵国领事官。知照贵国虽距中朝七万里，然而人同此心，心同此理，贵领事奉国主之命来至我邦，必不能置公法条约于不问，而偏信该教士之言也。本县乃大清命官，只知忠君报国，不知其他，非理之干，必不可行，故兹明示。

### 复教士苏恒礼

法国传教士苏恒礼教士青及来书，诵悉民人黄文新具控民人黄亚纯一案。先经本县明白批斥，据称本县洞照其虚，可知民教均吾子民，本县决不预存成见，但黄文新控称黄亚纯钞抢家财虚实，均应澈究。

如果是黄亚纯真有其事，则黄亚纯身犯抢夺，固为法所不容；如果黄亚纯并无其事，则黄交新平空诬告，亦属法当反坐。是以本县一面差查，一面传讯，盖欲分别虚实，勿使民教稍有偏抑也。贵教士但饬黄亚纯赶紧赴案听审可也，至起造教堂必须禀明地方官查明，与民无碍方准起造一节。

查同治四年，先后奉总理各国事务衙门，与法国公使议定天主堂买产章程，内称法国传教士如在内地买地建作教堂，务即遵例，先赴地方官保明请示，由官酌定方准照办。倘私卖地业及中国民人私行卖给，一经查出，将中国人严加惩处各等语，久经遵照在案。贵教士既来传教，自应熟习条约章程，何得曰准与不准，与地方官毫无干预耶。况起造教堂，原期百姓信从，今若遵照章程，先行禀明，由地方官亲诣查勘、查明。与民有碍者，商同另择善地，倘系无碍，一面出示晓谕，准其建造，一面禁止平民生事，倘有抗示作践，即由地方代为拿办。何等荣耀，何等安乐。

而贵教士必欲违背条约，不使官员预闻，设令愚民无知，酿成别事，贵教士仍欲地方官为之料理耶？抑可不必地方官为之分忧耶？本县遇事必照章程，原期相安无事，中外和好，贵教士何未深思耶？此复。

### 复苏教士恒礼

敬复者，人来赍到顺天府，护照业已阅明交还，所论建造教堂，原听其便，并非有所禁阻，但地方之应卖与否，必须由地方官酌定。系奉总理各国事务衙门，会同贵国来使议定颁行，贵教士何不遵行也？教士若以吾言为不然，不妨钞录本县迭次函札告示，问明大鉴、牧及驻省领事，请其查明历年来成案，便知本县之并非虚假矣。

本县去任在即，所以不惮烦言为贵教士缕述者，原欲贵教士在此传教，中外相安。若必违背条约章程，或致酿事，夫岂贵教士之所愿哉？至小民之言，未可尽听。贵教士在此传教，如果恪遵条约章程，本县爱护之不暇，岂容愚民赶逐耶？尚望安心，毋用过虑。此复即问日祉。

### 谕水墘乡陈姓

为谕定敦本睦族规条，以垂永远事。照得县属水墘乡陈姓，自陈月江创业以来，于今十有五世。陈月江生四子：长与四，俱无传；次为竹冈，即今所传之二房也；三为梅谷，即今所传之三房梅谷之孙。其三曰省恭，生子众多，后裔最盛。省恭一名励，即今所传之励祖房也。初励祖之支流既盛，辄恃强凌弱，恃众凌寡，二三子孙畏其强盛，虽饮恨而无之何。

至道光年间，有励祖后裔曰陈继戎者，因其堂兄掳捉大安等处之人，控经前县，饬差吊放，抗拒不遵。嗣经前县亲临，勒令励祖强宗之人交出惩办。陈继戎愤其不护庇也，遂诱胁各弱房无赖子弟，联为一党，力与励祖之子弟抗衡。而励祖子孙有陈亚禄者，亦复敛钱纠众出而相持，于是酿成械斗，距今三十余年矣。自械斗以来，大小数百次，杀人盈千，虽垂白之人，身经目击，亦不能偻指而计其数。此固天地之奇变，蛮貊所罕闻，而谓人伦之中戕杀若此，比之豺狼虎豹犹或无此奇惨也。

光绪二年，又以小嫌互相杀掳，励祖子孙先掳捉散房陈亚酬、陈油九、陈妈仁三人，关禁祖祠。比至次日互斗，励祖支下杀伤多人。陈亚七、陈亚土、陈亚绸、陈角鬃等愤其骨肉多伤，遂将陈亚仇屠杀报复。时张前县拘凶不获，逐勒交花红银三百圆存库缉凶，又罚励房子孙银三百圆分给被杀之家，含糊悬案，本属不成政体。本县履任，因查得正凶陈亚七等实系远窜外洋，无凭缉究，亦姑且饬缉而已。而两造积怨未平，虽不敢公然纠斗，然忿忿之心终不能释。

本县承乏此土于今三年矣。除授之员将次来代本县，去此之后又不知该乡习尚若何。若复故辙，重寻正，不知杀伤几许？肝脑涂地，肤革充原，恻然伤之。不得谓非三年中玩愒，因循化诲之无方所致也。今据二比耆老环呼排解之方，开彼自新之路，本县酌中详议，颁示规条，俾释前嫌，言归于好。所有规条列示于后。

一、陈继戎、陈亚禄实为祸首，法不可原，今陈亚禄已伏冥诛，应毋庸议。陈继戎虽闻拿避匿，但跡其抗官报复，已属可诛，况诱胁疏支戕杀近属，其忍心害理，即加以寸磔犹有余辜。除严拿务获重究外，应先将其家属驱逐出村，永不许入村，并即削其族谱，不得仍为陈月江子孙。倘陈继戎恋土玩违，日后励祖子孙于本村遇见，格杀勿论。

一、陈亚七、陈亚土、陈亚绸、陈角鬃均系屠杀陈亚酬等之人，自系正凶，不得稍从宽典。现陈亚七既已在洋病故，应毋庸议。其在逃之陈亚土、陈亚绸，着励祖子孙于该二犯潜回后送官究办，倘再庇匿，准散房之，人于本村遇见，格杀勿论。现获之陈角鬃，本应拟斩，但因伊兄量全为人所杀，因而逞凶。今故杀，固应问拟而斗杀，亦应抵偿，应俟散房，交出致死量全之凶后，再分别问罪。斗杀凶犯未获以前，先行监候，待质以昭公允，倘再监在押或被脱逃回村，亦准被杀之子孙于本村遇见，格杀勿论。

一、前县库存之花红三百圆，今陈角鬃既已获案，应发回一百圆，为此次两造释嫌祭祖之用。尚余二百圆一并提给被杀之家暂为承领，如将来陈亚绸、陈亚土竟不能获，即作为被杀家属养赡。倘已获回而由县正法，即由该家属缴回县库，听候发还励房子孙。

一、嗣后两造田塭各照契管业，先有侵占者，一体查清还给。

一、嗣后合族借贷银钱，每银一两，每月取利不得过三分，倘于例外取利者，准借钱人禀官断完，本钱其利即行罚免。

一、嗣后各房子孙有捉人关禁者，捉人之犯送县墩禁三年，关人之屋即行拆毁。

一、嗣后如有两人因事争闹，许报族老理直，族老调处不下，禀官究断，如尔人互殴，旁人只准劝解，不准帮打，即嫡胞兄弟子侄亦不准帮打，倘有帮打，送官加倍治罪。

一、嗣后抢夺人牛只、衣服、物件者，问明如系讨债，即将欠数罚免，如因别项闲气，加倍赔完。

一、嗣后损坏人园青者，从公估计，加倍赔完。

### (三) 方耀清乡与军事化治理措施

**饶宗颐总纂《潮州志》新编第一册之《大事志二》，潮州市地方志办公室编印，2005年版，第366页**

**总兵方耀奉檄清办积案**

（同治九年）总督瑞麟奏潮州一路积匪清乡事宜，派署潮州镇总兵方耀办理（《番禺续志》）。是岁，兵备道吴赞诚、总兵方耀至潮阳清办。时抗吞劫掳，惨屠活埋者，案如山积。总督瑞麟、巡抚蒋益澧据实入奏，奉旨准以新例澈办。（《潮阳周志》）（方耀办清乡经过，见照轩公牍中复张香帅书云：数年间讯结积案数千余起，惩办著匪三千余名，征收旧粮百万余两，起获炮械数千余件，均经奏报有案内，如潮阳沙陇王郑锡彤会党抄杀盘踞抗官一案、澄海谢昆岗等劫掳焚杀一案、潮阳戕杀副将膺保巡检章坤一案、惠来戕杀知县汤廷英一案、揭阳戕杀知县王皆春一案、饶平殴辱黄冈文武一案，又揭阳田笼得等竖旗叛逆一案，皆地方官所不能为，抑亦地方官所不敢为者。又如各属乡民，多有依附洋教借作护符，地方官遇案传讯，即命盗重情，无不违抗，后经分别重治，勒令出教者万数千人，地方官始能一律抚辑。前抚院李奏请严办之，著名匪乡四十余处饬拿之。著名土豪八十余人均经悉数惩治，并无漏网。）

**报刊所载相关资料**

**《同治十二年九月廿四日京报全录》，《申报》，1873年12月8日**

上谕：广东潮州府属潮阳等县匪徒抢掳械斗积案甚多，经该督派委总兵方耀、道员沈映钤等督带兵勇分头查办。先后将惠来等著名匪徒陈独目、康品、谢璋、谢昆岗、郑锡彤及陈老、何汰等缉获正法，该郡赖以安谧。办理尚属奋勉，署潮州镇总兵、南韶连镇总兵方耀着交军机处记名，遇有提督缺出题奏。其余出力文武员弁、官绅，着该督核实保奖，毋许滥。其失察械斗之地方官，着加恩免置议。仍着瑞麟督饬各将善后事宜，妥为办理，并严饬派出文武各官，认真搜捕余匪，毋任漏网，以靖闾阎。该部知道，钦此。

钦遵饬行查昭，伏查潮属匪乡，经总兵方耀等于同治八年六月移管开办至十年八月，先后将惠来、潮阳、揭阳、澄海、普宁等县著匪缉获正犯，惟时声威大振，各乡已闻风摄伏。独潮阳县之沙陇附近乡村，尚有匪党盘踞，私藏军火，根株犹未净尽。揭阳、海阳两县所属亦尚多伏莽，惟是地面辽阔，匪踪诡秘，非有公正绅耆帮同文武员弁严密搜捕难以得手。

十年九月间，方耀等联络士绅会督兵勇，亲历各属，先在潮阳之沙陇、田心、上店、金浦、华阳等捕获匪犯郑挑仔等二百八十八名；在揭阳县属棉潮等处获犯吴阿挑等二百三十四名；在惠来、普宁二县属搜捕获余赖学泳等一百五十六名。仍勒令各将私藏炮械悉数呈缴，计大小炮位六百余件，内有洋炮百余，及重至五六千斤者，俱堪留管备用。

十一年六月，方耀带兵回郡，复会同候补知府段锡林观赴附郭之海阳县属各乡，陆续捕获著匪陈谢矫等二百七十二名。所有先后拿获各犯均经随时讯认，迭次劫杀、抢掳等情不讳，照案就地正法。又有早年遣散游勇假目营中弁兵，私赴乡间吓诈，乘机抢掠，当即拿获陈阿满等四名，治以军机，以示惩儆。察看潮州全境一律肃清，当将大队兵勇陆续遣撤，仍酌留练勇一千名，并挑选练兵三百名，以资弹压，俟办理善后事宜竣，再议裁减。据方耀等查明，在事员弁绅士等开列呈送前来。

臣等伏思潮州为岭东大郡，负山跨海，形势为扼要，而民情之犷悍，匪类之凶横，有出于寻常见闻之外者。溯自道光年间风气日坏，其始不过大族侵暴小姓，强宗凌虐弱房，驯至抗粮拒捕，戕官围城，无所不至。数十年来，积案之多，几于不可究诘。臣瑞麟访察再三，宜及时整顿，谨将一切情形于同治七年十二日据奏明，檄委署潮州镇总兵方耀等带兵查办。当开办之初，惟恐积病已深，挽回不易，屡经嘱方耀等妥为布置，务求实效，弗尚近功。该镇等不避怨嫌，方任艰巨，经理四年有余，是力是心，始经不懈，遂将该府属多年积案次第清理，先后捕获要犯二千余名。其中如陈独目及谢昆岗、郑锡彤、郑锡位等皆系凶悍之徒，尤藐法横行，形同叛逆，非寻常匪犯可比。方耀等不动声色，使备犯一一就诛洵足，伸国法，而昭戒。

从此，地方整顿，风气亦渐挽回。臣等窃以为陋习成风，其害较寇盗为更烈，而劫衰救弊，其事较征剿为尤难。该镇方耀前蒙圣恩，记名以提督遇缺题奏，感激之余，益深奋勉。兹将通案办结，洵属克奏全功，其余文武员弁绅士人等，或督捕要犯奋勇当先，或构线密拿冒险深入，内有异常出力之员，核其劳绩，实与战功无异。即审案催粮，各员无不各矢勤慎，着微劳谨，遵前，奉谕旨。择其尤为出力，核实拟保开具清单，恭呈御览，合无仰祈天恩，俯奖励恭候，逾格鸿施。臣等谨合词恭折具陈。伏乞皇上圣鉴训示。谨奏。奉朱批，吴赞诚等着照所请奖励。该部知道，单并发，钦此。

文华殿大学士两广总督臣瑞麟、广东巡抚臣张兆栋跪奏：为查办潮州府属匪乡，搜捕余党，清理积案完竣，地方一律安谧。谨将在事出力文武官绅，择优拟请奖励恭折具陈，仲祈天恩事。窃臣瑞麟派委署潮州镇总兵方耀查办潮州府属各匪乡，捕获要犯多名，先于同治十年九月初六日恭折具奏，是月二十九日奉。

**《潮州近耗》,《申报》,1880 年 6 月 17 日**

探闻潮州府揭阳县于前月闻有匪科纠众倡乱,拟于初三日竖旗帜推酋长,约期举事,谋先入宦家当室劫财,以供需用。然后据乡村守险,与官抗拒,幸为同其谋。闻于方军门卯于初一日发兵勇五百名驰往弹压,初二日亲率营兵往补,为首十余人,按律正法,余立即解散,此次幸办迅速,故不酿成巨祸。方军门之临机决策,患无形功伟矣。

**《潮州善举》,《循环日报》,1881 年 4 月 9 日**

潮州自方照轩军门莅任以来,除暴安良,兴利除弊,前此犷悍风俗,已为之一变。兹闻有绅士丁顺等来省禀督辕,拟有条款举行善事。初五日,张制宪批云"阅禀并善条均系潮州,自昔海滨邹鲁,比来习于谕薄,顽悍成风,治教不明,实阶之厉。绅等敬恭桑梓,慨然兴挽回末俗与人为善之心,开设善堂,宣讲圣谕及祸福果报等书,期于崇正辟邪,清乱源,而固治本力,宏大愿,慰良深。所需经费应量拨款接济,以永善举,仰东布政司会同厘务总局酌核资助果否,由汕头厘厂项下拨款给领察核具报,粘抄保领并发。"

**《清广东水师提督方公照轩传》,《铎报》,1924 年第 2 期**

公讳耀,字照轩,广东普宁人也。状貌雄伟,勇健有大志。咸丰初年,太平军起,粤东群盗,乘机恣扰。公痛地方糜烂,慨然思有以廓清之。弱冠即随父从事戎行。始隶潮守吴公均麾下,犹未知名也。

六年,敌围清远,公以父陷伏,即奋身陷阵,破之,由是孝勇之名大噪。前后克服县城四、所城一,解城围六,出境破贼三。旋由都司赏巴图鲁名号,带花翎,积功至参将。同治初年,陈金缸踞高州,公纠总兵卓兴剿除之。四年,汪海洋蹂镇平,公又率数千人殄灭之。大憝荡平,公犄角之功为多,公每战必身先士卒,深入敢斗,虽屡被枪伤,弗恤也。与客军共事,推功让能,不自矜伐,故能敌忾同仇,肃清全境。

七年,补授南韶连镇总兵,调署潮州镇总兵。潮民悍,喜斗,土豪筑堡聚众,占田产,抗官府为常事。吴公时已难之。十余年间,为患尤剧。大吏以公潮人,檄公治之。公以为治积匪与治发逆异:一于抚则祸不息,一于剿则元气伤,乃创为选举清乡之法。择豪族正人为乡约正副,任以稽查,分别良莠,准予自新。首办陆丰斗案,明正其罪,树之风声。再以全力治潮,遂得迎刃而解。拜会戡官之陈独目，负险阻兵之谢奉璋、谢昆岗等，先后就获。渠魁既歼，余孽悉净。遂清历年逋赋，归之于官。理占踞田产，还之民，民乃大和。潮关亦增税巨万。事闻，诏以提督记名，赏穿黄马褂。公又以为民之悍，由于教之衰。不泽以诗书，无由挽颓风而励末俗也。于是设乡学数百所，立书院，刻购书籍。文化聿兴，风气为之一变。潮州患水，则浚河筑堤，以保农田。惠州患灾，则出资平粜，以活饥民。至今称颂勿衰。

光绪三年，署理广东陆路提督，驻惠州。惠俗略与潮等，公以治潮者治之，惠亦靖。十一年署理广东水师提督，驻虎门。潮惠既定，大府奏请公办广州积案。广州盗风，视潮惠尤炽，公治之若潮惠，又加密焉。一年间，诛巨盗百余，民获苏息。方冀全消伏莽，而公遽以光绪十八年六月病卒矣，年五十有八也。卒之日，粤东官绅士庶，闻者莫不悼惜，深以不竟厥事为憾。鸣呼痛哉！公慷慨明敏，善用人，尤喜文士。冠儒、冠者来者，悉加宠异。生平不多读书，而文牍填委，一阅辄尽，曲折人不能欺。剿贼捕匪，常以奇胜。事上接下，则以本至诚。度量深沉，器识宏远。由行伍而至专阃，备历险夷坦然也。既殁，粤人追思功德所在，咸为立祠，几于甘棠之思召公云。

赞曰：公之战功治绩，已脍炙人口，而其事迹亦尝载诸国史矣。奚待曲士汲汲为之记录，而后信其必传哉。虽然，公，武人也，战阵是习，戈矛是修，乃能宾接文士，设学兴教，慨然以明道义、维风俗、培植后进为己任。矧服儒服，冠儒冠，素闻诗书之训者乎。故余为之传以自警焉。

**《清实录》所载资料**
**《清穆宗实录》卷九十八，同治三年三月戊辰条**
而嘉潮民俗尤悍，逆匪由闽之邵汀一路奔趋，路尤径捷。且恐其党与散归者，于该处为多。张运兰如移扎此路，相机堵剿，于闽省较为声息易通。即以刘德谦新募楚勇，专防南韶，亦觉便捷，应即如何办理之处，着毛鸿宾等妥筹办理。该督既称潮勇多不可靠，其将方耀所部驻扎镇平，以顾嘉应一路，是否合宜，并着毛鸿宾妥筹调度，毋稍疏虞。将此由六百里各谕令知之。

**《清穆宗实录》卷一二〇，同治三年十一月己亥条**
又谕毛鸿宾、郭嵩焘奏：击退各股逆匪现筹防剿情形，并请调鲍超剿除闽粤发匪及广东现办厘金情形各折片。粤中败贼，窜扰福建漳州所属，康逆汪海洋复窜踞汀属之武平，游骑四出，侵入粤境，即经吴赞诚、方耀等截剿获胜，而东路情形，仍属吃紧。毛鸿宾等现檄方耀带勇四千名，由嘉应绕赴闽境，会军兜击，并令翟国彦、郑绍忠、唐启荫、任星元等，分防要隘。李福泰督兵策应，所筹尚合机宜。即着督饬派出各军，实力防剿，毋稍疏虞。鲍超已经赏假回籍葬亲，其所部之军，前已有旨令宋国永、娄云庆分统其众，入闽援剿，归左宗棠调遣。

**《清穆宗实录》卷一二一，同治三年十一月甲寅条**

两广总督毛鸿宾等奏：贼扰大埔县城，经援军击退，并越境克复武平等城。得旨：朱家绶着暂行革职留任，仍着查明该县城是否失，该令有无与贼巷战各情，分别奏明办理。大埔既转危为安，粤军现已越境克复武平等城，贼势趋重漳州。着严饬方耀等，跟踪追剿，会合江西闽浙诸军，将窜闽之贼，就地殄灭。漳州距潮州较近，饶平县属，亦有贼踪，并有沿海掳船窜扰澄海之信，着即移拨重兵，严行遏截。如任令入海剽掠，贻患无穷，惟毛鸿宾等是问。

**《清穆宗实录》卷一二五，同治三年十二月戊子条**

谕议政王军机大臣等、左宗棠等奏：官军逼攻龙岩，扼守漳平获胜，暨由连城进剿，先胜后挫，现筹剿办情形。毛鸿宾等奏，官军越境赴援诏安，乘胜进逼云霄。现仍防剿兼筹，并请调冯子材督办东江军务，吴全美请假回籍各折片。逆首李侍贤仍踞漳州，汪海洋踞长汀、连城、上杭交界之南阳乡，刘典一军新挫，逆势狼狈。该督所筹办贼之法，先取远势，渐逼渐近，驱令归并一处，然后合力蹙之，实为切中机宜。现在王开琳、王德榜两军，计可抵汀。赖长等军，经康国器调赴雁石。赵均所部，亦已严扼漳平，此路兵力较厚。

着左宗棠、徐宗干，妥筹布置，务期联络声势，先将汪逆巨股殄除，以期进逼龙岩。……该督抚现饬李福泰往来嘉应惠州之间，相机调度。方耀一军，由武平进扎上杭之蚺蛇渡，先顾上杭，进规永定。郑绍忠一军，驻扎上杭之峰市，与翟国彦、方耀等，联络策应，所筹尚妥。贼谋甚狡，伺隙即逞。着即饬令李福泰督饬诸军，相机会合进剿，务先严防本境门户，毋得稍有疏虞。贼如不得逞志于闽，必将全力趋粤。

**《清穆宗实录》卷一二八，同治四年正月乙丑条**

又谕毛鸿宾等奏：官军越境剿贼，克复永定县城一折。逆省丁汰洋、潘姓，踞守永定，与漳州之贼互为掎角。经方耀等叠次猛攻，将该逆城外炮楼土垒平毁。官军倚山扎营，日夜俯击。城贼由东门向龙岩州窜逸，我军追至雷塘而还，剿办尚为得手，永定业经收复，漳州逆势自孤。

着毛鸿宾、郭嵩焘，督饬方耀等军乘胜进攻，听候左宗棠调派，并着左宗棠饬令闽浙官军会合夹击，节节扫荡，次第规复各城，以收破竹之效。康逆汪海洋盘踞汀州南阳，号称十余万人。漳州踞逆，号称二十万人，逆焰尚肆鸱张。潮嘉东北两路防务，均未可稍松。前经谕令冯子材暂留本籍督办军务。即着毛鸿宾、郭嵩焘，催令该提督迅速前赴东江，妥筹守御，并饬令李福泰速赴潮州府城，严密布置，以固门户，不可稍涉疏虞，致令贼匪再行回窜。将此由六百里各谕令知之。

**《清穆宗实录》卷一三一，同治四年二月壬辰条**
广东所派出境助剿之方耀等军，着瑞麟、郭嵩焘，饬令会合闽军痛歼余逆。潮州大埔一带，即责成李福泰妥筹防剿，以杜窥伺。该逆既有入海之谋，各海口均应一体防范，并着瑞麟等督饬地方文武员弁，悉心筹防，倘被阑入，定惟该地方官是问，决不宽贷。将此由六百里各谕令知之。

**《清穆宗实录》卷一三三，同治四年三月己酉条**
谕军机大臣等、左宗棠等奏：官军追剿获胜，汀连肃清一折。……着瑞麟、郭嵩焘，饬令李福泰等军，严防潮州及埔饶等处。方耀等军，已入闽者，即令归左宗棠调遣。倘粤边有警，仍令回顾，沈葆桢已起程赴闽。孙长绂责无旁贷，当督饬前派防军，严扼本境，如被阑入完善，惟该署督抚等是问。娄云庆接统鲍超所部，既未入闽，即着仍留江境，协同防守。俟此股贼平，仍遵前旨，驰赴鲍起军营，随同出关剿贼。左宗棠俟刘典到后，布置定妥，再行进省办理一切事宜。将此由六百里谕知瑞麟、左宗棠、徐宗干、郭嵩焘，并传谕孙长绂知之。

**《清穆宗实录》卷一三三，同治四年三月癸丑条**
谕军机大臣等、毛鸿宾等奏：闽省贼势，趋重漳州，潮防吃紧，击退白堠窜贼，化州、灵山、罗定等处，击贼获胜各折片。闽省南阳贼匪，横窜白沙、石碣等处，图入粤境。经方耀等军并力分剿，将石碣等贼巢一并焚毁，歼除贼匪，几及万人。另股逆匪，由大埔属之白堠，直扑枫朗营盘，经戴朝佐等以少胜众，毙贼甚伙，剿办均属得手。惟贼氛十倍兵勇，潮嘉边界，绵亘数百里，路路可通。该逆飞走技穷，其欲绕越方耀等军后路，图窜粤疆，自在意计之中。

现在嘉应之防稍松，而潮防日形紧急。毛鸿宾等已饬李福泰等分扎大埔饶平等处，以固藩篱。着即严督各军，认真堵剿，毋任阑入，潮州民情，素称犷悍，贼踪若至，一经煽惑，必至燎原。该署督等务当严密防范，如后路兵力尚单，亟须添调劲旅，层层布置，万不可令贼扰及潮防。致剿办愈形棘手，方耀等军，前谕粤边有警，仍令回顾。着瑞麟等仍遵前旨，妥筹调度，并着左宗棠、徐宗干，饬规取南靖漳浦各军，将该逆就地歼除，与粤省入闽之方耀等军，联络声势，妥筹夹击，毋令扰及完善。广西永淳匪徒，扰及东省。灵山县属博白土匪，复窜化州之合江墟地方，均经粤军击退。罗定官军，复将古眉、大碰、云胎各巢攻克，边境渐次肃清。

**《清穆宗实录》卷一三四，同治四年三月甲子条**
又谕李瀚章奏：交卸起程；石赞清奏，东西两路防堵情形各一折。上杭诸逆，经刘典等军击败后，尽趋漳州。李侍贤、汪海洋，均系凶狡贼目，兹复归并一处，难保不为困兽之斗，纷扰旁趋。湖南东路防务，自未可稍形松劲。着石赞清檄饬赵焕联等军，扼要驻守，实力严防。李瀚章业已起程，即着迅速遄行，驰赴新任。将该省防剿事宜，妥为办理。汪李等逆，现聚一隅。正可设法兜围，为一鼓聚歼之计。

着左宗棠、徐宗干，激励将弁会同粤东官军，将该逆等就地殄除，毋令扰及他处或潜逃入海，致穷蹙之寇，又肆狓猖。瑞麟、郭嵩焘，即饬李福泰等严密布置，力固潮州之防，并令由粤援闽之方耀等军，会合进攻，协力扫荡，迅殄逆氛。孙长绂督饬派出官军，严扼本境，毋令贼踪再行回窜。

**《清穆宗实录》卷一三五，同治四年四月己巳条**
又谕瑞麟、郭嵩焘奏：迎剿窜匪获胜，现筹防剿情形，并罗定官军攻克河垌贼巢，擒获信宜匪首李可钟等，化州官绅歼剿广西窜匪各折片。南阳窜贼，占踞白沙，肆扰粤边。虽经官军叠次攻剿，擒斩甚多，而贼势尚未十分穷蹙。瑞麟、郭嵩焘，仍严饬方耀等军奋力剿洗，并饬李福泰严防大埔饶平等处，以固潮州门户。花旗股匪，本系遣撤之勇，乘乱滋事。于粤东地势情形，皆所熟悉，尤应防其与闽逆勾结，为之引导。务须严饬各军，将此股匪徒先行殄尽。龙岩南靖等败匪，趋扑诏安。李元顺、吴国泰等营，皆为所袭，是黄冈饶平，皆形吃紧。

着瑞麟等迅饬黄朝恩等防剿兼施，与何云章联络进取，前据李鸿章奏郭松林等军，已饬由厦门前进，未便改赴汕头，已有旨照请办理。瑞麟等以漳郡西路兵单，恐贼从此遁，粤东吃重，所虑亦是。郭松林等军，现既不能赴汕头。东江一带，仍着瑞麟等责成李福泰、方耀等军，扼要扎守，如兵力较单，即先将各处海口及本境要隘，布置完密，毋庸越境协剿。左宗棠、徐宗干，于郭松林、杨鼎勋军到后，妥为调遣，密防该逆入海之路，仍分饬各军环攻漳郡，务将逆匪就地殄除。如西路兵单，亦宜酌量分拨，毋使大股窜入东境。

卓兴、方耀素不相能，瑞麟等务须妥筹驱策之方，不令驻扎一处，方为妥善。将此由六百里谕令知之。

### 《清穆宗实录》卷一三六，同治四年四月乙亥条

谕军机大臣等：前据瑞麟、郭嵩焘奏，龙岩南靖败匪，趋扑诏安，黄冈饶平，皆形吃紧。兹复据奏称，探闻诏安县城，已为贼陷。漳州逆匪数万，窜至平和粗溪地方，屯驻上下坪等览，距枫朗仅及三四十里等语。漳州等处逆匪，不下二十余万，现经闽军层层布置，东南北三面，渐成合围之势。贼之去路惟广东一面，现在诏安被陷。潮州屏蔽已失，饶平大埔等处，均形吃重。前谕瑞麟、郭嵩焘，责成李福泰、方耀等军，扼要扎守。此时贼氛日逼，亟须加意严防。

仍着督饬李福泰、方耀等军，于闽粤交界贼势趋重之处，择要扼扎，迎头截击。并催令卓兴一军，迅速到防，认真扼守，毋令贼匪乘虚窜入。吴棠现因发捻窜入邳境，清淮防务紧要，未能赴粤。瑞麟不得存五日京兆之见，务当与郭嵩焘妥筹布置，固守岩疆，用副委任。汪李等逆，均系粤贼中渠魁，虽经官军围逼，而匪党尚众，困斗铤走，自在意中。闽省此时兵力，不为不厚。左宗棠老于戎事，自必成算在胸，务须将此股逆匪就地歼除，断不可纵令阑入粤境，或遁入海道，致剿办复行棘手。贼势既趋重西面，左宗棠、徐宗干即当调派劲旅，严密分布，截其西窜之路，以便方耀等军，专顾粤边，力保完善，均着妥速筹办。近日剿办情形，并着左宗棠等迅速驰奏。将此由六百里各谕令知之。

### 《清穆宗实录》卷一三六，同治四年四月己卯条

又谕左宗棠、徐宗干奏：官军两路进剿，叠获大捷，现筹办理情形一折。前据瑞麟等奏，闽贼趋重西面，恐以粤东为去路。……着孙长绂即饬娄云庆统带所部迅速前进。瑞麟、郭嵩焘一面迎提，相机调拨，以固边防。饶平、大埔为粤省冲要之路。方耀一军，已经调回本境。粤边防军，亦不为薄。瑞麟、郭嵩焘务当督饬李福泰等实力严防，如遇贼踪窜近，即饬各军迎头截击，毋得专待客兵，致多贻误。汪逆既有窜江之意，孙长绂亦当先事防维，毋稍大意。现在漳州之贼，叠经官军痛剿，其势渐蹙。

**《清穆宗实录》卷一三九，同治四年五月壬子条**

又谕前据李鸿章奏：苏军会克漳州府城。本日据左宗棠等奏，官军收复漳州、南靖府县两城及攻克苦竹等贼垒，并陈闽省腹地未清，未能先顾邻省各折片。逆贼窜踞漳州，闽省全局震动。经左宗棠调派主客各军和衷共济，叠拔坚城。实属调度有方，深堪嘉尚。侍逆由南靖鼠窜已否成擒，仍着左宗棠查明具奏。

漳州、南靖克复，该逆分路逃逸，必将图窜粤东。现在苏东由漳州进攻漳浦，以达云霄诏安与粤东黄冈等军联络。浙军分由南靖、漳州，追贼以向平和与粤东饶平守军联络，自不难乘此声威扫荡而进。左宗棠现赴漳城，着即督饬诸军乘胜兜剿。如侍逆业经铤走，务当尽力追蹑，一鼓珍除。其王开琳、康国器各军扼永定之抚溪、湖雷上杭一带，并着饬令将大埔等处之贼严密截剿。其汪、侍两逆合并之路，此时闽省腹地渐清，左宗棠素能不分畛域，必能与粤东官军共谋夹击，不至贻患邻封也。广东方耀、李福泰等军均已调回本境，此时贼势西窜潮州。大埔之防极为紧要。瑞麟、郭嵩焘务饬防边，诸军严阵以待。贼踪窜及，即与闽省官军联络截剿。毋得任令阑入滋蔓，致干重咎，贼不得逞志于粤，恐寻熟路复趋江西。

**《清穆宗实录》卷一三九，同治四年五月丁未条**

又谕左宗棠、徐宗干奏：官军进逼漳州，大捷，现筹办理情形一折。……现在东南两路局势既尚稳固，东北一路亦有刘明灯等联络扼守。而西面之漳浦、云霄、诏安、平和等城均为贼踞，该逆必思由北路窜走已无疑义。粤省饶平、大埔一带虽有方耀等军防守，尚恐兵力不敷分布。左宗棠等仍当分拨劲旅绕赴西路，会同粤军迎头拦击，杜其窜越之路。永定一带有王开琳所部七千余人，防守自尚周密。惟娄云庆一军业因索饷哗噪，旋经折回江西。是上杭、武平一路未免空虚。

着左宗棠酌量分兵联络王开琳一军严密布置，毋令贼踪偷越。总须将此股贼匪就地歼除，不得以驱贼出境为了事。仍一面飞咨广东、江西督抚严饬派出防军实力遏截，毋稍松劲，将此由六百里各谕令知之。

**《清穆宗实录》卷一四〇，同治四年五月戊午条**

以广东大埔防剿出力，予副将方耀等升叙有差。

**《清穆宗实录》卷一四一，同治四年闰五月戊辰条**

又谕瑞麟、郭嵩焘奏：官军越境剿贼，克复平和、诏安两城，及大埔防兵，叠获大胜，现筹防剿情形一折。据奏侍逆大股，扑犯粤境。林保一军于四月二十七日会同闽军将平和县城收复。其诏安踞匪，复经官军于五月初一日，由北路乌山溪东一带迎击，杀伤甚多，随将县城克复。该逆尽撤永定之围，直趋上杭等语。前据左宗棠奏，攻克平和，皆叙闽军战状，并未叙及粤军，并云仅有诏安一城。拟即派郭松林杨鼎勋等军，前往规取。

此次瑞麟等所奏，攻克平和诏安两城，与左宗棠所奏互异。且云逆贼有二十余万之多。方耀血战数十里，诛贼万余人，语意近于铺张。着左宗棠迅将平和诏安如何攻克，是否会同粤军之处，详细查明具奏。瑞麟等所保出力之方耀等，着佐左宗棠奏到。再降谕旨，瑞麟等所称已派卓兴专驻嘉应，以固惠潮门户。并饬林保等移扎平镇一带扼守。着即督饬各军，严密防剿。并着左宗棠仍遵前旨，不分畛域，越境追剿，迅歼丑类。俾江粤诸境，一律廓清，以副委任。将此由六百里各谕令知之。

### 《清穆宗实录》卷一四二，同治四年闰五月丁丑条

谕军机大臣等：左宗棠等奏收复诏安，首逆乞降。截剿云霄、漳浦窜贼叠获大胜，首逆就歼，并截剿大股，及刘典一军攻克南靖各折片。……刘清亮军，亦克日继进。着该督即饬诸军设法进剿，并杜其旁窜之路。上杭距粤东之大埔、饶平，江西之会昌、长宁等处均属切近。着瑞麟等督同李福泰将潮防各军实力整顿。方耀等军，如能出境会剿，即着该总兵等奋勉图功，为一劳永逸之计。贼氛逼近赣宁，江省东路之防倍紧。前谕调郭松林、杨鼎勋二军赴江闽交界处所驻扎，该督曾否调派？叛勇去江已远，席宝田等军现扎何处？着孙长绂酌度情形，赶紧调赴赣宁一带扼防。左宗棠仍遵前旨，不分畛域，派兵赴江迎前兜截，毋任阑入完善。刘典一军，声威甚壮，应如何调派之处，着该督妥为调度，以期速竟全功，同膺懋赏。永定猎射凹各营失陷详细情形，仍着查明具奏。王开琳已革职留营，着即饬令收集各营，迅赴江西赣州防剿，立功自赎。倘再有疏虞，定即从重治罪。将此由六百里谕知瑞麟、左宗棠、徐宗干、郭嵩焘，并传谕孙长绂知之。

### 《清穆宗实录》卷一四二，同治四年闰五月庚辰条

谕军机大臣等：瑞麟、郭嵩焘奏，东路沿边防军追贼获胜，贼由上杭绕道，窜入镇平，现饬各军分路堵剿一折。康逆由永定屯聚上杭，经副将林保等节节进击，贼势不支，窜至镇平，现屯上都象洞等处。该署督抚，现饬李福泰移扎嘉应，饬卓兴严堵龙川县之老隆，以固惠韶。令林保等分守隘口，杜贼走兴长嘉应之路。方耀等军，饬赴镇平协攻，所筹均尚周妥。着即督饬

在事各员弁实力剿办，务期与江闽各军会合，痛殄余氛，毋留遗孽。

**《清穆宗实录》卷一四三，同治四年闰五月己丑条**

又谕左宗棠等奏：官军剿贼获胜，现饬各军分道进剿，瑞麟等奏花旗股匪阑入长乐县城，官军合力围攻各一折。窜粤余逆，惟汪海洋一股，凶狡最著，此次经康国器督军痛剿，歼毙悍贼甚多。汪逆身受重创，一时猝难远窜，自应以剿为防，步步围逼，方能聚而歼旃。左宗棠现饬高连升等进逼镇平之北，令刘典、王得榜等分屯要隘，联络声援，惟镇平西南一路，必须粤军严扼其冲。而花旗股匪窜陷长乐，卓兴等军为所牵缀，仅余方耀邓安邦两军，恐不足以遏贼奔突。

着瑞麟、郭嵩焘督饬方耀等实力扼守，一面严饬卓兴等将长乐县城，迅图攻克殄灭花旗一股，庶得早日合兵歼除汪逆。席宝田、娄云庆等军前已有旨令其驰赴镇平会剿，即着刘坤一、孙长绂遵照前旨，迅速调派，毋得稍分畛域。左宗棠前已有旨令其驰赴镇平督办军务，即着懔遵前旨，迅速前进妥筹一切，如有不遵调遣及迟玩军务者，并着查明参奏，以一事权。长乐文武下落，着瑞麟等查明具奏。将此由六百里谕知左宗棠、瑞麟、徐宗干、刘坤一、郭嵩焘，并传谕孙长绂知之。

**《清穆宗实录》卷一四三，同治四年闰五月己丑条**

又谕左宗棠等奏：官军剿贼获胜，全闽肃清。现饬越境追剿，请调援闽得力之军回苏，及查李侍贤下落各折片。汪逆由上杭中都败走，先窜镇平，复由粤东边界窜去，有直趋嘉应州之势。左宗棠已饬康国器及关镇拜各部粤勇五千人，由峰市追剿，此军到粤，必可得力。

着瑞麟、郭嵩焘督饬方耀等会同闽军认真击剿。李福泰已移扎嘉应，谅已早有布置。即着饬令该藩司等三面兜击，以期一鼓殄除，毋任再有窜逸。高连升、黄少春、刘清亮等军，暂驻武平，稍为休息。仍着左宗棠饬令觇贼所向，实力遏截，以资得力。汪逆本谋窜江，未必久留粤境。孙长绂务当懔遵叠次寄谕，将赣防密为布置，督饬派出诸军，与左宗棠所派之王开琳一军实力防剿，毋任逆踪窜近边界。刘典一军，或由汀赴赣，或径赴南安，截其由江西窜湖南之路，着左宗棠斟酌军情缓急调派。李侍贤一犯，或云冲殁，或云被掳，或云自刎。尚无实在下落，仍着查明具奏。郭松林、杨鼎勋二军，即照所请，饬令迅速回苏，听李鸿章调遣。昆寿已放杭州将军，着俟到任后，将旗营一切事宜，妥为经理，以副委任。将此由六百里谕知瑞麟、昆寿、左宗棠、徐宗干、郭嵩焘，并传谕孙长绂知之。

**《清穆宗实录》卷一四四，同治四年六月己亥条**

又谕瑞麟、郭嵩焘奏：发逆窜入镇平县城，调军进剿。暨霆营叛勇，窜扰南雄、信丰地方，现筹剿办，及粤省军饷竭蹶，万难协济甘饷各折片。孙长绂奏，遵核协甘饷数，及现筹防剿情形各折片。镇平解围，复被康逆等股阑入，贼势骤张。瑞麟等现派黄添元、邓奋鹏及卓兴等军扼扎龙和长乐要隘。饬李福泰驻扎嘉应策应。方耀等联军进取，徐图恢复镇邑，所筹尚妥。即着督饬各军，实力防剿，截其旁窜之路。一俟援兵齐集，即行会同进击，聚而歼旃。

**《清穆宗实录》卷一四六，同治四年六月壬戌条**

又谕瑞麟等奏：康逆攻扑嘉应州属，经官军击退，现在移军进剿。张凯嵩奏，遵饬刘坤一迅赴新任。南宁一军，暂行遴员接统各一折。康逆大股麇聚镇平，乘虚窜扰嘉应，分扑白渡、石峰径两处营盘。经方耀等军驰往援剿，连获胜仗。该逆全数退回镇平。方耀全军，现已进扎所铺墟。渐薄镇城，力图攻剿。即着瑞麟、郭嵩焘督饬该总兵等统兵进剿。

**《清穆宗实录》卷一四七，同治四年七月壬申条**

又谕孙长绂奏：叛勇被击窜逸，已赴粤军乞降。现在筹防情形一折。叛勇窜长宁，被剿遁往平远，进退失据，遂向粤军乞降，经方耀收受，计七千余人，现令前赴嘉应州石灰港听候处置。

着瑞麟、郭嵩焘督饬方耀妥为区画，其有家可归者，酌量递解遣撤。如系无业游民，即遣散亦恐复为贼，须分营安插，令与官兵相辅而行，不可稍涉疏虞，致贻后患。汪逆仍踞镇平，添造木栅望台，意在伺隙而动。着即督饬在事各军，设法攻剿，务须四面兜围，毋令再有窜逸。发逆窜往老龙街，有图犯惠州之意，此股现系何人剿办，卓兴现在何处能否跟击，并着该署督抚责令迅速剿办，毋稍松懈。左宗棠等当懔遵叠次谕旨，饬令康国器等会同粤军将镇平踞逆，悉数殄除，毋留余孽。镇平逼近江西之会昌、长宁，孙长绂已令席宝田扼扎会长边界，并令娄云庆等严防龙定、南安。王开琳迅扎会长。着即督令席宝田等扼要驻守，遇贼即击，毋稍大意。将此由六百里谕知瑞麟、左宗棠、徐宗干、郭松焘，并传谕孙长绂知之。

**《清穆宗实录》卷一四八，同治四年七月戊寅条**

瑞麟、郭嵩焘仍当督饬李福泰、方耀等军，并力进攻，务将此股贼匪就地殄除，毋任再行他窜。花旗贼匪与康逆分股蹲伏龙川长乐交界地方，如果真心就抚，亦须相机妥办，断不可稍涉大意，致贻后患。霆营叛勇，前据孙长绂奏称已向粤军乞降，此次瑞麟折内则称汪海洋结霆营叛卒为辅翼等语，究竟霆营叛勇是否就抚，仍着瑞麟、郭嵩焘查明具奏。

### 《清穆宗实录》卷一五〇，同治四年八月己亥条

又谕据瑞麟等奏：官军击败花旗股匪，并拟现复镇平情形一折。花旗股匪，被江西截击，回窜龙川等处，托为就抚，以款我师。经瑞麟等饬令卓兴等移营进剿，毙贼多名。现仍令该将弁跟踪追剿，所办尚合机宜。惟康逆在镇平与霆营叛卒互相援应，并有由嘉应出窜之意，设与花旗合股，同窜南雄信丰，势必再扰江楚。瑞麟等虽调派副将朱国雄等移扎连和，并添募楚勇，驰赴南雄扼守。而进逼镇平之军，止有方耀、康国器两军，尚形单薄，未可以操必胜之权。

### 《清穆宗实录》卷一五七，同治四年十月壬寅条

又谕瑞麟等奏：贼窜和平等处，现约闽军会剿，并查办兴宁县属土匪情形各折片。康逆被江西官军击败后，回窜粤东，阑入和平县城。经兵团击退，遂窜入连平州属之忠信司，复扰及长宁大席翁源边界，贼踪飘忽异常，粤省官军，总未能实力堵剿，力遏凶锋。

瑞麟等现派邓安邦等万余人，赴连平追剿，王朝治等沿江扼守，以顾韶州。并饬任星元等择隘驻扎，即着严饬派出各员，分投防剿，毋令贼匪得以深入，又形滋蔓。惟贼虽残败之余，丑类尚众，粤省兵力较单，必须江闽援军合剿，方可聚而歼旃。左宗棠当饬高连升、康国器、刘清亮等军，由龙川横出连长，会合粤军，痛加剿洗。并着左宗棠察看军情紧要，即仍遵前旨，亲自赴粤，节制各省之军，以期事权统一。刘坤一即督令席宝田、王开珠等军越境会剿，不得稍分畛域。方耀奉派剿贼，于贼抵龙南时，并未出境追剿，迨贼回连和，又不驰往截击，实属观望迁延，咎有应得。

方耀着撤销提督衔，暂行革职，仍饬该员奋勇剿贼，以赎前愆。至兴宁土匪，助逆截劫闽军。前据左宗棠奏到，已严谕瑞麟等查办。此次瑞麟等仅起出洋枪等件，而首要各犯，尚未查拿拏获。此等匪徒，岂容幸逃法网。即着瑞麟等催令李福泰督同该地方官认真查拿，务将该匪徒按名拿获惩办，不准姑息讳饰，敷衍了事。将此由六百里各谕令知之。

### 《清穆宗实录》卷一六〇，同治四年十一月壬申条

又谕瑞麟等奏：逆匪由连平复窜和平，饬军追击；刘坤一奏，逆众窜逼

闽省边境，并请将席宝田暂行留营各折片。粤逆窜踞连平之上坪等处，经李福泰、方耀等军率队进攻，将其下坪暖水口炮台平毁。该逆焚烧上坪山寨，窜由龙南复至和平县属地方，尚系十月初十以前事。据刘坤一所奏，王开琳追贼于和平下车，捕斩落后贼数十人。该逆遂于十三日窜龙川之小山墟，又于十八九等日由兴宁向平远镇平长驱而去。遂据谍报已窜福建武平，是逆踪飘疾，旬余之内，已窜扰三省边境，倏忽东趋。江粤各军，并未大加惩创，扼其奔突，何能制贼死命。刘典、黄少春两军现率所部星驰回闽，席宝田、刘胜祥等军复驰赴会昌扼剿。

着左宗棠、刘坤一迅即檄饬各军绕出贼前，迎头截击，不得徒事尾追，致令着着落后；并着瑞麟、郭嵩焘飞饬李福泰、方耀等，紧蹑贼踪，实力追剿，不准以驱贼出境为了事。鲍超现已抵赣，即着迅由安远一路觇贼所向，扼其去路，毋任蔓延。贼踪已近闽边，左宗棠有节制三省之责，务当一面严饬沿边将士扼防本境，杜其深入，一面将江闽粤各路官军妥筹调遣，总期四面兜围，为一鼓聚歼之计。其江粤各军，更不得借口本省边防，徒事株守，致令贼势纵横，骤难蒇事。席宝田现带精毅营剿贼，战事方殷。着准其暂行留营，俟此股发逆扑灭，即行驰赴贵州臬司新任。将此由六百里各谕令知之。

### 《清穆宗实录》卷一六六，同治五年正月乙亥条

又谕左宗棠等奏：官军进逼嘉应东路，痛剿扑垒悍贼，大获胜仗，首逆伏诛一折。康逆汪海洋，知官军渐次进扎。率领全股悍贼，乘我军初至，营垒未固，猛力冲扑。经刘典、黄少春、高连升，同心共济，谋勇兼资。在事将士，踊跃用命，勇气百倍，大获胜仗，歼除汪逆。自应乘贼势新挫之时，一鼓作气，聚而歼旃。左宗棠现率亲兵由松口前进，饬令高连升等军分布各路，四面兜剿，布置甚合机宜。即着督饬各军，合力进逼，严密堵剿。其方耀、邓安邦、郑绍忠等军，并着瑞麟、郭嵩焘饬令迅速进扎。倘敢稍涉迟延，致罅隙未弥，贼得窜突，必将该员等从重治罪。鲍超已抵平远，着左宗棠调令进屯西北平城铺一带，会师剿贼。并着刘坤一迅檄席宝田等军，由西北步步进兵，务令四面合围。使此股残寇，飞走路穷，尽行殄灭，以彰天讨而靖疆圉。有厚望焉，将此由六百里各谕令知之。

### 《清穆宗实录》卷三二〇，同治十年九月丙辰条

又谕瑞麟奏：查办潮州府属地方积匪，捕获要犯，请将出力总兵奖励一折。广东潮州府属潮阳等县匪徒，抢掳械斗，积案甚多。经该督派委总兵方

耀、道员沈映钤等，督带兵勇，分投查办。先后将惠来等处著名匪犯陈独目为、谢溓品、谢奉漳、谢昆岗、郑锡彤及陈老仔汰等缉获正法，该郡赖以安谧，办理尚属奋勉。着潮州镇总兵南韶连镇总兵方耀，着交军机处记名，遇有提督缺出题奏，其余出力文武员弁官绅，并着由该督核实保奖，毋许冒滥。其失察械斗之各地方官，着加恩免其置议。仍着瑞麟督饬各属，将善后事宜妥为筹办，并严饬派出文武各员，认真搜捕余匪，毋任漏网，以靖闾阎。

**《清穆宗实录》卷三五六，同治十二年八月戊子条**
以广东潮州剿办土匪出力，赏总兵官方耀黄马褂。

**《清史稿》列传二百四十四《方耀》，中华书局 2003 年版，第 12677 - 12678 页**

方耀，字照轩，广东普宁人。咸丰初，随其父原治乡团，所部多悍勇。嗣投官军，征土匪有功，补把总。自是连克清远、广宁、德庆，截击连州窜匪。总督黄宗汉疏荐谋勇冠军，叙都司，赐号展勇巴图鲁。九年，发寇陈四虎侵广宁，土匪四应。耀入自英德，会水师抵三峡，沉贼船，水路始通。进解阳山围，击退婆迳、黄陂各匪，匪奔韶州，复大破之。十年，从克仁化、南雄。总督劳崇光倚以破贼，令援赣，连下安远、平远。十一年，援闽疆，下武平、永定。时伪兴王陈金缸陷信宜，数犯高州。耀还军助击，大败之。

同治二年，肇、罗寇氛炽，客匪众至十余万。耀与副将卓兴以所部八千人夹击之，迭破巨垒，焚其屯粮。其党郑金斩金缸以降，郑金即郑绍忠也。高州平，晋副将。三年，赴平远八尺墟，坐县城失守、进兵迟误，暂褫职。时发寇丁太阳分据武平，耀自平远进逼，奋击退之。又设伏诱敌，乘胜径斫贼营，大溃，城贼亦惊走，遂克武平；而丁贼犹据永定，负固不下，耀进围之，诇知贼将赴金砂，隐卒以待。贼至，伏起，贼返奔，追袭之，夺城外砲楼土垒，俯瞰城中，日夜下袭，贼尸山积，启东门遁，复故官。四年，伪康王汪海洋窜大埔，耀还军扼守，遇伪侍王李世贤，血战三昼夜，以少击众，大败之。复与绍忠会师入闽，连克平和、诏安、长乐、镇平，而余匪啸聚和平者势犹盛。耀以无备，再褫职。旋收嘉应，复官。七年，授南韶连镇总兵，调署潮州。潮俗故悍，械斗夺敓以为常，甚且负嵎筑寨，拒兵抗粮。耀以为积匪不除，民患不息，乃创为选举清乡法。先办陆丰斗案，明正其罪。潮人始知有官法。陈独目结会戕官，谢奉章恃险擅命，并捕治之，潮民遂安堵。暇辄鳌占产，征逋赋，丈沙田，潮税岁增巨万。又御水患以保农田，建书院以育俊秀，士民颂之。总督瑞麟状其绩以上，赏黄马褂。光绪三年，调署陆路提督。五年，还本官，治潮州、南澳、碣石军事。九年，法越构兵，充海防全军翼长，改署水师提督。越二年，实授。尝率师出捣盗穴，广、惠安谧。十七年，卒，恤如制。耀身矫捷，履山险若平地，眼有异光，暮夜击枪靡弗中，以故粤中诸匪咸惮之。

# 第六章 光绪、宣统年间潮州社会秩序

## 一、概述

同治和光绪时期,粤东地区在方耀的铁腕治理下,地方社会相对安谧了近三十年。至光绪末年,地方社会动荡再起,乡村械斗、盗匪活动,甚至革命党人的活动层出不穷。早期的革命党人活动多依附于会党,许多从粤东地区出洋的华侨加入会党。到了清末,他们纷纷回归家乡支持革命活动。其中,1907年在饶平县黄冈发动的黄冈起事,反映了粤东地区革命党人活动的情况和地方社会发展的实态。清末粤东地区社会动乱和革命党人的活动所塑造的社会结构,为民国以后基层社会的发展奠定了基础。

### (一)方耀清乡后潮州社会的相对平靖

方耀在潮州的清乡,在当时与当今学界中,虽然一直褒贬不一、争论不休,但从基层社会治理的角度看,可谓成果显著。"数年间讯结积案数千余起,惩办著匪三千余名,征收旧粮百万余两,起获炮械数千余件。"① 社会也从动乱逐渐趋于稳定,方耀自称,此前二十年潮州地区被认为是"强横为一省之最",清乡之后"其安靖亦为一省之最"。② 官修的地方志也对方耀赞誉有加,如揭阳县"举百数十年来斗狠梗化之氛涤而荡之,土俗豁然一变,有司得以敷治宣猷"③。在潮阳县,"方照轩军门所办沙陇乡诸案,炯戒昭昭,耳目间唏"④。如李钟珏在《圭山存牍》称陆丰县"一时铳手潜伏不

---

① 〔清〕方耀:《复张香帅督过书》,见方耀著,郑国藩、吴鸿藻选辑《照轩公牍拾遗》卷四,民国抄本,第6b页。
② 〔清〕方耀:《复张香帅督过书》,见方耀著,郑国藩、吴鸿藻选辑《照轩公牍拾遗》卷四,民国抄本,第5b页。
③ 〔清〕王崧修,李星辉纂:《揭阳县续志》之《卷首·李序》,光绪十六年刻本,见广东省地方史志办公室辑《广东历代方志集成·潮州府部(十七)》,岭南美术出版社2009年版,第433页。
④ 〔清〕周恒重修,张其翱纂:《潮阳县志》之《卷首·张序》,光绪十年刻本,见广东省地方史志办公室辑《广东历代方志集成·潮州府部(十五)》,岭南美术出版社2009年版,第1页。

出,以故(光绪)十四、五、六三年县属斗风稍戢,斗案较少"①。

如果说以上都是官方说法不足为据,那么光绪二十八年(1902)《岭东日报》的两则新闻,或许可以反映时人对于这一时期社会秩序的认识:

### 悬赏缉匪

潮阳梅花村郑氏二十年来,整顿乡规极其严肃,盗贼敛踪,蛮横辑翼,有夜不闭户、盗不拾遗之风。近有某家被盗,仅失去零星杂物而已,而该乡绅耆集议,谓此风断不可长,宜速悬重赏以绝祸根。于是高贴长红,谓能及盗来送者,领赏一千元,能知机报信者,领赏五百元,此亦坚壁清野,各自为谋之一道也。各乡俱能如此,何忧鼠窃之横行。②

### 盗不敢讳

粤省盗风之炽甲于天下,已为人人所公认。潮州一隅,虽僻处海边,然自方照轩军门惩办积案以来,盗贼潜踪,地方颇称安静。乃近来劫掠之事又层见叠出,如汕之周健合、澄之湖头市、海之金沙乡诸案外,而鼠窃狗偷之事,日有所闻,其甚者且撞门行劫。闻其党羽甚众,时出殁于西林鹤宫等处,而海邑七都一带,时有戒心,有地方之责者,宜如何设法驱除,无使滋蔓也。③

整体上看,方耀清乡之后的二三十年间,是道光末年以后粤东社会相对平靖的时期,当然,城乡间的乡村械斗、洋盗山贼、积欠税赋、抗官顽法等传统社会问题并非销声匿迹,而是有所收敛,没有发生较大规模的动乱事件。如果从地方社会的角度看,这段时期的平靖主要有三个原因。

其一,从清乡的直接效果看,方耀外科手术般的清乡铲除了大部分公然藐视官府权威、抗官顽法的"黑恶势力"。方耀惩办"著匪三千余名",其中的一小部分是在咸丰年间吴忠恕、陈娘康起事期间漏网的戕官之匪,如揭阳薃萃乡吴阿干、地美都郑皮罗等;但大部分是本地区的大乡巨族,最著名的即是沙陇乡郑氏案。方氏的高压政策在潮州社会中形成强大的震慑力,使各大乡大族在一定的时期内有所收敛,乡民、村子间一般的纠纷在本地公

---

① 〔清〕李钟珏:《圭山存牍》,手抄本,1895年,第17b页。
② 《悬赏缉匪》,载《岭东日报》,光绪二十八年(1902)九月廿七日,"潮嘉新闻"。
③ 《盗不敢讳》,载《岭东日报》,光绪二十八年(1902)十月十九日,"潮嘉新闻"。

局、士绅主持下大多可以解决，官绅之间相对融洽。方氏之后，继任官员继续推行武力治盗、止斗、催科的清乡办法，维持社会秩序的基本稳定。

其二，从地方经济发展的角度看，19世纪八九十年代以汕头口岸为中心的韩江流域经济区正处于迅速发展时期，海外贸易发达，市场繁荣。在1880年之前，汕头的商圈范围可以覆盖到以南昌和长沙为终点的江西、湖南两省，随后缩小到以广东潮州府、嘉应州、惠州府东南共16个县，以及福建省诏安、永定、汀州到江西省南部的一个范围。① 根据潮海关的统计，1875—1900年，汕头出口货物总值平均每年761万关平两，最低一年为1875年的471万两，最高一年为1899年的1416万两。② 输出的货物主要是本地土产的糖、烟叶、纸、纺织品（麻袋、土布、麻布）、陶瓷、花生油、薯粉等。③ 经济发展的机会在很大程度上吸引了本地社会的注意力，潮海关税务司在《1892—1901年潮海关十年报告》中说："在过去的十年间，使世界动荡不安的政治事件对本地区并没有产生多少影响。人民埋头于自己的生意，不管是皇冠落地或政府更替，只要当地的贸易不受影响，他们对这些事件毫不在意。"④

其三，从人地关系角度看，劳工出洋的合法化以及南洋地区对劳工的需求鼓励了韩江流域大量的底层青壮年出洋谋生，纾解了本地区向来紧张的人口多、耕地少的矛盾关系。1925年，萧冠英根据潮海关统计数字称，汕头"自开港时，至光绪二十一年，每年出口人数增至九万一千一百人，其中大半数至新加坡及其他英属之地，西贡、曼谷、苏门答腊等地次之。最近二十年间，多则十四五万，少亦十余万人。归还之数大约六七万、八至十万之谱"⑤。

以上多种因素的综合作用下，终使粤东社会步入了一阵难得的相对平靖期。这一时期，未见有大规模的械斗或动乱事件，却出现了两类能够严重影响基层社会秩序的"新事物"：一是教、民冲突，二是海外会党回流及革命党活动。这对清政府基层官员的理政能力都是极大的考验。

---

① ［日］东亚同文会：《支那省别全志》（广东省），1917年，第74页。
② 根据中国海关学会汕头海关小组、汕头市地方志编纂委员会办公室编《潮海关史料汇编》第170－193页统计表计算。
③ 《潮海关十年报告》（1892—1901，1902—1911），见《潮海关史料汇编》，中国海关学会汕头海关小组、汕头市地方志编纂委员会办公室1988年版。
④ 《1892—1901年潮海关十年报告》，见《潮海关史料汇编》，中国海关学会汕头海关小组、汕头市地方志编纂委员会办公室1988年版，第31－32页。
⑤ 萧冠英：《六十年来之岭东纪略》，培英图书印务公司1925年版，第95－96页。

## （二）教、民冲突

粤东是近代基督教传入中国的重要据点，最早可上溯到道光二十八年（1848）德国巴色会牧师黎力基到南澳岛传教。咸丰八年（1858）的《天津条约》与咸丰十年（1860）的《北京条约》赋予外国传教士在内地自由传教的特权，准予传教士购买、租用土地建立教堂。随后，传教士与当地教民陆续在盐灶、浮山、海山、三饶、隆都、达濠、棉湖、河婆教堂或堂会定期礼拜。

咸丰十年五月，英国在汕设立领事馆保护洋商与传教士权益，由坚佐治（George W. Caine）为首任驻汕领事并兼任法国副领事。随后美国、德国、荷兰、丹麦、挪威、日本、西班牙、意大利、比利时等国家也相继在汕设立领事馆。

有了不平等条约与领事馆的保护，基督教在粤东地区迅速传播开来。近代中国人加入基督教的诱因很多，既有纯粹的信仰者，也有完全与信仰无关的诸多因素，研究者已指出有所谓的"大米教徒""诉讼教徒"，[1] 这在粤东地区均普遍存在。19世纪七八十年代，还有一个推动民众，甚至大批民众集体加入基督教会的因素，那就是方耀发起并由其继任者继续下去的清乡。李榭熙的研究发现，潮州地区"集体性信教的两个高峰期出现在19世纪70年代晚期和90年代早期。第一个高峰期在时间上与官府的清剿行动一致，教堂里浸礼次数有了令人瞩目的增加。光绪四年至七年（1878—1881），加入浸信会的多达791人，而加入长老会的也有491人。在1892—1897年间，再度紧张的乡村冲突又把大量的村民带入浸信会"。"基督教不但在那些有剧烈战斗的地方取得进展，而且接管了那些宗族组织无力对付外来威胁、保护其成员的地方"，例如揭阳县京冈乡孙氏在清剿的军队到来之前，就派他们的族长加入揭阳县城的基督教长老会，把村子的两个店铺改造成礼拜堂。后来证明，这个加入教会寻求保护的筹划对孙氏宗族的延续发挥了很大的作用。[2]

基督教势力成为地方社会治理的新的变量。由于入教动机的多种多样，基督教教义与中国传统社会伦理的矛盾，地方官、绅、民各方对基督教的存在大多抱排斥、敌视的态度。这一时期各地经常发生教、民冲突。教、民冲

---

[1] 李榭熙著，陈海忠译：《清末潮汕地区的基督教运动》，载《潮学研究》第12辑，（香港）文化创造出版社2005年版，第22页。

[2] 李榭熙著，陈海忠译：《清末潮汕地区的基督教运动》，载《潮学研究》第12辑，（香港）文化创造出版社2005年版，第26–27页。

突涉及被不平等条约保护的外国传教士与在汕头的英、法领事馆，有些冲突又与本地区传统的宗族、派别矛盾纠结在一起，常常使地方官员感到无奈、无力，又愤懑，又憋屈。

光绪四年至七年任陆丰知县的徐赓陛在他的《不自慊斋漫存》中记录了他处理一些涉教冲突的案件：

其一，民、教纠纷。光绪某年，天主教传教士布儒略通过法国领事照会地方官府称，博美市附近之上寮乡有人聚党，意欲吓逼奉教之人反教，否则赶出他乡；且有下寮乡内林昭珠借其豪富，吓阻不许进教，要求县官责成绅耆妥为约束。经徐赓陛查明，实际上是因为村民郑继英等因投入天主教后不肯派出雇看青苗之钱，自光绪三年冬季至光绪四年冬季，共欠应摊雇工谷四石二斗七升一。苗工丁郑亚香、郑亚三屡向追讨不给，心怀不甘，商同共往抢割田禾，计谷十石，薯一十五石，由此引发双方冲突。徐赓陛称，"现在习教之人，半系强乡弱房或弱乡弱房，未经习教之先，固多被人凌辱；迨习教之后，各人之敬爱，不敢欺凌。第该教民又往往纠约同教借端滋事，报复前嫌"，要求各国教士不准干预词讼，官府自当按律办理。①

其二，教民抗粮。陆丰县地丁民屯米石，先因各乡纷纷抗欠，每年征输数不及七成。经历十余年的兵祸之后，县署征册与现耕之户多不相符，按籍而稽无考究。遂于光绪某年十月间，各乡分设清粮公所，遴派公正绅耆经理。但河田司入教之民几占一半，"声扬入教之人免纳钱粮，不由地方官约束"，一经入教，便恃教士为护符，词讼抗传、钱粮抗纳几成痼习，甚至拒捕殴差，纠众夺犯。该处有驻大溪峰法国天主教士苏恒礼、驻河田墟者英国耶稣教士金护两教士，要求英法两国领事传谕该教士嗣后务须戒约教民，一体遵守中国官法，钱粮、民屯米务须逐一清完，倘敢抗粮殴差及向系不法之徒，一经州县知照，到日已入教者，即行逐退，未入教者，不再收留。②

其他类型的民、教冲突也不一而足，每年县官都需要为此付出大量的精力。

在潮阳县古溪乡，基督教传入后，"意外"地嵌入传统宗族社会结构中，为乡村宗族纠纷带来新的景观。19世纪的古溪是一个人口稠密的村子，大约有1500人，其中李氏为大姓。大概在1880年，李氏宗族的次房加入了浸信会，并寻求在村子内建立教堂，但遭到李氏长房的反对，最终只得建在村外。随后，李氏次房拒绝参加祖宗祭祀，更不为祭祀题钱，由此引发了长

---

① 《禀复教民案件》，见徐赓陛撰《不自慊斋漫存》，光绪年间。
② 《禀请札行领事禁止教民抗粮》，见徐赓陛撰《不自慊斋漫存》，光绪年间。

房、次房在族产等方面的纠纷。随后在一次李姓与外姓的诉讼中，衙役奉命来乡调查，由于干扰到礼拜日的活动，遭到美国传教士的呵斥而退。李氏长房由此见识到加入教会的好处，随后开始向汕头的法国天主教会靠近，并很快建立了一个教堂。李榭熙指出，古溪浸信会和天主教会的渗入凸显了宗族内部冲突和集体入教之间的联系。两个敌对的宗教团体在古溪的直接接触，加剧了两个敌对房派为时已久的冲突，并导致了1896—1898年一系列的教派冲突。①

## （三）粤东的会党与革命党活动

咸丰年间粤东地区三合会经官军武力清剿，沉寂了三十多年，1900年前后，又再次活跃起来，蔓延于饶平、大埔、丰顺各县。创办于光绪二十八年（1902）的汕头《岭东日报》在光绪二十九年（1903）间曾多次报道"会匪猖獗"的信息，略举数例于下：

### 饶平匪警之原因

饶平匪警，闻系由于各乡三点会之盛。其乡之大者，两不相能，动辄械斗。三点会中人，遂从而招之，其大乡有是会者，遂得而普及，渐至迫勒入会，无所不有。月之初旬，城内外忽谣言四起，人心不宁。各乡于夜间燃灯无数，以为警备。城中望见，初九日为之闭城。祝大令驰告上峰，李太守即电请吴军门驰往镇压，军门是以十一日由揭趋饶。②

### 大埔三点会匪又公然拜会

大埔会匪日形披猖。本月初二夜，在铁炉宫开台拜会。十二日，匪首邱义山又邀集三百余人，在弓洲上村瓜坪拜会。十三夜，又在小横坑拜会。闻该匪首时常盘踞此间，以小横坑、井坪、上冠山为巢穴。银溪龙市之烟馆歇店，亦有匪徒往来不绝，并有匪者二人，一伪为堪舆家，一伪为卜者，到处煽惑。无知之辈，多为所诱。各地绅士，畏其势焰，不敢过问。官斯土者，尚其认真清办，幸勿酿成巨患也。③

两广总督岑春煊多次严令地方文武官员缉拿，从这一年的《岭东日报》

---

① 李榭熙著，陈海忠译：《清末潮汕地区的基督教运动》，载《潮学研究》第12辑，（香港）文化创造出版社2005年版，第35-38页。
② 《岭东日报》，光绪三十一年（1905）九月十五日。
③ 《岭东日报》，光绪三十一年十月二十四日。

看，各地官员、兵勇一直忙碌于清乡与捕拿会匪，但也收效甚微。对于地方官员而言，更麻烦的还有一些从海外回来的"著匪"。

前文已指出，咸丰年间因动乱外逃南洋的会党成员无疑壮大了海外会党的力量。在19世纪90年代之前，海外华侨回乡往往"有指为逋逃者，有斥为通番者，有谓其运军火接济海盗者，有谓其贩卖猪仔要结洋匪者，有强取箱箧肆行瓜分者，有拆毁其屋宇不许建造者，有伪造积年契券借索逋欠者"，"饱受长官之查究，胥吏之侵扰，宗党邻里之讹索"。① 光绪十九年（1893），经薛福成上奏后，海禁旧例终于废除。② 从此，华侨得以自由还乡治生置业。一些会党成员在海外接受革命理论之后，也得以回乡，并很快与本地会党结合起来，有组织地进行反清革命活动。

光绪二十九年（1903），新加坡革命党人林义顺为宣传革命集资翻印邹容《革命军》5000册，易名《图存篇》，输入漳、泉、潮、梅各乡镇，分送士商各界，随后又亲自到汕头向潮属各县大肆宣传革命思想。随后，潮汕革命党人多次策划起事，如光绪三十年（1904），海阳县籍新加坡侨民许雪秋返国约陈芸生、吴金铭、李杏波、吴东升等密谋起义，消息被潮州总兵黄金福侦知而未成，许雪秋再渡南洋，在新加坡经陈楚楠介绍，拜会孙中山，加入同盟会，被任命为中华国民军东军都督。翌年，许雪秋奉命再次回潮。③ 许雪秋等革命党人于光绪三十三年（1907）正月谋袭郡城，又未果。四月，许雪秋、陈涌波、余既成等在饶平县黄冈发动起义，攻占黄冈镇，成立军政府，乘胜攻击潮州、汕头，最后遭潮州总兵黄金福镇压而失败。1907年丁未黄冈之役是同盟会成立后发动的第一次武装起义。辛亥革命前辈林凤文称："惟同盟会会员赞襄革命军事，受孙中山先生领导发动，经营最久，流血最多，成绩显著者，滥觞于丁未潮州饶平黄冈镇之战役，国人但知辛亥三月二十九广州之轰烈，双十武昌之光复，而不知黄冈倡义，实占中华民国开国史上，最光荣灿烂辉煌之一页。"④

黄冈起义失败后，潮州府城、汕头埠同盟分会又相继成立。宣统三年八月十九日（1911年10月10日），武昌起义爆发，各省响应。九月，潮汕革命党人得汕头巡警支持率先在汕头埠起事，事成之后分路向各县进军，潮州

---

① 〔清〕黄遵宪：《上薛公使书》，见《黄遵宪集》，天津人民出版社2003年版，第564页。
② 陈翰笙：《华工出国史料汇编》（第1辑），中华书局1985年版，第293—296页。
③ 饶宗颐总纂《潮州志》新编第一册之《大事志二》，潮州市地方志办公室编印，2005年版，第383页。
④ 林凤文：《南洋华侨与黄冈革命战役》，见江中孝、邓开颂主编《丁未潮州黄冈起义史料辑注与研究》，天津古籍出版社2007年版，第222页。

总兵赵国贤自缢,知府陈兆棠伏诛,粤东各县次第光复,进入中华民国时代。

## 二、史料辑录

### (一) 乡村械斗、盗匪与革命党活动

**《岭东日报》所载相关资料**

**《要匪正法》,《岭东日报》,光绪二十八年六月十一日,"潮嘉新闻"**

揭阳县李大令办凤湖、洋夏一案,着令族长杨十一、杨十二、林阿九等到案,数人具匿不敢出,大令即将前所获之匪拣出三名,于县湖斩决。今因试期紧迫,暂且停办,已于初七日回署,余匪并解县监禁云。

**《误传获盗》,《岭东日报》,光绪二十八年六月十九日,"潮嘉新闻"**

前报纪惠来县于廿五夜李游戎派兵获盗一节,细探之,盖属子虚。是夜,劫贼三十余人,分作三队而来,用大石撞开张阿保之家内,有数贼头颅为瓮片所伤,次早路从龙江汛防经过,无人驳诘云。

**《揭事近闻》,《岭东日报》,光绪二十八年六月二十二日,"潮嘉新闻"**

近日有某家妇,年四十许,由城内欲往某乡豪家佣工,身携一衣包,行至新庵头,为狗沙匪党抢夺一空。妇乃往县署诉冤,值李大令考试进场,得此消息乃令二门勇目许某带同该妇前往追捕。匪等惧,乃尽将所抢诸物归还以了事云。

**《来函照登》,《岭东日报》,光绪二十八年六月二十二日,"潮嘉新闻"**

惠邑劳大令亲自带勇至新村大旗等处办理劫案,各乡认罚缴洋银若干圆,既登五月廿七日报中矣。兹据来函云:"查得惠邑侯系五月初因公进郡,故办匪未竣厥事,当日拆烧匪房廿余间。大坡、大伞、大旗三乡乡老出具花红二千一百元,至今未缴。他乡具结缴匪,亦未遵缴。故五月中有论:'局等募勇百名办匪之说,现邑侯因试士抱恙云。'"

**《请勇办案》,《岭东日报》,光绪二十八年七月初一日,"潮嘉新闻"**

揭邑李大令前办凤湖洋厦之案,均未就绪,而试期迫切,暂资信营屯扎

该处,大令自行回署考试已登前报。兹试事已毕,而信勇调往兴宁等处防堵,存者不过百名。李大令乃移右营调请协办,而右营刻又汰存无几,李大令经于廿六日由陆路晋郡,谒道府宪,请兵续办云。

《榕城纪事》,《岭东日报》,光绪二十八年七月初三日,"潮嘉新闻"
揭阳李大令此次上郡,系谒府尊禀明前办凤湖洋夏之案,如何开办,如何拘匪等情,并酌定续办事宜。已于廿七日回署,廿九日即由旱路往棉湖矣。而凤湖洋夏等乡知大令将复往办也,合乡慑栗,迁徙一空。大令到日,惟空存屋宇云。

《妇为盗引》,《岭东日报》,光绪二十八年七月初五日,"潮嘉新闻"
潮阳贵屿某洋商前月被劫一事,闻未被劫前一日,即有二妇人操两鹰墟等处土音,伪行丐焉。至该处沿门逐户,所至必访孰为富室,孰为多金。该处妇人不知其为探路也,一一告之。随即到某洋商农家,洋商与以钱米,该丐妇乃妆为行路困,长倚门外,歇息一顿,始去。追次夜被劫。此二妇实在贼之前导,及其扬而去也,贼又随妇后行。是夜,贼甚众,路口皆为所把住,是以邻近往救者,皆不得其门而入。

《劫盗续闻》,《岭东日报》,光绪二十八年七月初六日,"潮嘉新闻"
昨报纪潮阳贵屿洋商被劫一事。兹探悉去月廿七夜四更时分,实有盗约三四十人,多操南下土音。贼踪是由船浴溪南来者,闻所失有汕头森丰银单数千元,而所有现银器物亦一洗而空云。

《赌输诈骗》,《岭东日报》,光绪二十八年七月十六日,"潮嘉新闻"
庵埠某甲,年方弱冠,家本小康,现受业于某氏之门。居然翩翩公子也。然有刘盘龙乡每赌辄负,父怒责之意,常鞅鞅。十二日由庵埠出汕。同舟有福建陈乙,乃茶商也。甲与通姓名,乃诈称姓陈。陈乙以其同宗也,颇亲热。问甲出汕何为,答曰:"欲卖茶往南洋,以博蝇头利耳。"乙信之,挽甲到汕茶栈居住,款待颇优。翌日遂将上庄茶批定两箱。甲旋出门少顷,同一某玉器店伴携来玉镯三只,为乙评声光辨汉明。忽持镯告店伴,曰:"汝在此小坐,俟我将此玉质之高明,然后兑价,可乎?"店伴意其为茶客也,许之。奈甲出门至数点钟久,仍未回来。店伴遂疑茶商勾通,责之偿价。茶商不认。为备述同舟来汕情形,店伴曰:"此骗子也。"茶商乃呼伴雇艇向庵前,追至某处得之,搜其身畔,果得三玉环,扭之来汕,送至鮀浦司署。禀请堂讯。甲初供词狡展。司主大怒，夹责若干。甲始供称在家赌钱输至百余元，无法弥补，故生此妄念。且我家亦不贫云云。司主阅供即命暂行管押，传其父来署保。领至茶玉二客均未吃亏，司主饬其各行回店矣。

《严惩包庇》，《岭东日报》，光绪二十八年七月十八日，"潮嘉新闻"

揭阳县主李大令之由凤湖移驻洋厦也，该乡请出普邑方绅记宝、赵绅长明代为调停。嗣因洋复屡遵屡抗，大令震怒。而方赵两绅力任其事，谓送匪缴械，可劝而遵也。及至二差官入乡不返，事为中变，二绅即禀辞回里，大令怒其延宕误公，恐其中不无包庇情弊，密禀道宪。道宪即札普宁县官签传两绅到案。本月十三日，普宁县官即将两绅拘拿解揭，李大令即日转解道署。十四日经丁观察详加讯后，即将方赵二绅交府刑司厅管押云。

《悬赏缉匪》，《岭东日报》，光绪二十八年七月十九日，"潮嘉新闻"

昨报纪吴统领，李大令会卫示谕一则，计开洋夏匪徒三十名续登如下：林亚快，花红银四千元，报线引拿者给银一千元。林泰荣花红银三千元，报线引拿者给银八百元。林琴书花红二千元，报线引拿者给银六百元。林亚旗花红银五百元，报线引拿者给银二百元。林景山、林应阵、林亚闻、林亚士、林亚兴，以上每名花红银五百元，报线引拿者给银二百元。林禄七、林亚矮、林亚钵、林亚专、林五祥、林宝塔、林哈塔、林其珍、林其佳、林玄通、林亚栽、林亚骏、林亚塔、林亚望、林明玉、林亚猪、林畫干、林亚标、林鸟面娘、林亚烈，以上每名花红银五十元。各匪花红银均筹存怡和太古银庄，获到审实，即发，均六三兑，不扣小费，云云。

《抢案述闻》，《岭东日报》，光绪二十八年七月廿二日，"潮嘉新闻"

潮阳郭棉合号于某月间，令伙伴某甲往司高浦前后收数，道经洲西乡，突有贼三四人抢去现银纸票共三百余元。甲见贼直向滘墘乡窜入，甲负伤重，不能追，忙呼救，时可十点钟，适有农人出田，往叩其故，而贼已杳无踪迹矣。事经绵合出首呈控，尚无着落，刻已诉诸上司，而汕潮各商号谓此事若不出澈究，于汕潮商务有所妨碍云。

《拦舆遁禀》，《岭东日报》，光绪二十八年九月初一日，"潮嘉新闻"

潮阳某甲于前月来汕，身上带银二十余元，欲往某街买货件，行至新康里戏台前经过，被匪徒将银抢去，登即跑去鮀浦司署喊冤，书差已将口供录存，以后并未补禀请追。乃事隔月余，适丁道宪于廿九日到汕，某甲将抢银情由拦舆递禀,丁道宪。阅禀后,即以之问许大令。大令未知情节,转问鮀浦司陶少尹。陶少尹面禀此事;在月前已来署喊冤,但以后并未补禀云。

《乞人被抢》,《岭东日报》,光绪二十八年九月初六日,"潮嘉新闻"
庵埠友人来函云:晚过街头见一老媪蓬首垢衣,号泣于途。行人聚而观之,细询其由,乃知媪系外乡人来庵丐食,带有旧衣几件,乞得零米数升,并置篮内,有无赖子,欺其孤且老也,夺之而走。因念饥寒交迫,衣食无资,涕泣不已。行人怜之,代为追寻,而无赖子已远扬矣。适有好善者过其旁,乃于腰间出青蚨数百与之,媪始感泣而去。谚语云:向丐花篮抢饭吃,其是之谓欤。

《郡中判案》,《岭东日报》,光绪二十八年九月初九日,"潮嘉新闻"
揭阳洋夏戕弁一案,勒赵扬廷、方显交匪,迭纪前报。闻惠府尊于某日提赵、方二绅到案讯问,力责二绅速将斗匪交出,尚可从宽减罪。乃二绅叩求府尊释之回里,以便缉获,谓不躬归,缉获无从拿、交斗匪云云。闻府尊既拟面禀,观察核夺矣。

《拿匪赏格》,《岭东日报》,光绪二十八年九月廿六日,"潮嘉新闻"
澄海县正堂出示云:为悬赏购拿事,照得本县访闻汕头地方有种烂崽,三五成群,动辄结党横行滋事,甚或斗殴伤人,实属藐法。汕头华洋杂处,通商码头,尤不容此辈混迹期间,扰害商民。除已拿获姚五婆一名外,合行悬赏购拿。为此示仰合埠诸色人等知悉,尔等如能拿获后,开十名内之烂崽者,每名赏给花红银三十元,拿获十名外之烂崽者,每名赏给花红银十五元,银封储,库犯到审实即给,决不食言,须至赏格者共计六十名。恕不列。

《悬赏缉匪》,《岭东日报》,光绪二十八年九月廿八日,"潮嘉新闻"
潮阳梅花村郑氏二十年来,整顿乡规极其严肃,盗贼敛踪,蛮横辑翼,有夜不闭户、盗不拾遗之风。近有某家被盗,仅失去零星杂物而已,而该乡绅耆集议,谓此风断不可长,宜速悬重赏以绝祸根。于是高贴长红,谓能获盗来送者,领赏一千元,能知机报信者,领赏五百元,此亦坚壁清野,各自为谋之一道也。各乡俱能如此,何忧鼠窃之横行。

**《盗不敢讳》，《岭东日报》，光绪二十八年十月十九日，"潮嘉新闻"**

粤省盗风之炽甲于天下，已为人人所公认。潮州一隅，虽僻处海边，然自方照轩军门惩办积案以来，盗贼潜踪，地方颇称安静。乃近来劫掠之事又层见叠出，如汕之周健合、澄之湖头市、海之金沙乡诸案外，而鼠窃狗偷之事，日有所闻，其甚者且撞门行劫。闻其党羽甚众，时出没于西林鹤归宫等处，而海邑七都一带，时有戒心。有地方之责者，宜如何设法驱除，无使滋蔓也。

**《劫案迭生》，《岭东日报》，光绪二十八年十一月十一日，"潮嘉新闻"**

广东有两大特色，一曰"赌"，二曰"盗"，为现世史上最有光宠，最有荣幸之事业，而全省赌风以羊城为特盛，故全省盗风亦以羊城为尤炽，而潮州渺焉。不意风潮所播，气运大开，若有不可遏抑之势。以故潮州数月来，抢劫之案层见迭出，几于笔不胜书。初五日，东乡陈某被劫，已纪前报，兹探闻初八夜庵埠益顺银庄亦被盗十余人，劫去现银碎、金银票等件，合计约有数千元，如此通都大邑盗贼公行，其焰可谓达于极点，而地方官并不稍生阻力以抑之，是岂真未之闻知耶？君子曰："闻则闻之，知亦知矣，如于我纱帽利禄有碍何？"

**《札拿烂崽》，《岭东日报》，光绪二十八年十一月三十日，"潮嘉新闻"**

潮阳徐大令近日奉丁道宪札饬防拿著名烂崽三十余名，限日缉获解办，大令刻日拣派练勇四处搜捕，然十无一得，信乎？真烂崽手眼通天矣。闻日来革哨官，撤练勇，而匪徒仍然无所得，或谓彼所以肆行无忌者，盖皆消息灵通，护符颇大，故得以逍遥事外云。或谓缉获匪类之法宜严，比差役并一面责诸绅士，倘该族中有匪，宜自行送治，各坊地保及乡约正副亦宜责令禀送，兼可导引勇目密捕拿办，缉匪之一法也，是在编团防耳。

**《棉阳近事》，《岭东日报》，光绪二十九年二月初七日，"潮嘉新闻"**

本报前登委员某查办棉邑濠浦乡陈姓擅挖匪目一节，现赵委员自到该地借此公事饱其贪囊，因此案罗织至三十余人。是以大欲所存，肆其搜括。月前有某甲者受其罗织，愿以二百金为寿，以了此案，已定约矣！适二十四日邑中天后圣母出游，委员言旋观会延至月之朔日，方将该项送到。委员忿甚，大加翻脸，称须添夫马伙食各费四十金，共二百四十金。勒令某甲刻期署券刻期缴清。某甲无可如何，唯唯而已。旁观议者以为委员得此优差，可谓利市三倍矣，但未知其确否俟探明续报。

**《认真缉盗》，《岭东日报》，光绪二十九年二月初七日，"潮嘉新闻"**

汕地为五方杂土，盗匪混迹，防范最难，虽经地方官屡次将匪徒悬红缉拿，终未少息。故凡南输入口或由香港搭客抵汕，轮未及下椗，屡有窃匪乘机而入，探视轻重，择肥而噬。夫人由外洋营苦数十年，仅得多少余赀，捆服归来，未及登岸，即已化为乌有。有此何以堪闻？仍有卖身复出外洋者，真造孽最大也。是早某洋行某轮抵汕，适千戎缉盗，便至该轮巡查，内有甲乙二人，登轮诘问，来历不明，即被带至练营杖责云。

**《匪徒弋获》，《岭东日报》，光绪二十九年三月廿五日，"潮嘉新闻"**

海邑劫案自去岁以来层见叠出，经邑侯悬红购线，莫能破获。此次庵埠郑姓被劫报案之后，徐大令连日分派差勇四处缉拿。十九日县差陈元等十余人将下庵缉防，道出南门外。闻去关三四里圣者亭古庙，近有数人居住，踪迹可疑，因顺道前往查缉，甫入庙，果匪徒十余人，仓皇奔逸，搜其中，则洋枪、短刀十余具在焉，登即拿获三名，并将枪械缴呈联署。不知逃者能否跟踪追捕，再探悉续登。

**《又一劫案》，《岭东日报》，光绪二十九年五月初二日，"潮嘉新闻"**

蔡家围为郡东一大市镇。闻二十七夜有金利首饰店被强盗三十余人明火执械撞门而入，席卷一空，失赃甚巨。该店伙计大声喊救，值附近演剧，闻警截捕，奈匪施放洋枪，众莫敢近，任其抄强而去。循堤而下至隆津，地方有某烟馆亦被强劫，闻所失仅数十金。据该店主人云："盗匪皆操海陆二县土音，前二日有形迹可疑之人来店前交易，意者其强盗之侦探欤。"现事主将赴县报案，未悉能赃匪俱获否也！

**《劫案续纪》，《岭东日报》，光绪二十九年五月初十日，"潮嘉新闻"**

前报纪郡东寨家围金利银店被劫一案，兹探悉该店股东已赴县报称，被劫去银物千余元，徐大令即日亲抵该乡勘验矣。又闻日前有形迹可疑者三人到该乡元裕杉行商购杉木，音语不通，行踪诡异，为乡民所疑，集众往捕，而三人已闻风先逸。同日又有一人买猪者往该乡挨户访买，迄无当意，似籍名侦探者，已为乡人拿获送县究问。现该乡绅士咸有戒心，倡为自卫之策，公议立约购买枪械互相戒备，凡一处有警，则邻近各乡齐出救援，尽力追捕，拿获一盗者赏银八十元，为盗所伤者公为医治，并日给其家属养赡钱二百文，伤重至于死者，赔偿身价银三百元。故目下该处乡民皆踊跃整顿各团，其众列成八所云。

《盗何猖獗》，《岭东日报》，光绪二十九年五月廿九日，"潮嘉新闻"

海邑儒士乡某茂才日昨赴县控称，本月十九夜有盗贼多人到伊家，撞门行劫，持枪吓勒。适伊弟出门经商，己又离乡教读。室内仅老少妇女，故衣服银物悉被席卷一空。邻右闻警喊捕，贼始逃去。沿路犹将喊捕某甲，田间之草屋烧去，并践毁地瓜数亩。闻徐大令已饬差查访，严行缉拿矣。

《隐患宜防》，《岭东日报》，光绪二十九年闰五月初五日，"潮嘉新闻"

揭阳盘溪都之末，有曰"谢厝寮乡"，离城四十余里，四面环山，邑之僻壤也。乡有某甲家小康，其子某乙素骄横不法。近来三点会匪之风骎骎乎，自江西、嘉应趋入揭界，闻甲子密于勾结于该乡左近旷境，夜集众匪，明灯拜会，推甲子为该处众匪长。邻右闻之，莫不惴惴，恐不免燎原之患，此亦有地方之责者，最宜留意也。

《纪桂都戎贝》，《岭东日报》，光绪二十九年六月初五日，"潮嘉新闻"

探得普属桂都之南坡四乡与狗眠七乡各有古庙一所，均崇祀三山国王。两庙相距约四里，迩来四处戎贝皆窟穴于此，日则三五联群，择弱而噬；夜则撞门行劫，靡所不为。顺之则安，逆之则仇，各乡受其凌虐者不可言状。前月十五日更以纸彩一红门颜曰："起义意谓入其门者，即为义兄义弟也。"每日十打钟必相授以符术。教以枪炮声隆隆。然暇则烹羊宰猪，燕饮为乐，两月以来入是门者终日不绝云。有地方之责者，望于星星之火而扑之，无致为燎原则幸矣！

《鬼脸贼》，《岭东日报》，光绪二十九年六月十六日，"潮嘉新闻"

潮阳某甲以贩卖鱼鲜为业，时来往于海门。某夜自海门归，肩挑熟鱼一担，行至中途，突有黑面、青面者二三辈，狰狞凶恶，出而拦路。甲惊怖，几失魂，将鱼担舍去，拼命而逃越。时惊少定，寻原路归，及至其处，则鱼担已随黑青面大王化作乌有先生矣。始知此鬼为贼所妆，惴惴之心始息。噫！潮人迷信神鬼，凡利人财者，即假神鬼以行，其术不独此贼为然也，特人坠其术而多不悟已。

《盗贼公行》，《岭东日报》，光绪二十九年七月初九日，"潮嘉新闻"

闻得丰顺县迩来盗贼充斥，居民同受其害，闻多系外籍人而窝藏于建树乡。凡所窃赃件即公然于该乡之石碑街摆卖。该乡离县治十里，向系某姓聚族而居，其丁口约二三千人，而虎而冠者遂不啻嵋之可负，虽差役地保，均不敢过问，安得良好司一痛惩之？

**《劫货船匪获案》，《岭东日报》，光绪二十九年十一月十五日，"潮嘉新闻"**
前月中旬有渡船从汕头载滋器皿各货赴港者开行后二日，见一船直扑而来，引避弗及，船中伏匪忽然发，将渡船人吓禁，尽搬船内之货约去四分之三，经货船在港报案，全至廿六日有帮办拿获萧清美一名，因其有瓦器值百余元，疑是赃物，二十八日经官提讯，押候下礼拜一日再审云。

**《畏衙署甚于畏盗》，《岭东日报》，光绪三十年五月廿三日，"潮嘉新闻"**
澄属大场乡赖姓某甲，日前由汕收银数百回家，被盗侦知。越日午刻乘间阑入其内室，正在倾箱倒箧，适甲妻卧病在床，见之疾声喝拿，该盗耸身登屋。甲率邻里数十人围捕之，闻已解往蓬州讯，旋虑衙门需索太重受累，更甚因而中途释放云。噫！盗贼白昼行窃，可谓横矣！而民之畏盗，不如畏衙署，是谁之过哉？是谁之过哉？

**《纪旗头乡御盗》，《岭东日报》，光绪三十年九月十三日，"潮嘉新闻"**
海属旗头乡谢甲贾于洋，殷户也。上年六月间为强盗夜劫。谢从此戒严，自立章程，有能擒盗者，赏若干，毙盗者，赏若干，为盗所伤者，赏若干，盗闻之不敢犯。近因甲乡之父老子弟百数十人，往外乡祭扫，盗即乘间而入，纠率党伙数十人，明火执仗，扛石撞门，声势甚锐。甲弟某乙，年二十许，奋勇出御，左右手各执一枪，同时并发，当初毙盗一名，伤盗一名。盗大愤，亦开枪相敌，中乙肩。乙复痛鏖战良久，盗知不敌，始负一伤者而遁。甲胆怯，不敢迎击，但立于屋上以瓦石乱投，盗仓皇间复用新制火炮轰甲，浓烟黑暗，其声若雷，甲工趋避，幸免于难。是役也，甲资才无所失，仅乙受伤而已，现已报县请验，想胡大令必俯如所请也。

**《澄海劫案详述》，《岭东日报》，光绪三十一年正月初八日，"潮嘉新闻"**
南门外凤岗里王春和家于腊某夜被劫，闻盗至该处行动时才十点余钟，首先一二盗身穿长衣伪为过客，赚（撞）开该处栅门，即引群盗入，大肆搜刮，劫去赃物颇多，其家妇女虽疾声喊救，四处邻人以手无寸铁皆畏缩不敢出其家塾。在巷之对面有一童子，年方十二岁，从壁孔放枪轰击中伤盗伙，群盗始散。其受伤者旋毙于途，后在汕尾小火轮擒获十名正法，即此股盗贼云。又年内廿六晚有赌客获胜仗归，行至四方井地，方忽遇一匪自横巷出，手持双刀拦截，客大声喊救，乃奔向小路而去。

《澄海拿获贼盗》，《岭东日报》，光绪三十一年正月十二日，"潮嘉新闻"

澄海横陇乡某号绸缎店本月初五夜被劫，当场认识一贼，系在乡开张豆腐店者。初六晚事主率众掩至该店搜捕，果在店内搜出赃物多件，即将该店东并伙伴共六人拿获，于初七午押解至县，闻该店东两目已被乡人用针刺瞎，且有家属随往听审，杜大令尚在庵埠，由捕衙审讯收押，候大令回署发落云。

《捆送要匪》，《岭东日报》，光绪三十一年二月初九日，"潮嘉新闻"

谢厚皮，海阳蔡家围人，靡恶不作，最甚者莫如左道惑众。自言城隍庙差役附其体，能祸福人，以此骗人财物无算。每一日夜，吸烟至七八钱之多，又工穿窬术。即绅士之家，亦被骚扰。然怵其党羽之盛，莫敢谁何？有黄君少岩者，自上洋归，侦知厚皮尝窃伊家赃物。呼厚皮来，绐之曰："汝若将汝平日恶迹为我道，贷汝罪。"厚皮初不承。及将捆送，厚皮惧，乃自言所以见信于人者，由党中之无息灵通，乡人遂以神明奉之，非真有鬼物式凭。又认近日尝盗某某家不讳。黄君闻言，怒不能遏，即偕厚皮至其家，起出赃物多件，旋有失主认领，黄君商之钟绅云笙。钟绅遂联名将谢厚皮一名，送县严办，想胡大令必尽法惩治，为地方除一大害矣。

《商船被劫》，《岭东日报》，光绪三十一年三月十五日，"潮嘉新闻"

揭邑南溪一带，年来船户往返，常被盗劫。兹闻河婆某商置船二艘，运炭贩米，往来河揭，日前二船载炭，并洋蚨二百余枚。欲至揭还本行敷目，行至宫墩乡前停泊，三更时，忽有贼匪数十，持刀登船吓杀，银物尽行劫去，某商虽喊救，无有应者，但见该匪或渡河而逝，或从宫墩乡直入。天明某商往投乡，问绅者，该绅始则认究，继则将船货扣留，某商无如何，经赴县鸣冤矣，至郑大令若何办法，俟访确续登。

《联名禀请酌拨营勇军械办匪》，《岭东日报》，光绪三十一年三月十五日，"潮嘉新闻"

潮州各属绅士，因近日会匪猖獗，贻害闾阎，联名具禀省中大宪，请酌拨营勇剿办，并请军械局拨解军火，以资防守云。

《劫盗两志》，《岭东日报》，光绪三十一年三月二十日，"潮嘉新闻"

澄邑东龙埠某鱼行，被劫去四千余元，曾志本报。兹闻月之十二晚，复有贼劫铜旗港之某鱼行，失银数百元。吁！贼势如此，凡在港岸开张鱼行者，咸有戒心焉。又在大埔双林寺蓝某甲，素以耕种为业，然家无次丁。某日，往夭耕作，贼侦知，踰墙而入，将衣服等物席卷而去，适邻人过其门见之，遂呼捉贼，贼惧而遁，将物随路掷下，蓝某甲赶至二里许，将贼拿获，即送梨家汛主转解县署惩办云。

**《潮阳又一劫案》，《岭东日报》，光绪三十一年四月初三日，"潮嘉新闻"**

潮阳郑兴顺，家于县西赤杜园。前月廿九夜，忽被强盗数十人，以朱墨涂面，撞门入室，大肆搜劫。伤其事主一人，饱扬而去，而失资颇巨。人谓涂面者，必系县城引盗者流云。又闻郑兴顺已诣县呈报，俞大令随即往勘矣。

**《潮州之义和团详述》，《岭东日报》，光绪三十一年四月初五日，"潮嘉新闻"**

昨报海邑某都某乡，近忽来一有髭女人，劝人入会，并以幻术吓诈一节。兹再据友人探悉。该会发起于数年前宏安某姓某甲之家，其始借称仙公降坛，愚诈财物。后经彩塘吴姓某乙加意经营，以是敛财日多，党羽日众，势力亦因而日大。迨后甲乙二人因事龃龉，其坛遂移归彩塘，为某乙一手经理。至于春间，忽称来一有髭女人，能以术驱除狐鬼，知人凶吉，并能使入其会学其术者，无论枪炮水火，均有法以避之。于是远近愚民，及无知妇女，莫不趋之若鹜。其实所谓有髭女人，系男扮女装，盖非借此不足以耸惑愚民之耳目，亦无以诱引妇女之钱财也。及近日忽又借名团练，置制军械，召集匪徒，勒索乡里（该党近曾勒索彩市某米店出谷三百石，又勒一洋客出银数千元），甚至有储积干粮等事。其意实为叵测。居民畏其党羽多，不敢计较，多有移家远避者。有深知其事者，谓其党刻有万余人，多系揭阳及海陆丰会匪云云。果尔诚地方之隐忧，而生民之大患也。又闻吴某借办团练，系贿嘱七都绅士郭某为之禀请。近因吴某举动乖谬，人言藉藉，恐受波累，遂至海阳县署面禀胡大令，并恳请除名。胡大令不许，郭益惧，拟再请大令派员管带练勇，以免事生意外。未悉胡大令如何办理也。

按：此事本馆早有所闻，惟言者未详。初以为借端敛财，为无赖度活伎俩，而假神诈骗，在潮州亦属惯见不鲜，当不虞其猖獗一至于此也。至团练一节，遍询七都各处士绅，皆云并无筹措公款。夫吴某一贫士耳，家徒壁立，何以能月给口粮六元，招募练勇，其经费何自而出。即云经费有着，而团练为保卫桑梓起见，丁壮当选自乡邻，何以募及远处匪类。且团练意在驻守,非同远征,储积干粮,究属何用?据此以思,彼辈之奸谋诡计,可不言而喻矣。所不解者,该匪聚集彩塘七都两处。夫彩塘七都,离城咫尺,且为通衢大道,耳目昭彰,而地方岂尽聋聩,何以毫无觉察?既经某绅面禀,何以不即行驱除?是真百思不得其解也。语云:"涓涓之水,将成江河;星星之火,可以燎野。"愿地方官及该处人当早为之所焉!

《揭阳盗贼之猖獗》,《岭东日报》,光绪三十一年四月初六日,"潮嘉新闻"

揭邑北山一带,常有匪类每日啸聚成群,多则百余人,少亦数十人,公然按乡勒索钱米,稍不如愿,则百端滋扰,鸡犬不宁,乡人甚患苦之。又该邑龙尾墟离城五十里,有某号干果店,日前三更时,被贼数十人各执枪炮,撞门行劫。店内银钱货物,被掠一空,店东某甲喊救,被贼枪伤,邻店某乙开窗窥视,亦被贼击伤其。噫!盗贼凶横,一至于此。

《丰顺会匪抢劫伤人》,《岭东日报》,光绪三十一年六月初二日,"潮嘉新闻"

前月廿六日,乃潭江墟期。至黄昏时候,突有会匪邱义山统带数十人,由墟尾直上,喝令商家闭店,直至经费局,用刀伤李阿丰,炮伤李阿尾,并用刀斫伤十余处,旋即毙命。随抢劫李同兴顺记,计失现银二百余元,钱数千十,货物不计其数。就近禀报司汛各官,至次日下午,始各派一二名差勇查勘,该匪等遂得从容逃逸云。

《饶平令欲以讳匪保全名色》,《岭东日报》,光绪三十一年九月初九日,"潮嘉新闻"

饶属近来匪势大炽,附郭诸大乡,皆纷纷入会。八月中秋日,谣言欲攻县城,城内外小民,皆为逃避之计。幸是夜大雨,得以无事。闻饶平营游击,恐滋蔓难除,商于祝大令,会同通禀上司,求派大军清办。祝大令曰:"八属皆无三点会,惟饶独有,若通禀上司,吾辈名色,宁不扫地?"云云。呜呼!有匪不办,且讳莫如深,此地方所以不靖欤!

《大埔匪徒公然拜会》,《岭东日报》,光绪三十一年九月十一日,"潮嘉新闻"

大埔三点会匪蔓延愈众,拜会之事,日有所闻。近闻河腰地方,又有余某郑某等,在下窠子杨阿草屋内,开台拜会,聚党数十人,杀牛宰猪,欢呼畅饮。闻杨阿草等素不安分，近因别案，经官饬差拘办，差役往拘，贿以数元，遂得逍遥法外。今恃其会党之势，益肆行无忌。附近人家，被扰实甚。不知地方官能为民除害否？

《饶平匪警之原因》，《岭东日报》，光绪三十一年九月十五日，"潮嘉新闻"

饶平匪警，闻系由于各乡三点会之盛。其乡之大者，两不相能，动辄械斗。三点会中人，遂从而招之，其大乡有是会者，遂得而普及，渐至迫勒入会，无所不有。月之初旬，城内外忽谣言四起，人心不宁。各乡于夜间燃灯无数，以为警备。城中望见，初九日为之闭城。祝大令驰告上峰，李太守即电请吴军门驰往镇压，军门是以十一日由揭趋饶。

《大埔议办团防》，《岭东日报》，光绪三十一年九月十五日，"潮嘉新闻"

埔邑自三点会匪首邱义山，因丰顺潭口李姓事发后，单大令立悬重赏，四处购缉。邱惧遭弋获，遂逃至埔属，在黄坑、九龙、石龙、黄桐窠、梅子坑一带山僻小乡，迫人入会，不从者即将其家口牲畜，掳掠一空。闻此数月内，被其诱胁入会者，不下数百人。复令其党羽，到处扬言，某日劫某乡，某日抢某家，人民惊扰，大不安生。近闻各乡均集众会议举办团练，并购买火药枪炮，以资自卫。

《饶平匪事既靖》，《岭东日报》，光绪三十一年九月二十五日，"潮嘉新闻"

饶平三点会匪猖獗，经吴镇军前往清办，刻闻城乡各处，业既安靖如常，吴镇军昨既返郡。

《红字会匪逃回澄海》，《岭东日报》，光绪三十一年九月二十七日，"潮嘉新闻"

澄海城乡各处，多有无赖子弟，逃入红字会为匪。闻此等会匪不下三四百人，四散伏匿，为地方隐患。昨饶平会匪蠢动，吴镇军前往镇压，业既解散，闻内有数十匪系澄海人，现俱逃回澄海。

《大埔人民之大恐慌》，《岭东日报》，光绪三十一年十月初四日，"潮嘉新闻"

埔属近因三点会匪愈聚愈众，日益猖獗，人心大为不宁。上月十九、二十等日，百侯、湖寮各乡演戏，忽谣传大股匪至，一时戏为停演，居民纷纷搬避。有一妇人负子而逃，惊惶失措，竟至绷毙；又有一妇人从床上卷其小孩而走者，及惊定解视，亦既气绝。扰乱情形，不可殚述。闻其原因，系有流民百余人，至芳村地方，强借人家物件，村民以为劫匪，惊避一空。邻近乡里，亦惊相走避。及湖寮闻警，即派二百余人，持械往堵。众至某处，见前乡吃惊者，满山遍野而来，误以为匪，仓皇回报，致有如是之纷扰。百侯等乡亦然。后探悉为流民过境，各敛钱米驱之去，人心始安。然现在匪势甚炽，地方官若不设法解散而安辑之，诚恐因此更张其势焰矣。

《大埔又闻抢劫》，《岭东日报》，光绪三十一年十月初七日，"潮嘉新闻"
湖寮蓝某，在高陂开张振兴字号。前月二十日早，携银归娶。为匪党侦知，即伏于红头岗顶，拦途搜劫。蓝某被劫后，意欲折回高坡，禀报司汛缉捕，为匪迫胁，只得狼狈回家。后一日，又有一挑担妇人，由陂回湖寮者，行至粪箕窠地方，一贼突出，手执利刃，剥夺该妇首饰银簪等物，妇大声呼救，幸有五六人随后奔至，贼始远遁，又罗车王林门新围。廿一晚有贼三四十人行劫，其家预知风声，加意防守。是夜贼群拥至，不得其门而入，直围至鸡鸣二次，王家意天将曙，始敢鸣枪。贼知有备，乃率众下船而去。现今青碗窑、红头岗、黄坑一带地方，俱被匪踞为巢穴，商民往来者，为之裹足，真有遍布荆棘之势。

《沈观察专办清乡》，《岭东日报》，光绪三十一年十月十八日，"潮嘉新闻"
惠潮嘉道沈次端观察，以兼摄惠州府，道署驻扎潮州，不能兼顾，特将道篆封存府库。一切公事，饬潮州府代印代行，而自用行营关防，专办清乡及营务事宜。俟匪势稍靖，即请速委贤员接理惠州府篆务云。

《函述缉匪善法》，《岭东日报》，光绪三十一年十月十八日，"潮嘉新闻"
嘉应友人函云，罗塘下坝地方，为江、广、福三省要冲，迩年三点会匪充斥，民不聊生。近闻赣南道颇有权谋，先遣五十人，布散其地，假卖什物，暗入会籍，得悉其情，遂移兵三百名，按籍搜捕。现围拿百余人，俱皆真匪，无一误者。想其地指日可平云。

《详述大埔会匪近事》，《岭东日报》，光绪三十一年十月十九日，"潮嘉新闻"
埔俗素称良善，自外匪邱义山等，由丰顺窜入埔属古源、同仁两甲相界之山乡，间有不法之徒，始而为窝，继而为伥，逼勒拜会，拐带妇女，以至劫掠掳禁，时有所闻。乡人大恐，纷纷迁徙者，难以数计，风俗为之一变焉。八月间县宪票差至老住垅、石门两处查匪，该匪遂携妇遁往黄桐窠，又恐大兵掩至，星夜由高陂搭舟逃往丰顺境内。及闻无事，复邀匪伙罗矮子（镇平越狱之会匪）及丰顺匪徒三人，潜回黄桐窠、大黄坑、牛角窠、老住垅等处，益肆猖獗。旋因藏匿党溪李家妇及乌茶廖家妇，为大黄坑魏家妇泄漏，廖家邀合拳师十数人，时巡逻该处地方，该匪难以安藏，又风闻吴镇军至饶平清乡，有顺道往办之信，遂传集匪党，先将此妇及贼眷押往州境。其时高道庵蓝家妇亦同被拐去。邱义山、罗矮子及邱萧何等匪，买舟继往。而丰顺匪徒，仍留该处。舟行至松口附近地方，有人家九所，是夜该匪遂于此处行劫，讵知此处临河，时防意外，闻警报发枪炮，该匪燃炮不着，遂纷纷遁去，而邱粲英恃其胆力，殿后受创最甚，被众追获。拟送松口司，讵该处亦相庆生还，遂邀集丰顺外匪三人及团近匪党，各立名目，夜郎自大。近日于归去来凉亭及牛角窠附近高道庵、眼洋尾、粪箕窠、石笼窠等处，迭行拜会，人心复震。幸高道庵团局已设，炮声不绝，此处人心稍固。适近日有兵勇三数十名，沿河而上，曾至高陂及银滩上岸一巡，该匪疑是吴军门办乡之勇，又复仓皇无措，现闻某生等已将情形禀陈胡大令，并请会营按乡搜拿，以靖地方而安人心，不知胡大令能认真清办否？又闻近日由高陂靖安局绅拿获何、余二匪送县，经胡大令刑讯收禁。

**《大埔三点会匪又公然拜会》，《岭东日报》，光绪三十一年十月二十四日，"潮嘉新闻"**

大埔会匪日形披猖。本月初二夜，在铁炉宫开台拜会。十二日，匪首邱义山又邀集三百余人，在弓洲上村瓜坪拜会。十三夜，又在小横坑拜会。闻该匪首时常盘踞此间，以小横坑、井坪、上冠山为巢穴。银溪龙市之烟馆歇店，亦有匪徒往来不绝，并有匪者二人，一伪为堪舆家，一伪为卜者，到处煽惑。无知之辈，多为所诱。各地绅士，畏其势焰，不敢过问。官斯土者，尚其认真清办，幸勿酿成巨患也。

**《烂匪虐民》，《岭东日报》，光绪三十一年十一月初三日，"潮嘉新闻"**

潮阳海门所烂匪吕婆儿、吕二鳅、余阿八、陈阿文、吕大鳅等，在该所渔勒乡民，肆行乡曲。每凡连乡演戏，吕婆儿等结成党群，挟带双刀，横行乱作，渔观妇女，靡所不为，大为地方之害。近又集勾外处匪徒，拜盟倡会，名曰"双刀会"。绅耆咸不敢指其非，恐生不测之祸。兹特登之报端以志之，望官绅查办，以儆效尤，以安民生为幸。十一月初三日，海门所公启。

《潮属会匪之披猖》,《岭东日报》,光绪三十一年十一月初九日,"潮嘉新闻"

潮属三点会匪,蔓延饶平、大埔、丰顺各县,日形披猖。大埔银溪地方,被扰尤甚,开台拜会,拐带妇女等事,日有所闻。近日又有匪党陈日华、邱水生、贺阿升等数人,至圣箸石何姓番客家,相逼入会,该处不答,以好言慰之,乃相率悻悻而去,云数日后看尔辈身家可保否。又前月间于高陂等处,遍贴三川公启字样,约期抢店。适是日高陂演戏,举行团练,以资捍卫。日夕二百余人,巡防颇密,得以无事。近日又在各处凉亭,张贴约期抢掠之字,人心大为不靖。

《饶平亦有花会为害》,《岭东日报》,光绪三十一年十一月初九日,"潮嘉新闻"

饶平属凤凰地方,屡有匪徒开设花会,为害不浅。近日又有黄阿保等十数人,在大山乡拖枋路开设,并贿通饶平县丞为之包庇,肆无忌惮。闻每日收钱不下数百千,足见此方之人陷溺其中者为不少矣。

《续备军往办大埔会匪》,《岭东日报》,光绪三十一年十一月十九日,"潮嘉新闻"

大埔地方,近因三点会匪到处逼勒入会,并散布谣言,约期掳抢,民心大为不靖。现闻吴镇军已于日昨派方哨弁率勇一哨,前往查办。

《大埔搜拿会匪之近闻》,《岭东日报》,光绪三十一年十二月十五日,"潮嘉新闻"

大埔会匪猖獗,经官军搜剿,早志本报。兹闻初四日,大埔胡大令会同李千戎至老鼠垅围拿匪党,不获。顺道至崧里,借何氏宗祠为公馆。是晚,城守勇丁十余人到附近盘胡寺,拿获僧人两名,搜出女人裙衫十余件,随将该僧二人带回崧里交胡大令讯问有无拜会等情,该僧坚不认供,立责藤条数十,交差人押解县署候办。初五日,胡大令仍驻崧里,闻尚欲到湖乡、百侯拿匪云。

《续备军清办大埔会匪之详情》,《岭东日报》,光绪三十一年十二月二十一日,"潮嘉新闻"

前报吴镇军派续备军到大埔办匪一节,兹悉大埔县胡大令先于前月中旬奉到府札,即会同李守府于十七日到高陂,随往大埔、丰顺交界地方,会勘命案毕,即到陈大峰、青碗窑、老住垅等处清办。及续备军由饶平到埔,胡大令复折回署,会同续备军到老住垅、黄坑、高道庵、黄桐窠各处,勒令交匪,并将匪屋按址查封。至本月初四日,由崧里到湖寮及百侯、北坑、黎源一带,按乡清办。闻到处但令绅士约束子弟,并取具保结,尚不至于骚扰。惟老住垅一乡,受累颇甚。又闻到崧里时,胡大令亲率差勇到盘胡庵,拿获淫僧二人,旋为湖寮绅士保领而去。

《埔贼猖獗》,《岭东日报》,光绪三十二年三月十六日,"潮嘉新闻"

埔邑清远一带,盗贼甚为猖獗,附近白侯之北罗乡,有某君者来汕膺同文教习,兄弟叔侄俱外出,家中止有老母及妇稚数人。前月三十夜,突被盗缘墙登屋而入,将堂中摆设物件及某君外寝被褥衣物一掠而空,闻所失不下百金云。噫!潮属正当清乡之际,埔邑盗贼乃敢猖獗至此,亦可谓无忌惮矣,有地方之责者,尚其留意诸。

《大埔会匪之披猖》,《岭东日报》,光绪三十二年四月十四日,"潮嘉新闻"

近闻大埔地方,又有会匪到处迫人入会,不从则肆行劫掠。富弱之家,不能自保。弓洲、南坑二乡交界地方,有何某兄弟山居,素称良善,突于四月初二夜十旬钟时候,有三点会匪七八人,赚开其门,持械威吓,迫令入会。某以族中自治规例极严,始终不敢从,匪乃强索饭食,饱飧一顿而去。临行谓之曰:本当劫汝,姑念汝贫甚,亦能好施,故不劫耳。可见该匪猖獗之甚矣。

《谕饬严防会匪窜扰》,《岭东日报》,光绪三十二年四月十五日,"潮嘉新闻"

岑督宪日前东巡,闻有三点会匪,窜扰潮属地方。电府札县,严密查拿。澄海县薛大令,昨奉到府宪札行,即移营札属饬差查缉,并谕饬邑属绅士一体遵照查探。谕文录后:为谕饬查报引拿事,现奉本府札开,奉督宪行营甲密俭电开,闻闽省云霄、诏安与潮属交界一带,三点会最盛,此次漳浦滋事后,因拿办严紧,多潜逃潮境等语。务即飞饬各地方文武严密防范查拿,倘有疏玩,致令窜扰,定将该文武严行参惩不贷等因。奉此。

查潮属三点会匪，为患最烈。去年闽省漳浦滋事，该匪党在浦云交界之梁山，云诏交界之乌山，及竹港、陈岱、吴田等处，会名天公祖师陈昌伯等，由粤之庵埠传来，言之凿凿。经诏安县函致饶平县祝令防拿有案。兹奉前因，除分别移行一体查拿外，合札密饬，札到该县即便遵照奉电札饬事理，会营督勇，分探确查。如有此等会匪潜入境内，务即搜拿净尽，毋使窜扰，致干严惩。仍随时严行防范，并先将查明情形，禀报察核，毋违等因。奉此。除移营札属饬差查缉外，合行谕饬，谕到该绅耆等，即便遵照，密切查探。如有此等会匪潜入境内，立即禀报赴县，引带兵差，驰往搜拿；或自行设法捕获解办，仍认真禁约乡人子弟，毋得容留勾结，致罹法网。该绅耆等稽察不力，同干未便。切切此谕。

**《札饬严拿会匪首要》，《岭东日报》，光绪三十二年十月十六日**

大埔县胡大令近奉道宪札饬，略谓现准署理潮州镇黄函开，据饶平营中军守备李怀远禀称，据守蒲田汛弁李葵禀报，在丰顺县属大胜地方，拿获三点会首陈木华，即光史一名，理合禀解讯办等情到镇，当将该犯发交海阳县提讯。据该犯供认于光绪三十一年八月，听从素识之陈占鳌（即永山）等，在黄洞窝地方拜会一次，由陈占鳌刻送光史添记木伪印一颗，封伊为白扇军师。本年二月，伊又召集三十余人，在老鼠笼地方拜会一次，又于三月招集四十余人，在高道庵地方拜会一次，每人每次收会钱一千一百零八文，均交陈占鳌收存，伊先后共得钱十余千，花用不讳，据海阳县录供抄呈核前来。查该犯听从入会，已得伪号，复又两次纠集多人拜会，敛钱得财，实属罪不容宽，法难轻纵，拟会衔电禀督宪，将该犯就地正法，以昭炯戒。除饬该营守备及防营各弁勇，一体严密侦缉，将供开会匪首要陈占鳌（即永山）等，务获究办外，特抄录该犯供词，先行函送，即祈查核是荷等由，计附供抄一扣到道，准此查陈木华即光史一名，既系会匪，应归入清乡案内办理，由县讯明录供解府，提犯复讯供词无异，方可会电请办。除函复并分行外，合就札饬，札到该县即便查照粘抄内陈木华供开各犯，会营饬差严密查拿，务获禀办云。

**《岭东日报》，光绪三十二年十一月初三日**

大埔县胡大令，查悉长富甲交界之三层岭广福寺，仍有忠坑胡姓匪徒，开设花会。长治甲交界之清窑，亦有王姓匪徒，开设花会。城厢内外人民，溺于其中者不少。特签派差勇，前往该处，将各匪首及带批匪徒，一体缉拿务获，解县惩办，不得受贿庇纵，及以空禀销差致干严究云。

**《丰顺县与新州尊会审匪首》，《岭东日报》，光绪三十二年十一月初三日**

三点会匪曾蕴山，为该会首领，久为民害，迭经惠潮嘉各地方有司，悬赏购缉在案。前八月间，被驻扎嘉应州常备军熊管带，饬勇搜捕。旋在桃源堡黄寿山地方拿获，解交州署。旋经前任陈牧伯通禀各大宪，随奉大宪札饬邻封官吏会审。上月经委潮属丰顺县单明府前往会审，于念三日到州，念六日会同新任冯直刺提出研讯，审供已确，拟即通禀各大宪，就地正法，以除民害云。

**《续备军分三路至大埔搜拿匪党》，《岭东日报》，光绪三十二年十二月初一日**

大埔被三点会匪扰害各情，叠志本报。兹闻吴镇军已于近日派续备军分三路搜剿：一由饶平经枫浪、湖寮直进；一由黄坑口直进；一由罗居、黄坭凹直进。三路会齐后，即到老鼠垅围捕云。然该匪聚散靡常，未知确能拿获真匪否？

**《著匪被获》，《岭东日报》，光绪三十二年十二月初一日**

揭属洋厦乡林惠卿者，悬赏缉拿之著匪也。近日由外洋潜回，因盗卖其祖坟墓石，被该族人某知觉，执之。其子某往视，又执之。适为吴镇军部属方某所闻，即率勇至该乡责成该族，将该匪父子交出。该匪父子，现既解郡，经吴镇军电请省宪示办。闻省宪随复电着潮州府李太尊，将林惠卿父子，并张线球，各提棄讯究具报。

**《郑大令筹办团练》，《岭东日报》，光绪三十三年二月二十二日**

饶属浮山埠，前因有匪徒潜谋起事消息，当经郑大令，暨莫游戎，察看情形，妥筹善后，已迭志前报。现悉郑大令拟在该埠举办团练，定招练勇一百四十名，并借显佑伯庙，作为团练局，不日当可开办。或者该处匪患，借此可以消弭云。

**《上饶清乡近闻》，《岭东日报》，光绪三十三年八月十二日**

饶平单大令，会同赵游弋，于初三日，往办上饶清乡。是日申刻，抵上饶，在羊较埔驻扎。初四日，命帮办清乡李千戎应时，带领兵勇拿获匪首詹阿淡一名。闻该处匪风最盛，现正在四处购线缉捕云。

**《饶平令严禁招摇撞骗》，《岭东日报》，光绪三十三年八月十二日**

饶平县单大令以下车伊始，恐有不法之徒，借此撞骗，遇事招摇。或妄指桑梓，捏称瓜葛；或本未谋面，牵附雷陈；或谬托心知，溯交孔李；或自矜衙门熟识，诡言关节可通。愚氓无知，被其诱惑。与其惩创于事后，莫若防范于机先。除密访严拿究办外，并示谕阖邑诸色人等知悉，如有棍徒讼蠹，及书差丁役，或敢在外招摇撞骗，准受害者扭获送案，立予尽法惩治，并赏花红银五十大元，决不食言云云。

**《再志嘉丰交界之会匪》，《岭东日报》，光绪三十三年八月十二日**

嘉应龙文堡与丰顺县相连之马头村，有会匪百余人，在该处插旗拜会，业纪前报。兹闻曹牧伯派李管带前往侦探时，该匪已如鸟兽散，乡人不敢声张，故李管带以为并无匪徒拜会。后数日，丰顺张大令侦知，派勇役前往缉捕，已拿获二匪，并搜有入会花名簿。据云："星星之火，势可燎原。"不知当道者亦曾留意及之否？

札饬查封匪产。近日各当道以粤省匪徒，多有产业，现在举办清乡，应即查明匪产若干，查封变价，作为花红。或责成父兄房族具缴。若无匪产，则由祖祠赏产内酌提。以匪之大小，定花红之多寡等由，行府札县。揭阳祝大令奉文后，已谕饬所属一律遵照办理矣。

**《公愤难容》，《岭东日报》，光绪三十三年八月十四日**

世风日下，恶习丛生，固公愤所不容也。我等昨阅初八日报，有培英书院董事黄孔昭所登告曰，捏诬林锡华兄弟，平日欺弱压小，暨纠族结会，藉官勒索一段，不禁骇然诧异。夫锡华兄弟，素以廉正持己，忠厚待人，望重梓里，四邻周知。现年四月，会匪肇乱，黄镇军带勇讨贼，扎营（泍）井洲，锡华兄弟辅官破贼，冒死直前，奋不顾身，人所共见，邻乡赞叹不已。岂知邪正不两立，奸人妒刻，钉恨成仇，乃敢捏造伪词，假托培英书院董事黄孔昭公启。呜呼，谬矣！查饶属有培英公所，有琴峰书院，并无培英书院名目，其慌谬也，可知。查培英公所董事暨阖邑绅士，并无黄孔昭名字，其伪托也，更可知。如此阴毒险狠，希图陷人，较之卢杞、秦桧，尤有甚焉。虽然天下事岂有无端而陷人者，细查其词，推测其意，显系会匪余党，恨其兄弟竭力辅官破匪，使彼不得肆意于横逆，故捏造妄言，伪托名字，以图陷害，可知也。独不思云梯易架，红日难逃，水落石出，昭然可见。此等恶习，风化所关，我辈忝属一乡绅士，深知其事，所以抱不平之公愤也。爰是登诸报端，为之劈诬表白，愿阅者毋为所惑焉。

| | | | |
|---|---|---|---|
| 汫洲鸿门社 | 生员林熊 | 生员林均 | 生员林源泉 |
| 同文学生林勋臣 | 生员林金城 | 监生林鸣玉 | |
| 金山学生林毓辉 | 监生林崇厚 | 监生林宗廉 | |
| 监生林廷臣 | 耆民林文熙 | 耆民林从 | |

八月十三日

《饶平清乡近闻》，《岭东日报》，光绪三十三年八月十七日

防勇之骚扰。潮州第十六营巡防勇，系临时招募，且急于成军，未加选择，其中品类至为不齐。此次往上饶办理清乡，有詹某甲者，在田放水，突被该勇捉去，迫令挑物，稍违其意，拳棍交加，甚至将枪头乱打，所到骚扰不堪。适单大令赴乡会办，经詹某甲拦舆喊禀，并请验伤。闻单大令但赏以银毫，再四抚慰而已。

朱管带严捕匪徒。此次朱游戎懋昆，在上饶驻办清乡，闻每于夜间，亲自率勇四处缉匪，甚为严密。

《单大令回署》，《岭东日报》，光绪三十三年八月十七日

饶平单大令，抵上饶会办清乡数日，经于初七日回署，并解回石井乡要匪刘某一名，发收羁所。

《沈观察拟办潮州全属巡警》，《岭东日报》，光绪三十三年八月十七日

现惠潮嘉道沈观察，以饶黄乱事虽平，惟鉴于三那之后，复有防城之乱，深恐死灰复燃，特督同十五六等营，大举清乡。其第四等营，则拨交李太守，专办饶黄清乡事宜。惟沈观察以欲靖内乱，非速办巡警不可。议俟清乡事竣，即举办潮州全属巡警。日前经调李大令祖湘来潮，先行筹画一切，并禀请胡督宪讯饬警察毕业生回潮，以便经理警务云。

《黄冈近闻》，《岭东日报》，光绪三十三年八月十八日、十九日

黄冈匪首余丑又将上控。黄冈匪首余既成即余丑，窜匿香港，迭经大吏派员商请港官，提省讯办。经港府官审定，着押候港督定夺。现余延请何启大状师辩护。昨初九日，赴港禀求准上控，谓按例被告并无被人控开劫罪，不合解交，华官请定期提讯，闻已批准，候五礼拜后，臬宪暑假届满，然后审讯云。

严惩妖言惑众。有无赖子名阿娇者，入赘霞绕乡张氏，遂袭其姓，平日假托女神附身，人呼为娇姑娘，专事蛊惑妇女，受其害者不可胜道。近复妄

言八月十五日，地方仍有变乱，一时人心多为惶惑。昨为赵都戎访悉，立派勇拿获到案，重责数百板，并剃发涂面，押游四城门示众，以为妖言惑众者戒。

乡绅被押之原因。古宫乡林绅镜明及林红等，前为李太尊拘押，兹悉该绅因向同族派费，内有赵都戎谢仪一百元一款，经该族人托人询诸赵都戎有无其事，赵都戎因大之怒，遂禀知李太尊，传见该绅，扣留候讯。

藉匪吓勒被拿。日昨赵都戎派勇到霞绕乡，捕获张镇声一名，闻有藉匪吓勒殷户蔡惠记情事。

演戏获祸。黄昆发号，近日在黄开张生理，演唱影戏志庆，为赵都戎所闻，以其惊扰地方，立派勇将戏抬上人，拿禀责押，该号多方请托，翌日始得开释。

兵勇强取植物。初十日下午，山潮郡派来勇十五六名，至近黄乡村，该勇等肆意折取乡民甘蔗，乡民向阻，反被斥骂，并将开枪轰击，以示恐吓，乡民只得哑忍，不敢与较。

清乡委员刑讯匪犯。帮办上饶清乡委员王大令世剑，于昨十二、十三两日，提所获匪犯谢阿松、詹阿和、詹阿浅（即阿淡）及黄加祥、廖阔嘴、林约、林粒、林超、林廖、林秩等十余名，上堂研讯，无一招认为匪。后将谢阿松、黄加祥二名，加以重刑，至于昏不知人，卒无确供，乃将各犯分别发收原羁，听候复讯。

《又有会匪诱人入会》，《岭东日报》，光绪三十三年八月二十日

友函云，嘉应丙村墟，日前有自称叶姓者，行踪颇诡。到墟后，住于大胜街某馆内，暗中招人入会。每人纳银四元二毫，发给凭据一纸，谓将来遇有变动，可保安宁。无知之徒，受其煽惑者颇众。又闻揭阳河婆等处，亦有匪徒设席诱人入会，与三点会勾通，潜谋滋事，未识确否。

《饶平清乡近闻》，《岭东日报》，光绪三十三年八月二十三日

刑求匪供。赵游弋月修，与王委员世钊，昨在浮山埠行营，提讯匪犯三名：一东山乡张任诰，一东官乡王进体，一樟溪乡詹延真（即詹延亲也），皆不肯供认为匪。后施以严刑，始行招认。现禁行营候办。

悬赏购匪。赵游弋月修，昨派勇往东山乡，捕匪吕竹口、吕阿耘未获，现悬出赏格购缉，能获吕竹口一名，赏银五百元，吕阿耘一名，赏四百元，仍责成羊较埔泛弁吕某，严缉务获讯办云。

兵勇之骚扰。此次营县往上饶会办清乡，闻各兵勇到处藉搜匪为名，肆

行抢掠，人民不堪其扰，纷纷迁避，大有十室九空之象。咋有坝子乡邱阿北，正在宰猪发卖，被弁勇拿获，指为要匪，所有银钱尽被抢夺而去。

会办凤凰社清乡。单大令梦祥，初十日仍往上饶会办清乡，至十四日回署。带回所获匪犯邱阿北、詹阿胜二名，拘禁候讯。十七日复会同朱游戎懋昆、莫游戎赞英、李千戎应时，前往凤凰社各处清办，并闻获匪多名云。

严禁绅民馈送礼物。日昨单大令出示略云，本县现奉道府宪咨各上宪札饬会同营委，按饶透办清乡，系属勒交匪类，清查保甲，举办团练，为地方除暴安良，永保治安要务。事理何等关重，自庶切实遵办。故凡在乡传见各族衿耆，原为尔绅民谋治安，非与尔绅民请酬应。本县于往来之间，各乡竟有不知轻重之绅耆，备具礼物，至行辕馈送，以致号房亦视若故事，有违禁收受号封之事。为数纵不成贼，究属胆玩已极。若不严行究革，将复成何事体。除将该号房王嵩革究外，合亟示禁，为此示仰阖邑局绅乡其族长人等知悉。尔等须知此次清乡，务在官绅破除情面，有匪必交，惟良是保，作一劳永逸之计，非可略讲交谊，得以敷衍了事。自示之后，务即速遵前谕，捆交匪犯，赶办团保。如敢冒昧糊涂，再赴本县行辕馈送礼物，希图见利生情，得免交匪，不论绅民，立即一并拿案惩办。倘有不法书役，再敢从中需索钱文，查出立予严治，决不稍宽云。

焚毁房屋之交涉。前黄镇军在黄冈，派弁勇剿办孚（浮）山乡时，焚烧吴炳文等祠宅，因连及英国教民吴阿船住屋，吴诉由该国领事府，照会省宪，札饬摊赔，而该教民多开至二万余元，官责成该乡自行赔补。因释吴淦、陈宗彝二绅，赴汕领事府，恳减赔款，闻英领事官以此事与馥（浮）山乡无涉，惟必向黄镇军交涉云。

### 《清乡勇枪毙人命》，《岭东日报》，光绪三十三年八月二十五日

饶平县单大令，会同朱管带懋昆，往办凤凰社清乡，曾登昨报。兹闻朱管带访悉有匪匿下村社上埔楼地方，派拨弁勇往捕。时有洋客游某，闻声开门出视，即被新军勇开枪轰毙，并将其家银物抢掠一空，当经乡民报官勘验在案，未识如何办理。

### 《庇匪不为无罪》，《岭东日报》，光绪三十三年八月二十五日

饶平县洪阿砂，具禀府宪，奉批云：尔族洪蚁等，乃此次黄冈乱匪，庇纵不交，岂得谓为无罪？当经传案押交，逾限仍不捆送，所请查办不准。

《议设保安分局》,《岭东日报》,光绪三十三年八月二十六日

饶邑上饶保安分局,权以新丰墟詹某店为局所,现因官办清乡,闻各乡局绅,议设一分局于羊较埠地方,以便会商一切,其局中用款,即由各乡分派云。

《缉拿逃匪》,《岭东日报》,光绪三十三年八月二十六日

饶邑石壁乡匪首林三锡,前经李千戎应时带兵掩捕未获。兹闻某汛弁探知该匪逃匿诏属某乡,已由该汛弁前往缉拿。

《黄冈近闻》,《岭东日报》,光绪三十三年八月二十七日

(1)编列民船号数:裘防厅昨派差到所属各乡,传谕大小船户,刻日到署报名,挨次编定船号,以便巡船不时稽查。

(2)巡卡抽取货厘:下孚(浮)山港口,向由响关设有巡船,稽查大宗饷货走漏。近年颇有留难船只,借端需索等情弊,然亦止及出口之糖漏而已。现不论何项货船,经过该处,须纳厘金数百文,或百数十文不等,始得放行,虽柴草不免,商民为之交困。

(3)游船覆没:汫洲乡因前次官军与匪接仗,伤残多命,恐生厉疫,特于廿二、三两日,设坛建醮,有小东及附近各乡男妇,乘舟往观者,半途遭风覆没,溺毙数人。

《小黄山冈劫案》,《岭东日报》,宣统元年二月廿八日,"潮嘉新闻"

惠来小黄冈汛地方,俗名"桥仔头",扎有防勇二棚,其哨长王有声,巡缉颇严,故前尝截缉多匪巨赃,商民赖以保卫。昨廿一日有凤镇乡朱某甲者,由洋回家,至彼日暮,因嫌旅店错杂,难以防护,故借宿于谢某乙米店中,适有贩运阿片土商三人,亦同下榻,夜尚未办,不知何来强匪,明火执枪,撞门拥抢,幸防勇闻声救护,与匪混斗甚久,各有损伤,及匪遁去,各人惊定,乃查点防勇,被伤多名,并失去快枪一杆,内有一看更之勇,伤势较重,而商人仅被掠去阿土片一担而已,亦不幸之幸也。

民国三十四年《南澳县志(三)》卷14《征抚》,《广东历代方志集成·潮州府部(三十四)》,岭南美术出版社2009年版,第1630—1631页

德宗光绪三十三年四月十一夜,饶属黄冈三点会首陈涌波、余丑、余永兴等聚众起事,戕官据城,进攻井(汫)洲。众至万余,声势浩大。全澳戒严,事平,乃已。

饶宗颐总纂《潮州志》新编第一册之《大事志二》，潮州市地方志办公室编印，2005年版，第380－383页

### 春正月黄冈双刀会匪作乱

（光绪三十年）饶平县黄冈有双刀会匪林能丰等毁抢该处教屋五十余间，并掳教民幼女一人，上宪严饬究办。（《岭东日报》）

### 三月郡城抗捐罢市

（光绪三十年）三月十五日，潮郡因开办屠捐，人心不服，屠户以抗捐罢市。是日，适行香文武齐集学宫。因闲人丛聚鼓噪，道宪急召保安局绅黄占梅等冒险排解，各官得以回署。至九时，群众疑黄绅袒官，遂拥至黄所开千盛金店滋闹抄抢，损失甚重。代办两广振捐实收，及一切契据部册亦被毁，至下午五句钟始散。占梅隶天主教借事后由广州法领事出面交涉，岑督下札褚观察成博札府催缉，凶徒先后拿获，抢匪十三人，海阳令王全纲、委员王钟龄均各记大过一次。（《岭东日报》）

### 夏四月查办三点会匪

（光绪三十年）揭阳海丰两县久有三点会，设立头人，招人入会，其会印有"反清复明"字样，取洪字旁以为暗号。揭属河婆是时发生会匪闹抢教堂，潮州官吏奉饬驰赴澈查，以遏乱萌。（《岭东日报》）

### 五月倡办巡警

（光绪三十年）惠潮嘉道褚成博以汕头系通商口岸，华洋杂处宵小最易潜踪，欲于汕头倡办巡警，特扎洋务局方子衡会同地方官绅妥议筹办。（《岭东日报》）（二十八年十月丁观察宝铨批示云："实际警察将由汕头保商局先为创办，而三十一年十一月又始称潮郡预备开办巡警，大抵警察初为商办，后乃改为官办。"）

### 六月裁绿营额兵改编常续备军

（光绪三十年）潮州镇四月奉督抚电广东绿营额兵经奏请，于六月初一日裁撤改编常续备军。其潮属诸县海阳、潮阳各募八十名，揭阳、饶平、澄海各募六十名，丰顺、惠来、大埔、普宁、南澳各募四十名，先由各州县就制兵内挑选精壮者作为巡勇，不足之数再募土著充当。至三十二年十一月，总督周馥令缓裁绿营以前，督饬裁绿营招募勇壮。现以新勇未有妥善办法，

又着缓裁。(《岭东日报》)

### 十二月庵埠 芦市以筑路肇事

（光绪三十年）是年冬，潮汕铁路公司开办因筑路，督迁庵埠一带坟墓。文里乡耆老杨元荣等禀请改变路线。十二月十六日，海澄交界之葫芦市有附近乡民与日本工程司滋闹。戕毙日人二命，并乘机抢劫葫芦市陈顺和住屋。日领事出而交涉，大宪先后派温钦甫、庄允懿查办，道府镇及海、澄知县均亲莅庵埠主持。至翌年六月，案结。凶犯陈元贞、杨阿会二人正法。杨元荣判监五年，赔款二万六千元。庵埠杨姓出一万元，陈姓出一万元，月浦畲姓出六千元，分三次缴清，由庵埠士绅陈诰奔走调停了事。(《岭东日报》)

### 光绪三十一年丰顺设立保安局查办三点会

（光绪三十一年）丰顺知县单梦祥着谭江小、胜产溪各设立保安局。时三点会匪首邱义山、钟富山等窜匿埔丰毗连各乡内地，诱惑乡民拜会。肆行劫掠，梦祥莅任分往各乡查办，亲自擒获钟富山，正法。阅两月肃清。(《丰顺李志》《岭东日报》)（是岁，三点会匪蔓延，潮属各县尤以大埔与嘉应相连极为猖獗。时匪首共有二十四山，巨魁以邱义山、吴仁山、杨燕山为最。)

### 夏四月获揭阳丰顺三点会匪邱讲论丁灵山等

（光绪三十一年）四月十三日，获揭阳鹿仔会首陈荣和于炮台埠，三点会首邱讲论于上陇乡，二犯均经官购缉未获者。是日，送县监禁。又七月十一日，丰顺单令拿获会匪丁灵山等，数匪并搜获其旗印等物。旋复饬练勇星夜围捕着匪曾万春等十余名，余匪溃散。(《岭东日报》)

## （二）1907年黄冈起义至潮汕光复

### 《盛京时报》相关报道和评论

《盛京时报》，光绪三十三年四月二十一日，礼拜六，第一百八十二号，第98页

四月十八日奉上谕岑春煊奏：恳请收回成命，另简贤员一折，岑春煊病尚未痊，朝廷亦甚廑念。惟广东地方紧要，现在廉、钦等处均有土匪滋事，潮州府属之饶平县境，竟有聚众戕官重案，周馥恐难胜任。非得威望素著情

形熟悉之人，不足以资镇慑。一该督向来办事认真，不辞劳怨，前在该省筹防，一切深合机宜，是以特加简用，务当速赴任，统筹布置，安良除暴，消患未萌。该督世受国恩，当此时事艰难，自应力图报效，勉副朝廷眷怀南服、绥靖岩疆之意，毋得再行固辞。广西系兼辖省份，毋庸回避。所请赏假之处，并毋庸议。钦此。

《盛京时报》，光绪三十三年四月二十二日，礼拜日，第一百八十三号，第104、105页

饶平匪势已衰（广东）：十八日上海电云，饶平匪贼粮饷不敷，军械缺乏，难当精英之兵。日前已为黄总兵击破，汕头地方刻形平靖，毫无危虞。

《盛京时报》，光绪三十三年四月二十五日，礼拜三，第一百八十五号，第110-111页

周玉帅开去粤督之原因：顷得政界中消息，闻粤督周玉帅开缺原因，现在广东土匪肇乱，事颇猖獗，广西张中丞以及闽督松制军均纷纷电达政府告警，独玉帅电告最迟，故日前有开缺另简之谕。

广东匪耗，本报由上海电，迭志报端。兹接到四月十一日广东特电，据云四月十一日匪徒与三合会联络，树叛旗，袭击饶平县，杀害官长为巢穴，势焰大震。附近四民，望风入伙者日多一日。匪徒自称曰革命军，旗上题曰革命军都督孙文。其首徒戴白巾，腕缠赤章，以便识别。复颁军令，禁止暴行、掠夺、强奸等事，犯者严惩不贷。并颁发军票，晓谕人民云"三阅月后广东省城必归吾军占据，可将军票兑换现银，事尤便宜"云云。因此市面通融军票者不鲜。廉州、钦州、澄海县等处匪徒亦为革命之支队，与饶平县之本队互通声息，势力渐次滋蔓，剿捕非易。教士教民恐祸及身，避难汕头者络绎不绝。但地方官掩蔽事实，秘密实情，故其真相甚属难悉云。

《盛京时报》，光绪三十三年四月二十六日，礼拜四，第一百八十六号，第116页

粤督电奏匪情补志：闻十六日粤督周馥电奏广东饶平县匪徒突聚，有两千余人，将县署拆毁，复放火焚烧民房，以致人心惶惧，邻境戒严，现已饬提督李准酌带防军四营驰往弹压解散云。

《盛京时报》，光绪三十三年四月二十七日，礼拜五，第一百八十七号，第 123 页

孙汶（文）从苏门答腊回华之说（广东）：粤督据新加坡孙领事电告，访闻孙汶（文）现拟从苏门答腊动身回华云云。同时粤垣缉获匪党陈姓，亦曾供及该党首拟在七月起事，粤督已严饬所属，一体防范，并密电各督抚严防。

《盛京时报》，光绪三十三年四月二十七日，礼拜五，第一百八十七号，第 123 页

粤督岑春煊奏恳收回成命另简镇员折：臣岑春煊跪奏为吁恳天恩收回成命，另简贤员，并请赏假一个月，律资调理，恭折仰祈圣鉴事。本月十七日，内阁奉上谕，岑春煊着补授两广总督等因。钦此。跪聆之下，感激莫名。臣籍隶广西，例应回避兼辖省份，前以桂省兵事，奉命署理粤督，已属一时权宜。今蒙逾格恩施，特予补授，锦衣归里，斧钺专征，为人臣未有之荣宝。圣主非常之宠，凡有血气，有不感激零涕，奋勉驰驱。无如微臣患病频年，精力日减，自问不胜疆寄，前已伏阙面陈。比到京以来，咯血复发，迭经中西医士诊治，迄未就痊，同署僚友均劝静养。前月二十二日奏恳赏假一月，面奉慈谕，邮传部官制未定，仍须赶紧到部，一面自行调护。圣恩体恤，曲予矜全。感激之余，不敢不力疾办事。但血疾淹缠，未能逐日到署，私心内疚，已觉难安。矧两广政务殷繁，较之四川，其难治何止倍徙？川省臣且辞不能赴，何况于粤？近闻粤省潮州钦廉各属有会匪纠众戕官情事，朝廷廑念南服；是以特沛恩纶。臣在粤三年，习知粤事，如就治匪一端而论，只须营务认真，缉捕严紧，伙奔虽众，亦难窃发。周馥年力本衰，精神颓懈，幕僚文武，饮博酣嬉，以致百事废弛，纲纪不振。省会如此，外属可知。此次潮州钦廉各属土匪滋闹情形，尚非吃紧，该督迭次来电，未免迹近张皇。臣素性赣愚，向不肯保位惜身，畏难取巧，果使军情紧急，何敢临事推辞？惟审察事机，实非重大军务，而微臣患病已久，调养未痊，若更冒署遄征，势必病愈加重，于事机转滋贻误。思维再四，惟有仰恳天恩俯准，收回成命，另简贤员，并请赏假一个月，俾微臣得一意调理，倘能早日就痊，仍当竭涓涘之愚，效犬马之报，以期仰答高原鸿慈于万一。所有微臣沥陈下情缘由，谨恭折具陈，伏乞皇太后、皇上圣鉴训示。谨奏。奉旨。钦此。

**《盛京时报》，光绪三十三年五月初一，礼拜二，第一百九十号，第140页**

广东乱匪稍静：广东匪耗，本报迭志报端。兹据京函云，某国使署，日昨接到电报云：汕头附近澄海县等处之匪徒，被官兵邀击逃窜，该地一带稍形平静。然某处接前得上海特电云，有潮属匪徒窜入惠属，势尚猖獗之语，合两电观之，澄海县等处匪徒与饶平县匪徒联络，不赴汕头，或绕路惠州，以进谋广州省城乎？即汕头附近一带，虽匪徒潜迹，然匪乱亦未易言平定矣！

奏报匪首姓名：广东匪乱，中外宣传，政府近数日往来电报，络绎不绝。闻日前周督奏称，业已查明匪首系钦州人刘姓名思裕，附和者均系土匪，并无精枪快炮，至所以肇事情形，已委候补府王裕前往查办云。

**《盛京时报》，光绪三十三年五月初一日，第一百九十号**

潮州匪徒围城戕官详情：潮州府饶平县属黄冈镇，乱民起事，围城戕官，经省宪飞派兵轮运兵往剿各情，迭见本报。兹得访函，叙事极详。亟录如下：

十一日下午四点钟，黄冈城警勇拿获三点会匪一名，随后又获该会头目一名，会匪遂率众与巡警鏖战，二次均被巡警击退。不意匪党复率大队前来，巡警以众寡不敌，卒至投降。闻都司与巡检皆及于难，樟林沿海一带尽插白旗。

是晚三更时候，全城大变。黄冈文武官弁，均被戕杀。并将各衙署局厂，尽行焚毁。闻其宗旨，系与官为难，并不扰及商民。

十二日潮州镇黄金福接到警报，即乘夜至各属召集防勇，亲自前往剿办。当时巡警局亦下令戒严，各银号雇募小轮一艘，每夜在海旁各处巡缉，以防不测。

会匪暴动时，适有蔡哨弁带勇廿名，原系到该处缉捕澄海劫案余匪者，骤与会匪相值，由十一晚八下钟战至天亮，卒以众寡不敌，蔡弁及廿勇均被捉去，劝其投降。内有一勇乘隙逃出，于十三日到汕，据称眼见隆都司（旗人）、王守备被杀，惟谢同知存亡未卜。会匪均鞶嵌白布，袖镶红布，以为记号。幸会匪军火不多，所用多旧式短枪。

黄和（河）亭镇军借德记小轮运载兵械先到井（泮）州，闻井（泮）州有数绅士与黄和（河）亭交好，故拟先到该处，与乡绅募集团练，合力剿办［井（泮）州距黄冈二十里，距石龟五里］。

黄镇军所调兵勇，计揭阳三篷（每篷十一名），澄海二篷，潮阳二篷，贝洋二篷,及亲兵一篷。又向铁路局借洋枪五十根,子弹数千个。另由惠来方都戎处借兵一营,于十四日到汕,即借怡和小轮载往。怡和之轮因炉未修好,现正赶速从事。

闻此次匪徒起事前数日已有所闻,每夜炮声隆隆,自宵达旦,商民莫不震惧,惟地方官未之知耳。迨初十日驻该处同知谢某与都司某始行禀报,然已无及矣。

十一夜起事后,黎明各商店均不敢启门。各匪徒即出号令,勒令照常交易,无须惊扰,故该处商业尚不致被其蹂躏。

又该匪首以市中米价翔贵,照价每升应售钱八十文,勒以五十文出粜,不得多取。故附近贫民从之者甚众,现已集有五六千人之多。或谓该匪已暂移驻浮山地方。

澄海城内十二夜接到黄冈乱耗,适何大令在汕未回,人心十分惶恐。即由绅士至附城各乡,募集乡民上城守御,以防变故。是日澄城居民几于通宵不能安寝,大有草木皆兵之概。

闻黄冈税关内有司事两人,一被杀害,一被掳去,现尚未知下落。

又闻黄冈城被据之时,经费局中幕宾及局勇数人均行被捉,该幕宾旋被杀毙,其头现悬于西门。

道宪沈观察,十三日派员到汕,挑选炮勇三十名赴郡。又澄海县何大令,因黄冈匪警,筹办团防,向潮汕铁路公司借用洋枪二十枝并子弹多枚。府宪李太尊昨日由郡来汕,拟办各项公务。现闻黄冈失陷,事关紧要,特于十三早乘早车旋郡。

附近黄冈各学堂及各局所,凡未经烧毁者,该匪均勒令绅董教习,搬空,任其驻扎。

铁路车站地,来往搭客甚多,恐有匪徒杂在众中滋事,已饬各站护勇,认真弹压稽察,以防意外。

**《盛京时报》,光绪三十三年五月初二日,第一百九十一号**

驻京各使警告广东匪乱:广东乱事,迭经周玉帅奏报,现沿海已一律戒严。闻十九、二十两日英德法美等国驻京公使,纷纷照会外务部,云已接到驻粤领事报告,匪势甚大,恐波及各洋商及各处教堂,现已各调派兵舰一二艘不等,开往北海一带,妥为保护,并无他意,请免疑虑云云。

**《盛京时报》,光绪三十三年五月初二日,第一百九十一号**

玉帅电催岑督到任:岑春煊奉命督粤,前已有旨,未到任以前,着周馥暂署。现闻周督因既经开缺，不欲久延，兼因匪乱棘手，亟欲速离粤省，特电请岑督迅速起节，有愿君早来，以慰民望之语。现又派委候补知府胡道源君来京迎迓，或谓胡君之来，系为商议交代事。

**《岭东日报》的相关报道和评论**

**《论今日改革当以大赦党人为首义》，《岭东日报》，光绪三十三年八月初四日**

不除旧何能布新？惟悔过乃可迁善。吾观自古人主，当震动改革之时，其罪己之诏，无不以大赦党人及抗己者为首义。盖一则朝廷惩于已往之过，而自行湔除；一则朝廷乐于宥人之过，而与之湔除。夫党人与抗己者原有二端，其始则朝廷先待以不平，而使之无地可容，其继则彼不平于朝廷之所为，遂因之铤而走险，虽其间或兼具其二端，或仅有其一端，要之其迫于朝廷而起者，则一揆也。夫使朝廷而长此不悟，长此不改，则亦已矣。乃业已有悟之一线，有改之一点，而独于仇视党人之念，则若永不能忘，且惟日肆其钩捕者，则即此一事，已非与民更始之心，而其他之改革，乃真无可望矣。

今朝廷政府官吏，皇皇然，汲汲然，谋所以诛锄而防遏之者，非所谓保皇革命二党耶？二党之宗旨不同，手段各异，而皆为朝廷政府所忌。保皇者，反对朝廷政府之一部；革命者，反对朝廷政府之全部。夫不保其身，而欲保皇；未革人命，而先革己命，此诚未免出于愚。然保皇之目的，在于政治。政治革，而彼固可引为同心。革命之问题，在于种族。种族平，而彼亦复无从借口。故保皇之名目，业已改为立宪，以表与政府同情之意，而其党中之某报，乃为反对革命最有力之议论。数年来革命之说，不至波靡全国，中年血气稍定之士，犹得审其是非者，未尝非彼保障之功。此固朝廷所当树为援，而不当视为敌者也。夫不许革命党之存立，此固出于防卫自保之心。而不许立宪党之发生，是反阻人以和平共登之路。且朝廷方言改革立宪，而其所仇视者，乃即在首倡改革立宪。而为今日议论最有力之徒，则民又何以解乎？革命捕，立宪亦捕。革命死，立宪亦死。然则朝廷所谓立宪者，不过一二人之立宪，而非全国民之立宪。立宪不能，惟有尽驱之革命而已。此立宪党人之首宜赦者也。

不特立宪党人之宜赦也，即彼革命者，亦宜开诚布公，使之平心静气，而相与共济。盖使朝廷之改革，尽出于伪，斯无论已。苟真心立宪而平种族，则彼革命党之枭桀，自能敛迹。而其中之才俊，且可引为我用。然亦必先布赦宥之书，不究其已往，即仍有不靖者，亦处以文明各国之法，而不为已甚，使彼暂为停战，以观我之改革施设，果尽合公平之律，惬于国民之意，则彼岂尽乐以人命为牺牲，舍和平安稳之途，趋激烈危险之径，而不肯稍为降心相从乎？人非至愚，未有执此不变者也。意国玛志尼加里波的之素言革命，乃卒屈于加富尔之统一立宪，而加里波的且乐为效用，非其明证哉！彼日从事诛捕者，亦可以自返矣。

顾今之仇视党人者，固自有说。革命党之反对本朝，其目为大逆不道者，固不必论矣。即彼立宪党魁，亦尝得罪宫廷，在不赦之列。则其为此也，固无足怪。不知今日方言预备立宪，岂犹宜株守专制之法令？立宪党魁之罪，固暗昧不明，为当时旧党之所罗织，而其激而剖白论辩，亦为近世文明法律之所许，赦之而因才录用，正足见慈圣之大公无我，而义何靳焉！革命党之不究已往，亦正以安反侧之心，开自新之路。昔人行之，垂为良策，何况今日。夫齐桓忘射袪之仇，而相管仲。汉高患诸将之反，而封雍齿。寺人披曰："国君而仇匹夫，俱者众矣！"语曰："救寒莫若重裘，止谤莫若自修。"俄党人要求政府之改革，其开章之第一义，即曰大赦党人。愿我政府之三思而急行也。

**《黄冈善后近闻》，《岭东日报》，光绪三十三年八月初七日**

举办下饶清乡：李太尊现派旧防厅谢兰馨，督带兵勇，前往下饶隆都一带，举办清乡。又李太尊派出弁勇，昨在某处，拿获樟溪某姓匪党一名，解案候办。

黄冈改易名称：黄冈因匪乱故，现闻官场有将该地改称为铁路埠之说。

**《黄冈善后近闻》，《岭东日报》，光绪三十三年八月初十日**

（1）李太尊返署：府宪李太尊，日昨由黄返署，拟停留数日，即复回黄。（2）委员纳贿：帮办善后委员许长春，在黄纳贿营私，顷因得西门街余大弟贿，擅将该店玉燕号封条揭去，为李太尊悉，许已惧罪远扬。闻经电禀沈观察，札属查拿矣！又该委原住司署边林溪店中，兹事发后，牵连及溪，与该社地保，日昨李太尊已派勇将林溪并地保一并拘案，痛责收羁。（3）泛弁勒索：泛弁王某，闻在上饶一带山乡，多所吓勒，或十数元，以至二三十元不等，各乡民畏之如虎，敢怒而不敢言。（4）捕获逃匪：昨日李太尊派勇到澄属南洋乡，捕获余姓匪党一名，解候讯办。闻该匪绰号新正兴，先数月逃至该乡，充当打锡箔工匠，且入赘林姓，昨在乡之马厝铺地方被获而去。

**《黄冈善后近闻》，《岭东日报》，光绪三十三年八月十二日**
（1）省释无辜平民：日前东里清乡兵勇，拿获大港杨姓十余人，由赵游押解到黄。昨经李太尊提讯，大半系老弱平民，并无为匪情节，当经李太尊分别省释。孚（浮）山族绅吴淦，前释放出羁，随同勇丁数名，缉匪不获，近复投案，仍旧发收羁所，而陈绅宗彝，昨已出羁。（2）局绅借吞公款：客岁郑大令世麟（璘）办洪洲斗案，罚款八百元，发交保安局绅某，充办黄冈巡警经费。闻开支后，仍存银五百余元。因此次乱党有勒抢绅富情事，该绅遂借此报销。又洪洲乡具缴匪犯二名花红数百元，托该绅代缴，该绅延未缴案，致该乡在押二人，久不得释。现该绅亦报被匪抢，冀免责怨。

**《清实录》相关记载**
**《清德宗实录》卷五七二，光绪三十三年四月丙子条**
饶平县属之黄冈土匪，戕官闹事。

**《清德宗实录》卷五七二，光绪三十三年四月丁丑条**
谕军机大臣等电寄，周馥电悉。此等匪徒，聚众戕官，目无法纪，亟应认真拿办。着即严饬李准迅速防剿，及早扑灭。并将被匪煽诱之人，妥筹解散，毋任滋蔓。所有各处村镇及教堂，着该地方文武加意保护，勿再疏虞。黄冈同知都司，仍着查明有无下落，并将现在匪势军情，随时电奏、电寄。

**《清德宗实录》卷五七二，光绪三十三年四月戊寅条**
谕内阁，岑春煊奏：恳请收回成命，另择贤员一折。岑春煊病尚未痊，朝廷亦甚廑念。惟广东地方紧要……均有土匪滋事。潮州府属之饶平县境，竟有聚众戕官重案，周馥恐难胜任。非得威望素着，情形熟悉之人，不足以资镇慑。该督向来办事认真，不辞劳怨，前在该省筹防一切，深合机宜。……务当迅速赴任，通筹布置，安良除暴，消患未萌。该督世受国恩，当此时事艰难，自应力图报称。勉副朝廷惓怀南服，绥靖岩疆之意。毋得再行固辞。

**饶宗颐总纂：《潮州志》新编第一册之《大事志二》，潮州市地方志办公室编印，2005年版，第380－394页**

**光绪二十九年林义顺印行图存篇密运潮州宣传革命**
（光绪二十九年）革命党人林义顺因宣传革命，集资翻印邹容《革命军》五千册,易名图存篇设法密输入漳、泉、潮、梅各乡镇,分送士商各界,以广宣传旋。复亲返汕头,向潮属各县大肆宣传,启发人民革命思想。(《国民党史稿》)

### 春三月革命党许雪秋密谋起义事泄李杏波死之

(光绪三十一年)新加坡侨民许雪秋,海阳宏安乡人,醉心革命。光绪三十年八月间,返国约其友陈芸生、吴金铭、李杏波、吴东升等密谋起义。先取得承办潮汕铁路建筑工程特权,以余阿丑(即余纪成,一作"既成"又作"继成")陈涌波为工头,招集路工为党羽。吴金铭以绅士名义请官,准在海阳上土都祠募团练四百人,约定三十年三月十五日举事,谋泄。潮州镇总兵黄金福捕李杏波,杀之。余人以无佐证幸免。雪秋遂再渡南洋,因陈楚楠之介得谒孙中山自陈经过。加入同盟会。孙中山委为中华国民军东军都督,属其再图潮州,雪秋复奉命回潮。(《国民党史稿许雪秋传》)(《潮汕革命纪略》记李杏波之死在丁未黄冈首义后,同谢明星并殉。与《国民党史稿》异)

### 三十三年春正月革命党谋袭郡城不成

三十二年冬,许雪秋谋于饶平之浮山起事,进攻潮汕,而以黄冈、惠来、丰顺等处为响应。方汉成奉令驻黄冈为策划焉。孙中山派方瑞麟、方次石、张煊、余既成、陈涌波、余通、陈芸生、萧竹漪、陈四老、薛全福、林鹤松、蔡干初、许鸿初、黄总、吴金彪、吴东升、刘任臣、罗飞雁、陈御针等襄助其事,决于三十三年正月初七夜,发难讵,因筹备不及,未能如期举义,而许雪秋与方瑞麟、谢良牧、李次温等已乘夜至潮州城会见。黄戈带领各同志在城内预备作应,惟候至天明,革命军仍未见到,知系失误事机,遂下令解散。(《国民党史稿》)(《潮汕革命纪略》云,许雪秋、吴金铭、刘凌沧既怀密谋,乃假揭阳红髭妇人林袁氏以煽众,且散布鹰球票联引会党,以图举数集山寺,尝于家造饼饵,储之以为可以饷军也。时孙中山使方瑞麟、方次、石来主内治,乔义生来主外交,方汉成来主军事,悉在雪秋家。吏就侦之无佐证,去。期有日,雪秋使遍告会党,以正月元旦昧爽四时袭潮,雪秋与诸人蓐食,立马待于城外,诘朝无一至者,乃遁。诸会党则以传令者之用国语也。讹四时为十时,已乃来不见一人,亦遁,事败。而外莫之知所约,举事日与《国民党史稿》出入兹并录之。)

### 革命党分布潮州各地再图起事

（光绪三十三年）革命党谋袭郡城不成，厥后又计划以黄冈为出发点，许雪秋主其事。孙中山派林国英来潮，襄助各方同志吴子寿、曾杏村、许无畏、曾晦之、孙丹崖、方少、经谢逸桥、林惠卿、谢良臣、陈笔戈、范妈鲁、蔡德、张世等毕至以蔡干初理财政，薛金福驻饶平，陈芸生、林惠卿、萧竹漪驻揭阳，罗飞雁驻丰顺，黄总驻惠来，范妈鲁驻陆丰，黄戈林国英驻潮州城，分头秘密进行。（《国民党史稿·许雪秋传》）

### 四月革命党占黄冈城进攻浒洲为潮镇黄金福所击溃清兵复入黄冈收其党二百余人杀之

（光绪三十三年）二月间，饶平县令派营带蔡河宗率兵数十名驻黄冈协署。三月中旬后，党人三人（一作二人）被捕，群情愤慨。余既成、陈涌波、余通等赴港请发动，词甚激烈，及归。见清吏又增兵，益汹汹。时雪秋已令汕众于十八日到黄冈起事，派芸生先行，策划四月初十日驻黄冈。镇兵以观剧调戏妇女，激民怒，党人又二人被捕，会党群聚攻劫，颇相斗伤。（刘既溥《黄冈起义事略》作十一日因闹挑脚风潮，官厅拘工友）十一日晚，既成、涌波等遂率众攻协署东门，天明克之，杀巡城许登科、柘林司史禁蔡河宗及都司隆起请降，同知谢兰馨逃去，方黄冈之仓卒举事也。诸党人多散在各地。十二日，乃于菴埠两合楼开紧急会议，推陈芸生为前敌总指挥，偕方汉、成趣赴督战，以林国英为后方。总指挥谢逸桥时为火车总巡，主持运输，联络雪秋遂以东路都督领衔布檄安民，数清廷罪状。（雪秋以十三日至未到前都督职，由芸生暂代）时仓卒起事，聚众及万，而缺枪械，尚扰攘不得进。清吏闻知，惶急电请大兵。潮镇总兵黄金福调兵下汕头封南海轮。十三日，运兵二百七十余先进止于浒洲妈宫。十四日，义军推芸生为临时司令长，轻清军人少，主为正面攻。继成帕首蒙面誓众，金福侦卒数人潜入，蔡德擒之，皆斩以徇涌波。督义军夜攻浒洲，将至为逻者所觉，金福挥兵迎战。义军进薄，死伤数百，清兵弹亦且罄，适游击赵祖泽自盐灶率援由水路驰至，义军惊为兵舰，又腹背受敌，死伤数十人。十五日，遂溃返，退据大澳山，复为镇兵所袭击。镇兵又运开花炮攻黄冈寨，城党人以械劣粮绝，不足固守，又闻清总督派李准率大军将至。十六日，决暂解散以图后举，部分退入乌岭，败后有日人习马贼者至，雪秋与陈萧林、方乔诸人皆逃亡，方党人之弃城也。或亟委其簿籍逸去。十七日，清兵入黄冈寨城，得革命党人籍册，按捕屠戮党人，死者二百余人，焚祠宇十余栋。俄李准亦以兵自省，至见事平，旋师去。事后张顺被杀于汕头，诸人多亡命香港，继成为清吏所得，与之讼以国事犯获免。是役人谓"黄冈之役"或曰"丁未之役"。(《国民党史稿·许雪秋传》《黄冈起义事略》《潮汕革命纪略清鉴》)

### 夏黄冈革命余党潜聚乌山清兵击散之

(光绪三十三年) 黄冈近地有乌山 (即乌岭) 者，岩疆也。中可耕以食。黄冈余党之不能脱者，保以自固。吏以其隘也，莫之犯。会党麇集益多，时椎牛杀猪飨众，攻剽近邻。夜篝火行山上演习战具，居民惊骇，清弁林堂率兵侵之，党众执木械与战，终夜而败，遂散。林堂不敢深入，后有会党时出没焉。(《潮汕革命纪略》)

### 是岁开办潮汕厘厂

(光绪三十三年) 是岁，开办潮汕厘厂，及该厂管辖之庵埠、梅溪、双溪、后溪、水井、炮台、东陇、外埔八分卡厘务总局。至宣统二年，归并财政公所。(《广东财政说明书》)

### 冬十月潮州始立同盟分会

(光绪三十四年) 秋王翌黄 (一作翼) 来潮，日以革命说潮中，诸校惟人心震于清吏淫威，和之者寡，惟彭若浩、李为龙、张亦文、蔡道衡、梁振汉诸人应之。于十月九日立同盟分会，潮之有党由斯始也。明年春，翌黄以粤新军之役败归，益整治会务，翌黄为会长兼军政，张亦文为文书，卢青海为参议，李为龙、梁振汉共为理财，蔡道衡、彭若浩为交通，萧抉云为稽查。(《潮汕革命纪略》)

### 宣统元年严饬潮海关搜查军火

(宣统元年) 惠潮嘉道吴煦奉督院谕，以近有小轮船装载大帮军火经由潮州海面偷运图谋不轨情事。饬潮海关及常关税卡严密搜查，又潮属沿海与海陆丰南澳碣石相接，海盗披猖，经镇道宪分头侦缉，并分发各船艇牌号以杜窝聚，筹置梭船，划定地段，以资周密。(《岭东日报》)

### 宣统二年夏六月高陂内山民抗官起衅

(宣统二年) 清廷预备立宪饬全国州县调查户口，编钉门牌。县令胡良铨委高陂仰文、校长张文华为调查长。适省咨议局议员罗文光回籍倡设宣讲所，内山愚民误以钉门牌为抽收人头税，宣讲所为抽收机关，群起顽抗。六月十四日，纠数百人毁宣讲所，声势汹汹，将搜新政新学人员而甘心之。胡令良铨驰请府道镇派兵弹压。派哨官梁栋元、徐士廉统兵数十往。复被乡民包围，逮击毙旗手伤数十，始溃。次日又集千人攻陂，市不逞知府陈兆棠、总兵赵国贤、闻警率勇数百列队，水陆并进，张示安民，集内山巨族郭、廖、陈、黄开绅耆大会宣示国法，嫌疑犯李某褫革衣顶，监禁六年，偿学校损失千金，所擒八人，释放自新，案乃完结。（《大埔温志》）

**（宣统三年）三月汕头同盟会成立**

（宣统三年）二月李济民来潮，邀王翌黄如惠州并联工党过汕，晤许无畏、卢青海于徐淑希寓，皆主设会于汕头，图大举。三月，会成许无畏为第一团代表，王英伯为第二团代表，徐淑希为第三团代表，张则通为第四团代表，冯荔棠为第五团代表，王翌黄、卢青海为潮城代表，陈质文为蓬洲代表，推则通为会长，无畏主秘书，淑希主财政，翌黄主司法，伯英荔棠主运动，青海及黄文鹄主调查。（《潮汕革命纪略》）

**八月革命党人群集汕头图大举**

（宣统三年）初，汕头同盟会成立皆学界中人（则通正始学校校长无畏诸人多同文书院学生），不能胜大资，乃因施集祥以结陈芸生于海外。八月武汉倡义，芸生报资，具陈炯明亦约分兵兴师困粤，乃招王翌黄、孙丹崖、萧敏吾筹大举。翌黄如香港取金三千于芸生，且运炸弹。张则通以粤事所余枪械告芸生，又益金三千。淑希得陈玉潜、郭从史女士等助。吴炜光自南洋亦怀金，至于是资用始足已。而丹崖、敏吾、公溥至自潮阳陆晏如、蔡君烈、赵亮甫偕翌黄来，蔡德自香港来，谓有敢死之士五十，会党林鹤松、吴炜光等皆集，乃使公溥、林达三、陈质文分道，料其徒众，丹崖简其乡人数百，以为援兵，则通率其徒属在汕者百人。丰顺高陂之会党则陈励吾征之，及张立村（即醇村，《谢鲁选》一作"鲁倩"）、吴炜光、邱立庭至乃推立村为司令长，鲁选黄虞石掌编制，无畏、淑希、炜光掌财政，丹崖次石公溥立庭，掌运动。翌黄、励吾掌军务，敏吾、青海掌调查，选锋五百，更有援兵千五百，以翌黄、丹崖、敏吾、励吾、次石、则通分帅之。梁金鳌假美华洋行以集众，扬言将大举。妄人多和之，自别为一党，初会之未立也。无畏、若浩见何子因，与语，以子因为迂，凡密谋不以告。刘任臣携资至自南洋，故子因合任臣别为一党，张玉堂取芸生千金，芸生告无畏，玉堂将归谋大埔，若不往当索其金，玉堂不往，大埔亦不纳金，迟徊于汕，别一党有中华新报者，素宗革命稍知密事而不与也。亦别一部焉。（《潮汕革命纪略》）

### 九月知府陈兆棠解散商团

（宣统三年）九月初旬，讹省独立汕人倡自保，统收巡警财政之权，举高绳之、曾幸存主财政，黄虞石、魏潜之主军政，叶楚伧、吴子寿主机关部。高绳之创商团以增实力，知府陈兆棠闻而解散之。其众别成一部，初媾于金鳌，子因后察，金鳌左右悉群小，因绝弗与谋。（《潮汕革命纪略》）

### 革命军光复汕头

（宣统三年）是岁，八月十九日（阳历十月十日），武昌起义，各省响应。潮汕党人图益亟以黄虞石久治汕，巡警其下服之，魏潜之亦在焉。是以先告之事起，抑使无抗防兵，炮台亦皆输款。潮有清兵六百，使方云藻、邱立庭分说之。以云藻兄龙骧为武弁故也。又使萧敏吾、卢青海暗入潮测地形，诇营舍，多赁居屋以容选锋之士五百人。既反命，遂令张壮飞、林群英等运炸弹入潮，储于李为龙家。筹备既周，十九日，密议于正始学校，期二十一夜袭潮而下汕。十九日，广州独立。是夜，议期。金鳌闻之炸弹存于美华洋行。故金鳌因以先发金鳌，以其属数十人及杨青山之徒起，王翌黄、林贤绍、郭典三、谢伯铭诸欲速者，皆从之。巡警将战，势且殆，党人急召虞石抚使无抗。鲁选等乃授械列队，趣正始学校孙丹崖督民军往收郑栋臣防兵之械，便道入驻，清道行辕诸人悉至，遂分兵入崎碌炮台，驻兵投械降又遣散。戏院防兵缴其械，汕地略定。晚，命励吾、敏吾率选锋扼诸车站，以御潮敌之下，侦骑及于庵埠。翌日，部勒兵众申明军纪，成立粤省第四军，举张立村为司令长，谢鲁选为参谋长，孙丹崖为执法官，陈励吾为军务长，方云藻、副之，许无畏为财政长，吴炜光、副之，张则通为秘书官，萧公溥、方次石、邱立庭、罗仙侪为参军，卢青海、陆宴如、萧敏吾等为参议，翌黄为学生团团长，林贤绍、佐之黄、虞石长、巡警杨日新监大清银行，曾幸存监交通银行，陈玉潜、林谟章等守察邮电。越日，以高绳之、邓籍香长民政，蔡芳兰长水巡，迨戮知府陈兆棠始委民政，长于各属。（《潮汕革命纪略》）

### 革命军分兵徇各县设民政长

（宣统三年）九月廿日，汕头之光复也。张玉堂起据旧审判厅，何子因以商团之余起。越日，悉其众趣揭阳普宁。二十一日，萧公溥徇潮阳俘邑宰王登琦因于汕头浃旬，释之，寻以梁矩南为民政长。黄虞石徇澄海。以冯屿声为民政长，方云藻率学生军入黄冈，其兄龙骧降蔡德亦，率所属进误与龙骧部战，龙骧败走。翁梓关入任民政长，旋离去。陈涌波至据守之，取关税盐饷以归芸生。方次云略普宁，与刘任臣遇，寻以赵涤云为民政长。郭典三略揭阳，与防兵战死之。防兵亦散，何子因、刘任臣遂据揭阳，以周易为民政长。惠来县吏闻汕头光复，惧而将逃，士民至司令部请委民政长。大埔民军司令李长忠等光复县城，县令胡良铨献印，械请降，以张云龙为民政长。丰顺士民闻潮汕光复，劝县令郑受康降，即以郑为民政长。（《潮汕革命纪略》《征访册》）

**革命军入郡城清长吏多亡去镇总兵赵国贤自经死知府陈兆棠持两端拥兵自固革命军攻之燔镇海楼兆棠败走旋被捕杀**

（宣统三年）九月二十二日，第四军简师入潮州城。（补：《读书庐文集》作二十一日下午）清兵备道吴煦乘舟逃亡，海阳令谢质挂冠去。陆宴如徇菴埠，取巡警军械以合丹崖。次路之师以行直迫府署，知府陈兆棠佯独立而阴备战。镇署总兵赵国贤欲逃至车站，为张壮飞所阻，返署则僚属皆亡散，彷徨无策，遂自经死。（《清史稿》："十一月初五日戊辰，赠恤死事潮州镇总兵赵国贤"）先是兆棠自川调粤，时携门人杨虎，俱信任之。杨固持两端，入党人所主瀛洲，报为撰述革命军，起赵国贤力主战，兆棠用杨言，由是首鼠异。时潮办清乡赵为主，而兆棠会办辖防营，故有权掣。赵肘变起，赵以兵符悉委兆棠，方民军之进潮也。衣履不饬学生团，则为数少时。兆棠尚拥兵六百，自固轻民军不具，降表不纳兵籍，而张立村、孙丹崖、梁金鳌皆不相下互倾轧。立村先入城驻道署，其别部驻分司署。孙继至驻镇署，立村初欲勒防营缴械。防营军汹汹欲斗，乃止。明日，梁金鳌至驻农业学堂，旧日考院也。兆棠有僚属杨啸谷者，洞悉民军内幕，往说梁，梁机变，乃与兆棠深结。兆棠饷竭，梁反助之金，兆棠又与梁谋鹭怡和行抵公产以行，而将以郡事授梁，已有成议，故尽室先行而独留方次石于汕，收验其囊橐。故怨怼甚。时道署民军三数百，得械者仅半镇署民军百余，与金山学生团为犄角，周镇署皆敌也。城中士绅顽民依违两间，有集扶轮堂倡拥兆棠者，兆棠自谓得人，益无忌，屡遣人馈民军以觇情势，隐相诱间趣召防兵嗾使潜袭书为蔡德所得。民军知之。二十七日金鳌部众巡市禁赌，与兆棠部管带林堂哄，梁女弟婿唐铁魂及金山学生军某死焉。余众惊溃，敌列兵将攻，镇署惮于金山，应援而罢梁，亦不较也。陈励吾、卢青海乘马相地为所狙击不中，刺杀教练官翁敏于西门，林贤绍将返金山，敌环围之，几不免又群攻，金山学生防守严固，扬枪出击，乃退。兆棠既跋扈，遂促立村与丹崖合。二十八日，立村率其属移居镇署，势乃不孤，以丹崖兼守副司令晡后，张则通简汕兵二百至，军威颇振，适兆棠檄，立村以不去将以军力从事。立村、鲁选决击之，兆棠不知也。顾兆棠办清乡，时素峻酷，虑积怨于民，实色厉，而内馁，方待金鳌怡和鬻产之约，议以是日行，而金鳌失约不至。夜立村等与青海谋，使若浩侦敌情且导师丹崖阴募死士刺兆棠，有人父贼也死于兆棠，泣誓就募以母为托，夜半踰署垣，乘屋下阚，敌兵方食不见，兆棠跳下归告。黎明五时，镇署分二军由东西府巷以攻兆棠。立村、丹崖、鲁选、励吾、帅之、陆晏如居守。方云藻告防兵无动，王翌黄率学生团袭北门楼及节孝祠，防兵溃窜，取其械以归，盖管带林堂先与民军通，故稍战而自解，或云事前唐铁魂之死亦民军策意。唐死则金鳌必不肯为兆棠尽力也。民军既抵府署，兆棠伏兵鼓楼（镇海楼），拒守，亲督兵，中堂迎战，楼高弹密，不可近，众投以炸弹不毁，灌煤油燔之楼乃圮。会黄作舟别出署，后踰垣夹击，兆棠遂北逃至县署，从者数十，有民军过，将攻之，敌扬手呼"同胞"，乃免。兆棠举火焚署，遁。余众或擒或走皆收其械，而舍之民军必欲得兆棠而甘心。悬购五千金于汕，六千金或见其袭巾帼二人，挟之行于市。夜，兆棠止民舍，赂曰："幸容我与若二千金。"其人就军告发，而妻纵之，故往索则无有也。向晨萧公溥巡上水门，兆棠将缒城，立民屋上呼，其役公溥闻音异，执之，果兆棠（补《读书庐文集》："兆棠被获于东门楼"）遂下之狱，兆棠狱中日索美酒嘉饵湛醉，见人则覆面内向。十月二日风传有溃卒，思劫夺之，又闻有请日本领事出面，为求释者，乃戮之于市。将就刑兆棠电告其家曰不死君，不死国，不死罪，死于因。果翌日又刑其士五人。事后，兆棠昆弟以死事请恤，故《清史稿》为立传云。（《潮汕革命纪略》补《读书庐文集》《征访册》）（《清史稿》："忠义陈兆棠传云赵国贤自尽死，所统防军扰乱，守道知县皆逃，士民惧坚，留兆棠，收抚防军部署未定。二十八日民，党纠众攻府署，火及宅门，左右挟兆棠出，民军悬赏购执令，输饷十万贷命。兆棠曰，死则死耳，安有巨金助尔谋反，众怒缚之，柱中十三枪乃绝。"一节语多铺饰，与当时事实不符。）

## 潮汕称司令一十三人

（宣统三年）时革命军虽定潮汕，而群雄各自为政，不相统属。梁金鳌自署总司令，何子因摄第四军副司令，既去又以商团自号，副司令张玉堂、辛子基以百数十人自为正副司令。陈芸生、陈涌波、许雪秋俟潮汕克定，来招兵，各据偏方，称司令。刘任臣离子因自为司令，皆不受制于第四军司令张立村者也。此外，称司令者尚有孙丹崖、方云藻、萧公溥、萧敏吾，时人号为十三司令。由是政出多门，人心摇惑，立村不直于众，金鳌亦久无主意，潮军乃又联合，以孙丹崖为军政，长不久亦解高绳之，素着义声群举为留守司令，旋称病去。(《潮汕革命纪略》《征访册》)(据当日参加革命之林国英说，十三司令无张玉堂、萧公溥而有方次石、余纪成。又一说无张玉堂而有郑栋臣。)

### 海阳举定民政长丰顺成立安民局

(宣统三年)十月二日，民军既杀陈兆棠，以海阳为州之首。邑不可一日无主政者，张立村、孙丹崖、何子因、陈励吾因邀县中士绅推选民政长，签举邑人巫赞殷担任(《萧汉卿征访稿》)。是月一日，丰顺县安民局宣告成立，郑受康为正局长，公举吴其瀚、丁国梁为副局长，分设秘书及军政、财政、民政三课，推举各属士绅分任。十二日，受康辞职离县。第四军司令部委吴其瀚承乏。二十七日，其瀚又辞职。十一月，广东都督府改委丁国梁为县长。(《丰顺李志》)

### 陈涌波入南澳旋回黄冈

(宣统三年)时南澳总兵莫积善、同知徐得葆、巡检张金鉴及左右两营将弁闻武汉起义，主张固守封疆，嗣闻潮汕十三司令共有民军数万，扬言将渡海。官绅即筹商自卫，推绅耆康作铭、傅从龙等赴汕请停进兵之议。俟澳人自行反正。复成立青年会、中和会、保安会协同维持地方亡何。澄海人林仔肩率众百余，以民船五艘入据西炮台(离深澳城二里)。青年会拒之，林等退去。是月，民军司令陈涌波自黄冈率二百余人抵隆澳登陆，遣人请澳人向澳镇莫积善先容，谓此来为协保澳疆。莫许暂驻城外，俄涌波乘不备，率所部径入镇署，莫遁避民家，赖地方团队力抗，陈等始撤回黄冈。徐同知、张巡检亦弃官回籍。(《南澳新志稿》)

### 粤派陈宏萼为潮汕安抚使陈芸生等密谋去之

(宣统三年)潮汕士民苦于军政棼乱，使人请解悬于粤护军使陈炯明。陈命驻虎门，统领陈宏萼为潮汕安抚使，率李济民新军二营至，张立村以其军行，宏萼懦不能统，诸司令守府而已。赵亮甫、陈琴门死于民讹，归狱，于黄作舟而诛之。时宏萼以孙丹崖为第一标统，陈涌波为第二标统，何子因为第三标统。民军司令陈芸生、许雪秋于革命有大功，不获名位，心怀缺望，复欺宏萼兵薄，密谋去之。(《潮汕革命纪略》《征访册》)

《记捕获革命党伪参督事》，《岭东日报》，宣统元年闰二月初十日，"潮嘉新闻"

闻海阳贾理乡，有革命党谢明星者，在外煽惑，经外委方涂书选老练侦探曾龙标，授以机宜，遣其假称入会，实行侦探，遂探得谢明星，已受革命首领孙汶（文），封为伪参督，令其向各属招匪借债，在家制造炸弹，约期举事各实情，该侦探虚与周旋，竟得谢之信任。今年二月，谢以胶质之鹰球印及章程告示等件，交该侦探，嘱其在外运动。经外委禀缴镇署，奉孙军门饬知第八营哨官梁栋元，该营兵士，准方外委便宜调用。因谢家有炸弹，乃于二月三十日带八营兵士十名，埋伏中途，约该侦探，托词引谢出乡，要于路而获之，搜其身畔。得洋字银票十三张，华字借债保护票二张，其保护票，盖有东军都督大印，又盖有"逸仙"等小戳，刻方外委已将人、物带至第八营，请梁稍弁协同起解，以防疏虞。并缴鹰球印一颗、章程告示各件，请镇道府宪察取讯办云。

**民国三十二年《大埔县志（四）》卷三十八《大事记下》，广东省地方史志办公室辑：《广东历代方志集成·潮州府部（二十五）》，岭南美术出版社2009年版，第2718-2724页**

（宣统二年）六月，高陂内山民抗钉门牌。清廷预备立宪，饬全国州县调查户口，编钉门牌。县令胡良铨委高陂仰文校长张文华兼任调查长。适省咨议局议员罗文光回籍，倡设宣讲所，开民智。内山愚民误以钉门牌为抽人头税，仰文校宣讲所为抽收机关，群思顽抗，又狃于碗捐抗抽之得计（前罗某禀承碗捐窑户抗之，集数百人捣碗栈、掠财物，承捐者请山峰惩办反遭驳斥，窑户乃大得意），欲恃武力取消钉牌。六月十四，纠数百人抵仰校宣讲所，毁图书器具，烧黄、李房二座，抢廖某商店一间，声势汹汹。将搜新政新学人员而甘心之，全区人士狼狈逃生。胡令闻警驰请府道镇派兵，哨官梁栋元、徐士廉奉令统兵数十驻仰文镇压。乡民窥官兵力薄，思歼之，集数百人由山路经河社，将包围焉。哨官探悉，率兵伏田间，伺炮力可达，开枪射击毙旗手，伤数人。乡民溃，官兵追数里而返。次日，复集千人攻陂市，分三路出，列阵者或执干戈、拥棉牌，或持鸟铳、执刀刃，由赤山浩浩荡荡至。两哨官分途抵御，伏溪畔开枪轰击。激战移时，子弹将竭，忽黑云四起，骤雨倾注，乡民粉枪雨湿，不能发。官兵枪达里许，毙数人，伤十余人，余皆畏缩四散，官兵尾追，擒八人归。至是始慑官兵炮利，不可敌，更惧其痛剿也。急在剪刀凹深沟高垒，伐木塞途，冀梗来路。越日，知府陈兆棠、总兵赵国贤率勇数百，巨炮数尊，水陆并至。甫到陂，列队巡行，燃巨炮数响示威，乡民闻知战栗，莫敢动。府镇乃先张示安民，继召绅商会议。时胡令素著慈声，为绥抚计，先邀萧、饶二绅，偕陂绅，则以内山民族郭、廖、陈、黄为大，须负彼族声望者往谕，收效始速。于是陈逊庵、黄逸凡、廖子彬、郭兰甫四绅应宪召至，密商办法，政府乃集绅耆开大会，宣示国法当遵，顽梗当诛。今暂从绅请悯恤乡愚，限三日内缴千金，偿校所房店损失，迅具甘结：遵钉门牌，否则刻期围剿，玉石俱焚无悔等语。宣示已毕，诸绅即召乡耆明达者，晓谕利害。乡民睹官威严厉，莫敢少违，如约钉牌，缴款案乃完结。嫌疑犯李某褫革衣顶，监禁六年，所擒八人释放自新。自经此役，新政颁行，奉令唯谨。

（宣统三年）秋九月，革命军组织县政府。自清政不纲，外患日迫，举国上下咸怀亡国灭种忧。孙总理既倡革命于前，吾埔健儿亦奋起于后。时在汀江流域经营革命事业者，邹海滨、郭守毅、张俞人等先导也，林谔庵、涂演凡、黄照廷、涂弼垣、何季武、郭震珊、张蔚然、黄荆石等其接踵也。在韩江流域则有钱热储、丘澄星等创办之瀛洲日报及汕头新中华报鼓吹热潮。一时风起云涌，遂组织革命军于九月光复大埔。

九月，大埔民军光复汀州。先民军司令李长忠（六合人）及同盟会员郭震珊、涂弼垣、黄荆石、萧懋之、江子群、涂锐如、陈秋初等于光复大埔后，会同杭永同志进攻汀州。九月廿八克永定，十月初四克上杭，初十光复汀州。时驻汀清军已投降而未缴械，李司令徇商民请求未遽，围缴反被袭击，民军死者三十余。埔人则有涂弼垣、郭震珊、刘霭士等十余人，死状甚惨。民国奠定，总司令陈炯明、许崇智始为之募捐修墓，长汀县长立碑纪其事。

十月，乡人陈乔谷逐三河巡检司，李嘉颖自称都校。

冬，革命军组织县政府。县令胡良铨知大势已去，先期请绅商集议另组政府，愿将署内枪弹、公文、钤印移交，由绅商派队护送出境。经十三区自治会代表决议，组织临时县政府，推张龙云为临时民政长。胡令已交枪印，城中地痞遽蜂拥入署抢掠财物，胡急逃去，一时秩序扰乱。临时县政府无形解散，后开全县公民大会，改推张秩卿为民政长。张初允捐三万金购枪弹，民军向张取无以应，亦不赴署，政府复散。于是三点会纷设会所，民情汹惧。

十月，安抚使熊长卿率兵回梅，道经三河，公请派兵至县保卫，熊派管带刁其昌率百余兵驻城，各区代表设保安局维持安宁，旋推刁其昌为临时县长，秩序稍复。是晚，会匪等由署后炸击刁其昌，被刁军击毙匪首数人，余匪宵遁，县局乃定。

十一月，三点会匪扰三河。江、广、福三省三点会匪首林嵩山纠党徒聚三河碗街，筑台拜盟，迫胁商民入会。值管带蓝揆芳率兵至当场围捕，击毙一人，擒十一人解汕枪决，嵩山逸去。

是月，盗劫三洲乡。曾锡谦倡办民团，分段守夜，盗在乡口劫掠，团丁尾追，获黎吴等三匪，解监禁。嗣后复劫船，民团分路截击，枪决二匪，余始解散。

**民国三十二年《丰顺县志》卷三《大事记（一）》，广东省地方史志办公室辑：《广东历代方志集成·潮州府部（三十一）》，岭南美术出版社2009年版，第98页**

（宣统三年九月）十五日，革命军、粤军、第四军光复潮汕。时邑人陈励吾第四军军务部长，与司令张立村及邑人李次白、张鉴初、吴琪等光复汕头、潮州。知府陈兆棠伪降，道镇、海阳各官逃避一空，兆棠谋反抗，擒杀之。同时邑人饶公球、李树棠、吴祖理与黄明堂组织明字顺军于江门，联合驻防江门防营营长邑人王爵臣率所部全营，光复江门新会。

**民国三十四年《南澳县志（三）》卷十四《征抚》，广东省地方史志办公室辑：《广东历代方志集成·潮州府部（三十四）》，第1631–1632页**

逊帝宣统三年秋，湖北革命军起，各省响应。澳镇莫善积、同知徐得葆、巡检张金监及左右两营将弁，咸以岛上消息不灵，主张固守封疆，不可妄动。嗣闻潮汕自称司令者十三人，共有民军数万，扬言要渡海光复南澳。官绅即筹商自卫方策，并推绅耆康作铭、傅从龙等赴汕向各司令联络，请停进兵南澳，则澳人自行反正。复成立青年会、中和社、保安会，协同官厅维持地方。时有澄海人林仔肩者，垂涎澳多军械，纠烂崽百余，乘民船五艘入踞西炮台，更用红布裹石块假为炸弹，迫地方缴械。青年会见其儿戏，集队团击，林等狼狈遁去。十月，复有民军司令陈涌波，自黄冈率二百余人抵隆澳登陆，遣澳人许南英就莫镇先容，谓此来为协保澳疆，非有野心。莫镇信之，遽许驻禁城外殊。涌波乘其不备，突带所部，径入镇署。莫镇仓促避于民家，秩序骤乱。地方团队竭力抵抗，涌波势蹙，撤回黄冈，兵祸顿息，而徐同知、张巡检皆于此时弃官回籍。

# 后 记

本书写作得益于广东省地方志办公室各位领导的大力支持，谨此致以衷心的感谢。在项目立项、资料搜集及本书写作过程中，省方志办多次组织专家学者进行了严格的审核。有的学者从更高的角度、更宏观的视野对本书提出了不少真知灼见；有的学者从更严格的学术规范出发，纠正本书前期出现的诸多错漏之处；有的学者更主动为本书写作提供珍贵的资料，使本书得以更趋完善。对此，本人深为感动，特向陈泽泓教授、陈长琦教授、林子雄教授、马建和教授、张晓辉教授、邱捷教授表示衷心的感谢。正是诸位师长的多次鞭策，使本人有信心完成本书的工作。

在本书分工方面，本人负责全书谋划、统稿工作，并撰写前言、结语以及第一、二、三、四、六章的"概述"部分。我的同事温建钦博士辑录嘉应州州县志及其他地区案牍、日记、报纸、族谱、碑刻等资料，校对第五章"史料"，并撰写第五章"概述"部分。我的同事蔡智群在繁忙的行政事务之外，夜以继日地辑录了海阳县、饶平县、南澳县、大埔县四县资料，并校对第三、四、六章"史料"部分。另一位合作者是杨继伟老师，他是我们韩山师范学院历史文化学院的毕业生，才思敏捷，对地方文史深有研究，颇有造诣，现为惠来县二中高中历史教师。他主动参与此项工作，并辑录揭阳县、惠来县、丰顺县及惠州府之海丰县、陆丰县五县资料，并校对第一、二章"史料"部分。

本书吸收了诸多专家学者的意见建议，并得到诸位师友的支持与提点，但本人学力有限，文中观点或有失偏颇，且史料录入、点读肯定有诸多谬误，秉文责自负原则，本人对此将负完全之责。

最后，衷心地感谢韩山师范学院诸位领导、同仁的关心、包容与支持，感谢家人的倾力支持，方使本书的写作得以完成。

陈海忠
2018 年 10 月